Außenwirtschaft und Wachstum

DEUTSCHE AKADEMIE DER WISSENSCHAFTEN ZU BERLIN

Schriften des Instituts für Wirtschaftswissenschaften
Nr. 30

Außenwirtschaft
und Wachstum

Theoretische Probleme des ökonomischen Wachstums im Sozialismus und Kapitalismus

Band III

Herausgeber
Prof. Dr. Gunther Kohlmey

AKADEMIE-VERLAG · BERLIN
1968

Wissenschaftlicher Redakteur dieses Bandes Dr. Peter Sydow

Erschienen im Akademie-Verlag GmbH, 108 Berlin, Leipziger Straße 3—4

Lizenznummer: 202 · 100/205/68
Offsetdruck: VEB Druckerei „Thomas Müntzer“, 582 Bad Langensalza
Bestellnummer: 2071/30 · ES 5 B 2

Inhaltsverzeichnis

Vorwort des Herausgebers

Im Jahre 1867 ist "Das Kapital", Erster Band, von Karl Marx erschienen. Die hundertste Wiederkehr dieses weltgeschichtlichen Ereignisses war Anlaß für eine internationale wissenschaftliche Arbeitskonferenz, die das Institut für Wirtschaftswissenschaften bei der Deutschen Akademie der Wissenschaften zu Berlin vom 17. bis 19. Oktober 1967 in Berlin veranstaltet hat. Im vorliegenden Band werden die schriftlich eingereichten Beiträge veröffentlicht,[1] die der zweitägigen wissenschaftlichen Diskussion in der Konferenzgruppe "Außenwirtschaft und Wachstum" zugrunde lagen.[2]

Entsprechend dem Ziel und dem Anliegen der Konferenz, theoretische Probleme des ökonomischen Wachstums im Sozialismus und Kapitalismus zu behandeln, bildeten in der dritten Konferenzgruppe die Wechselbeziehungen zwischen Außenwirtschaft und Wirtschaftswachstum unter den verschiedenen gesellschaftlichen Bedingungen (in sozialistischen Volkswirtschaften, Entwicklungsländern und kapitalistischen Industriestaaten) den weitgesteckten Rahmen für die schriftlichen Beiträge und die auf ihrer Basis durchgeführte Diskussion.

Marx' allgemeine Theorie und seine Ausführungen zur Außenhandelstheorie liefern Ausgangspunkte und bilden Grundlagen, die wir benötigen, um

das System der sozialistischen Außenwirtschaft und der Produktions- und Marktintegration zwischen den sozialistischen Staaten auszuarbeiten und aufzubauen;

in Theorie und Praxis zu zeigen, wie die Entwicklungsländer und mit welchem Nutzen sie effektive Wege der wirtschaftlichen und gesellschaftlichen Entwicklung unter Ausnutzung neuer Typen und Formen zwischenstaatlicher Beziehungen einschlagen können;

in den vielfältigen neuen Erscheinungen des zerfallenden kapitalistischen Weltwirtschaftssystems gesellschaftliche Beziehungen der Macht und Gewalt, Ausbeutung und Nichtäquivalenz, des Klassen- und Konkurrenzkampfes aufzudecken;

Grundlagen für die Entfaltung gleichberechtigter, gegenseitig vorteilhafter Formen der wirtschaftlichen und wissenschaftlich-technischen Zusammenarbeit der sozialistischen Staaten und progressiven Entwicklungsländer mit entwickelten kapitalistischen Volkswirtschaften auszuarbeiten.

Karl Marx' Beitrag zur Außenhandelstheorie

Marx war es nicht vergönnt, sein Gesamtwerk zu vollenden. So finden wir bei ihm auch keine ausgearbeitete Theorie des auswärtigen Handels und des Weltmarkts. Wohl aber treffen wir bei ihm zahlreiche verstreute Bemerkungen zur Theorie der Außenwirtschaft an, die eine Vielfalt von zusammenhängenden Steinchen für das Mosaik eines theoretischen Gesamtsystems der internationalen Wirtschaftsbeziehungen und des Außenhandels darstellen. Marx projizierte seine Theorie der Produktivkräfte und Produktionsverhältnisse, seine Arbeits-, Mehrwert- und Reproduktionstheorie logisch widerspruchsfrei auf die internationale Ebene, wobei die materialistisch-dialektische Methode zugrunde gelegt wurde.[3]

Marx knüpfte auch in seiner Außenhandelstheorie an die klassischen Wirtschaftslehren des Bürgertums (vor allem Ricardos) an, liquidierte aber ihre theoretischen Mängel ebenso wie ihre Apologie des Kapitalismus. David Ricardo hatte Smith' neue Erkenntnis akzeptiert, wonach Wachstumseffekte nicht nur über die Ausfuhr, sondern auch über Importe bei ausgeglichener, ja sogar bei passiver Zahlungsbilanz erzielt werden können. Ihr stellte er entgegen, daß ein Land auch bei absoluten Produktivitätsnachteilen gegenüber dem Partner sogenannte komparative Außenhandelsvorteile haben könne.

Für Ricardo regulierte das Gesetz der komparativen Vorteile den Außenhandel und die Gewinne aus dem Außenhandel.

Marx würdigte an Ricardos Außenhandelstheorie insbesondere den Nachweis von Produktivitätsvorteilen durch internationale Arbeitsteilung und Außenhandel und die Unterscheidung von absoluten und komparativen Vorteilen der Nationen im System des Welthandels.

Aber Marx ging weiter als Ricardo. Er hob dessen Außenhandelslehre in einem System höherer Ordnung auf und setzte der kapitalistischen Außenhandelstheorie in ihren Grundzügen eine sozialistische entgegen. Er ergänzte die Analyse durch eine Genesis der Kategorien des Arbeitswerts und des Mehrwerts für die Erfordernisse des Welthandels, wobei Ricardos weltwirtschaftliche Harmonielehre widerlegt wurde.

Marx beseitigte die bei Ricardo vorhandenen Widersprüche zwischen Arbeitswertlehre und Außenhandelstheorie; er formulierte die Kategorie des internationalen Werts; das Wertgesetz wurde damit auch für den Außenhandel das allgemeine Bewegungsgesetz.

Marx war der erste Außenhandelstheoretiker, der den Klassencharakter der kapitalistischen Weltwirtschaft darstellte, indem er nachwies, daß der Außenhandel nicht nur Zirkulation, sondern auch Distribution nationaler Mehrarbeit und eines der Instrumente der Ausbeutung einer Nation durch die andere ist. Dadurch konnte Marx die große Tragödie der kapitalistischen Weltwirtschaft wissenschaftlich erklären: die Vertiefung der Produktivitäts- und sozialen Unterschiede zwischen kapitalistischen Industriestaaten und abhängigen, unterentwickelten Ländern. Und gleichzeitig wies er den Lösungsweg: Beseitigung der kapitalistischen Eigentumsverhältnisse, um mit der Ausbeutung der Individuen und Klassen auch die Ausbeutung der Nationen abzuschaffen.

Es ist eine der erstaunlichsten Fehlleistungen der nicht- bzw. antimarxistischen Theorien über Weltwirtschaft und Außenhandel, bisher an diesen Beiträgen von Marx zur Außenhandelstheorie vorbeigegangen zu sein. Während die bürgerliche Wachstumstheorie zur Auseinandersetzung mit Marx gezwungen ist, hat ihn die bürgerliche Außenhandelstheorie bisher nahezu völlig ignoriert. Für marxistische Theoretiker ergibt sich daher die Aufgabe, eine marxistische Weltwirtschafts- und Außenwirtschaftstheorie in Auseinandersetzung mit den bürgerlichen Theorien zu erarbeiten. Das schließt eine kritische Prüfung ein, inwieweit Elemente des Instrumentariums, das von nichtmarxistischen Autoren erarbeitet worden ist, auch in einer marxistischen Theorie verwendet werden können. - In den Beiträgen von G. Kohlmey, R. Gündel, P. Friedländer, T. Kiss und P. Sydow wird diese Auseinandersetzung geführt.

Die Autoren der Beiträge und die Diskussionsteilnehmer der Konferenzgruppe gingen von der skizzierten Wertung der Marxschen Thesen über Außenhandel und Weltmarkt aus und wendeten Marx' Erkenntnisse auf aktuelle außenwirtschaftliche Probleme in den verschiedenen sozialökonomischen Weltwirtschaftsbereichen an. Dabei wurden folgende Problemkreise besonders profiliert:

1. Zusammenhänge zwischen Außenwirtschaft, volkswirtschaftlichem Nutzen und weltwirtschaftlichem Gleichgewicht,
2. Veränderungen der internationalen Arbeitsteilung unter den Bedingungen der wissenschaftlich-technischen Revolution,
3. Charakter und Funktionen der verschiedenen weltwirtschaftlichen Mechanismen.

In der Diskussion der dritten Konferenzgruppe wurde unterstrichen (u. a. von K.H. Domdey, mit seinen Bemerkungen über sozialökonomische und regionale Differenzierungen in der Weltwirtschaft), was von G. Kohlmey in seinen einleitenden Bemerkungen hervorgehoben worden war: Nach der Ausarbeitung allgemeiner weltwirtschaftlicher Modelle, Gesetze, Schemata, Mechanismen usw. ist es dringend notwendig, entsprechend den verschiedenen Bedingungen in Zeit und Raum, entsprechend den unterschiedlichen natürlichen, Produktivitäts- und sozialen Bedingungen zu differenzieren. Es sei auch angebracht, gewissermaßen eine Theorie des Platzes der großen, mittleren und kleinen Länder in der internationalen Arbeitsteilung auszuarbeiten.

Definition, Analyse und Ausnutzung der außenwirtschaftlichen Wachstumsfaktoren sind nur möglich, wenn von den dialektischen Wechselbeziehungen zwischen Produktivkräften und Produktionsverhältnissen ausgegangen wird. Darin besteht ein entscheidender Vorzug der marxistischen Außenwirtschaftstheorie. Deshalb ist es heute, da wir Marxisten verstärkt Modelle der außenwirtschaftlichen Verflechtungen ausarbeiten, besonders wichtig, hierbei den gegebenen Stand der Produktivkräfte und die jeweiligen Produktionsverhältnisse gebührend zu beachten. T. Kiss weist in seinem Beitrag (S. 261) darauf hin, daß die Wachstumsmodelle bürgerlicher Autoren gern von den Produktionsverhältnissen "abstrahieren". G. Kohlmey (S. 20) macht ähnliche Bemerkungen über die bürgerliche Außenhandelstheorie.

Wachstumsprobleme können nicht ohne Formulierung des Zieles gelöst und Wachstumsmodelle nicht ohne Zielfunktion aufgebaut werden. Das Ziel des Wachstums und seine Faktoren ergeben sich aus den jeweiligen Produktionsverhältnissen. Mit dieser Problematik beschäftigen sich besonders die Beiträge von G. Kohlmey (S. 20 ff.) und R. Gündel (S. 47 ff.). Dabei wird übereinstimmend hervorgehoben, daß das Ziel des kapitalistischen Außenhandels die Profitmaximierung sei und seine Triebkraft das Gewinninteresse der kapitalistischen Eigentümer. Gündel geht in seiner Auseinandersetzung mit dem Heckscher-Ohlin-Theorem vom spezifischen Doppelcharakter des kapitalistischen Reproduktionsprozesses aus, der zugleich Arbeits- und Verwertungsprozeß ist. "Im Außenhandel, wie in allen Formen der Internationalisierung des Wirtschaftslebens, zeigt sich ... der fortwährende Versuch des Kapitals, ... die inneren Widersprüche der kapitalistischen Produktionsweise durch die Ausdehnung des äußeren Feldes der Produktion auszugleichen..." (S. 49). R. Gündel verweist außerdem auf die Rolle des Außenhandels, neue Kapitalanlagesphären zu schaffen, neue Bedürfnisse zu wecken und dazu beizutragen, Produktions- und Zirkulationskosten zu senken.

K. Nehls stellt in ihrem Beitrag (S.196 ff.) zur Diskussion, wie die internationalen Kapitalbeziehungen in der Zeit nach dem zweiten Weltkrieg in die Theorie des staatsmonopolistischen Kapitalismus einzuordnen wären. Sie behandelt die abnehmende relative Bedeutung des Kapitalexports, das Übergewicht der Direktinvestitionen gegenüber den Portfolioinvestitionen, den Vorrang des industriellen Kapitalexports gegenüber dem Leihkapitalexport im privaten Bereich und die verstärkte Kapitalverflechtung zwischen den hochentwickelten imperialistischen Industrieländern.

P. Friedländer beschäftigt sich mit der staatsmonopolistischen Modifizierung der kolonialen internationalen Arbeitsteilung und dem Industrialisierungsprozeß in Entwicklungsländern. Er stellt die These vom "tendenziellen Zerfall der 'traditionellen' Arbeitsteilung kolonialen Typs" auf (S. 232). Friedländer bezeichnet die tendenzielle Verlagerung nichtdynamischer Produktionen in die Entwicklungsländer als ein Element des Neokolonialismus und als einen wesentlichen Inhalt der staatsmonopolistischen Regulierung durch die kapitalistischen Industrieländer.

Im Zusammenhang mit diesen und anderen Thesen wurden in der Diskussion unterschiedliche Meinungen über das Wesen der internationalen Ausbeutung[4], den Nichtäquivalentenaustausch[5], Kolonialismus und Neokolonialismus[6] vorgetragen und erörtert. Die Mehrheit der Diskussionspartner war der Ansicht, daß die internationale Umverteilung von Mehrarbeit (als Element des international wirkenden Wertgesetzes) ein notwendiges, aber keineswegs hinreichendes Kriterium der internationalen Ausbeutung sei.

Dem Ziel des kapitalistischen Außenhandels wird in den Beiträgen und wurde in der Diskussion das Ziel des sozialistischen Außenhandels gegenübergestellt: die Maximierung des Nationaleinkommens, was langfristig dessen rationelle Verwendung einschließt. Also können Wachstumsmodelle, in denen die Maximierung des Nationaleinkommens als Ziel des Außenhandels formuliert wird, nicht oder nicht ohne weiteres auf kapitalistische Bedingungen projiziert werden.[7]

Die Verwirklichung dieser Zielfunktion in den Außenwirtschaftsbeziehungen zwischen sozialistischen Ländern erfordert geradezu - so hoben Kohlmey, Kiss, Huber, Morgenstern und Keil in ihren Beiträgen hervor - komparative Vorteile als wichtige Wachstumsfaktoren auszunutzen. So richtig diese These ist, so wichtig wäre es, ihre wissenschaftliche Analyse zu vertiefen und die Nutzeffektsprobleme der sozialistischen internationalen Wirtschaftszusammenarbeit umfassender zu erforschen. In den Beiträgen finden sich dazu einige Anregungen. Prinzipiell wird anerkannt, daß der sozialistische Außenhandel multiplikative Effekte liefern kann.[8]

Sydow unternimmt den Versuch, aus der kritischen Analyse der bürgerlichen Theorie des Außenhandelsmultiplikators eine Methode zu gewinnen, die Erkenntnisse von den wechselseitigen Einflüssen zwischen Außenhandel, Investitionen und Nationaleinkommen in der sozialistischen Volkswirtschaft zu vertiefen und, auf mehrjährigen Analysen aufbauend, Demonstrationsmodelle für künftige makroökonomische Außenhandelsentscheidungen zu schaffen.

J. Keil (S.302) hält an der bisherigen Einteilung in direkte und indirekte Effekte der internationalen Arbeitsteilung bzw. der Außenwirtschaft fest und betont die wachsende Bedeutung der letzteren, besonders in Form von Struktureffekten. Demgegenüber sprechen Kiss und Morgenstern in ihren Beiträgen vorwiegend von statischen und dynamischen Effekten.

In der Diskussion wurde unterstrichen, daß entsprechend der Aufgabe, die Außenwirtschaftsbeziehungen als komplexes Teilsystem zu entwickeln, die bisherige Einteilung der Nutzeffekte der Außenwirtschaft nicht mehr ausreicht. Vielmehr sei es notwendig, die entscheidenden Vorteile aus der Außenwirtschaft über Konzentration, Substitution und Strukturveränderungen im Reproduktionsprozeß zu erfassen. Die Effekte in der Zahlungsbilanz hingen langfristig, so meinten mehrere Diskussionspartner, von diesen Effekten im Reproduktionsprozeß ab. Teilnehmer der Diskussion wandten sich gegen die These, daß ökonomische Vorteile für ein sozialistisches Land nur dann aus der internationalen Zusammenarbeit entsprängen, wenn die Exportpreise eines Erzeugnisses oder von Erzeugnisgruppen die nationalen Aufwendungen zumindest decken (oder Importe weniger kosten als die Eigenproduktion). Ebensowenig könne Äquivalenz des internationalen Austauschs ohne weiteres bzw. in der Regel Äquivalenz der Wachstumseffekte bedeuten. (Vgl. G. Kohlmey, S. 91.)

G. Otto stellt sich in seinem Beitrag die Aufgabe, Effekte aus der sozialistischen internationalen Produktions- und Zirkulationszusammenarbeit zu quantifizieren und mit Hilfe mathematischer Variantenrechnungen zu optimieren. Otto führt den Nachweis (S.179 ff.), daß das bereits vorliegende dreistufige System linearer Modelle zur Optimierung des Außenhandels als Teilmodell auch auf die internationale Produktionsspezialisierung angewendet werden kann. Solange der gesamte Prozeß der außenwirtschaftlichen Verflechtungen einer sozialistischen Volkswirtschaft nicht zusammenhängend erfaßbar sei, müsse die Optimierung mit Stufenmodellen erfolgen. Da das Optimum des RGW-Gesamtsystems nicht mit der Summe der Optima für die einzelnen Teilnehmerländer übereinstimmt, ist Ottos Vorschlag interessant und wichtig, das Prinzip der Zwei-Ebenen-Planung auf die internationale Optimierung zu übertragen. Weiter äußert er u. a. Gedanken dazu, wie in derartige Modelle dynamische Aspekte eingebaut und wie dabei indirekte Nutzeffekte berücksichtigt werden könnten.

Huber erörtert u. a. den Einfluß der internationalen Arbeitsteilung auf das Wirtschaftswachstum der RGW-Länder unter dem Gesichtspunkt der Angleichung ihres wirtschaftlichen Entwicklungsniveaus. Er gelangt dabei zu der These, daß unter den gegenwärtigen ökonomischen und technischen Bedingungen im RGW-Bereich die internationale Spezialisierung und Kooperation besonders internationale Struktureffekte liefern müsse. Dabei werde die Wachstumspotenz der Produktionsintegration nicht vom gesamten ökonomischen Entwicklungsniveau der betroffenen Länder, sondern vielmehr vom technisch-ökonomischen Niveau der zur Spezialisierung bzw. Kooperation vorgesehenen Erzeugnisse oder Zweige entscheidend bestimmt. Huber fordert den Einsatz verschiedener ökonomischer Stimuli, um die Produktionszusammenarbeit als einen wesentlichen Faktor des Wirtschaftswachstums und vor allem der Angleichung des ökonomischen Entwicklungsniveaus im RGW-Bereich viel wirksamer ausnutzen.

Veränderungen der internationalen Arbeitsteilung unter den Bedingungen der wissenschaftlich-technischen Revolution

Über diesen Schwerpunkt gab es auf der Konferenz einen sehr regen Gedankenaustausch z. B. darüber, welche Veränderungen in den Wechselbeziehungen zwischen den natürlichen, technischen und ökonomischen Bedingungen des Wachstums gegenwärtig eingetreten bzw. künftig zu erwarten sind. Den Anlaß dazu bot der Beitrag E. Taeschners über die Bedeutung der natürlichen Bedingungen für die internationale Arbeitsteilung (S. 130 ff.). Taeschner setzt die Akzente anders als z. B. Kohlmey (S. 24 ff.). Morgenstern unterstützte Taeschner und wandte sich in der Aussprache u. a. gegen die These Kohlmeys, daß bisher bei der internationalen Arbeitsteilung der RGW-Länder der natürliche Faktor zu hoch bewertet worden sei.

Taeschner untersucht in seiner Studie den Einfluß der modernen Wissenschaft und Technik auf die tendenziell sinkende Abhängigkeit der Industrie von den Naturressourcen (geringerer spezifischer Rohstoff- und Brennstoffverbrauch; elastischere, von den örtlichen Naturbedingungen weniger abhängige Standortverteilung der Produktion). Da aber jede Produktion letztlich von natürlichen Stoffen ausgehen müsse, werde es auch stets eine internationale Arbeitsteilung zwischen rohstoffarmen und rohstoffreichen Ländern geben. Allerdings verändere sich ihr Charakter (S. 151).

In der Diskussion, an der zu dieser Frage besonders K.H. Domdey teilhatte, wurde hervorgehoben, daß gegenwärtig beträchtliche natürliche Ressourcen noch völlig ungenutzt seien, so die Weltmeere als Nahrungsquelle und Futterbasis, die Bodenschätze unter dem Meeresboden, die Kernfusion und andere Energiequellen (z. B. im Erdinnern) und die klimatischen Bedingungen für den Tourismus in Entwicklungsländern.

Bei allen diesen Fragen seien internationale Lösungen auf der Grundlage der Gleichberechtigung erforderlich. Nationale Alleingänge reichten hier in der Regel keineswegs aus.

Das Konferenzmaterial enthält auch Vorschläge zur Lösung des Rohstoffproblems im RGW-Bereich, besonders in den Beiträgen von Kiss und Taeschner. Der ungarische Wirtschaftswissenschaftler entwickelt die Ansicht, daß ein entscheidender Weg die gemeinsame Ausarbeitung umfassender Pläne für die perspektivische Rohstofförderung durch die finanzielle und materielle Beteiligung interessierter RGW-Länder sei (S. 274 ff.). Dabei gehe es nicht um einseitige Preisveränderungen, sondern um komplexe Maßnahmen, durch die den ökonomischen Interessen der Produzenten und Abnehmer gleichermaßen entsprochen werden könne. In der Diskussion wurde diese These im wesentlichen unterstützt, wenn auch erweitert: Die Zusammenarbeit der RGW-Länder auf dem Gebiet der Rohstoffproduktion müsse mit der Spezialisierung und Kooperation der Produktion von modernen Maschinen und Ausrüstungen verbunden werden. Es komme darauf an, gemeinsam die wissenschaftlich-technische Revolution zu meistern, der Sowjetunion, dem entscheidenden Rohstoffproduzenten und

-lieferanten des RGW-Bereichs, moderne Fertigerzeugnisse anzubieten, aber auch in internationaler Kooperation Maschinen und Ausrüstungen von ihr stärker zu beziehen. Dadurch können sich die stark von Rohstoffimporten abhängigen Länder, wie z. B. die DDR und die VR Ungarn, einen Markt und damit die Voraussetzungen für die Rohstoffeinfuhren schaffen; künftig spielen auch Substitutionen durch Halbfabrikate und bearbeitete Rohstoffe (Erzkonzentrate, Erzeugnisse der II. Verarbeitungsstufe) eine größere Rolle.

In der Diskussion fiel in diesem Zusammenhang die Äußerung, daß die internationale "Konvertibilität" moderner Fertigerzeugnisse eine Schlüsselaufgabe der sozialistischen Industriestaaten sei. Mit ihrer Lösung ließen sich viele andere Aufgaben, auch das Rohstoffproblem, schneller und leichter lösen. Nitzsche ging ausführlich auf diese Frage ein, begründete, warum in der DDR "radikale" Strukturveränderungen (vor allem im Produktionsbereich) notwendig seien und wie unter dem Blickwinkel effektiver Exporte und Importe nationale Strukturpolitik betrieben werden könne. Kiss bemerkte in der Diskussion, daß die Industrie der DDR im Verhältnis zu ihrem Niveau international nicht genügend spezialisiert sei.

Domdey wandte sich gegen Formulierungen von einem in sich geschlossenen RGW-System und betonte die Möglichkeiten intersystemarer wirtschaftlicher Zusammenarbeit im Interesse der außenwirtschaftlichen Effektivität der sozialistischen Länder und der Verbesserung ihrer Strukturen. Brauer unterstrich demgegenüber, daß die Möglichkeiten intersystemarer Spezialisierung und Kooperation wegen der Konzernpolitik und der imperialistischen Politik im allgemeinen, besonders gegenüber der DDR (Problem der Diskriminierung), mit Gefahren verbunden und folglich begrenzt seien.

In den vorliegenden Arbeiten gibt es und auch in der Diskussion gab es unterschiedliche Auffassungen darüber, welche Wirkungen Rohstoffeinfuhren und Maschinenimporte auf das Wirtschaftswachstum haben. Kiss bezeichnet den Import von Rohstoffen auf Grund der hohen Fondsintensität dieser Produktion als de-facto - Kapitalimport (S. 263), während Kohlmey die Ansicht vertritt (S. 96), diese Einfuhr sei nur ein indirekter Wachstumsfaktor. Huber und Sydow werfen hierzu die Frage auf (S.109), ob diese unterschiedliche Wertung der Bedeutung beider Faktoren (der Einfuhren an Maschinen und Rohstoffen) berechtigt sei, und verneinen sie. Die Erfahrung zeige, daß der Import von Maschinen mit schlechten technisch-wirtschaftlichen Parametern das Wachstum keineswegs positiv beeinflusse; umgekehrt seien Rohstoffimporte, die ein technologisch höheres Verarbeitungsniveau erlauben, ein wichtiger Wachstumsfaktor. In diesem Sinne sprach in der Diskussion auch Nitzsche.

Schließlich finden sich in diesem Band viele Überlegungen zur volkswirtschaftlichen Strukturpolitik unter den verschiedenen sozialökonomischen Bedingungen. So behandelten besonders Morgenstern, Kiss, Keil, Kohlmey wie auch Huber Probleme der Entwicklung effektiver Volkswirtschaftsstrukturen durch die Ausnutzung der sozialistischen internationalen

Arbeitsteilung. Morgenstern arbeitet zum Beispiel allgemein Erfordernisse für eine rationelle Strukturentwicklung heraus und analysiert wichtige allgemeingültige Strukturprozesse und -tendenzen. Sie werden durch historische, ökonomische und natürliche Bedingungen in den einzelnen Ländern modifiziert. Deshalb sei jeder Strukturschematismus fehl am Platze. Ausführlich gehen Kohlmey, Morgenstern, Huber und Kiss auf die effektive sozialistische internationale Konzentration und Spezialisierung der Produktion als entscheidende Basis für eine effektive Volkswirtschaftsstruktur ein.

Von Keil und Morgenstern wurde in der Diskussion die These begründet, daß die ehemals weniger entwickelten RGW-Länder eine objektiv notwendige Phase der Mehrzweigentwicklung durchlaufen müssen, die mit wachsendem ökonomischem Entwicklungsniveau schwächer werde. Huber wies darauf hin, daß die Unterschiede in der Volkswirtschaftsstruktur zwischen den RGW-Ländern schneller reduziert wurden als jene im ökonomischen Entwicklungsniveau. Entscheidende Ursache dafür seien die Rückstände in der Produktion moderner, hohen wirtschaftlichen und technischen Ansprüchen genügender Erzeugnisse.

Weitere Probleme, auf die nur hingewiesen werden kann, sind die Beziehungen zwischen Industrialisierung und Außenhandelsintensität (G. Kohlmey, Einige Zusammenhänge..., S.38 ff.), die Unterschiede zwischen extensivem und intensivem Wachstum der Außenwirtschaftsbeziehungen (Kohlmey, Huber und Sydow) wie auch die Zusammenhänge zwischen Strukturpolitik und Elastizität und Probleme bei der Veränderung der Makro- und Mikrostrukturen in der DDR (Kiss, Kohlmey).

Charakter und Funktionen der verschiedenen weltwirtschaftlichen Mechanismen

In den schriftlichen Beiträgen werden, mit Ausnahme der Studie von Kühne, die Fragen des weltwirtschaftlichen Mechanismus in den verschiedenen Produktionsweisen im wesentlichen nur am Rande behandelt. Das galt auch für die Diskussion.[9] Es sei jedoch darauf aufmerksam gemacht, daß Gündel und Nehls in ihren Studien auf verschiedene Aspekte und Elemente des Mechanismus im kapitalistischen Weltwirtschaftssystem verweisen, so auf den Kapitalexport, die Preisproblematik und die Zahlungsbilanz.

Auch auf die Probleme des Mechanismus der internationalen Wirtschaftsbeziehungen zwischen sozialistischen Staaten wird wiederholt eingegangen. In diesem Weltwirtschaftsbereich, so meint Huber,[10] könne "der Angleichungsprozeß nur schwer gelöst werden", wenn "beim internationalen Austausch nur vom Gesetz der internationalen Werte" ausgegangen werde. Dieses Gesetz habe seine "letztlich entscheidende Rolle verloren", der Gebrauchswert, die Bedürfnisbefriedigung sei zum Ziel der Produktion geworden, was zur Folge habe, daß in der internationalen sozialistischen Wirtschaftszusammenarbeit das

Wertgesetz nur "im komplexen Wirken mit den sozialistischen Prinzipien der Zusammenarbeit" berücksichtigt und ausgenutzt werden könne.

Keil (S. 301 ff.) befürwortet "den Drang nach stärkerer Ökonomisierung" der internationalen Wirtschaftsbeziehungen zwischen sozialistischen Staaten, wendet sich aber (S. 319) gegen Aus, der annehme, daß die zentrale Planung die Beseitigung von Disproportionen und die internationale Spezialisierung hemme.

Kohlmey befürwortet in seinen Beiträgen einen Ausbau des internationalen Marktmechanismus der sozialistischen Staaten und fordert u. a. mehr Wahlmöglichkeiten, Entscheidungsfreiheit und Elastizität für die Teilsysteme, eine stärkere internationale Beweglichkeit der Produktionsfaktoren und eine Dezentralisierung der Kreisläufe.[11] An anderer Stelle wird auf die Bedeutung erweiteter Kreditbeziehungen zwischen sozialistischen Volkswirtschaften hingewiesen.[12]

Probleme des monetären weltwirtschaftlichen Mechanismus werden im Beitrag Kühnes behandelt. Er unterstrich in der Diskussion die Rolle monetärer Kategorien für die Entwicklung intensiver Außenwirtschaftsbeziehungen sozialistischer Länder. Er hob die wachsende Bedeutung geldlicher Reserven für die Elastizität des Reproduktionsprozesses hervor und charakterisierte das Geld als Steuerungsmittel und damit Wachstumsfaktor. Kühne sprach im Zusammenhang mit Bemerkungen über die Ausarbeitung einer Finanzprognose bis 1980 ausführlich über Möglichkeiten und Grenzen der Einführung einer Währungskonvertibilität im RGW-Bereich.

In der Diskussion hoben Kiss und Brauer hervor, daß ohne einen neuen Außenwirtschaftsmechanismus im RGW-Bereich auch nicht eine Teilkonvertibilität erreicht werden könne.

Kühne wendet sich ausdrücklich dagegen, das spezifische Wirkungsfeld des Weltgeldes nur im Bereich des internationalen Austausches und der Abwicklung internationaler Finanzoperationen anzuerkennen. Für ihn trägt Marx Theorie des Weltgeldes universellen Charakter: Sie ist jeder Ware-Geld-Wirtschaft immanent und umfaßt auch alle monetären Seiten (die inneren und die äußeren) der Außenwirtschaftsbeziehungen. Kühne fordert auf dieser Grundlage, die Außenwirtschaftsbeziehungen im RGW über Veränderungen der Inlandpreise und der Valuta-Umrechnungssätze wie auch die volle Ausschöpfung des Kreditspielraumes der Zahlungsbilanz maximal zu entfalten.

Einige Schlußfolgerungen

Natürlich schöpfen unsere Beiträge das Thema nicht aus. Das tat auch nicht die Diskussion. Es ist aber möglich, anhand der schriftlichen Studien und mündlichen Ausführungen einige ausgewählte Aufgaben für die weitere Forschungsarbeit zu formulieren, wobei wir uns auf die Volkswirtschaft der Deutschen Demokratischen Republik beschränken wollen:

1. Die Festigung der sozialistischen Produktionsverhältnisse, das bedeutsame Wachstum der Produktivkräfte, die wissenschaftlich-technische Revolution, der wirtschaftliche Wettkampf mit dem Kapitalismus und die begonnenen Veränderungen in den Systemen der Planung und Leitung in den RGW-Ländern stellen die Aufgabe, nicht nur ein System der Außenwirtschaft, sondern auch ein System der sozialistischen internationalen Produktions- und Marktintegration auszuarbeiten.

2. Um eine effektive Volkswirtschaftsstruktur der DDR zu erreichen, sind Forschungen notwendig, wie die außenwirtschaftlichen Einflüsse, besonders der sozialistischen Partnerländer, maximal in unsere nationale Strukturpolitik einbezogen werden können. Dabei ist die prognostische Arbeit beträchtlich zu verbessern.

3. Hiermit im Zusammenhang sind eine praktisch anwendbare komplexe Theorie und entsprechende methodologische Voraussetzungen der vielfältigen Nutzeffekte aus der internationalen sozialistischen wissenschaftlich-technischen und Wirtschaftszusammenarbeit zu schaffen. Besonders wichtig wären Arbeiten zur Analyse und Messung der Konzentrations-, Substitutions- und Struktureffekte.

Ich danke dem Institutsdirektor Prof. Dr. h. c. F. Oelßner und seinem Stellvertreter, Prof. Dr. habil P. Hess, für ihre Initiative bei der Vorbereitung und Durchführung der Konferenz. Mein Dank gilt ferner Dr. P. Sydow, dem wissenschaftlichen Redakteur dieses Bandes.

G. Kohlmey

Fußnoten

1 Der Beitrag von G. Huber, Der Einfluß der internationalen sozialistischen Arbeitsteilung auf das ökonomische Wachstum der RGW-Länder, unter besonderer Berücksichtigung des ökonomischen Entwicklungsniveaus, erscheint, zusammen mit einigen anderen Konferenzmaterialien, in: Probleme der politischen Ökonomie, Jahrbuch des Instituts für Wirtschaftswissenschaften, Band 11, Akademie-Verlag, Berlin 1968.

2 Die Materialien der Konferenzgruppe "Reproduktions- und Wachstumstheorie" sowie "Steuerung und Regulierung" erscheinen in gesonderten Bänden. (Vgl. das Gesamtinhaltsverzeichnis am Schluß dieses Bandes.)

3 Vgl. u. a. den Beitrag von G. Kohlmey, Bemerkungen zur Theorie ..., S. 77 ff. - Vgl. ferner: G. Kohlmey, Karl Marx' Außenhandelstheorie und Probleme der außenwirtschaftlichen Beziehungen zwischen sozialistischen Staaten, in: Wirtschaftswissenschaft, Heft 8/1967, S. 1233 ff.

4 Vgl. G. Huber, a.a.O.; P. Friedländer, S. 228 ff; G. Kohlmey, Bemerkungen zur Theorie ..., S. 92 ff.

5 Vgl. K. Nehls, S. 213 ; P. Friedländer, S. 230 .

6 Vgl. P. Friedländer, S. 229 ; K. Nehls, S. 213 ff.; R. Gündel, S. 63.

7 Vgl. u. a. G. Kohlmey, Einige Zusammenhänge..., S. 20 .

8 Vgl. P. Sydow, S. 112; G. Kohlmey, Einige Zusammenhänge..., S. 32 ff.

9 Dies ist darauf zurückzuführen, daß auf der im Juni 1967 in Berlin veranstalteten "Kapital"-Konferenz Fragen des weltwirtschaftlichen Mechanismus unter sozialistischen Bedingungen relativ ausführlich abgehandelt wurden. (Vgl. den in Anmerkung 3 angeführten Beitrag von G. Kohlmey, Karl Marx' Außenhandelstheorie... .)

10 G. Huber, a. a. O.

11 G. Kohlmey, Bemerkungen zur Theorie ..., S. 97 ff. Vgl. auch G. Kohlmey, Einige Zusammenhänge..., S. 40 ff.

12 G. Kohlmey, Einige Zusammenhänge..., S. 35 ff.

GUNTHER KOHLMEY

Einige Zusammenhänge zwischen Wirtschaftswachstum und Außenhandel

Zur Problematik

Es gibt viele kausale und funktionale Zusammenhänge zwischen Wirtschaftswachstum und Außenhandel bzw. Außenwirtschaft. Sie können in aggregierten und desaggregierten Zuständen untersucht werden. Aggregierte Zusammenhänge wären etwa die Beziehungen zwischen Export und/oder Import und gesellschaftlichem Bruttoprodukt bzw. Nationaleinkommen, also:

$$\triangle (X + M), \triangle X, \triangle M \longleftrightarrow \triangle G, \triangle Y$$

Die Desaggregation erfolgt in Stufen. Erste Stufe etwa:

$$\triangle (X + M), \triangle X, \quad M \longleftrightarrow I, \triangle C, \triangle R$$

Weitere Stufen könnten z. B. sein:

- Investitionen und Rohstoffimport,
- Investitionen in der Landwirtschaft und Agrarmaschineneinfuhr,
- Außenhandelsumsatz und Binnenverkehr.

Schließlich wäre die letzte Stufe der Zusammenhang einzelner Produktionen, Investitionen usw. mit der Einfuhr/Ausfuhr. (Unter Beachtung des Zeitfaktors!)

Um zunächst relativ einfache Gleichungssysteme (Modelle) zu erhalten, können G, Y, I usw. als unabhängige und (X + M), X, M als abhängige Variable gesetzt werden, und umgekehrt.

Komplikationen ergeben sich, wie schon angedeutet, durch den Einbau des Zeitfaktors: Simultaneität, Kurz- und Langfristigkeit,

Die Aussagekraft verwendeter mathematisch-statistisch-ökonomischer Instrumente hängt entscheidend davon ab, wie es gelingt - das gilt vor allem für die Kausalprozesse -, bei der Formulierung der Modelle in den Zielfunktionen, Randbedingungen und Elementen die gesellschaftlichen Verhältnisse, vor allem die Produktionsverhältnisse, zu beachten. Die propensity to consume bzw. to export bei Keynes oder dessen Multiplikator sind ja nicht als Instrumente falsch, sie werden falsch verwendet, z. B. mit angeblich allgemeinen technischen und psychologischen Gesetzen verknüpft, die angeblich die kapitalistischen Wirtschaftsprozesse als Wirtschaftsprozesse schlechthin determinieren. (Weitere Mängel der Verwendung kommen hinzu.)

Gewiß sind die Modelle in der Regel so abstrakt (im Interesse ihrer Einfachheit und Lösbarkeit), daß die hinreichende Berücksichtigung der konkreten nationalen und internationalen Verhältnisse erst bei der Verifizierung möglich ist. Unabhängig davon ist es aber ein grundlegender Mangel vieler nichtmarxistischen Außenhandelstheorien, daß sie die gegebenen sozialen, wirtschaftlichen und politischen Verhältnisse negieren oder gar fälschen, häufig einfach dadurch, daß aus ganz einfachen Formalisierungen unmittelbare Schlüsse für die Wirklichkeit gezogen werden. Sehr oft geschieht das auch dadurch, daß in den Gleichungssystemen nicht nur mit formalen, sondern mit formalen *monetären* Ausdrücken gearbeitet wird, z. B. in der Multiplikatorkonzeption Keynes' und Machlups. Derartige Geldausdrücke sind etwa Einkommen, Budget, Steuern, monetäre Nachfrage, und sie werden unabhängig vom Ziel des jeweiligen Außenhandels, von den Klassenverhältnissen, den kapitalistischen Eigentums- und Konkurrenzverhältnissen gefaßt. Vor allem aber kaschieren monetäre Kategorien, die *auf diese Art* gehandhabt werden, die Wert- und Mehrwertproblematik, die soziale Ausbeutung und die internationale Umverteilung von nationaler Mehrarbeit mittels Zins, Außenhandelspreisen, Frachtraten usw.

Sehr wichtig ist in diesem Zusammenhang auch die Unterscheidung zwischen regionaler und sozialökonomischer Zuordnung von Einkommen, Außenhandelsgewinnen usw. Das gilt vor allem für die sogenannten Entwicklungsländer. Das dortige System der *dual economy* ist grundlegend dadurch gekennzeichnet, daß wichtige oder sogar alle modernen Produktionen den Monopolgesellschaften der kapitalistischen Industriestaaten gehören. Die kapitalistische Apologie "abstrahiert" dabei auch gern von der wirtschaftlichen Ausplünderung der kleinen Produzenten in den Entwicklungsländern durch eben die erwähnten Monopolgesellschaften.

Ziele des Außenhandels

Wachstumsprobleme können nicht ohne Formulierung des Ziels und Wachstumsmodelle nicht ohne Zielfunktion gelöst bzw. aufgebaut werden. Das Ziel des Wachstums und seiner Faktoren, dabei des Außenhandels bzw. der Außenwirtschaft, ergibt sich aus den gegebenen Produktionsverhältnissen. Das Ziel des kapitalistischen Außenhandels ist Profitmaximierung, seine Triebkraft ist das Gewinninteresse der kapitalistischen Eigentümer.[1] Als Grundnorm (natürlich nicht für jeden Einzelfall) gilt, daß Außenhandel nur und überall dort betrieben wird, wo höhere Kapitalgewinne als ohne Außenhandel zu erzielen sind bzw. dies angenommen wird.[2] Die Verwertung des Kapitals setzt dem kapitalistischen Außenhandel Spielraum und Grenze. Sie ist seine Triebkraft. Das hat Karl Marx überzeugend nachgewiesen. Das ist einer seiner großartigen Beiträge zur Theorie des Außenhandels.

Also können Wachstumsmodelle, in denen die Maximierung von Y als Ziel des Außenhandels formuliert wird, nicht oder nicht ohne weiteres auf kapitalistische Bedingungen projiziert werden.

Das Ziel des sozialistischen Außenhandels ist meiner Meinung nach die Maximierung des verfügbaren Nationaleinkommens, was langfristig dessen rationelle Verwendung einschließt. Das Ziel ist also nicht die Maximierung des gesellschaftlichen Gesamtprodukts, weil es nicht auch um die Maximierung von $(c_f + c_z)$, entsprechend der bekannten Marxschen Formel, geht, sondern nur um die Maximierung von $(v + m)$. Bei gegebenem $(c_f + c_z)$ soll $(v + m)$ maximiert werden, bei gegebenem $(v + m)$ ist $(c_f + c_z)$ zu minimieren.

Kurzfristig genügt es nicht (es ist notwendig, aber nicht hinreichend), das Nationaleinkommen zu maximieren. Das verfügbare Nationaleinkommen muß außerdem so rationell wie möglich verwendet werden; der Außenhandel hat dabei mitzuwirken. Es ist zweckmäßig, diese rationelle Verwendung als eine Bedingung und als das Ziel die Maximierung des Nationaleinkommens zu formulieren.

Außenhandel und Gleichgewicht

Bei den Modellbedingungen der Zusammenhänge von Wirtschaftswachstum und Außenhandel stoßen wir auf die Probleme des Gleichgewichts. Der Außenhandel soll helfen, die Wirtschaft im Wachstum dem Gleichgewicht zu nähern bzw. im Gleichgewicht zu halten.
Um welches Gleichgewicht handelt es sich aber hierbei?

Zumindest drei aggregierte Gleichgewichtsprozesse spielen hinein:
- das Gleichgewicht der Weltwirtschaft,
- das Gleichgewicht des nationalen Reproduktionsprozesses,
- das Gleichgewicht der Zahlungsbilanz.

Leider gibt es in der Literatur keine exakten und folglich auch einheitlichen Definitionen dieser drei Gleichgewichtsprozesse.

Ich persönlich verstehe unter dem weltwirtschaftlichen Gleichgewicht einen Zustand bzw. Prozeß, in dem sich in den einzelnen Volkswirtschaften die Produktivität auf einem annähernd gleichen Niveau befindet bzw. von diesem Niveau aus annähernd gleichmäßig entwickelt.

Der weltwirtschaftliche Gleichgewichtszustand wird angestrebt, wenn nationale Wirtschaftspolitik und internationale Zusammenarbeit darauf orientieren, ein in allen Ländern annähernd gleiches Produktivitätsniveau bzw., auf dieser Grundlage, annähernd gleiches Wachstum anzusteuern.

Das Gleichgewicht des nationalen Reproduktionsprozesses wird erreicht bzw. angestrebt, wenn die Optimierungsaufgabe der Maximierung von Y gelöst bzw. gestellt wird und dementsprechend alle Elemente des Optimierungsprozesses (Güter, Leistungen, Arbeitskräfte, Geld) proportioniert werden.

Das Gleichgewicht der Zahlungsbilanz ist, im Unterschied zu den beiden vorhergehenden Zuständen bzw. Prozessen, ein Gleichgewicht monetärer Natur. Es bedeutet Sicherung der inneren bzw. äußeren Finanzierung der einzelnen Posten der Zahlungsbilanz. Rein formal ist jede Zahlungsbilanz stets ausgeglichen. Aber Bilanz ist nicht Gleichgewicht. Gleichgewicht der Zahlungsbilanz ist bei jederlei Art von Saldo ($S \gtreqless 0$) möglich.

Zwischen den drei skizzierten Gleichgewichtsprozessen gibt es Widersprüche. Allerdings sind sie im Kapitalismus von durchaus anderer Natur als im Sozialismus, und folglich wirken sie dort unter durchaus anderen Bedingungen und mit durchaus anderen Effekten.

So führt z. B. die kapitalistische Profitmaximierung in der heutigen Zeit wiederholt zum berüchtigten magischen Dreieck: Vollbeschäftigung - Inflation - Zahlungsbilanz, also zu grundlegenden Widersprüchen zwischen diesen drei Zielen. Vor allem aber ist für die kapitalistischen Außenhandelsprozesse die Vergrößerung der Differenz zwischen dem Entwicklungsniveau der kapitalistischen Industriestaaten und dem der sogenannten Entwicklungsländer kennzeichnend. Das relative nationale Gleichgewicht der Reproduktionsprozesse in den Industriestaaten wird im kapitalistischen Ausbeutungssystem nur durch kumulative Prozesse des weltwirtschaftlichen Ungleichgewichts und der nationalen Ungleichgewichte in den abhängigen und wenig entwickelten Gebieten angesteuert.

Im Sozialismus sichern die gefundenen (prakt zierten und noch nicht praktizierten) und die noch zu findenden Methoden der nationalen Wirtschaftspolitik und internationalen Zusammenarbeit, daß ein Zustand (langfristiger Prozeß) des weltwirtschaftlichen Gleichgewichts angesteuert wird. Während die sozialistischen Produktionsverhältnisse fördernd wirken, üben die aus dem Kapitalismus übernommenen großen nationalen Produktivitätsdifferenzen und die vom imperialistischen Lager hervorgerufenen Spannungen nachteilige Wirkungen auf den Prozeß der allmählichen Angleichung des technisch-wirtschaftlichen Entwicklungsniveaus der sozialistischen Staaten aus.

Beim Aufbau der sozialistischen Gesellschaft gibt es auf dem Wege zum Gleichgewicht der nationalen Reproduktionsprozesse und zum weltwirtschaftlichen Gleichgewicht durchaus Widersprüche zwischen den drei erwähnten Gleichgewichtsprozessen. Vor allem der Kampf um das Zahlungsbilanzgleichgewicht zwingt wiederholt zu Hemmungen auf dem Wege zum nationalwirtschaftlichen und weltwirtschaftlichen Gleichgewicht.

Bei einer formalen Analyse können drei Prozesse untersucht werden:

1. Die Wirkung der Veränderung des Außenhandels auf das gesellschaftliche Produkt, also:

$\triangle(X + M)$, $\triangle X$, $\triangle M \longleftrightarrow \triangle G'$, $\triangle Y'$, $\triangle P$, $\triangle I$, usw.

2. Die Wirkung des inneren Wachstums auf den Außenhandel, also:

$\triangle G$, $\triangle Y$, usw. $\longrightarrow$ $\triangle(X + M)$, $\triangle X$, $\triangle M$

3. Die Wechselbeziehungen zwischen den Veränderungen der beiden Seiten.

Wenn anschließend einige Ausführungen zu diesen Analysen und Wechselbeziehungen gemacht werden, sollen als Bedingungen, wenn nichts anderes vermerkt, angenommen werden:

Binnenpreise = Außenpreise,

konstante Preise,

lineare Prozesse,

simultane Prozesse.[3]

Aus der Fülle der Problematik will und kann ich hier nur einige Prozesse, nur einige Fälle herausgreifen.

1. Fall

Stoffliche Veränderung des gesellschaftlichen Produkts

Unabhängig vom Saldo der Zahlungsbilanz und den möglichen wertmäßigen (preismäßigen) Veränderungen des Bruttoprodukts bzw. Nationaleinkommens trägt der Zuwachs des Außenhandels dazu bei, die erweiterte Reproduktion dadurch zu verändern (zu erleichtern, zu erschweren, unmöglich zu machen), daß eine entsprechende stoffliche Veränderung des Brutto- bzw. Nettoprodukts herbeigeführt wird.

Wenn wir M = X annehmen und auch die obenerwähnten Bedingungen voraussetzen, ist das im Inland verfügbare Brutto- bzw. Nettoprodukt (G' bzw. Y') gleich dem produzierten Produkt, also:

$$G' = G + M - X \qquad \text{oder:} \qquad (M = X)$$
$$Y' = Y + M - X$$

Wertmäßig hat sich, entsprechend unseren Voraussetzungen, nichts geändert, wohl aber sind die Gebrauchswerte, also die Träger der Werte, umstrukturiert worden. In unserer Gleichung haben wir angenommen, daß alle Teilaggregate der gesamtgesellschaftlichen Gebrauchswertmasse durch Einfuhr und Ausfuhr umgestaltet worden sind. Es ist natürlich möglich, daß nur einige Positionen, z. B. c_f, betroffen werden.

Selbstverständlich ist das Problem der stofflichen Veränderung des gesellschaftlichen Brutto- bzw. Nettoprodukts durchaus historischer Natur, vor allem abhängig vom Entwicklungsstand der Produktivkräfte und vom Charakter und Entwicklungsniveau der Produktionsverhältnisse.

Wenn wir vereinfachen, so war für den Welthandel des 19. Jahrhunderts und, mit Einschränkungen, auch noch der ersten vier Jahrzehnte des 20. Jahrhunderts der Austausch von Rohstoffen gegen Fertigwaren kennzeichnend. Dazu war bzw. ist im Kapitalismus die sozialökonomische Form des Kolonialsystems bzw. der abhängigen Entwicklungsländer (Neokolonialismus) notwendig. Die Kolonien und abhängigen Gebiete mußten bzw. müssen den "Mutterländern" Rohstoffe, Brennstoffe und Nahrungsmittel liefern, wofür sie im nichtäquivalenten Austausch einfache Fertigwaren erhalten. Es bildeten sich die Monokultur und die damit verbundene regionale Konzentration der Ausfuhr und Einfuhr auf das "Mutterland" (oder doch einige wenige kapitalistische Industriestaaten) heraus. Die Wirtschaftsstruktur der abhängigen Gebiete blieb arm und wurde deformiert, die Wirtschaften dieser Länder wurden unelastisch, waren den "Weltmarktgewittern" (Marx) in Gestalt von Preisschwankungen, Krisen usw. ausgeliefert und gerieten in völlige wirtschaftliche und politische Abhängigkeit von den großen kapitalistischen Staaten.

Auf der anderen Seite waren die kapitalistischen Industriestaaten beim Stand der Produktionstechnik im 19. Jahrhundert und zum Teil auch noch in den ersten Jahrzehnten des 20. Jahrhunderts in der Lage, wichtige Produktionseinrichtungen selbst herzustellen, ohne nennenswerte internationale Kooperation und Spezialisierung. Der Anteil des internationalen Maschinenhandels am Welthandel war bis ins 20. Jahrhundert hinein relativ gering; Rohstoffe (einschl. Brennstoffe und Nahrungsmittel) und industrielle Konsumgüter dominierten.

Die modernen technisch-wissenschaftlichen Umwälzungen hatten bzw. haben jedoch zur Folge,

- daß die Fertigwarenproduktion und der internationale Fertigwarenhandel schneller zunehmen als die Rohstofferzeugung und der Rohstoffhandel (Materialeinsparung durch Verwendung synthetischer Erzeugnisse, Leichtbauweise, Mikrotechnik und andere rationelle Produktionstechnologien);
- daß nicht mehr alle wichtigen Sortimente der wichtigen Produktionsinstrumente und Konsumgüter in einem einzigen Industrieland hergestellt werden können (Großserienproduktion usw.), was internationale Produktionsintegration und damit stark zunehmenden Fertigwarenhandel zwischen den Industriestaaten zur Folge hat;
- daß einfache industrielle Produktionen in den Entwicklungsländern entstehen (bzw. aus kapitalistischen Industriestaaten in diese verlagert werden), was ebenfalls zu strukturellen

Veränderungen des Welthandels, dabei der Aus- und Einfuhren der Entwicklungsländer, führt;

- daß die Agrarproduktion in den kapitalistischen Industriestaaten modernisiert wird und große Mengen Nahrungsmittel in die Entwicklungsländer geliefert werden, weil deren landwirtschaftliche und Gesamtproduktivität unter kapitalistischen Bedingungen im Wachstum hinter dem der Bevölkerung zurückbleibt.

DDR-Problematik

Für die sozialistische DDR war es bisher im System der gleichberechtigten internationalen Zusammenarbeit mit anderen sozialistischen Staaten, besonders der UdSSR, durchaus möglich, Fertigwaren gegen Rohstoffe auszutauschen. Aber es gibt zunehmend Gegentendenzen, denen wir Rechnung zu tragen haben:

1. Moderne Fertigwarenproduktion verlangt große Serie, Baukastensystem usw. Das wiederum macht nationale Konzentration und internationale Spezialisierung notwendig. Die Fertigwareneinfuhren der DDR müssen also in Zukunft schneller zunehmen als die übrigen Einfuhren und auch als die Produktion. Rationelle Materialwirtschaft, Umstrukturierungen der Produktion und Substitution ballastreicher durch rationellere Rohstoffimporte, vor allem aber Substitution von Rohstoffimporten durch Halbzeug- und Fertigwareneinfuhren sind unerläßlich.

2. Jedes sozialistische Land will und soll ein moderner Industriestaat sein bzw. werden. Also kann es auf die Dauer nicht überwiegend Rohstoffe ausführen.

3. Die Rohstoffeinfuhren der DDR kommen vor allem aus der Sowjetunion. Lange und ungünstige Transportwege setzen zum Teil enge Effektivitätsgrenzen, ebenso einige Erkundungs-, Erschließungs- und Produktionsaufwendungen wie auch Sortimentierungsmöglichkeiten. Die unter Punkt 1 und Punkt 2 genannten Prozesse, aber auch der rationelle und politisch gesicherte Einbau der RGW-Arbeitsteilung in die allgemeine internationale Arbeitsteilung bieten gewisse Entlastungsmöglichkeiten.

Alle drei Punkte sprechen dafür, die DDR-Wirtschaft national stärker zu konzentrieren und international mehr zu spezialisieren. Das ist die Hauptaufgabe unserer Strukturpolitik.

Konzentration und Diversifikation

Der modernen Produktion sind zwei Tendenzen eigen: die Tendenz zur Konzentration und zur Diversifikation.

In jeder Volkswirtschaft muß also das Optimum zwischen zwei Extremen gesucht und gefunden werden: zwischen dem Extrem der Monokultur mit hoher Konzentration der Produktionsfaktoren wie auch hoher Außenhandelsabhängigkeit und dem Extrem starker Diversifikation mit weitgehender Selbstversorgung und wenig außenwirtschaftlichen Bindungen. Allerdingswäre es nicht richtig anzunehmen, daß bei Monokultur und entsprechender Konzentration der produktiven Kräfte die höchste volkswirtschaftliche Produktivität erreicht werden könnte; denn erstens sind Monokulturen immer Rohstoffkulturen und außerdem verlangt die volkswirtschaftliche Produktivität stets eine gewisse Streuung der Bildung, Forschung und Produktion. Deshalb sind auch im Sozialismus Monokulturen auf die Dauer unrationell; allerdings können sie zunächst unter Umständen beibehalten werden, der Abbau wird allmählich geschehen und, wie etwa bei Kubas Zucker, vielleicht zwei Jahrzehnte und mehr in Anspruch nehmen, weil mit den anderen sozialistischen Staaten langfristige Abnahme- und Liefervereinbarungen abgeschlossen werden.

Elastizität

Die nationale Strukturpolitik setzt das Problem der außenwirtschaftlichen Elastizität einer Volkswirtschaft auf die Tagesordnung.

Beim Lösen des Widerspruchs, beim Finden des ökonomischen Optimismus zwischen den beiden Extremen, muß unter den heutigen internationalen Bedingungen die weltwirtschaftliche Manövrierfähigkeit einer Volkswirtschaft berücksichtigt werden. Je stärker die Tendenz zur Monokultur (also zu hoher Konzentration), desto unelastischer sind Exporte der Volkswirtschaft gegenüber Veränderungen auf dem Weltmarkt. Umgekehrt ist die Volkswirtschaft bei starker Streuung des Produktionsspektrums sehr elastisch; sie kann bei ungünstigen Exportsituationen leichter umstrukturieren.

Seit A. Marshall wird die Elastizität in einfacher Gestalt so ausgedrückt:

$$\eta = - \frac{dx}{dy} \cdot \frac{y}{x} \qquad 4$$

Im vorliegenden Fall wäre y (als unabhängige Variable) der Weltmarktpreis und x (als abhängige Variable) der Export.

Monokulturen weisen niedrige Preiselastizitäten ihrer Exporte aus; umgekehrt liegen die Dinge bei hoher Diversifikation der Ausfuhren. In einem solchen Fall kann man schnell umdisponieren, vom Binnen- auf den Außenmarkt verlagern und umgekehrt, auch Exportgüter auswechseln. Entwickelte Industriestaaten sind dazu in der Lage. Sie können komparative Vorteile mehr und besser ausnutzen.

Die erwähnte Elastizitätsformel ist auch für betriebliche Prozesse zu verwenden, für die gesamte Produktion eines Erzeugnisses und vor allem für marginale Prozesse, Produktionszuwächse für den Export und umgekehrt, Produktionsreduzierung wegen Exportreduzierung oder -verzicht.

Dabei spielt auch die Kostenelastizität der Exportproduktionen eine wichtige Rolle. Will man sie ermitteln, stellt in der Elastizitätsformel y als unabhängige Variable die Produktionsmenge und x als abhängige Variable die Kosten dar. Diese Ermittlung der Kostenelastizität bei Produktionen für den Außenmarkt, besonders bei zusätzlichen Produktionen, die vielleicht zum Kostenoptimum führen, hat bisher bei der Berechnung der Außenhandelsrentabilität meines Wissens kaum eine Rolle gespielt; es wird zu viel von den Durchschnittswerten ausgegangen.

2. Fall

Differenzen zwischen produziertem und verfügbarem Nationaleinkommen durch nichtausgeglichene Handels- und Dienstleistungsbilanz (Summenprinzip)

Es interessieren hier nicht die Gründe, warum $M \neq X$. Es wird einfach angenommen, daß M dem produzierten Y hinzugefügt und X von ihm abgezweigt wird, also:

$G' = G + M - X$ bzw.

$Y' = Y + M - X$ oder

$Y + M = Y' + X \qquad (M \neq X)$

Die Bewertung von M und X erfolgt in Auslandspreisen. Da wir aber von der Bedingung: Binnenpreise = Außenpreise ausgegangen sind, brauchen wir diese Problematik nicht gesondert zu erörtern.

Wenn wir die Verwendung des verfügbaren Nationaleinkommens ins Auge fassen, ergibt sich:

$$Y' = Y + M - X = C + I + R + T + M - X$$

Die Wirkung des Außenhandels auf das Nationaleinkommen besteht in diesem zweiten Fall lediglich in der Hinzufügung bzw. im Abzug des Saldos der Handels- und Dienstleistungsbilanz zum bzw. vom produzierten Nationaleinkommen (Summenprinzip). Das verfügbare Nationaleinkommen weicht um den Saldo der Handels- und Dienstleistungsbilanz vom Betrag des produzierten Nationaleinkommens ab.

Es ist demnach denkbar, daß ein Gleichgewicht des volkswirtschaftlichen Wachstums mit nichtausgeglichener Zahlungsbilanz, genau: passiver Handels- und Dienstleistungsbilanz herbeigeführt werden kann. Eine durchaus reale Annahme, auch für den Sozialismus! Gleichgewicht des Reproduktionsprozesses und Gleichgewicht der Zahlungsbilanz, speziell der Handels- und Dienstleistungsbilanz, brauchen nicht übereinzustimmen. (Ich lege hierbei die eingangs gegebenen Definitionen zugrunde.)

Unzureichendes Summenprinzip

Wir müssen festhalten, daß das hier gekennzeichnete Summenprinzip keineswegs ausreicht, um die Wirkungen des Außenhandels auf das wirtschaftliche Wachstum zu erklären. Wenn es isoliert und absolut genommen wird, desorientiert es sogar. Die Effektivität der Außenhandelstätigkeit selbst, die Effektivität aller M und X und schließlich alle Produktivitätseffekte, die vom Außenhandel auf das Wachstum des gesellschaftlichen Produkts (des produzierten Nationaleinkommens) ausgehen, werden im Summenprinzip nicht erfaßt. Wir können auch sagen: Die Hauptsache fehlt.

Der Mangel des Summenprinzips zeigt sich auch darin, daß sich aus ihm ergeben würde, daß *nur* eine passive Handels- und Dienstleistungsbilanz wachstumsfördernd ist. Dieser Effekt trifft aber nur für bestimmte wirtschaftliche Situationen, z. B. für bestimmte Entwicklungsstadien bestimmter Entwicklungsländer, zu.

Wir müssen also das Summenprinzip durch das Multiplikatorprinzip ergänzen. Dazu später, wenn wir den dritten Fall erörtern.

Wiederum: historische Aspekte

Wenn wir nun versuchen, auch diesen zweiten Fall des Zusammenhangs von Außenhandel und Wirtschaftswachstum historisch einzubetten, und dabei wiederum vereinfachen, so können wir sagen:

- Für den entstehenden Kapitalismus (Herrschaft des Kaufmanns- und Manufakturkapitals) war die aktive Leistungsbilanz (Handel und Dienste, besonders Schiffahrt) typisch.
- Die kapitalistischen Industriestaaten hatten bis zum zweiten Weltkrieg in der Regel eine passive Handelsbilanz; ganz besonders gilt das für England/Großbritannien. Die Einfuhrüberschüsse wurden mit Dienstleistungen und mit Profit- und Zinstransfer aus den Kolonien bzw. Schuldnerländern bezahlt.
- Die Kolonien hatten im allgemeinen einen Exportüberschuß, während die sogenannten Entwicklungsländer nach dem zweiten Weltkrieg, Ende der fünfziger Jahre, in eine passive Handelsbilanz hineingerieten.[5] (Die Passivität der Dienstleistungsbilanz war sowieso schon gegeben.) 1963 bis 1965 wurde in fob-Preisen mit Mühe ein Ausgleich erreicht. Ursache der Passivsalden: wachsende Lebensmittel-, Militär- und Industriewarenimporte; Absatzschwierigkeiten für viele eigene Erzeugnisse (Lebensmittel, Rohstoffe, Fertigwaren). Unter kapitalistischen Bedingungen wird diese Lücke nicht durch Industrialisierung in den Entwicklungsländern und Hilfe der kapitalistischen Industriestaaten geschlossen, sondern durch Kapitalexporte vergrößert. Die Abhängigkeit wächst; ein Teufelskreis![6] Es gibt *auf die*

Dauer[7] nur einen sicheren Weg: politische und wirtschaftliche Befreiung; soziale, revolutionäre Umgestaltungen; Zusammenarbeit mit den progressiven Kräften in der Welt, besonders den sozialistischen Staaten.

- Auch der wirtschaftliche Aufbau in jungen sozialistischen Staaten, die früher technisch-wirtschaftlich wenig entwickelt waren, erfolgt in der Regel mit passiver Handels- und Dienstleistungsbilanz. (So auch in der Sowjetunion bis in die Mitte der dreißiger Jahre.) Allerdings ist der Saldo im allgemeinen nicht groß und kann dank der nationalen Anstrengungen und Erfolge bei den sozialistischen Umgestaltungen, dank der Unabhängigkeit vom Imperialismus und schließlich dank der Zusammenarbeit mit anderen sozialistischen Staaten abgebaut werden.[8]

3. Fall

Vergrößerung des verfügbaren Nationaleinkommens durch Vergrößerung des produzierten Nationaleinkommens mittels Außenhandels bei ausgeglichener Handels- und Dienstleistungsbilanz

In diesem Fall trägt der Außenhandel dazu bei, bei ausgeglichener Handels- und Dienstleistungsbilanz (und wiederum bei Ausschaltung des Preisproblems) die Produktivität der nationalen Produktion zu erhöhen. Zu den im Fall Nr. 1 erwähnten gebrauchswertmäßigen Effekten kommen also die wertmäßigen hinzu. Dies geschieht

erstens durch die Veränderung der volkswirtschaftlichen Mikro- und Makrostrukturen mittels internationaler Arbeitsteilung und Außenhandel (Einstellung oder Aufnahme von Produktionen),

zweitens durch die Verbesserung der Produktionsfunktionen der gegebenen Produktionen.

Zu den Struktureffekten gehören u. a.

- die Aufnahme effektiver nationaler Fertigwarenproduktionen und der Verzicht auf Importe von Maschinen etc.,
- die Einstellung ungünstiger nationaler Produktionen und die Aufnahme (Vermehrung) entsprechender Importe,
- die Aufnahme neuer Exportproduktionen mit besseren Koeffizienten als andere Exportproduktionen.

Die "Produktion" von Investitionen gehört selbstverständlich in diese Zusammenhänge und spielt in ihnen eine ganz bedeutende Rolle.

Bei den Struktureffekten sind alle nennenswerten Verflechtungseffekte, sowohl bei den Ausfuhren als auch bei den Einfuhren, zu ermitteln.

Zur Verbesserung der Produktionsfunktionen gegebener Produktionen rechnen u. a.

- das "Einspringen" des Außenmarktes (über Exporte und Importe), um bei Versagen des Binnenmarktes die Kontinuität einer bestimmten Produktion aufrechtzuerhalten,
- die Aufnahme bzw. Vermehrung von Exporten, um durch Übergang zu großen Serien usw., auch durch bessere Kapazitätsausnutzung, zu Steigerungen der Arbeitsproduktivität (Kostensenkungen) zu kommen,
- die Einfuhr von Rohstoffen, Maschinen usw., um eine gegebene Produktion zu modernisieren, also die Produktionsfunktionen zu verbessern.

Es wäre leichtfertig und gegebenenfalls von negativer Wirkung, nur den einen oder anderen Faktor zu sehen bzw. ihn überzubewerten, etwa die Fondsintensität (den Kapitalkoeffizienten) oder die natürlichen Bedingungen.

Ebenso unrichtig wäre es, die Effektivitätsrechnungen auf die Bereiche zu beschränken, die exportieren bzw. importieren. Die Verflechtungen sind oft sehr wesentlich. Das gilt auch für Investitionsvorhaben.

Es sind auch Substitutionsrechnungen notwendig: Was kostet die nationale Produktion ohne Exporte oder genügend große Exporte? Was kostet eine Investition oder eine Produktion, wenn keine Importe vorgenommen werden?

Es müssen also Varianten berechnet und miteinander verglichen werden.

Bedeutung für die DDR

Diese Aufgabe ist für die Wachstums- und Strukturpolitik der DDR im Zeitraum bis 1980 von nicht geringer Bedeutung, ist doch bei vielen unserer Investitionsvorhaben der Anteil der eigenen Lieferungen zu hoch. Das bedeutet häufig Einzelfertigung oder doch kleine Serie. Es führt also zu hohen Kosten und bringt nicht immer Qualität von internationalem Niveau. Produktionseinstellungen und -umstellungen werden im Prognosezeitraum ebenfalls ihre Rolle spielen müssen.

Diese und andere Rechnungen (über optimale Kapazitäten und Kapazitätsausnutzung, über Arbeitskräfte, Transport, Ausgaben für Forschung und Entwicklung usw.) sind für die Dynamisierung der Strukturpolitik der DDR u. a. deshalb besonders wichtig, weil unsere Republik gegenwärtig in vielen Bereichen der Fertigwaren- und dabei auch der Exportproduktion über zu breite Spektren verfügt. Wichtige Elemente der Strukturpolitik sind also die Substitution eigener Produktionen durch Halbfertig- und Fertigwarenimporte (was auch die Rohstofflage entlastet) und die Substitution wenig effektiver durch effektivere Exportproduktionen.

Entwicklungsländer und Struktureffekte

Die Ausnutzung des Struktureffekts und der Produktionsfunktionen ist natürlich in wirtschaftlich entwickelten Ländern leichter und schneller möglich als in wenig entwickelten Volkswirtschaften. Alle so bekannten Umstände wie etwa Monokultur, ungenügende Qualifizierung der Arbeitskräfte, unzureichende Infrastruktur, Monopoleigentum, politische Abhängigkeit, ungünstige Zahlungsbilanzen und vieles andere mehr führen im kapitalistischen System der Weltwirtschaft dazu, daß die Wachstumseffekte, die vom Außenhandel auf das Nationaleinkommen ausstrahlen, gering bleiben.

Aus dem Gesagten ergibt sich, daß es für die Entwicklungsländer lebensnotwendig ist, alle institutionellen Barrieren nationaler und internationaler Natur zu beseitigen, die die Effekte des Außenhandels auf das Nationaleinkommen negativ beeinflussen. Dazu gehören vor allem die reaktionären Gesellschaftsstrukturen und der Einfluß der Monopole und imperialistischen Regierungen, aber auch unterentwickelte Infrastrukturen oder Zollsysteme, die zwar Spekulanten und Großgrundbesitzern, nicht jedoch den Werktätigen dienlich sind und zudem die Industrialisierung nicht fördern.

Produziertes und verfügbares Nationaleinkommen

Durch Einschaltung des Außenmarktes in den Reproduktionsprozeß kann sich auch bei ausgeglichener Leistungsbilanz eine Differenz zwischen dem produzierten und dem disponiblen Nationaleinkommen ergeben.

Die einfache Fassung der Formel für das disponible Nationaleinkommen lautet:

$$Y' = Y \cdot \frac{1}{k} + M - X \qquad (M = X)$$

Die Ableitung für den Nationaleinkommenszuwachs heißt dann:

$$\Delta Y = \frac{\Delta Y}{\Delta k} \cdot \left(\frac{A}{Y} + \frac{M}{Y} - \frac{X}{Y} \right) \qquad (M = X)$$

Wir müssen darauf aufmerksam machen, daß die Annahme der Simultaneität problematisch ist, wirken doch z. B. Importe erst im Zeitablauf über I auf Y ein.

Schon bei der einfachen obigen Formel wird erkennbar, daß $X > M$ auch unabhängig von den Effekten in der Zahlungsbilanz vorteilhaft für eine Volkswirtschaft sein kann. Bedingung: eine entsprechende Ausstrahlung auf die Vergrößerung von $\frac{I}{K}$ bzw. $\frac{\Delta Y}{\Delta k}$. Für die entwickelten Industrieländer trifft das in der Regel zu.

Multiplikatorprinzip

Es reicht nicht aus, die Beziehungen zwischen dem Wachstum des Außenhandels und des Nationaleinkommens nur in einer Richtung zu untersuchen. Allerdings hatten wir einleitend die Aufgabe dieser Skizze eindeutig beschränkt. Doch sei an dieser Stelle auf die Wechselwirkungen zwischen

$$\Delta (X + M), \quad \Delta X, \quad \Delta M \text{ und } \quad \Delta Y \text{ bzw. } \quad \Delta Y'$$

hingewiesen. Zum Beispiel: Welche Wirkungen gehen von einem Import auf den Konsum, die Investitionen, die Produktion, das Nationaleinkommen aus, dann aber auch wieder auf die Exporte einerseits, auf neue Importe andererseits. Dabei tauchen wieder die Begriffe der Import-, Investitions- und Konsumneigung oder besser: -intensität auf. Richtig gehandhabt, sind sie sinnvoll. Wir müssen wissen, wieviel von einem Import, z. B. für Investitionen, in die Produktion für den Binnenmarkt und wieviel in die Produktion für den Außenmarkt geht, wie und unter welchen Bedingungen sich diese Relationen verändern. Natürlich interessiert uns bei Wachstumsanalysen nicht die durchschnittliche, sondern die marginale Konsumintensität, also:

$$\Delta Y = \frac{1}{1 - c} \cdot (\Delta I + \Delta X - \Delta M) \qquad (c = \frac{\Delta C}{\Delta Y})$$

Diese Formel entspricht etwa der Handhabung des Instrumentariums bei J. M. Keynes. Von R. F. Harrod ist sie erweitert worden;[9] er unterscheidet zwischen Importen für den Konsum und solchen für Investitionen. Dann ergibt sich:

$$\Delta Y = \frac{1}{1-(c - mc)} \cdot (\Delta I - \Delta M_i + \Delta Y - \Delta M_x)$$

$$(m_c = \frac{\Delta Mc}{\Delta Y})$$

$$(M_x = \text{Importe für den Export})$$

Wenn wir alle Verfeinerungen beiseite lassen, können wir dem Außenhandelsmultiplikator, Ch. Kindleberger[10] folgend, diesen Ausdruck verleihen:

$$\frac{\Delta Y}{\Delta X} = \frac{\Delta Y}{\Delta I + \Delta M}$$

In dieser Formel wird der Zusammenhang zwischen Exporten, Importen, Investitionen und Nationaleinkommen anschaulich.

Diese Beziehungen können, wenn wir die Wechselwirkungen besser erfassen wollen, auch mit Hilfe des sogenannten Accelerators dargestellt bzw. untersucht werden. Wenn wir das Nationaleinkommen in C (Konsum) und I (Investitionen) aufgliedern, können von einer Importerweiterung unterschiedliche Wirkungen auf C, I, X und M ausgehen, was dann wiederum neue Prozesse induziert.

Es entsteht eine Kette:

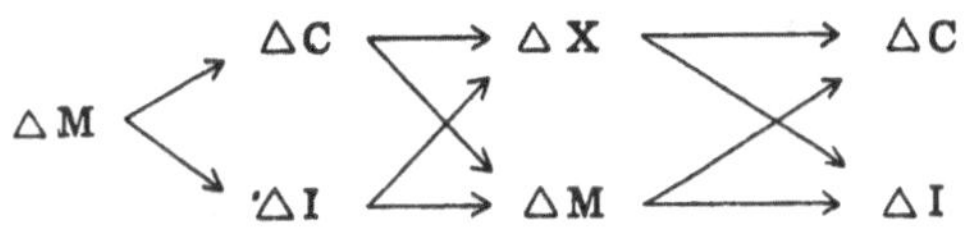

usw.

Die Erkenntnis vom multiplikativen und vom Beschleunigungs-Effekt des Außenhandels auf das Wachstum des Nationaleinkommens hat nicht nur für die gesamte Volkswirtschaft, sondern gerade auch für einzelne Betriebe, Erzeugnisgruppen usw. große Bedeutung. Die erforderlichen Einzelkennziffern wären auszuarbeiten.

Sonderfall

Veränderung des verfügbaren Nationaleinkommens bei ausgeglichener Handels- und Dienstleistungsbilanz durch Abweichung der volkswirtschaftlichen Preisstrukturen von denen des Weltmarktes

Wegen der praktischen Bedeutung für die heutigen sozialistischen Planwirtschaften schieben wir hier einen Sonderfall ein. Wir wollen annehmen, daß die in- und ausländischen Preisstrukturen differieren, setzen allerdings der Einfachheit halber voraus, daß die Valutakurse den Kaufkraftrelationen im Außenhandel entsprechen. Wenn z. B. die UdSSR nach dem folgenden Schema 1,34 Einheiten von Warengruppe Nr. 1 zum Weltmarktpreis von 1,00 per Einheit exportiert (Binnenpreis = 0,6) und 2 Waren aus Gruppe Nr. 3 zu je 0,67 importiert (Binnenpreis = 1,0), ist die Handelsbilanz ausgeglichen, während das inländische Preisvolumen des Nationaleinkommens um 1,20 vermehrt wird (Abb. 1). Der Kurs entspricht jedoch dem Durchschnitt der Kaufkraftrelationen aller vier Warengruppen, also 1 Dollar = 0,9 Rubel.

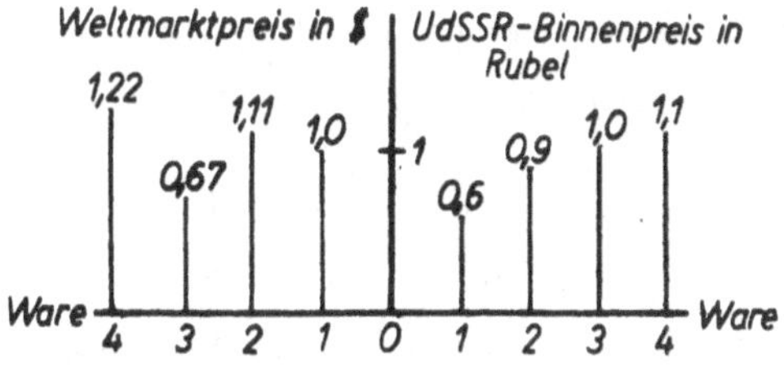

Abb. 1

In der Praxis begegnen wir diesen Prozessen häufig. Es ist natürlich eine ganz andere Frage, ob derartige "Aktiva" bzw. "Passiva" Vor- oder Nachteile für die Volkswirtschaft vom Standpunkt des nationalen Arbeitsaufwands darstellen.

4. Fall

Wertmäßige Veränderung des verfügbaren Nationaleinkommens und der Zahlungsbilanz durch die finanziellen Ergebnisse des Außenhandels

Hier geht es um die Effekte des Außenhandels, soweit sie sich in Verbesserungen des finanziellen Ergebnisses des Außenhandels niederschlagen. Hierzu gehören alle Preiseffekte (Verbesserung der Relationen zwischen Außen- und Binnenpreisen), die auch durch Verbesserungen der regionalen und Warenstruktur des Außenhandels erreicht werden können. Hinzu kommen die Verbesserungen der Zirkulationskosten des Außenhandels (Transport, Versicherung, Bankkosten, Garantieleistungen, Verwaltungskosten, Lohn- und Gehaltskosten, Spesen etc.). Verbesserungen können auch dadurch erreicht werden, daß die Außenhandelspartner gewechselt werden, aus einem gegebenen Produktionssortiment besser ausgewählt wird und anderes mehr.

Wenn wir die Vorgänge in eine Formel kleiden wollen, ist es notwendig, nicht nur Y, sondern auch M und X mit Effektivitätskoeffizienten zu versehen.

Dies könnte dadurch geschehen, daß wir M und X in Binnenpreisen ausdrücken, dabei aber in Auslandspreisen $\dot{M} = X$ setzen. Die Handelsbilanz wäre also ausgeglichen, und dies wäre als Bedingung zu formulieren. Jede Verbesserung der direkten finanziellen Leistungen des Außenhandels erscheint dann, in Binnenpreisen, in der Ungleichung $M > X$. Es erfolgt ein Zuwachs zum produzierten Nationaleinkommen, es entsteht eine Differenz zwischen produziertem und verfügbarem Nationaleinkommen zugunsten des letzteren. Da wir unsere Bedingung Binnenpreise = Auslandspreise aufgegeben haben, müssen wir alle Glieder der nachfolgenden Gleichung von denen der Gleichung auf Seite unterscheiden, und zwar durch den Index 1. Dann ist

$$Y'_1 = Y_1 \cdot \frac{1}{k} + M_1 - X_1$$

In der Praxis sind die erwähnten vier Fälle und der Sonderfall häufig miteinander verflochten. Diese Verknüpfung wird auch im folgenden Fall deutlich.

5. Fall

Wertmäßige Veränderung des verfügbaren Nationaleinkommens durch internationale Kreditbeziehungen

Eine Kreditaufnahme und -vergabe, Zinsenzahlungen und Kreditrückzahlungen erscheinen in der Zahlungsbilanz nur im Maß ihrer effektiven Durchführung. Gleiches gilt für die Nationaleinkommensrechnung.

Bei Kreditaufnahme erfolgt eine Vergrößerung des verfügbaren Nationaleinkommens durch den Import von Waren, Diensten und/oder Gold bzw. konvertierbaren Devisen. Die direkten und indirekten Effekte der Kreditaufnahme sollen in einem bestimmten Zeitraum größer sein als die Kosten des Kredits. Dabei ist zwischen den Nationaleinkommenseffekten und den Veränderungen der Zahlungsbilanz zu unterscheiden.

Die Nationaleinkommenseffekte sind andere bei Konsumtionskrediten (Import von Lebensmitteln oder Waffen usw. auf Kredit) als bei den Produktionskrediten. Bleiben wir bei letzteren. Hier müssen die direkten und indirekten Effekte so vollständig und genau wie möglich erfaßt werden. Dazu gehört auch die Prüfung der sogenannten Nachfolgeinvestitionen und möglicher Induzierung zusätzlicher Importe. Dynamische Planbilanzen sind ebenso notwendig wie Zeitpläne, in denen die verschiedenen Importe und nationalen Leistungen aufeinander abgestimmt sind.

Zu den Effekten der Kreditaufnahme auf die Zahlungsbilanz rechnen u. a.:
- das Verhältnis von Kredit und Sofortzahlung,
- die Laufzeit des Kredits und ihre einzelnen Etappen,
- die Zinsen,
- die Importpreise, einschl. der Preise für Transporte, Service usw.,
- die späteren Exportpreise der Waren, mit denen der Kredit zurückgezahlt wird.

Zahlungsbilanzveränderungen und Nationaleinkommenseffekte sind miteinander zu verbinden, wobei sie einander häufig widersprechen können. Wichtig ist die Übereinstimmung der Laufzeit des Kredits mit der Investitionsdauer, dem Produktionsbeginn und den Möglichkeiten, Exporte aus der kreditierten Produktion durchzuführen.

Zur Bilanzierung der Zahlungsbilanz- und Nationaleinkommenseffekte gehört auch die Entscheidung darüber, ob laufend bestimmte Rohstoffe importiert werden sollen oder eine Antiimportproduktion aufzubauen ist, die vielleicht in einem begrenzten Zeitraum hohe Anforderungen an die Zahlungsbilanz und die nationale Investitionstätigkeit stellt, dann aber die betreffenden Einfuhren vollständig oder teilweise überflüssig macht. In beiden Fällen können die Importe mit Ausfuhren bezahlt werden, die das direkte oder indirekte Resultat der Rohstoffeinfuhr bzw. der Neuinvestition sind.

Kredite zwischen sozialistischen Staaten

Die Kredite zwischen sozialistischen Staaten dienen dazu, die ausbilanzierte Entwicklung der Produktivkräfte in den technisch-wirtschaftlich bisher weniger entwickelten Ländern systematisch zu fördern (wissenschaftlich-technische Zusammenarbeit, Entwicklung der Landwirtschaft, Industrialisierung, Ausbau der Infrastruktur).

Für sozialistische Staaten ist die Gewährung von Krediten dann vorteilhaft, wenn die zeitlichen und strukturellen Veränderungen in der Zahlungsbilanz und im Nationaleinkommen einen positiven Saldo an Nationaleinkommenszunahme ergeben und in der Zahlungsbilanz langfristig zumindest keine nennenswerten Verluste entstehen. Zu den zeitlichen Veränderungen der Zahlungsbilanz gehören die Passivposten der Kreditgewährung im Zeitraum T_1 und die Aktivposten der Zinsen und Rückzahlungen im Zeitraum T_2. Zu den strukturellen Veränderungen gehören die größeren Aktiva der Handelsbilanz im Zeitraum T_1 und die Passiva im Zeitraum T_2 (Wareneinfuhren als Zins- und Rückzahlung).

Zu den zeitlichen Veränderungen des Nationaleinkommens gehören die Verminderung des produzierten Y durch Exporte im Zeitraum T_1 und der Zuwachs an disponiblem Y' im Zeitraum T_2. Dabei sind alle Wachstumseffekte in Rechnung zu stellen, z. B. die Vorteile, die die Warenexporte im Zeitraum T_1 dadurch erbringen können, daß Arbeitskräfte beschäftigt, Produktionskapazitäten ausgelastet, Lager geräumt oder Großproduktion in Gang gesetzt werden, außerdem die Vorteile, die die Warenimporte im Zeitraum T_2 dadurch erbringen können, daß sie Produktivitätsverbesserungen auslösen. Damit sind strukturelle Veränderungen des produzierten und disponiblen Nationaleinkommens in den Zeiträumen T_1 und T_2 verbunden.

Bei richtiger Arbeit sind Kreditbeziehungen zwischen sozialistischen Staaten für beide Partner nützlich. Wir dürfen aber nicht nur fakultativ, wir müssen ultimativ formulieren: Der heutige Weltstand von Produktion und Produktivität verlangt von den meisten sozialistischen Staaten die Internationalisierung ihrer Produktion. Die indirekten Effekte (komparative Vorteile) der internationalen Arbeitsteilung und Außenwirtschaft, die unter Fall Nr. 3 abgehandelt wurden, sind auszunutzen. Internationale Spezialisierungen und Kooperationen bei Forschungen, Entwicklungen, Projektierungen, Investitionen, Transport, Produktion u.a.m. sind eine Lebensfrage der sozialistischen Staaten. Nur auf diesem Wege können moderne Großproduktionen mit nationaler Konzentration und Spezialisierung der produktiven Kräfte geschaffen werden. Und das geht nicht ohne Ausbau der internationalen Kreditbeziehungen, der lang- und kurzfristigen, der kommerziellen und Bankkredite, der Kredite für Forschungen und Kooperationen, der Investitionsbeteiligungen usw.

DDR-Aspekte

Die DDR-Wirtschaft steht hier vor großen Möglichkeiten, aber auch Schwierigkeiten (gesetzt durch die gegenwärtige Zahlungsbilanz). Wir werden schrittweise vorgehen müssen. Wir sollten aber ganz klar verstehen, daß die Ausnutzung der Vorzüge der internationalen Arbeitsteilung mit Kreditaufnahmen und -vergaben gekoppelt ist, daß kurzfristige Belastungen der Zahlungsbilanz bei Kreditvergabe durch die mittel- und langfristigen Vorteile bei der Erhöhung der nationalen Produktivität mehr als ausgeglichen werden.[11]

Wir sollten ebenso klar erkennen, daß Kreditvergabe auch schon kurzfristige Produktivitätsvorteile bringen kann, wenn dadurch, wie weiter oben schon bemerkt, Produktionskapazitäten kontinuierlich ausgelastet, Märkte gehalten und dadurch, aber auch auf anderen Wegen, Kosten gesenkt werden können.

6. Fall

Der Einfluß des nationalen Wirtschaftswachstums auf die Veränderungen des Außenhandels

Wir haben bisher vor allem einige Fälle des Einflusses einer Zunahme der Ein- und Ausfuhren auf die Veränderung des Nationaleinkommens usw. untersucht:

$$\triangle M \text{ bzw. } \triangle X \longrightarrow \triangle G, \quad \triangle Y, \quad \triangle P, \quad \triangle I$$

Wir wollen jetzt einige Elemente des umgekehrten Prozesses verfolgen, wiederum in ganz einfacher Gestalt, unter Ausschaltung komplizierender Einflüsse (Preise, Weltmarkt, Zeitfaktor usw.):

$$\triangle G, \quad \triangle Y, \quad \triangle P, \quad \triangle I \longrightarrow \triangle M \text{ bzw. } \triangle X$$

Eine Zunahme des Nationaleinkommens, z. B. die Zunahme von Investitionen, kann dazu führen, daß die Import- bzw. Exportintensität kurz- bzw. langfristig verändert wird. Dabei unterscheiden wir zwischen der durchschnittlichen Export- bzw. Importintensität und der Außenhandelsintensität des Zuwachses an Nationaleinkommen, Produktion, Investitionen usw. Bei der Ermittlung der durchschnittlichen Export- bzw. Importintensität setzen wir ganz einfach in Beziehung:

$$i_m = \frac{M}{Y} \text{ bzw. } \frac{M}{P} \text{ usw.}$$

$$i_x = \frac{X}{Y} \text{ bzw. } \frac{X}{P} \text{ usw.}$$

Die Außenhandelsintensität des Zuwachses drückt sich dann so aus:

$$\chi_m = \frac{\triangle M}{M_o} \cdot \frac{Y_o}{\triangle Y} \quad \text{usw.}$$

$$\chi_x = \frac{\dot{\triangle} X}{X_o} \cdot \frac{Y_o}{\triangle Y} \quad \text{usw.}$$

Industrialisierung und Außenhandelsintensität

Eine interessante Problematik im Prozeß der Auswirkungen des inneren Wirtschaftswachstums auf den Außenhandel ist die des Zusammenhangs von Industrialisierung und Außenhandelsabhängigkeit. Eine Analyse der bisherigen historischen Industrialisierungsprozesse im Kapitalismus und im Sozialismus, auch in den Entwicklungsländern, läßt folgenden Schluß zu:

In der Regel erhöht sich zu Beginn der Industrialisierung die Außenhandelsabhängigkeit. Im Verhältnis zur jungen Produktion werden viele Importe von Ausrüstungen, oft auch an Roh- und Brennstoffen erfolgen. Allmählich nimmt dann die nationale Produktion schneller zu als der Import. Der innere Markt wächst schneller als der äußere, weil zunächst die komplexe Entwicklung der nationalen Wirtschaft im Vordergrund steht. Exporte aus der neuen Produktion sind allerdings wegen der noch ungenügenden Weltmarktfähigkeit gering. Die weltwirtschaftliche Verflechtung nimmt demzufolge relativ ab. Dann jedoch - in einer "dritten Etappe", wenn wir schematisieren wollen - nehmen die Exporte relativ schnell zu, neue Exportproduktionen entstehen, es wird international spezialisiert, Antiimportproduktionen werden eingestellt, und es nehmen die Einfuhren von Fertigwaren, besonders modernen Ausrüstungen, Maschinen, Geräten und Konsumgütern, zu. Die weltwirtschaftliche Integration wird ausgebaut.[12] Eine schematische graphische Darstellung würde etwa so aussehen:

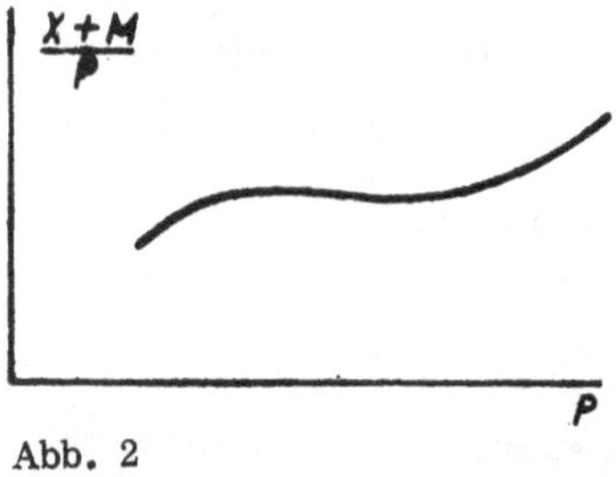

Abb. 2

Wenn der Außenhandel der RGW-Länder in den letzten Jahren mit dem Außenhandelswachstum kapitalistischer Industrieländer und der Zunahme der eigenen Produktion nicht Schritt gehalten hat, so ist das u. a. darauf zurückzuführen, daß sich mehrere RGW-Wirtschaften im "Tal" (oder in der Nähe des "Tals") der obigen Kurve befinden, also bemerkenswerte Industrialisierungsfortschritte erreicht worden sind, die jedoch erst jetzt wieder - in Verbindung mit neuen Wirtschaftsmethoden in der nationalen Wirtschaft und in der internationalen Zusammenarbeit - zum weiteren Ausbau der weltwirtschaftlichen Verflechtungen führen werden.

Eine Seite der Problematik: Industrialisierung und Außenhandelsintensität hat Alfred Maizels[13] untersucht. Wichtige Teile seiner Studie sind der Entwicklung der Importintensität der Herstellung von industriellen Fertigwaren im kapitalistischen Weltwirtschaftsbereich gewidmet. Maizels kommt zu dem Ergebnis, daß diese Importintensität nach Beginn der Industrialisierung zunimmt, um dann zurückzugehen. Das Verhältnis der Wachstumsraten von Importen und Fertigwarenproduktion geht von etwa $\frac{1,5 - 2,0}{1}$ auf etwa $\frac{0,4 - 0,6}{1}$ zurück.[14] "The rate at which the importcontent has fallen in the industrial and semi-industrial countries in the past is in the region of 40 - 60 per cent of the rate of increase in manufacturing production per head." Maizels fährt fort, daß als ein neuer Faktor "the move towards closer economic integration on a regional basis...might result in a more rapid growth in trade..."[15]

Offensichtlich muß man für diese dritte Etappe - sie ist natürlich ebenso begrenzt wie die beiden anderen - das "might" durch ein "will" ersetzen. Das gilt erst recht für sozialistische Planwirtschaften.

Nationaleinkommens- und Außenhandelswachstum in der DDR

Die Veränderungen der Export- und Importabhängigkeiten sind (im Aggregat und desaggregiert) für die Perspektive der DDR-Wirtschaft von besonderer Bedeutung. Wenn es richtig ist, daß wir als mittelgroße Volkswirtschaft nur dann genügend Produktivitätseffekte erreichen können, wenn wir unsere Produktion stärker internationalisieren, dann bedeutet dies, daß der Außenhandel in den nächsten 10, 15 Jahren stärker wachsen muß als die Produktion, als das Nationaleinkommen. Daraus resultieren zwei wichtige Aufgaben:

1. Erforschung der Außenmärkte (Absatzbedingungen, Preise, Kontinuität usw.), Abschluß langfristiger Spezialisierungs- und Liefer- bzw. Bezugsverträge, besonders mit der UdSSR, unserem größten Außenhandelspartner.

2. Analyse der inneren Effekte des Außenhandelswachstums; Bereinigung der Exportsortimente, stärkerer Übergang zu großer Serie, zu Mechanisierung und Automation mit Kostensenkung je Stück; Bereinigung unserer Importstrukturen: mehr Einfuhr von moderner Produktionstechnik, Reduzierung der Einfuhr (bzw. des Einfuhranteils) ballastreicher oder wenig effektiver Rohstoffe (Kohle, Koks, Erze, Roheisen, Wolle, Baumwolle, Holz) und dafür Erweiterung der Einfuhr von effektiven Roh- und Brennstoffen (Erdöl, Buntmetalle) bzw. Substitution der Rohstoffeinfuhren durch Halbzeug- und Fertigwarenimporte (Edelstähle, Plaste, Papier, Elektronik usw.) bzw. Substitution natürlicher durch synthetische Materialien.

Investitionen und Außenhandel

Von besonderer Wichtigkeit ist beim Studium der Auswirkungen des Nationaleinkommenszuwachses die Berechnung der Auswirkung von Investitionen auf Importe und Exporte. Auch das gilt wiederum sowohl für aggregierte als auch für desaggregierte Prozesse. Es ist u. a. zwischen den einmaligen Importen für ein Investitionsvorhaben und den durch den Investitionsbau ausgelösten Einfuhren für die zukünftige Produktion (etwa an Material oder Brennstoff) zu unterscheiden. Dabei sind wiederum die Nachfolgeinvestitionen mit ihren Ausstrahlungen auf Ein- und Ausfuhren zu beachten. Außerdem ist zu prüfen, welche Verschiebungen zwischen den Währungsgebieten gegebenenfalls (sowohl beim Export als auch beim Import) eintreten.

Der Zusammenhang von Investition und Außenwirtschaft in der DDR-Wirtschaft scheint noch ungenügend untersucht worden zu sein. Wir sollten das für einige Dutzend Investitionsobjekte der Vergangenheit nachholen, um Meßgrößen, Kennziffern und Normative für die Zukunft ausarbeiten zu können. Genauere Analysen können sowohl unnötige gegenwärtige und spätere Importe sparen helfen als auch, umgekehrt, verhindern - wir sagten das weiter oben schon -, daß ein viel zu hoher eigener Anteil an der Herstellung der Ausrüstungen kostenverteuernd und qualitätsmindernd wirkt.[16]

Nutzen, Gewinn und Planung

Die Zusammenhänge zwischen den Veränderungen des Außenhandels und der Zahlungsbilanz und dem inneren Reproduktionsprozeß werfen vielfältige theoretische und mathematisch-statistische Probleme auf. Aber nicht nur das. Es entstehen für die sozialistische Gesellschaft auch komplizierte Planungsaufgaben. Hier stoßen wir vor allem auf eine Erweiterung und Erschwerung der bekannten Aufgabe, die betrieblichen mit den gesamtgesellschaftlichen Interessen so gut wie möglich in Übereinstimmung zu bringen. Zu den gesamtgesellschaftlichen Interessen gehört auch der Nutzen des Außenhandels, gehören die Ergebnisse der Zahlungsbilanz, gehören schließlich die vielfältigen internationalen, dabei auch handelspolitischen Aufgaben der sozialistischen Gesellschaft.

Wie ist es möglich, diese Interessen mit denen der importierenden und exportierenden Produktionsbetriebe und Außenhandelsunternehmen in annähernde Übereinstimmung zu bringen? Kann das mittels der Kategorien der Waren- und Geldwirtschaft geschehen? Denn hier ergeben sich ja zusätzliche Schwierigkeiten: Die einzelnen Geldausdrücke des Werts weichen in der Regel von den einzelnen Wertgrößen ab. Das Wertgesetz setzt sich auch im Sozialismus, wie Marx das allgemein für die Warenproduktion formuliert hat, so durch, daß es sich in jedem einzelnen Fall (in der Regel) nicht durchsetzt.

Wenn nun die Gesellschaft den gesamtgesellschaftlichen Nutzen des Außenhandels mißt und die Betriebe nach Erhöhung ihrer betrieblichen Rentabilität streben, muß der Planungsmechanismus so aufgebaut werden, daß die Betriebe, indem sie ihre Zielfunktion, Maximierung des betrieblichen Nettogewinns, lösen, zugleich den Interessen der sozialistischen Gesellschaft als ganzen entsprechen, zumindest weitgehend. Die Betriebe werden dabei von der Planungszentrale mit allen möglichen monetären Führungsgrößen bzw. Sollwerten gelenkt, aber auch mit gezielten (evtl. globalen, meist punktuellen) Direktiven, die z. T. naturalwirtschaftlicher Natur sind. Auf diese Art werden die gesellschaftlichen Interessen mit möglichst großer Freiheit der Teilsysteme verknüpft.

Die Ermittlung des außenwirtschaftlichen Nutzens beschränkt sich auf Hauptpositionen. Diese werden in der Regel sowohl naturalwirtschaftlich als auch geldwirtschaftlich befriedigend genau ermittelt. Dementsprechend wird das ökonomische Instrumentarium gestaltet, das den Betrieben als Komplex von Bedingungen bei ihren Entscheidungen vorgegeben ist. So wird das betriebliche Streben nach Rentabilität mit dem volkswirtschaftlichen Streben nach Nutzen planwirtschaftlich verbunden.

Fußnoten

1 Andere Konferenzbeiträge gehen darauf ausführlich ein. Ich verweise vor allem auf R. Gündel, Beziehungen zwischen Außenhandel, Kapitalverwertung und Wachstum, S. 46 ff. dieses Bandes

2 In der Diskussion während der Konferenz wurde mit Recht darauf hingewiesen, daß natürlich Kapitalverwertung das Ziel kapitalistischen Wirtschaftens sei, aber gerade das schließe ein, daß kapitalistischer Außenhandel vorübergehend auch mit wenig Gewinn oder ohne Gewinn betrieben werden kann, wenn staatliche (gesamtkapitalistische) Interessen zu sichern sind, Märkte erobert oder gehalten werden sollen, und vieles andere mehr

3 Es wird deshalb auch nicht zwischen Importen auf Lager - dazu rechnen wir hier auch Goldimporte - und anderen Importen unterschieden

4 Das Minuszeichen hat A. Marshall eingeführt, um negative Resultate (Koeffizienten) zu vermeiden

5 Vgl. u. a. den Beitrag von P. Friedländer in diesem Band, insbesondere S. 232 ff.

6 Nach Schätzungen B. Balassas wird sich der Saldo der laufenden Leistungen in der Zahlungsbilanz der Entwicklungsländer von 4,6 Mrd. US-Dollar im Jahre 1960 auf 10,5 im Jahre 1970 vergrößern. Ein UN-Material, das für die UNCTAD fertiggestellt wurde, kommt auf 20 Mrd. (statt 5 im Jahre 1959). Prebisch schätzte auf der Welthandelskonferenz selbst, daß allein der Passivsaldo der Handelsbilanz der Entwicklungsländer 1970 etwa 20 Mrd. Dollar betragen dürfte (und nicht nur 12, wie im erwähnten Material genommen wird

7 Kurz- und mittelfristig gibt es viele andere Wege: innere Reformen, auch Teilreformen, internationale Vereinbarungen (UN, GATT, Warenabkommen) und der Handels- und Kreditverkehr mit den kapitalistischen Industriestaaten, der durchaus Nutzen bringen und oft von heute auf morgen gar nicht abgebrochen werden kann, zumal die sozialistischen Staaten und progressiven Entwicklungsländer nur in Ausnahmefällen in der Lage sind, die entstehenden Lücken voll zu schließen

8 Nach den von V. I. Zolotarēv zitierten offiziellen Angaben betrug die Passivität der Handelsbilanz Sowjetrußlands bzw. der UdSSR (Mill.Rubel):

	Export	Import
1918 - 1920	7,5	87,5
1921 - 1925	992	1 344
1926 - 1928	1 785	1 880

Von 1933 bis 1940 ergab sich ein Aktivsaldo:

1933 - 1940	2 126	1 775

Dabei war von 1938 bis 1940 der Außenhandel passiv. (Passivsaldo dieser 3 Jahre = 75 Mill.Rubel.) - (V. I. Zolotarēv, Vnešnjaja torgovlja socialističeskich stran, Moskva 1964, S. 61 ff.)

Zusammengefaßte Angaben über den Außenhandel der VR Bulgarien, der SR Rumänien und der SFR Jugoslawien
1951 - 1965
(Mill.US-Dollar, lfd. Preise)

Jahre	Export	Import	Saldo
I. Bulgarien			
1951-1955	977	947	+ 30
1956-1960	2100	2179	- 79
1961-1965	4464	4661	- 197
II. Rumänien			
1951-1955	1738	1965	- 227
1956-1960	2583	2546	+ 37
1961-1965	4662	5060	- 398
III. Jugoslawien			
1951-1955	1114	1939	- 825
1956-1960	2202	3333	- 1131
1961-1965	4033	5465	- 1432

Quellen zu I und II:
Economic Survey of Europe in 1957, UN, Genf 1958, fortlaufend und
Economic Bulletin for Europe, UN, New York 1962, fortlaufend

Quellen zu III:
UN, Yearbook of International Trade Statistics 1962, New York 1964;
UN, Monthly Bulletin of Statistics, 1965 und 1967

Kubas Außenhandel war von 1920 bis 1958, in der Zeit vor der Revolution, nur in zwei Jahren passiv: 1921 und 1958. Sonst gab es (in der Regel starke) Aktivsalden. Allerdings waren sie, ähnlich wie in anderen unterentwickelten Ländern, ab 1955 gering. Nach der Revolution wurde der Handel passiv, vor allem dank der Kreditlieferungen der Sowjetunion (Mill.Pesos):

	Export	Import	
	fob	fob	cif
1959	637,8	673,2	742,3
1960	618,2	579,9	637,9
1961	624,9	638,7	702,6
1962	520,7	690,2	759,5
1963	543,8		867,3
1964	713,8		1018,8
1965	685,5		866,0

9 R. F. Harrod, The Trade Cycle, Oxford 1936

10 Ch. P. Kindleberger, International Economics, Revised ed. Homewood (Ill.) 1958, p. 183

11 H. Bleßing hat auf diese Problematik aufmerksam gemacht, vgl. H. Bleßing, Internationaler Kredit zwischen sozialistischen Ländern und Nationaleinkommen, in: Der Außenhandel, Berlin, Heft 7/1966. - Ders., Zur Entwicklung einer Zahlungsbilanztheorie im Sozialismus, ebenda, Heft 9/1966

12 Vgl. die kritischen bzw. ergänzenden Ausführungen von G. Huber in: Probleme der politischen Ökonomie, Jahrbuch des Instituts für Wirtschaftswissenschaften, Band 11, Berlin 1968

13 A. Maizels, Industrial Growth and World Trade, Cambridge 1963

14 Ebenda, S. 14

15 Ebenda, S. 15

16 In einer an der Fakultät für Außenhandel der Hochschule für Ökonomie eingereichten Dissertationsschrift hat sich Dr. G. Hannemann mit "Zusammenhängen zwischen dem Außenhandel und einer Investition einschließlich Möglichkeiten und Problemen ihrer Messung" befaßt. Der Autor schlägt hier eine ganze Reihe von Kennziffern zum Messen der Zusammenhänge vor

Verwendete Symbole:

G	=	Produziertes gesellschaftliches Bruttoprodukt
G'	=	Verfügbares gesellschaftliches Bruttoprodukt
Y	=	Produziertes Nationaleinkommen
Y'	=	Verfügbares Nationaleinkommen
X	=	Export
M	=	Import
P	=	Produktion
I	=	Investitionen
C	=	Konsum
R	=	Reserven und Vorräte
T	=	Nichtproduktiver Bereich (ohne C)
K	=	Kapital, Fonds
A	=	Akkumulation
k	=	$\frac{K}{Y}$ = Kapitalkoeffizient bzw. Fondsintensität
i_m	=	Importintensität
i_x	=	Exportintensität
η	=	Elastizitätskoeffizient
χ	=	Intensitätskoeffizient

RUDI GÜNDEL

Beziehungen zwischen Außenhandel, Kapitalverwertung und Wachstum

Die Untersuchung von Beziehungen zwischen Außenhandel, Kapitalverwertung und Wachstum gehört seit langem zum Forschungsgegenstand der Politischen Ökonomie. Dies ergibt sich naturgemäß aus den Bewegungsgesetzen des Kapitals, seinen Expansionsbedürfnissen, daraus, daß die "Jagd nach Profit die Bourgeoisie über den ganzen Erdball treibt".

Im Verlauf der Nachkriegszeit erlangt die Analyse dieser Beziehungen indessen eine besondere Bedeutung. Das hängt mit der beschleunigten Internationalisierung des Wirtschaftslebens, den einschneidenden strukturellen Veränderungen in der Weltwirtschaft und den vielfältigen sowie neuartigen Erscheinungsformen dieses Prozesses zusammen. Im Außenhandel des kapitalistischen Weltsystems treten sie zutage in seinem raschen Wachstumstempo, in der veränderten Zusammensetzung und der Verlagerung der Außenhandelsströme. Die marxistische Politische Ökonomie widmet den verschiedenen Aspekten dieser Prozesse seit einigen Jahren eine erhöhte Aufmerksamkeit. Angesichts des Wettbewerbs zwischen beiden Weltsystemen besteht ein Kardinalproblem naturgemäß darin, zu untersuchen, in welchem Maße das kapitalistische System die den Internationalisierungsprozessen innewohnenden ökonomischen Potenzen zur Festigung seiner Herrschaft nutzbar machen kann und wo und auf welche Weise die Grenzen hervortreten.

In diesem Beitrag sollen aus diesem Themengebiet einige Fragen herausgegriffen werden. Vom Zusammenhang zwischen den inneren Widersprüchen des Kapitalismus und dem Außenhandel ausgehend, sollen einige Beziehungen zwischen dem Außenhandel und dem kapitalistischen Wachstum untersucht werden. Abschließend folgen einige Fakten und Überlegungen zum Verhältnis zwischen Außenhandelsdynamik und Wachstum.

1. Die Widersprüche bei der Verwertung des Kapitals und der Außenhandel

Bei der Herausbildung des Kapitalismus war der auswärtige Handel eine Basis, mit seiner weiteren Entwicklung wurde er immer mehr zu einer inneren Notwendigkeit dieser Produktionsweise. Außenhandel und Weltmarktbeziehungen sind daher Voraussetzung und Resultat der kapitalistischen Produktion. Bestehen somit Zusammenhänge und Abhängigkeiten zwischen dem Außenhandel und dem kapitalistischen Wachstum, so erfordert ihre nähere Bestimmung zunächst die Analyse der Ursachen des Außenhandels. Die richtige Beantwortung der Frage nach den Determinanten des Außenhandels ist u. E. von entscheidender Bedeutung, wenn seine verschiedenartigen Wirkungen und seine Entwicklungstendenzen (von denen die Wirkungen wiederum mitbestimmt werden) eingeschätzt werden sollen. Dabei ist - und das betrifft den gesamten Komplex: Ursachen, Wirkungen und Entwicklungstendenzen des Außenhandels - vom spezifischen Doppelcharakter des kapitalistischen Reproduktionsprozesses auszugehen. Er ist einerseits ein Arbeitsprozeß zur Herstellung von Gebrauchswerten; und er ist andererseits zugleich ein Verwertungsprozeß zur Erzielung des Mehrwerts, des Profits. Nur diese letztere Seite bildet den treibenden, den wesentlichen Faktor der Produktion. Die Herstellung von Gebrauchswerten ist hingegen nur Mittel zum Zweck; der Ausbau von Produktionsanlagen, Vertriebsorganisationen usw. ist dementsprechend bloß eine Funktion der Verwertung. Wird dieser spezifische Doppelcharakter des kapitalistischen Produktionsprozesses für die Untersuchung der einzelnen Prozesse nicht als wesentlich anerkannt oder beachtet, dann können auch die scharfsinnigste Analyse und die Verwendung eines sehr ausgefeilten Instrumentariums zu keinen allgemeingültigen Verallgemeinerungen kommen. So hat das Theorem der komparativen Kosten seine Schwächen vor allem in seinem mangelhaften Ansatz, darin, daß Ricardo die spezifische Form des bürgerlichen Reichtums, den Wert, als "etwas nur Formelles, ihren Inhalt nicht Ergreifendes" betrachtet. Die eigentliche Ursache und das Wesen des kapitalistischen Außenhandels erblickt er demgemäß ausschließlich in den gesellschaftlichen Vorteilen der internationalen Arbeitsteilung, in der Erhöhung der Arbeitsproduktivität.

Dieser Gesichtspunkt, wenn auch zumeist anders abgeleitet, ist auch häufig der Angelpunkt der modernen Außenhandelstheorien in der bürgerlichen politischen Ökonomie.

Wir wollen diese Problematik kurz am Beispiel des Heckscher-Ohlin-Theorems erörtern, weil sich um die Aussagen dieses Theorems seit 1953/54 eine interessante wissenschaftliche Diskussion entwickelt hat, die auch für die marxistische Analyse der Bestimmungsgründe des Außenhandels anregend ist.

Nach der sog. reinen Außenhandelstheorie gilt es als eine Binsenwahrheit, daß dem internationalen Handel unterschiedliche relative Warenpreise zugrunde liegen. Hieraus folgt, daß, wenn man ergründen kann, worauf diese Preisunterschiede beruhen, die Handelsstruktur und die Determinanten des Außenhandels bestimmbar werden. Damit wäre zugleich die Möglichkeit gegeben, wesentliche Richtungen und Entwicklungstendenzen des internationalen Handels vorauszusagen. Das Heckscher-Ohlin-Theorem will - indem bewußt vom Außenhandel auf komplementärer Grundlage abstrahiert wird - eine solche kausale Erklärung bieten. Es basiert auf drei Grundideen:[1]

a. Zwischen den Ländern bestehen Unterschiede in den relativen Preisen der Produktionsfaktoren.

b. Die Produktionskosten hängen von den eingesetzten Faktoren ab.

c. Für die Produktion verschiedener Güter werden die Faktoren in unterschiedlichen Proportionen (Kombinationen) eingesetzt.

Jedes Land wird diesen Thesen zufolge die Waren exportieren, bei deren Produktion es relativ viel der im Inland billigen Faktoren einsetzen kann,und die Waren einführen, zu deren Herstellung relativ viel von den im Inland teuren Faktoren erforderlich ist.

Es verwundert natürlich nicht, daß die tatsächliche Bewegung und Entwicklung des Außenhandels ein komplizierteres Bild vermitteln, als es diese Konzeption entwirft. Der sich für das einzelne Kapital bzw. die Monopolgruppe darstellende Zwang zur Verwertung des Kapitals, zur ständigen Expansion, erfordert natürlich die ständige Ausnutzung sich bietender Preisvorteile, aber hierbei handelt es sich nur um einen von zahlreichen Faktoren.

Das förderten auch die von bürgerlicher Seite in den letzten Jahren vorgenommenen zahlreichen empirischen Überprüfungen der Theorie zutage, die im Anschluß an eine Arbeit des amerikanischen Ökonomen Leontief vorgenommen wurden. Leontief wertete seine Strukturanalyse der amerikanischen Wirtschaft auch bezüglich des Außenhandels aus und gelangte dabei zu Thesen, die der allgemein anerkannten Theorie widersprachen. Leontief stellte zusammenfassend u. a. fest: "Die empirische Detailanalyse in dem vorliegenden Aufsatz zeigt, daß amerikanische Exporte im Durchschnittswert von einer Million Dollar wesentlich weniger Kapital und etwas mehr Arbeit enthalten,als benötigt würde, um eine entsprechende Menge amerikanischer konkurrenzfähiger Importe durch heimische Produkte zu ersetzen. Amerikas Beteiligung an der internationalen Arbeitsteilung ist auf seiner Spezialisierung auf arbeitsintensive statt auf kapitalintensive Erzeugnisarten aufgebaut. Mit anderen Worten ausgedrückt benutzt dieses Land den Außenhandel zur Ersparung von Kapital und zur Verwendung seines Arbeitsüberschusses und nicht umgekehrt."[2]

Nach dem Heckscher-Ohlin-Theorem hätten die empirischen Untersuchungen genau das gegenteilige Resultat haben müssen; denn die USA gelten ja gemeinhin als "kapitalreich" und müßten demzufolge in erster Linie kapitalintensive Produkte exportieren und arbeitsintensive Waren importieren.

In der Folgezeit wurden ähnliche Untersuchungen für eine ganze Reihe entwickelter Länder durchgeführt, und sie bestätigten im wesentlichen die Leontiefschen Resultate, so daß eigentlich nur noch bürgerliche Dogmatiker vom sog. Leontief-Paradoxon sprechen könnten.

Die westdeutschen Ökonomen Hesse und Hoffmann haben gleichfalls anhand umfangreicher empirischer Analysen, letzterer am Beispiel des deutschen bzw. westdeutschen Außenhandels, den relativ geringen Erkenntniswert der allgemeinen Außenhandelstheorie bezüglich der konkreten Entwicklung seit dem zweiten Weltkrieg nachgewiesen.[3]

In seiner interessanten Arbeit geht Hesse von den Preisen aus. Seinen Ausgangspunkt formuliert er u.a. so: "Wären, wie die Theorie lehrt, Preisunterschiede eine notwendige Bedingung dafür, daß der Außenhandel zustande kommt, dann dürfte ein und dasselbe Erzeugnis nicht zugleich vermehrt ein- und ausgeführt werden."[4] Seine umfangreichen empirischen Untersuchungen ergeben aber gerade ein solches Ergebnis.

"Es liegt deshalb nahe, anzunehmen", so schlußfolgert Hesse, "daß der wachsende Welthandel der Nachkriegszeit nicht mit einer durch komparative Preisdifferenzen diktierten Arbeitsteilung einhergeht und demnach der reinen Theorie des internationalen Handels kein sehr großer Erklärungswert für diese Zeit zugesprochen werden kann."[5]

Die wichtigsten Gründe für die Entwicklung des reinen Austauschhandels lassen sich nach Hesse und Hoffmann unter dem Begriff Produktdifferenzierung zusammenfassen. Sie betrachten dabei zwar sowohl die Angebots- wie die Nachfrageseite, aber sie beginnen nicht nur mit der letzteren, sie legen auch das Schwergewicht auf die letztere. Danach ist die Produktdifferenzierung eine Folge des steigenden Prokopfeinkommens,und dieses bringt auf seiten der Nachfrager Präferenzen hervor, die ständig größere Bedeutung erlangen. "Im Extremfall spielt der Preis nur noch eine untergeordnete Rolle." Die Produktdifferenzierung bei den Konsumgütern zeitigt nun entsprechende Rückwirkungen auf die Investitionsgüter und Halbwaren, die zu einem differenzierteren Sortiment führen. Zum letzteren würden aber auch die mangelnde Marktübersicht, Markenvorstellungen und Präferenzen für bestimmte Firmen beitragen. Von der Angebotsseite werde die Produktdifferenzierung durch die Konkurrenz um die Kaufkraft des Konsumenten gefördert. Aber auch hier wird sofort der Bezug zur Nachfrage hergestellt, denn in dem Bemühen um die Kaufkraft der Konsumenten "stellen sich die Unternehmer auf die Präferenzen der Nachfrager ein", wenn dann auch hinzugefügt wird, daß die Hersteller mit verschiedenen Methoden (Werbung, Markenartikel usw.) versuchen, Präferenzen zu erwecken.

Obwohl diese Untersuchungen interessante Beziehungen aufdecken, gehen sie an wesentlichen Zusammenhängen vorbei. Das rührt daher, daß in diesen Untersuchungen das Verwertungsstreben des Kapitals als die eigentliche Triebkraft des Außenhandels und die daraus resultierenden Widersprüche der Produktion ignoriert werden. Die Jagd nach ständig größerem Mehrwert und die dabei anzuwendenden Methoden müssen immer wieder in Widerspruch geraten zum allgemeinen Ziel der kapitalistischen Produktion, das auf die Erhaltung des existierenden Kapitalwerts und seine Verwertung im höchsten Maß gerichtet ist. Es entstehen dadurch Hemmnisse für die Produktion des materiellen Reichtums, die sich aus der spezifisch bürgerlichen Natur des Reichtums ergeben. In den "Grundrissen ..." faßt sie Marx wie folgt zusammen:

1. Die notwendige Arbeit als Grenze des Tauschwertes des lebendigen Arbeitsvermögens,
2. der Surpluswert als Grenze der Surplusarbeit und Entwicklung der Produktivkräfte,
3. das Geld als Grenze der Produktion und
4. die Beschränkung der Produktion von Gebrauchswerten durch den Tauschwert.[6]

Der gemeinsame Nenner dieser verschiedenen Hemmnisse ist, daß Produktion und Verwertung eine Einheit bilden müssen. Da sie nicht unmittelbar gegeben ist, kann sie sich nur als ein an bestimmte Bedingungen geknüpfter Prozeß herstellen. Einer seiner charakteristischsten Züge besteht darin, daß sich der "innere Widerspruch" durch "Ausdehnung des äußeren Feldes der Produktion" auszugleichen sucht. Hier ist die Marxsche Feststellung, daß im Begriff des Kapitals die Tendenz zur Schaffung des Weltmarktes enthalten sei, auf die knappste Formel gebracht und begründet.

Bei der Analyse dieser Bedingungen ist es zweckmäßig, nach den verschiedenen Methoden der Produktion von absolutem und relativem Mehrwert vorzugehen.

Die Schöpfung von absolutem Mehrwert durch das Kapital ist in den ersten Entwicklungsstadien des Kapitalismus die vorherrschende Methode. Der Verwertungsdrang des Kapitals entlud sich vor allem in der maßlosen Verlängerung des Arbeitstages. Die Realisierung der angewachsenen Produktion - der Voraussetzung gemäß stellt sich der Produktionszuwachs ausschließlich als absoluter Mehrwert dar - hat zur Bedingung, daß sich die Zirkulation entsprechend erweitert. Der angewachsene absolute Mehrwert in einem Betrieb, Produktionszweig, in einer Region oder einem Land erfordert die Produktion von absolutem Mehrwert in einem anderen Betrieb, Zweig usw., gegen den er sich austauschen kann.
"Wie das Kapital daher einerseits die Tendenz hat, stets mehr Surplusarbeit zu schaffen, so die ergänzende mehr Austauschpunkte zu schaffen, d.h. hier vom Standpunkt des a b s o l u t e n Mehrwerts der Surplusarbeit aus, mehr Surplusarbeit als Ergänzung zu sich selbst hervorzurufen; au fond die auf dem Kapital basierte Produktion, oder ihm entsprechende Produktionsweise zu propagieren."[7]

Unter den hier gemachten Voraussetzungen - Steigerung der Produktion ist identisch mit Erhöhung des absoluten Mehrwerts - könnte die Einheit von Produktion und Verwertung nur dadurch gesichert bleiben, daß die "Austauschpunkte" in gleichem Maße zunehmen. Die extensive Ausbreitung des Kaptalismus sowohl im Innern des Landes wie auf dem Weltmarkt stellt die notwendige Bedingung dar. Vorkapitalistische Produktionsformen erweisen sich dagegen als Schranken der Produktion, da sie die Austauschsphäre beengen. Die Schwierigkeiten bei der realen Verwertung des Kapitals und die Verwandlung des Warenkapitals (einschließlich des in ihm enthaltenen Mehrwerts) in die Geldform des Kapitals stellen sich gerade in entgegengesetzter Weise dar, als sie in der Akkumulationstheorie von Rosa Luxemburg und in ähnlichen Theorien erscheinen. Die Existenz des nichtkapitalistischen Milieus erscheint als ein Hemmnis und nicht als eine unerläßliche Bedingung für die Realisierung des Mehrwerts. Da das Kapital seine Produktionsweise "propagiert" - außer der gewaltsamen Trennung der Produzenten von ihren Produktionsmitteln tut es das mit den wohlfeilen Preisen seiner Waren -, arbeitet es ständig an der Überwindung dieser Schranke. Aber jede zu langsame Vermehrung oder Ausweitung der Tauschpunkte im Verhältnis zum anschwellenden absoluten Mehrwert führt zu Schwierigkeiten bei der Realisierung mit nachfolgender Stockung der Produktion, wodurch die Produktivkräfte in das gegebene Korsett der Verwertungsbedingungen eingeschnürt werden.

Die Zusammenhänge werden vielfältiger und komplizierter, wenn die Annahme der gleichbleibenden Produktionstechnik fallengelassen wird, also die Bedingungen für das Anwachsen des relativen Mehrwerts mit einbezogen werden.

Die Produktion des relativen Mehrwerts, d.h. die auf Vermehrung und Entwicklung der Produktivkräfte gegründete Produktion von Mehrwert, erfordert als weitere allgemeine Bedingung die "Produktion neuer Konsumtion".

Verdoppelt sich beispielsweise die Arbeitsproduktivität in einem Produktionszweig und bleibt der Bedarf der Gesellschaft an diesem spezifischen Erzeugnis konstant, so wird die Hälfte des Kapitals freigesetzt. Für dieses Kapital muß ein neuer, qualitativ verschiedener Produktionszweig geschaffen werden, der ein neues Bedürfnis befriedigt und hervorbringt. Nur unter diesen Bedingungen kann sich der Wert des freigesetzten Kapitals erhalten, kann sich das Kapitalverhältnis in neuer Form herstellen. Der Drang des Kapitals nach immer intensiverem Stoffwechsel mit der Natur, seine rastlose Suche nach immer neuen brauchbaren Gegenständen und neuen nützlichen Eigenschaften der Dinge hat vor allem hierin seine Triebkräfte.

Hierin zeigt sich ein weiterer Aspekt der dem Kapital immanenten Notwendigkeit zum universellen Austausch, zur Verwandlung der Produkte aller Klimazonen und Länder in Tauschobjekte. Gleichzeitig kann man bei Unterstellung einer ständig ansteigenden Arbeitsproduktivität - nur so kann der relative Mehrwert wachsen - nicht stehenbleiben bei der Feststellung, daß sich die Zirkulation ständig erweitern muß. Würde man, wie im ersten Fall, die Lösung des Widerspruchs nur in der Ausdehnung der produktiven Zirkulation sehen, dann würde man zu mechanistischen Konstruktionen gelangen, wie beispielsweise denen von Tugan - Baranowski. Nach diesen funktioniert der Kapitalismus auch dann, wenn sich die Gesamtnachfrage nach Konsumgütern unbegrenzt verringert, sofern eine entsprechende Nachfrage nach zusätzlichen Produktionsmitteln an ihre Stelle tritt.[8]

Die bei erweiterter Reproduktion, vor allem unter Bedingungen, unter denen die organische Zusammensetzung des Kapitals rasch anwächst, tatsächlich gegebene "Produktion für die Produktion" wird in dieser Konstruktion verabsolutiert. Das dialektische Verhältnis zwischen den beiden Abteilungen der Reproduktion wird faktisch aufgehoben. Das ist aber die Konsequenz des Ausgangspunktes, da die Existenz eines spezifischen Marktproblems des Kapitalismus, resultierend aus dem Verwertungsstreben des Kapitals, geleugnet wird.

In diesem zweiten Fall äußert es sich in der Bedingung, daß sich auch der konsumtive Zirkel innerhalb der Zirkulation erweitern muß. Nach Marx kann das auf dreifache Art geschehen: "Erstens quantitative Erweiterung der bestehenden Konsumtion, zweitens Schaffen neuer Bedürfnisse dadurch, daß vorhandene in einem größeren Kreis propagiert werden, drittens Produktion neuer Bedürfnisse und Entdeckung und Schöpfung neuer Gebrauchswerte."[9] Die Erhöhung der Arbeitsproduktivität als Methode zur Steigerung des relativen Mehrwerts bedingt daher ein stets sich erweiterndes und umfassenderes System von Arbeits- und Produktionsarten, denen ein stets erweiterteres und reicheres System von Bedürfnissen entsprechen muß, eine Bedingung, die natürlich in der Realität nicht unmittelbar gegeben ist.

Der objektive Zwang zur Erweiterung der individuellen Konsumtion wird unter den Bedingungen, da das Kapital den Mehrwert in erster Linie nur durch diese letztere Methode zu erhöhen vermag, um so stärker, je mehr Kapital aus schon bestehenden Anlagesphären freigesetzt wird.

Nach dem Vorherrschen entweder der einen oder der anderen Methode heben sich daher auch zwei Perioden des Kapitalismus ab. In der ersten dehnt sich der Markt vorwiegend extensiv aus. Das Produzieren von unmittelbar nicht in den Austausch eingehenden Gebrauchswerten wird verdrängt. In der marxistischen Literatur wurde häufig nur dieser Prozeß als echte Markterweiterung bezeichnet.[10] Er ist natürlich auch faßbarer und ist eher als ein dynamischer Vorgang für die Erweiterung des Marktes zu begreifen als der intensive Prozeß, der an viel mehr Bedingungen - und solche gegensätzlicher Art - geknüpft ist.

Von diesen theoretischen Gesichtspunkten her gesehen, geht es bei der Notwendigkeit des Außenhandels (wie anderer Formen der Internationalisierung des Wirtschaftslebens) nicht nur schlechthin um Absatz oder Bezug von Waren außerhalb von Staatsgrenzen. Sie ist in dem allgemeineren Problem der Formen und Methoden der Markterweiterung einbegriffen. Außenhandel und Weltmarkt erhalten dabei aber insofern eine besondere Bedeutung, als durch sie erst der Zusammenhang zwischen den mannigfaltigsten Bedingungen und Unterschieden der Produktionsarten hergestellt wird und so die Anlässe, Möglichkeiten, Leichtigkeiten und Beweggründe für die Realisierung des Expansionstriebs des Kapitals vermehrt werden.

Eben diese Mannigfaltigkeit der Bedingungen ist für die Bewegung und Entwicklung des Widerspruchs zwischen Produktion und Verwertung (wenn man ihn in seinen allgemeinen

Formen faßt) unabdingbar. Im Außenhandel, wie in allen Formen der Internationalisierung des Wirtschaftslebens, zeigt sich daher auch der fortwährende Versuch des Kapitals, gewissermaßen den Weg des geringsten Widerstands gehend, die inneren Widersprüche der kapitalistischen Produktionsweise durch die Ausdehnung des äußeren Feldes der Produktion auszugleichen, auf einer höheren Ebene zu reproduzieren. Der Außenhandel ist so Ausdruck des Grundwiderspruchs und wird von ihm beherrscht.

2. Beziehungen zwischen Außenhandel und Wachstum im Kapitalismus

Die Rolle des Außenhandels bei der Schaffung neuer Kapitalanlagesphären und der Weckung neuer Bedürfnisse

Der oben dargelegte Zusammenhang zwischen der raschen Steigerung des relativen Mehrwerts und der Freisetzung von Kapital einerseits und der daraus erwachsenden Notwendigkeit, neue Kapitalanlagesphären zu schaffen und die individuelle Konsumtion auszuweiten, andererseits, tritt unter den heutigen Bedingungen der wissenschaftlich-technischen Revolution in besonderem Maße hervor. Kennzeichnend für die Vervielfältigung der Gebrauchswerte über den Außenhandel wird dabei immer stärker das Vordringen der Erzeugnisse der modernen dynamischen Industriezweige. Für die Nachkriegszeit läßt sich dieser Aspekt wohl am treffendsten am Beispiel der Petrolchemie demonstrieren.

Aber auch für viele andere Gebiete trifft das zu. Dies ist eine Folge der raschen Erneuerung des Produktionssortiments und der dabei zunehmenden Produktdifferenzierung. So sollen in den USA im Verlauf der letzten zehn Jahre ein Drittel der Firmen die Hälfte ihrer Produktion auf neue Erzeugnisse umgestellt haben, und die amerikanischen Industriellen nehmen an, daß 1967 15 % ihrer Verkäufe auf Waren entfallen werden, die bis 1963 noch nicht hergestellt wurden.[11]

Die zunehmende Produktdifferenzierung fällt besonders in den Bereichen der Chemie und Elektrotechnik ins Auge, sie bestimmt aber auch die Entwicklungstendenzen in den anderen Zweigen. So ist beispielsweise auch in den Aggregatindustrien die Tendenz von der Mehrzweckmaschine zur spezialisierten Einzweckmaschine offensichtlich. Diese teils technisch bedingten, teils aus dem monopolistischen Kampf um Marktanteile resultierenden Entwicklungen spiegeln sich auch in den Außenhandelsdaten wider. Sie zeigen sich hier z. B. in einem bemerkenswerten Anstieg der Investitionsgütereinfuhren. Vergleicht man für einige wichtige kapitalistische Länder deren Anteil an den Gesamteinfuhren für die Jahre 1958 und 1965, so ergibt sich das folgende Bild: Der Anteil wächst in Westdeutschland von 7,6 auf 12,0 Prozent, Frankreich von 12,4 auf 19,1 Prozent, Großbritannien von 6,0 auf 10,6

Prozent und in den USA von 6,1 auf 11,8 Prozent. Als wichtigste Ursache der rasch ansteigenden Einfuhren von Investitionsgütern wird angeführt, daß vergleichbare Produkte im Inland nicht hergestellt werden.[12]

Die Vervielfältigung der Gebrauchswerte über den Außenhandel in den einzelnen Ländern, vor allem in den entwickelten kapitalistischen Ländern, erstreckt sich auch auf Konsumgüter. Der Außenhandel spielt bei der Weckung neuer und der Erweiterung schon gegebener Bedürfnisse eine wichtige Rolle. Dieses Moment betraf in früheren Perioden vor allem die Bourgeoisie und andere wohlhabende Schichten, aber seitdem jener Anteil an Löhnen, der nicht zur Deckung der zum Leben notwendigen Dinge dient, angestiegen ist - für die Volksmassen der westeuropäischen Länder ist dies in nennenswertem Maße erst seit dem zweiten Weltkrieg der Fall -, erlangt dieser "elastische" Einkommensbestandteil eine gewisse Bedeutung bei der Konsumtion neuer Erzeugnisse. Dieser elastische Einkommensbestandteil ist von der Arbeiterklasse dem Kapital abgerungen worden. Dabei spielten eine Reihe verschiedener Faktoren eine Rolle, wie: die Existenz und Entwicklung des sozialistischen Weltsystems, die langanhaltende Konjunktur bei hoher Beschäftigung und die fortgesetzte Steigerung der Arbeitsintensität und -produktivität. Besonders stimuliert wurde dieser Kampf auch durch das Wachsen der Bedürfnisse nach den sog. langlebigen Konsumgütern und verschiedenen Importartikeln. Hier bestehen sehr enge Beziehungen zum Prozeß der Internationalisierung des Wirtschaftslebens, wenn es auch schwierig ist, sie näher oder genauer zu erfassen. Indem der Außenhandel die in jedem Land verfügbare Palette von Gebrauchswerten erweitert, erleichtert er - ähnlich wie neue Erfindungen - den Akkumulationsprozeß, weil neue Produktionssphären entstehen und Vertriebs- und Transporteinrichtungen Ausbaumöglichkeiten erhalten. "Es werden mehr Werte geschaffen", so führt Marx dazu aus, "erstens, indem mehr Hände sich ans Werk setzen: in einem Zweig ans Werk setzen und zweitens eine entsprechende Arbeit in anderen Zweigen hervorgerufen wird, wogegen ausgetauscht wird. Die englischen Baumwollfabriken würden nicht mehr W e r t e geschaffen haben, wenn nicht tausend Absatzmärkte in und außer dem Land durch Arbeit, wogegen sie austauschen können, hervorgerufen würden."[13] Und an anderer Stelle: "Jeder neue Gegenstand, der austauschbar wird, ist dadurch eo ipso ein neuer Wert und fügt zu der Zahl der Werte hinzu. In dem Maße, wie sich daher die Quellen des Austausches eröffnen, vervielfältigen sich die Werte im inländischen, wie im auswärtigen Handel."[14]

In der Gegenwart hat dieses Moment aber nicht schlechthin nur Bedeutung für den Akkumulationsprozeß. Es wird vor allem für die kleinen und teilweise auch für die Länder mittlerer Größe zu einem sehr wesentlichen Faktor, in Teilbereichen der Wirtschaft auch die modernsten Produktionen aufzubauen. Davon hängen heute die Konkurrenzfähigkeit auf dem Weltmakrt und das Wachstum weitgehend ab. Hier spielen aber weitere Aspekte der Wirkungen des Außenhandels hinein, die näher darzulegen sind.

Der Außenhandel und die internationale Arbeitsteilung als Mittel zur Senkung der Produktions- und Zirkulationskosten

Bisher betrachteten wir den Außenhandel hauptsächlich vom Standpunkt der Schaffung neuer Tauschpunkte auf dem äußeren Markt und neuer Kapitalanlagesphären. Die Ausweitung des "äußeren Feldes" der Produktion und die Absorption freigesetzten Kapitals in neuen Anlagesphären erweiterten den Spielraum für die Bewegung der inneren Widersprüche des Kapitalismus und ermöglichten so das Anwachsen der Summe der Werte und der Masse und Vielfalt der Gebrauchswerte.

Der Außenhandel wirkt über die Herstellung und Vertiefung der internationalen Arbeitsteilung aber vor allem durch die Senkung der Produktions- und Zirkulationskosten auf die Verwertung des Kapitals und sein Wachstum ein. Ähnelte er in seiner Wirkung zunächst jener Seite des technischen Fortschritts, die neue Gebrauchswerte hervorbringt, so ähnelt er ihm hier in jenen Wirkungen, die sich aus der Anwendung ökonomisch effektiverer Verfahren ergeben.

Aber in beiden Fällen bestehen zwischen diesen Prozessen nicht nur Ähnlichkeiten in der Wirkung, sondern reale Wechselwirkungen. Je höher das allgemeine Niveau der Arbeitsproduktivität ist und je rascher es ansteigt, um so stärker ist im allgemeinen die Arbeitsteilung ausgebildet, und um so mehr Möglichkeiten entstehen, sie weiter zu vertiefen. Das gleiche - und das interessiert uns gerade - gilt in umgekehrter Hinsicht. Vom Grad der Arbeitsteilung und deren Entwicklung hängen ihrerseits das Niveau und der Anstieg der Arbeitsproduktivität mit ab.

Eine wichtige Determinante der Arbeitsteilung ist aber - und darauf wies, allerdings in zu einseitiger Form, A. Smith hin - die Größe des Marktes. Von ihr sind vor allem zwei wichtige Beziehungen abzuleiten. Bei der ersten handelt es sich um das Standortproblem. Mit zunehmender Marktgröße erhöhen sich auch die Chancen, die verschiedenen Produktionen an die jeweils günstigsten Standorte zu legen und auszubauen. Das bezieht sich sowohl auf naturgegebene (Ressourcen, Klima, Lage u.a.) wie auch auf erworbene Vorteile (z.B. spezifische Traditionen der Produktion, die mit einem besonderen Qualifikationsniveau der Arbeitskräfte verbunden sind u.a.). Hieraus folgt, daß die positiven Einflüsse auf die Arbeitsproduktivität - und über diese auf die Verwertung des Kapitals und dessen Wachstum - in dem Maße zunehmen, wie die Produktion an den ökonomisch rationellsten Standorten sich entwickeln kann, wie sich die territoriale Struktur der Produktion optimalen Bedingungen annähert. Diese Beziehung ist, ihrem einfachen Gehalt nach, ohne weiteres am Zwei-Länder-, Zwei-Waren-Modell ableitbar, in dem Land I die Ware A und Land II die Ware B mit einem absolut niedrigeren Arbeitsaufwand erzeugen können. Eine vollständige oder auch nur teilweise Spezialisierung von Land I auf die Ware A und Land II auf die Ware B wird dann solche Effekte zeitigen.

Theoretisch schwieriger wird natürlich der Fall, wenn das eine der beiden Länder beide Waren nur mit einem höheren Arbeitsaufwand herstellen kann. Es ist das Verdienst Ricardos, hierbei nachgewiesen zu haben (er berücksichtigt aber nur die stoffliche Seite der Produktion), daß auch das im Produktivitätsniveau unterlegene Land Wachstumseffekte erzielt, wenn es sich auf diejenige Ware spezialisiert, für die es den vergleichsweise niedrigsten Arbeitsaufwand (das sind die komparativen Kosten) aufzuweisen hat.[15]

Der sich aus der Spezialisierung der Produktion ergebende ökonomische Effekt wird noch gesteigert (wir sehen auch hier zunächst von gewissen Modifikationen ab, die z.B. durch das Monopolproblem hereinkommen) durch deren Rückwirkungen auf die Größenverhältnisse der Betriebseinheiten. Großbetriebe haben in der Regel Kostenvorteile gegenüber den kleinen und mittleren Betrieben, weil sie den ökonomischen Nutzen der größeren Produktionsserien ausschöpfen können, mehr Möglichkeiten haben zur Erweiterung der innerbetrieblichen Spezialisierung und vor allem auch in den allgemeinen Betriebskosten günstiger stehen. Unter den heutigen Bedingungen sind besonders die Größenvorteile in der Forschung wichtig.

Wenn wir beide Arten von Beziehungen vom Standpunkt des Doppelcharakters des kapitalistischen Produktionsprozesses als widerspruchsvolle Einheit von Arbeits- und Verwertungsprozeß betrachten, ergeben sich infolge der allseitigen Abhängigkeit der in ihm wirkenden Gesetze und Kräfte einige Zusammenhänge, die Marx bei der Analyse der dem Fall der Profitrate entgegenwirkenden Faktoren herausarbeitet. "Soweit der auswärtige Handel teils die Elemente des konstanten Kapitals, teils die notwendigen Lebensmittel, worin das variable Kapital sich umsetzt, verwohlfeilert, wirkt er steigernd auf die Profitrate, indem er die Rate des Mehrwerts hebt und den Wert des konstanten Kapitals senkt."[16]

Marx geht hier zunächst von der stofflichen Seite der Reproduktion aus, und sie müssen wir noch etwas näher betrachten. Die vorteilhafte Zufuhr von Elementen des konstanten Kapitals und notwendigen Lebensmitteln trägt dazu bei, daß dessen Wert nicht in demselben Verhältnis anwächst wie sein materieller Umfang. "In einzelnen Fällen kann sogar die Masse der Elemente des konstanten Kapitals zunehmen, während sein Wert gleich bleibt oder gar fällt."[17] Die unterschiedliche oder teilweise sogar gegensätzliche Bewegung zwischen der Masse und dem Wert des konstanten Kapitals hat auch in der Gegenwart für die Verwertung des Kapitals außerordentlich große Bedeutung, denn davon ist die Beschäftigung mit abhängig. "Die Masse Arbeit, die das Kapital kommandieren kann, hängt nicht ab von seinem Wert, sondern von der Masse der Roh- und Hilfsstoffe, der Maschinerie und Elemente des fixen Kapitals, der Lebensmittel, woraus es zusammengesetzt ist, was immer deren Wert sei."[18] Durch den günstigen Bezug der sachlichen Elemente des Kapitals über den Außenhandel wächst die Masse der Produktionsmittel und Lebensmittel im weitesten Sinne, die - wenn alle übrigen Bedingungen gegeben sind - als "Aufsauger der Arbeit" (Marx) fungieren können.

Als ein dem Fall der Profitrate entgegenwirkender Faktor zeitigt der Außenhandel in seinen Folgewirkungen auch hier den Effekt der Vermehrung der Summe der Werte. Eine solche Folgeerscheinung, allerdings nur auf indirekte Weise, ergibt sich auch vom Zirkulationsprozeß aus. Es handelt sich dabei um die Einflüsse, die von der Langsamkeit und Diskontinuität bzw. der Schnelligkeit und Kontinuität der Zirkulation ausgehen. Je länger beispielsweise ein bestimmtes Kapital in Gestalt von Fertigerzeugnissen fixiert bleibt und je unsicherer der Zirkulationsvorgang ist, um so mehr Kapital wird gebunden, und um so stärker wird der Verwertungsprozeß beeinträchtigt. Umgekehrt verhält es sich beim entgegengesetzten Tatbestand. Bei beiden spielt die Dichte des Welthandelsnetzes eine Rolle. Die Kosten für Lagerhaltung verhalten sich im großen und ganzen umgekehrt proportional zum Grad dieser Dichte. "Wenn die Ernten der nördlichen und südlichen Halbkugel regelmäßig auf den Weltmarkt kommen, ist es nicht nötig, diese Agrarprodukte ein Jahr lang zu stapeln, um eine gleichmäßige Versorgung möglich zu machen."[19]

Hier zeigt sich eine Beziehung zur Wertbestimmung, die sich nicht aus dem direkten Verhältnis der Arbeitskraft zum Kapital ergibt. "Das Verhältnis, worin dasselbe Kapital, in einem gegebenen Zeitraum, den Produktionsprozeß (Schöpfung von Neuwert) wiederholen kann, ist offenbar eine Bedingung, die nicht direkt durch den Produktionsprozeß selbst gesetzt ist. Wenn die Zirkulation daher kein Moment der W e r t b e s t i m m u n g selbst hervorbringt, das ausschließlich in der Arbeit liegt, so hängt von ihrer Geschwindigkeit ab die Geschwindigkeit, worin der Produktionsprozeß sich wiederholt, Werte geschaffen werden - also, wenn nicht die Werte, (so) die Masse der Werte zu einem gewissen Grade. Nämlich die durch den Produktionsprozeß gesetzten Werte und Surpluswerte multipliziert mit der Zahl, worin der Produktionsprozeß in einem gegebenen Zeitraum wiederholt werden kann."[20]

Das ständige Bemühen des Kapitals, die Überschaubarkeit der Märkte zu erhöhen, auf rasch expandierenden Märkten Fuß zu fassen und die errungenen Positionen durch Niederlassungen und Absatzorganisationen zu organisieren, die Erforschung und Berücksichtigung von Nachfrageverschiebungen, das Interesse an einer leistungsfähigen Transportindustrie u.a.m. hängen mit diesen mittelbaren Einflüssen auf den Wertbildungs- und Verwertungsprozeß unmittelbar zusammen.

Über die Vertiefung der internationalen Arbeitsteilung gehen also verschiedenartige Einwirkungen auf die Kapitalakkumulation und das Wachstum der Produktion aus. Aber diese Vertiefung der Arbeitsteilung vollzieht sich durchaus nicht modellgemäß, sondern sie ist auch im heutigen Kapitalismus ein Prozeß, der sich über den Konkurrenzkampf durchsetzt und bei dem die Beteiligten, Kapitale, Monopole, Länder, danach streben, Widersprüche im Verwertungsprozeß, Disproportionen usw. durch äußere Expansion zu lösen. Dadurch wird selbstverständlich die Feststellung nicht aufgehoben, daß eine erweiterte Arbeitsteilung, auf welchem Wege sie immer erreicht wird, solche Wirkungen zeitigt, wie sie oben dargelegt wurden.

Besonders charakteristisch für diesen Weg waren im Verlauf der Nachkriegszeit die Entwicklung der monopolistischen Formen und Züge der internationalen Arbeitsteilung zwischen den entwickelten kapitalistischen Ländern.

Im Zusammenhang mit dem Spezialisierungsprozeß haben sich nicht schlechthin neue Größenverhältnisse der Unternehmen herausgebildet. Dieser Prozeß war begleitet von einer beispiellosen Beschleunigung der Monopolisierung innerhalb der einzelnen Staaten wie auch in der internationalen Arena. Sie wurde durch die verstärkte Konkurrenz innerhalb der Integrationsgebilde sowie zwischen ihnen noch besonders angetrieben.

Auf je höherer Konzentrationsstufe ein solcher Prozeß vor sich geht, um so stärker wird auch der Charakter der internationalen Arbeitsteilung dadurch bestimmt. Nicht uninteressant sind in diesem Zusammenhang die folgenden statistischen Angaben. Nach dem Konzentrationsbericht der westdeutschen Regierung belief sich der Anteil der hundert größten Unternehmen am gesamten westdeutschen Export im Jahre 1954 auf 40 % und stieg bis 1960 auf 50 %. Nach Ansicht des westdeutschen Ökonomen Mertens hatten die hundert Unternehmen im Jahre 1964 bereits einen Anteil von schätzungsweise 55 bis 60 % am westdeutschen Export.[21]

Wie man aus verschiedenen Stellungnahmen der EWG-Behörden zur Konzentrationsproblematik entnehmen kann, ist die hier zum Ausdruck kommende Entwicklungstendenz für die größten kapitalistischen Länder durchaus repräsentativ.

Eine so starke Konzentration der Hauptmasse der Exporte auf so wenig Monopole verleiht der Entwicklung der internationalen Arbeitsteilung naturgemäß auch entsprechende Züge.

Dabei reproduziert sich der Doppelcharakter des Monopols, Entwicklungsform der Produktivkräfte zu sein und zugleich auch Hemmnisse für ihre Entfaltung zu errichten, auch in seinen internationalen Aspekten. Er zeigt sich einerseits in außerordentlich produktivitätswirksamen Spezialisierungs- und Kooperationskartellen, die vor allem eine Folge der Kapitalverflechtung von Monopolen verschiedener Länder sind, sich aber auch unabhängig von dieser entwickeln. Diese Formen entwickeln sich unter der Einwirkung der Erfolge des Weltsozialismus und vor allem durch die Anforderungen der wissenschaftlich-technischen Revolution, denen die Monopole der einzelnen Länder (außerhalb der USA) auf verschiedenen Gebieten nicht mehr entsprechen können. Sie kommen teilweise auch in den oben angeführten Daten über den raschen Anstieg des Anteils der Investitionsgüterimporte an den Gesamtimporten der entwickelten kapitalistischen Länder zum Ausdruck. Welche Bedeutung indessen solchen Spezialisierungen und Kooperationen bei dem raschen Anstieg des internationalen Warenaustausches zwischen den entwickelten Ländern in der Nachkriegszeit zukommt, darüber läßt sich bislang noch nichts Genaues aussagen. Aus den oben angeführten Untersuchungen von Hesse folgt auch nichts Eindeutiges. Er untersucht den Außenhandel von 52 Waren für 13 entwickelte kapitalistische Länder für die Jahre 1953 und 1961 und ermittelt für jede Ware die Anteile des Defizit- und des reinen Austauschhandels. Den Überschuß des Imports über den Export (jeweils für ein Land) bezeichnet er als Defizithandel, während jener Teil, zu dem die Importe und Exporte gleich sind, den reinen Austauschhandel mißt. Er kommt zu dem Ergebnis, daß sich bei den der Untersuchung zugrunde liegenden 52 Waren nur in 7 Fällen ein Sinken der Quote des Austauschhandels zeigt, während bei den übrigen 45 Waren diese Quote ansteigt.[22] Wie wir oben schon anführten, folgert Hesse daraus, "daß der wachsende Welthandel der Nachkriegszeit nicht mit einer durch komparative Preisdifferenzen diktierten Arbeitsteilung einhergeht". Diese Folgerung ist sicher zutreffend, aber die uns vorliegende Frage verlangt zu ihrer Beantwortung detailliertere Untersuchungen.

Aber auch die von Düesberg vorgenommene weitere Aufgliederung der einzelnen Warenpositionen - als Beispiele wählt er Motoren und Generatoren, Haushaltsgeräte sowie Nachrichtentechnik läßt keine eindeutigen Schlußfolgerungen zu.[23] Bestimmter äußert sich die Pariser Industrie- und Handelskammer in einer ausführlichen Studie über den westdeutsch-französischen Austausch von Ausrüstungsgütern. Darin wird u.a. festgestellt: "Im Verhältnis zwischen Deutschland und Frankreich steht die industrielle Spezialisierung noch ganz in ihren Anfängen,und die industrielle Integration zwischen den beiden Ländern muß erst noch geboren werden. Die Veränderungen im deutsch-französischen Austausch von Ausrüstungsgütern, die man im Laufe des letzten Jahres beobachten konnte, sind viel mehr der unterschiedlichen Konjunkturentwicklung in den beiden Ländern zuzuschreiben als einer arbeitsteiligen Spezialisierung der Produktion."[24]

Das ist immerhin ein bemerkenswertes Urteil angesichts der Dynamik des Außenhandels zwischen Westdeutschland und Frankreich wie überhaupt innerhalb der EWG. So ist der gegenseitige Handel zwischen den Partnern der EWG von 1957 bis 1965 von 7,2 auf 20,8 Mrd. Dollar angestiegen, was dazu führte, daß sich der sog. "Integrationskoeffizient" (Verhältnis des Binnenhandels der EWG zum gesamten Außenhandel) von 26,6 % (Einfuhr) und 30,1 % (Ausfuhr) auf 41,8 bzw. 43,5 % erhöhte. Es kann aber schon deshalb nicht ganz abwegig sein, da es auch den EWG-Behörden bislang nicht gelang, trotz erheblicher Mühen, einigermaßen eindrucksvolle Spezialisierungserfolge nachzuweisen.[25] Für den gesamten Konsumgüterbereich konnten lediglich für die Bekleidungsindustrie, einen Sektor, in dem eine außerordentlich scharfe Konkurrenz geführt wird, Spezialisierungstendenzen nachgewiesen werden.

Sowohl innerhalb der EWG als auch im gesamten kapitalistischen Weltwirtschaftssystem setzt sich die mit der Vertiefung der internationalen Arbeitsteilung einhergehende Spezialisierung der Produktion noch weitaus überwiegend im Kampf um Marktanteile und Einflußsphären durch. Eine Begleiterscheinung dieses Kampfes ist das außerordentlich hohe Tempo des Konzentrationsprozesses in den entwickelten kapitalistischen Ländern, ein Vorgang, der über den Massenruin kleiner und mittlerer Produzenten zugleich gewissen Raum schafft für die gegenseitige monopolistische Durchdringung der einzelnen nationalen Märkte. Diese Durchdringung erfolgt heute in vielen Formen; häufig steht sie im Zusammenhang mit Kapitalexporten, vor allem in Form der direkten Produktionsanlagen bzw. im Ausbau von schon vorhandenen Niederlassungen im Ausland. So ist der Zusammenhang zwischen den Direktinvestitionen der USA und dem Export eindeutig. Der über amerikanische Auslandsfirmen laufende Anteil des US-Gesamtexports hat 1964 25 % erreicht. Werden aus den gesamten Exporten die Agrarexporte eliminiert, die nur zu einem geringen Prozentsatz an die US-Auslandsgesellschaften gelangen, "so ging in den letzten Jahren rund ein Drittel des gewerblichen amerikanischen Exports über die Filial- und Tochtergesellschaften im Ausland, die als Weiterverkäufer oder Endabnehmer auftraten".[26]

Andere Formen der monopolistischen Markterschließung bestehen in verschiedenen Kartellabmachungen, die zunächst auch nicht allzuviel mit echter Spezialisierung der Produktion zu tun haben.

Dabei handelt es sich um das immer dichter werdende Netz von Abkommen, die das Ziel verfolgen, einen kontinuierlichen Absatz der Erzeugnisse zu gewährleisten. Solche Abkommen sind außerordentlich zahlreich. Einen gewissen Eindruck davon vermitteln hier die Angaben der EWG-Behörden, da gemäß den im EWG-Vertrag enthaltenen Kartellbestimmungen (Art. 85 und 86) solche Vereinbarungen angemeldet werden müssen. Bis Ende März 1966 lagen 38 045 Anmeldungen vor, und zugleich waren zu diesem Zeitpunkt durch Beschwerden weitere 252 Abkommen bekannt, die nicht angemeldet waren. Bei diesen Abkommen handelt es sich zumeist um die sogenannten Alleinvertriebsverträge sowie, aber in geringerem Maße, um Lizenzverträge. "Horizontale Wettbewerbsbeschränkungen (z.B. Quotenkartelle - R.G.), die zwischen Unternehmen der gleichen Wirtschaftsstufe vereinbart sind, werden der Kommission selbst seltener mitgeteilt, nämlich meist nur dann, wenn sie wegen günstiger Auswirkungen der Wettbewerbsbeschränkung (z. B. Rationalisierungserfolge - R.G.) mit einer Freistellung rechnen ... könnten."[27]

Diese Vorgänge haben natürlich durch die größeren Produktionsserien, durch die Ausweitung der Umsatzziffern und die Beschleunigung der Zirkulation solche schon erwähnten Beziehungen zur Kapitalakkumulation und dem Wachstum.

In den Fällen, in denen einzelne Monopolgruppen bei der Erhöhung ihrer Marktanteile besondere Erfolge erringen, werden solche Effekte besonders deutlich. Als Beispiel können hier die italienischen Kühlschrankproduzenten und natürlich die westdeutschen Volkswagenwerke genannt werden. Letztere steigerten beispielsweise allein ihre Exporte in die USA von 35 851 Fahrzeugen 1955 auf 498 775 im Jahre 1966. Als Folge dieser erfolgreichen Expansion hat sich hier eine echte Spezialisierung mit all ihren ökonomischen Wirkungen herausgebildet.

Außenhandel und internationale Arbeitsteilung - das zeigen die Ähnlichkeiten mit der zweiten Seite des technischen Fortschritts - tragen nicht nur dazu bei, daß freigesetztes Kapital wieder absorbiert wird, sie setzen auch ihrerseits Kapital frei. Dadurch verstärken sie den Zwang zur beschleunigten Entwicklung der Technik und zur weiteren äußeren Expansion mit ihren widerspruchsvollen Einflüssen auf den Verwertungsprozeß des Kapitals.

Da die Bedingungen, Strukturen und Möglichkeiten zwischen den Monopolen und Ländern voneinander abweichen, werden auch die Erfolge und Wirkungen unterschiedlich sein. Welche wichtigsten Zusammenhänge sich hierbei ergeben, soll im folgenden behandelt werden.

Der Außenhandel als Mittel zur internationalen Umverteilung von Werten

Geht man von empirischen Tatbeständen aus, so kann man ohne Schwierigkeiten eine ganze Reihe von Faktoren aufzählen, die auf diese oder jene Weise die Verschiedenheiten der Außenhandelswirkungen für die Kapitale und Wirtschaften der einzelnen Länder bedingen. Offenbar spielen dabei heute eine hervorragende Rolle die Struktur der Volkswirtschaft und ihr Vermögen, sich den Entwicklungstendenzen der wissenschaftlich-technischen Revolution und der Weltwirtschaft rasch anpassen zu können. Ein weiterer Faktor sind die verfügbaren Möglichkeiten der Außenhandelsförderung durch Kapitalexporte und langfristige Kredite. Andere Faktoren hängen mit der geographischen Lage sowie der unterschiedlichen Größe der Länder zusammen. Hieraus ergeben sich einerseits z. T. die traditionellen Richtungen des Außenhandels - was bedeutsam sein kann, weil die Expansionsfähigkeit verschiedener Märkte unterschiedlich ist - und andererseits der Grad der Außenhandelsabhängigkeit.

Bei der Analyse solcher Tatbestände ergibt sich die Frage: Wonach und woran beurteilt man denn, ob die Außenhandelswirkungen für ein Land vorteilhaft, weniger vorteilhaft oder mit absoluten wirtschaftlichen Nachteilen verbunden sind? Diese Frage läßt sich mit den Mitteln der empirischen Analyse nicht völlig beantworten, sie läßt sich aber auch nicht mit den Instrumenten einer ökonomischen Theorie beantworten, die nicht Ausdruck der wirklichen Verhältnisse und Gesetzmäßigkeiten der Wirtschaft ist.

Die von der subjektiven Wertlehre ausgehenden bürgerlichen Ökonomen können von dieser Basis aus nichts zur Klärung dieser Frage beitragen, da es ja unmöglich ist, Nutzenempfindungen vergleichbar zu machen und zu quantifizieren.

Das gleiche gilt für die Vertreter der modernen Gleichgewichtstheorie, wobei es belanglos ist, ob sie einen Bezug zwischen den Preisen und der subjektiven Wertlehre herstellen oder nicht. Im Rahmen der allgemeinen Gleichgewichtstheorie sind "Preise nichts anderes als Relationszahlen, die man nicht addieren oder maximieren kann im Sinne der Feststellung einer größtmöglichen Versorgung".[28]

Aussagen über Vorteile und Nachteile des Außenhandels müssen demzufolge mangels eines richtigen theoretischen Ausgangspunktes vage bleiben. Sie sind nur möglich auf der Grundlage der Arbeitswerttheorie, wie sie Marx, auf der klassischen bürgerlichen politischen Ökonomie aufbauend und diese weiterentwickelnd, dargelegt hat. Hierbei handelt es sich insbesondere um die von Marx entwickelten Ansatzpunkte zur Bestimmung der internationalen Werte.[29]

Die Bestimmung des internationalen Werts einer Ware - seine Substanz bildet unterschiedlose, gesellschaftliche Arbeit - ergibt sich aus dem gesellschaftlich notwendigen Arbeitsaufwand, der als gewichteter Durchschnitt aller Produktionsländer aufzufassen ist. Hierin ist die objektive Grundlage zu sehen für die konkreteren Schwankungszentren der Weltmarktpreise bzw. der Preise für Waren, die auf international begrenzten Märkten ausgetauscht werden. Die Modifikationen, die dadurch die Wertkategorie erfährt und die die Analyse erschweren, können aber nichts daran ändern, daß zwei Waren, die gegeneinander ausgetauscht werden, nach wie vor nur eines gemeinsam haben können: Sie sind beide Produkte menschlicher Arbeit. Deshalb sind auch die Einwendungen der bürgerlichen Ökonomen gegen die Arbeitswerttheorie nichts als Ausflüchte, was sich schon daran zeigt, daß sie bei ihren Gegenargumentationen die Weiterentwicklung der Arbeitswerththeorie durch Marx in der Regel gar nicht zur Kenntnis nehmen.[30]

Wenn beim internationalen Warenaustausch letzten Endes der gesellschaftlich notwendige Arbeitsaufwand (gewichteter Durchschnitt der Produktionsländer) für die Schwankungszentren der Preise entscheidend ist, so werden alle jene Produzenten bzw. Länder besondere Vorteile aus dem Außenhandel ziehen, deren Arbeitsaufwand unter dem internationalen Wert liegt.

Das ist deshalb möglich, weil - wie Marx nachgewiesen hat - auf dem Weltmarkt "produktivere nationale Arbeit ebenfalls als intensivere"[31] Arbeit zählt, die als solche realisiert werden kann, wenn eine entsprechende Nachfrage vorhanden ist, d.h. die Erzeugnisse auch zu Preisen verkauft werden, die über den nationalen Werten liegen. Länder, die bei wichtigen Bereichen vorn liegen, können eine größere Wertsumme realisieren, als sie selbst im Austausch verausgaben. Je größer ihr Handelsvolumen auf diesen Gebieten und der Produktivitätsvorsprung sind, um so mehr können sie auf Kosten ihrer schwächeren Handelspartner akkumulieren. Die qualitative Grenze für die Akkumulation lockert sich daher für die führenden Länder. Ihre Verwertungsbedingungen für das Kapital verbessern sich als Folge der modifizierten Wirkungsweise des Wertgesetzes.

Außenhandel und internationale Arbeitsteilung zeitigen daher nicht nur, wie es die stoffliche Seite des Außenhandels aussagt, gegenseitige Vorteile, sondern graduell sehr verschiedene Vorteile, die sogar für einzelne Länder zeitweilig gänzlich verschwinden können und im Falle von vollständiger monopolistischer Beherrschung, wie bei kolonialer Ausplünderung, in absolute Nachteile umschlagen.

Das aber bedeutet, daß den Außenwirtschaftsbeziehungen auf allen Entwicklungsetappen des Kapitalismus die Tendenz innewohnt, bestehende Unterschiede im Niveau der Arbeitsproduktivität zwischen den einzelnen Ländern und vor allem zwischen den hochentwickelten und wirtschaftlich zurückgebliebenen Ländern weiter zu vergrößern. Mittelbar und in der Folge wirkt sich dies durch eine Zunahme des Konkurrenzdruckes auf die Märkte der schwächeren Länder aus.

Es wäre theoretisch aber unrichtig, die Umverteilungsprozesse nur zwischen diesen beiden Ländergruppen anzuerkennen. Sie gibt es auch innerhalb der Gruppe der entwickelten Länder, wenn sie hier auch weniger gravierend und schwieriger festzustellen sind. In bestimmten Situationen werden sie aber sichtbar. Eine solche läßt sich zum Beispiel aus den Daten der französischen Außenhandelsbilanz vor und nach den beiden Abwertungen des Franc 1957 und 1958 (um insgesamt 37,5 %) erkennen.

Danach verwandelte sich innerhalb eines Jahres (1958 zu 1959) das Außenhandelsdefizit von rund 2 Mrd. in einen Überschuß von 2,6 Mrd. Neue Franc. Diese in der Umkehrung der Außenhandelsposition plötzlich sichtbar gewordene erhöhte Konkurrenzfähigkeit ist natürlich in erster Linie auf die Wechselkursänderung und nicht auf andere ökonomische Faktoren (etwa eine sprunghaft angestiegene Arbeitsproduktivität) zurückzuführen. Aus den Zahlenrelationen kann man schließen, daß der Kurs bis 1958 zu hoch und dann zu niedrig lag. Ein zu niedrig festgelegter Wechselkurs - ungeachtet der späteren Auswirkungen - läuft aber zunächst immer auf eine künstliche Manipulierung des Niveaus der Arbeitsproduktivität hinaus. Das betreffende Land ist imstande, "erfolgreich" mit einem anderen Land auf dem Weltmarkt zu konkurrieren, das ein weit höheres Niveau der Arbeitsproduktivität erreicht hat und dessen Wechselkurs zu hoch oder zufällig richtig liegt. Ökonomisch bedeutet dies nichts anderes, als daß das Land mit einem zu niedrigen Wechselkurs seine Erzeugnisse auf den Außenmärkten unter seinem nationalen Wert verkauft. Es gibt mehr vergegenständlichte Arbeit in den Austausch, als es selbst erhält.

In gleicher Richtung, wenn auch weniger global als Wechselkursänderungen, wirken die Verschiedenheiten der Steuersysteme und andere staatsmonopolistische Eingriffe in den

Reproduktionsprozeß, sofern sie von Land zu Land unterschiedlich sind.

Umverteilungsprozesse innerhalb des kapitalistischen Weltsystems und innerhalb der Gruppe der entwickelten Länder vollziehen sich aber nicht nur auf der Grundlage der skizzierten Unterschiede im Niveau der Arbeitsproduktivität. Sie können auch mit einzelnen oder mehreren der einleitend zu diesem Abschnitt genannten Faktoren verbunden sein. Es ist beispielsweise durchaus möglich, daß von zwei Ländern mit einem durchschnittlich gleichen Produktivitätsniveau, aber einer unterschiedlichen Wirtschafts- und Außenhandelsstruktur das eine (bei gleicher absoluter Höhe der Außenhandelsumsätze) über die Realisierung günstigerer Preise mehr Werte an sich zieht als das andere. Ein ähnlich gelagerter Fall ergäbe sich, wenn beide Länder ihre hauptsächlichen Exporte auf Märkten absetzen, die unterschiedlich stark expandieren und auf denen daher auch die Preiskonkurrenz eine verschiedene sein kann.

Es scheint so, daß auch in der Kombination dieser beiden Fälle eine der Ursachen für die dynamischen Rückwirkungen der westdeutschen Exportexpansion auf die Kapitalverwertung und das Wirtschaftswachstum bestand und noch heute besteht, während in dieser Hinsicht die Bedingungen für Großbritannien weniger günstig waren. So wird das vergleichsweise niedrige Wachstum der Produktion von Großbritannien u.a. darauf zurückgeführt, daß dieses Land, historisch bedingt, strukturell schwach in den heutigen Wachstumsindustrien und stark in jenen Zweigen ist, die heute in allen Ländern stagnieren,[32] was auch die Möglichkeiten zur Außenhandelsexpansion einengt.

Für Westdeutschland, das seinen Anteil am Export der kapitalistischen Welt von 3.6 Prozent im Jahre 1950 auf 11.0 Prozent im Jahre 1965 steigern konnte (für Großbritannien lauten die entsprechenden Sätze 11.0 und 8.1), erwiesen sich diese Faktoren bislang als außerordentlich günstig. Bereits 1950 bestanden die westdeutschen Exporte zu 80 % aus Industrieerzeugnissen, und rund 70 % der Gesamtexporte wurden in den entwickelten kapitalistischen Ländern abgesetzt. Diese warenmäßige Zusammensetzung der Exporte und der große Exportanteil der Abnehmerländer mit einer schnell ansteigenden Produktion erwiesen sich für die wirtschaftliche Entwicklung der folgenden 1 1/2 Jahrzehnte als ein außerordentlich wirksamer Hebel. Ansatzpunkte zur Stützung dieser These liefern die folgenden Zusammenhänge.

In einer Arbeit des Westberliner DIW von 1966 heißt es beispielsweise: "In den zurückliegenden Jahren hat sich ... gezeigt, daß die deutschen Exporte in der Regel ... überdurchschnittlich auf eine Beschleunigung der wirtschaftlichen Expansion und der Importsteigerung des Auslandes reagiert haben. Ausnahmen ergaben sich nur in den Jahren 1962 und 1964, in denen Sondereinflüsse wirksam waren; so die Aufwertung der DM bzw. restriktive Maßnahmen in wichtigen Abnehmerländern der Bundesrepublik."[33]

Und in einer anderen Arbeit wird Ähnliches festgestellt und zugleich erklärend hinzugefügt: "... Zwar war die Zunahme des Bruttosozialprodukts in unseren Hauptexportländern nicht so groß wie in der BRD (gemeint ist der Zeitraum von 1950 bis 1960, R.G.), doch haben folgende weitere Faktoren besonders die Ausfuhrentwicklung günstig beeinflußt, so daß die Exportzunahme die der Importe noch übertraf.

An erster Stelle muß auf die günstige Exportstruktur hingewiesen werden. Im Jahre 1950 bestehen über 80 % der Exportgüter aus industriellen Erzeugnissen, die zum größten Teil Einkommenselastizitäten über eins aufweisen. Insbesondere Maschinen, Fahrzeuge, elektrotechnische Geräte und chemische Produkte sind Güter, deren Nachfrage bei steigendem Sozialprodukt überproportional wächst."[34]

Wenn solche Bedingungen gegeben sind, so kann ein Land - selbst wenn man unterstellt, daß es vor seinen Konkurrenten keinen Produktivitätsvorsprung hat - Umverteilungsvorteile zu seinen Gunsten erzielen. Für Westdeutschland traf das zweifellos zu.

Für die westdeutschen Monopole erwiesen sich darüber hinaus auch die Importstruktur, von den Preisen her gesehen, und die großen Devisenreserven (Manövrierfähigkeit auf dem Weltmarkt) als sehr vorteilhaft.

In der imperialistischen Ära des Kapitalismus spielen selbstverständlich Umverteilungsprozesse mittels des Außenhandels über die Monopolisierung von Rohstoffen und Absatzmärkten eine große Rolle.

Lenin bemerkt zu diesem Gesamtkomplex: "Es wächst der Tribut, den das Finanzkapital von den besonders einträglichen kolonialen und überseeischen Unternehmungen erhebt. Bei der Teilung dieser 'Beute' fällt ein außerordentlich großer Bissen Ländern zu, die nach dem Entwicklungstempo der Produktivkräfte nicht immer an der Spitze stehen."[35]

Die strukturellen Schwächen der Wirtschaft Großbritanniens, die es heute mit großen Anstrengungen zu überwinden trachtet, hängen z.T. mit seinen riesigen Tributen zusammen, die es aus der Monopolisierung einiger Rohstoffe zog. Es unterlag aus diesem Grunde keinem so starken Druck zur ständigen Modernisierung des Produktionsapparates. Durch die wissenschaftlich-technische Revolution haben einige Rohstoffarten relativ an Bedeutung verloren, und auf anderen Gebieten sind seine Monopolpositionen schwächer geworden, so daß sich heute der Zwang zur beschleunigten Entwicklung der dynamischen Industriezweige bedeutend verstärkt hat.

Natürlich haben die Tribute aus der Rohstoffmonopolisierung noch längst nicht ihre Bedeutung verloren - die abenteuerliche Politik der imperialistischen Hauptmächte im Nahen Osten ist ein besonders einprägsames Indiz dafür -, aber sie haben an relativem Gewicht zweifellos schon einiges eingebüßt.

Dagegen hat das Erringen fester Marktpositionen auf den Außenmärkten eindeutig zugenommen, und dabei handelt es sich - es sei an die ständig wachsende Zahl von Ausschließlichkeitsverträgen erinnert - auch um einen spezifischen Monopolisierungsprozeß mit Umverteilungseffekten. Sie sind aber hier in sehr vielfältigen Zusammenhängen enthalten, die wir nur andeuten können. Zwar tritt hierbei das Moment des Produktivitätsvorsprungs wieder stärker in den Vordergrund (gegenüber anderen Monopolisierungsformen), aber es ist auf das engste mit dem sogenannten Größenproblem verbunden. Wichtige Elemente dieser Art der Monopolisierung sind der Aufbau und die Unterhaltung weitgespannter Verkaufsnetze (einschließlich eines entsprechenden Service), das Veranstalten von großangelegten Werbekampagnen und vor allem auch günstige Kreditkonditionen. Diese Elemente sind heute deshalb so wichtig, weil die im internationalen Handel erscheinenden Waren sich in ihrer Zusammensetzung fortwährend verändern. Der Anteil am internationalen Handel wird aber sehr stark beeinflußt von der Leichtigkeit oder Schwierigkeit, mit der die neuen Produkte auf den Markt gebracht werden können.[36]

Von den Erfolgen bei diesen Elementen hängt heute in sehr starkem Maße die Größe der Produktionsserien ab und von diesen wieder die Größe des Wertprodukts, die Profitrate und das Niveau der Arbeitsproduktivität. Die Vorteile, die auf diesen Gebieten die amerikanischen Mammutkonzerne gegenüber vielen ihrer westeuropäischen Konkurrenten besitzen, verdeutlichen einige wenige Daten: 1963/64 wurden 80 % des elektronischen Ausrüstungsmaterials der größeren Industrieländer der OECD in den Vereinigten Staaten hergestellt; obwohl die EWG-Länder jährlich ebensoviel öffentliche Mittel zur Nutzung der Kernenergie für zivile Zwecke ausgeben (rund 800 Mill.Dollar), werden die meisten Kernreaktoren zur Stromerzeugung in Westeuropa nach Lizenzen der amerikanischen Monopole General Electric und Westinghouse gebaut; amerikanische Gesellschaften beherrschen 75 des westeuropäischen Marktes für Datenverarbeitungsanlagen und haben 33 % der Automobilindustrie und 40 % der englischen und westdeutschen Erdölindustrie unter Kontrolle; allein von 1958 bis 1964 wurden in Westeuropa 3 070 amerikanische Gesellschaften oder Tochtergesellschaften gegründet usw.[37]

Diese Vorgänge gehen in ihrer Bedeutung zwar über die Wirkungen des Außenhandels auf die Kapitalverwertung und das Wachstum für einzelne Länder hinaus, sie sind aber in der Gegenwart damit untrennbar verbunden. Sie zeigen auch, wie viele Faktoren im einzelnen zu untersuchen sind, die auf die internationale Umverteilung von Werten auf diese oder jene Weise Einfluß haben.

3. Einige Bemerkungen zur Dynamik des Außenhandels und zum kapitalistischen Wachstum

Die vorstehenden Darlegungen haben ergeben, daß zwischen dem Außenhandel und der Verwertung des Kapitals und dessen Wachstum vielfältige Zusammenhänge bestehen. In ihrem Gewicht sind sie für die Volkswirtschaften der einzelnen Länder natürlich verschieden, aber auch dieses verändert sich im zeitlichen Ablauf für die meisten von ihnen. Bei allen unterschiedlichen Wirkungen im einzelnen wird aber die Produktionsentwicklung im Gesamtsystem von dem jeweils bestimmten Verhältnis des Wachstums des Außenhandels zum gesamten Wirtschaftswachstum mit beeinflußt.

Da es infolge der allseitigen Abhängigkeit der Wachstumsfaktoren voneinander nahezu unmöglich ist, sie in ihrer Bedeutung für einen längeren Zeitraum auch nur annähernd genau einzuschätzen, geschweige denn exakt zu quantifizieren, gibt es in der ökonomischen Literatur nicht nur unterschiedliche Auffassungen, sondern auch sich extrem gegenüberstehende Ansichten. Wird ein spezifisches Marktproblcm für den Kapitalismus geleugnet bzw. für die heutigen Bedingungen als nicht mehr relevant angesehen, dann wird den Fragen der Außenhandelsdynamik naturgemäß weniger Bedeutung beigemessen, als wenn man - in Übereinstimmung mit der Realität - davon ausgeht, daß es ein solches gibt.

Die modernen bürgerlichen Wachstumstheorien abstrahieren weitgehend von den Wirkungen des Außenhandels. Es wird ja - auf lange Sicht gesehen - die Gültigkeit des sogenannten Sayschen Theorems unterstellt, allerdings in einer moderneren Fassung, wie etwa: "Eine weise Wirtschaftspolitik wird schon für die Nutzung der verfügbaren Ressourcen sorgen."

Aus ihren empirischen Untersuchungen ziehen demgegenüber die ehemaligen Mitarbeiter der OECD, Beckermann und Maddison, die Folgerung, daß sich die Unterschiede in den Wachstumsraten der westlichen Industrieländer "weitgehend aus der jeweiligen Exportentwicklung erklären" ließen. In ihren Untersuchungen weisen sie dabei auf die besonders enge Korrelation zwischen Sozialprodukt-, Produktivitäts- und Exportzuwachs hin.[38] Von daher üben sie auch Kritik an den Wachstumsmodellen des Produktionsfunktionen - Typs wegen deren ausschließlicher Basierung auf binnenwirtschaftlichen Determinanten.

Viel weiter geht der französische Ökonom H. Denis. Seine theoretische Konzeption hat das Marktproblem zum Ausgangs- und Endpunkt. Nach seiner Ansicht könne die ökonomische Theorie so lange keine zufriedenstellende Erklärung für die wirklichen Ursachen des Wachstums und seines Rhythmus' für den entwickelten Kapitalismus geben, solange nicht anerkannt werde, "daß es ein spezifisches Wachstumsproblem der kapitalistischen Wirtschaft gibt, das ein Problem der Märkte ist".[39] Damit die für das Wachstum unerläßlichen Investitionen vorgenommen würden, müssen fortwährend Investitionsanlässe gegeben sein, die Denis aus der Erschließung der Märkte der ökonomisch noch schwach entwickelten Länder herleitet. Das Aufsuchen von Außenmärkten ist nach dieser Konzeption die wesentlichste Bedingung für die Entwicklung der Produktionskapazität. Die Dynamik des Außenhandels zwischen den entwickelten und den Entwicklungsländern wird somit zur entscheidenden Determinante des kapitalistischen Wachstums.

Die Leugnung eines spezifischen Marktproblems des Kapitalismus, aber auch seine zu einseitige Ableitung können dem komplexen Charakter der Wachstumsproblematik im Kapitalismus nicht gerecht werden. Das Marktproblem des Kapitalismus ergibt sich aus den Erfordernissen der Verwertung des Kapitals, und diese erstrecken sich auf die Bedingungen des Produktions- und auch des Zirkulationsprozesses. Das Streben nach höchstmöglicher Verwertung des Kapitals realisiert sich sowohl über die Forcierung des technischen Fortschritts und die ständige Umwälzung der Produktionsmethoden als auch über die "Organisation" der Märkte und die Erringung von Positionen auf den Außenmärkten. Zwischen diesen verschiedenen Vorgängen bestehen, wie gezeigt wurde, sehr enge Wechselwirkungen. Daher kann man auch Schumpeter nicht zustimmen, wenn er bemerkt, daß man den Außenhandel und die Innovation nicht als getrennte und auch nicht als sich wechselseitig beeinflussende Faktoren auffassen dürfe.[40]

Überall dort aber, wo verschiedene Faktoren im Wechselverhältnis stehen, erlangt innerhalb dieses Verhältnisses bald dieser, bald jener Faktor größeres Gewicht. Auf kürzere Sicht gesehen, kann ein schrumpfender oder stagnierender Außenhandel in bestimmten Situationen die übrigen Wachstumsfaktoren in ihren Wirkungen beeinträchtigen und eine Krise oder Depression in der Wirtschaft einzelner Länder hervorrufen, während umgekehrt rasch ansteigende Exporte für einzelne Länder durchaus der dominierende Wachstumsfaktor sein können. Das läßt sich an verschiedenartigen Situationen der Vergangenheit wie auch der Gegenwart illustrieren.

Ein Beispiel des ersten Falles bietet die Zwischenkriegszeit. Das Wachstum der Industrieproduktion ist relativ schwach; der Außenhandel zeigt, insgesamt gesehen, ausgesprochene Stagnationstendenzen. 1938 liegt der Welthandel nur um etwa 12 % über dem Stand von 1913. Dabei ergibt sich der Zuwachs allein aus dem Rohstoffhandel, der um knapp 20 % anstieg, während der Außenhandel mit Fertigwaren um fast 10 % unter dem Niveau von 1913 blieb. Die Einschränkung des Außenhandels mit Fertigwaren wird aus dem folgenden Vergleich mit der Produktion von Fertigwaren in drei Ländern deutlicher:

Relationen zwischen der Produktion und den Exporten von Fertigwaren

1913 = 100

	England		Frankreich		Deutschland	
	Produktion	Export	Produktion	Export	Produktion	Export
1926/29	92,6	82,7	130,6	96,5	112,2	77,5
1936/38	121,5	62,9	118,2	46,7	138,3	84,0

Diese Zahlen sind aufschlußreich vor allem dann, wenn man sie mit den Tendenzen der vorangegangenen Periode und der Nachkriegszeit vergleicht. Von 1870 bis 1913 haben wir für diese Länder im großen und ganzen eine parallele Entwicklung beider Reihen. In der Nachkriegszeit wiederum wachsen die Exporte von Fertigwaren bedeutend rascher als die Produktion. Aus dieser kurz skizzierten Situation der Zwischenkriegszeit leitet Denis die Frage ab: Stagnierten bzw. sanken die Exporte, weil die Expansion der Produktion zu schwach blieb, oder kann man im Gegenteil sagen, daß sich die verlangsamte Expansion der Produktion aus der Verringerung der Exporte erklärt? Und er beantwortet sie, indem er sich auf die Untersuchung "Growth and Stagnation in the European Economy" des schwedischen Ökonomen Svennilson beruft, kurz zusammengefaßt, wie folgt: "Es scheint uns, daß diese Studie gut zeigt, daß die einzige korrekte Interpretation diejenige ist, die die Begrenzung der Außenmärkte und die Verringerung der Exporte zur Ursache des Phänomens macht, das uns beschäftigt."[41]

Der schrumpfende Handel mit Fertigerzeugnissen zwischen den entwickelten Ländern hat sicher sehr wesentlich zu dem geringen Wachstum bzw. zu den ausgeprägten Stagnationstendenzen beigetragen, wenn es uns auch unrichtig erscheint, darin die einzige Ursache zu sehen.

Völlig anders geartet ist demgegenüber die Situation in der Nachkriegszeit. Der Außenhandel insgesamt und besonders der Handel mit Fertigerzeugnissen zeigen einen beträchtlich rascheren Anstieg als die Produktion.

Wir wollen jedoch bei dem zweiten Fall nicht von dieser generellen Entwicklungstendenz ausgehen, sondern hier als Beispiel einen spezielleren Zusammenhang wählen. Dazu eignen sich u.a. die starken Diskrepanzen zwischen der Entwicklung der Exporte und Importe, die sich in Abhängigkeit von der jeweiligen konjunkturellen Lage in einzelnen Ländern ergeben.

Die im Durchschnitt gesehene rasche Expansion der Märkte in den entwickelten Ländern erlaubt es, daß die zu unterschiedlichen Zeiten in den einzelnen Ländern aufgetretenen akuten Absatzschwierigkeiten und Disproportionen im Außenhandel ein Ventil fanden und in ihren negativen Auswirkungen herabgemindert wurden.

So konnten die Krisenerscheinungen und Stagnationstendenzen in der italienischen und französischen Wirtschaft von Mitte 1964 bis Ende 1965 durch eine rasche Zunahme der

Exporte (bei gleichbleibenden oder nur gering steigenden Importen) in Grenzen gehalten und die konjunkturelle Belebung beschleunigt werden. Seit 1966 ergibt sich für die westdeutsche Wirtschaft ein ähnliches Bild. Diese Ausgleichsfunktion mit den Exporten als Wachstumsfaktor zeigt sich besonders beim internen EWG-Austausch. 1965, als in Westdeutschland noch Hochkonjunktur herrschte, konnten seine Partner ihre Exporte nach Westdeutschland um 31 % in die Höhe schnellen lassen, während sie in umgekehrter Richtung nur um 7 % anstiegen. 1966 dagegen steigerten die westdeutschen Monopole die Exporte um 16 %, ihre EWG-Partner konnten nur um 4 % mehr Waren in Westdeutschland absetzen.

Wenn uns in diesem Zusammenhang in erster Linie auch nur die Dynamik der Exporte als Wachstumsfaktor interessiert, so sind die genannten Daten doch auch für die weiter oben behandelte Problematik der internationalen Arbeitsteilung interessant. Die konjunkturell bedingten starken Schwankungen in den Zuwachsraten der Exporte haben natürlich wenig mit Spezialisierungsvorgängen zu tun. Man kann solche Ausgleichsbewegungen vielleicht als eine zyklisch-fluktuierende internationale Arbeitsteilung bezeichnen. Sie ist als solche an und für sich in allen Stadien der kapitalistischen Entwicklung Bestandteil des Internationalisierungsprozesses, und sie zeigt, da sie Disproportionen temporär abschwächt, gleichfalls positive Effekte für die Kapitalverwertung und damit das Wachstum. Aber in welchem Maße das der Fall ist, das hängt von ihren Größenverhältnissen ab.

Dabei handelt es sich um das generelle Problem der Dynamik des Außenhandels. Im bisherigen Verlauf der Nachkriegszeit haben sehr vielfältige Prozesse und Faktoren dazu beigetragen. Dabei erscheinen uns die Steigerung der Investitionsquote und ihre Stabilisierung auf hohem Niveau sowie der Anstieg der Reallöhne mit seinen Wirkungen für den Absatz langlebiger Konsumgüter, von den ökonomischen Grundprozessen her gesehen, als die wichtigsten. Der hohen Investitionstätigkeit liegen vor allem der kriegsbedingte Nachholebedarf, die Anforderungen der wissenschaftlich-technischen Revolution, die Mechanisierung und Chemisierung der Landwirtschaft und auch die umfangreichen Industrie- und Verkehrsbauten in den Entwicklungsländern zugrunde.

Große Bedeutung für die Dynamik des Außenhandels erlangten aber auch die Senkung der Zölle, die Lockerung der quantitativen Einfuhrbeschränkungen und der Übergang zur Konvertibilität der Währungen (im Sinne der freien Umtauschbarkeit einer Währung in eine andere) in den entwickelten Ländern.

Es ist kaum möglich, eine exakte Vorhersage über die künftigen Zuwachsraten des Außenhandels im kapitalistischen Weltsystem abzugeben. Wenn man untersuchen will, inwieweit das imperialistische System künftig imstande sein wird, die dem Außenhandel und der internationalen Arbeitsteilung immanenten Potenzen auszunützen, muß man in die einzelnen heute schon feststellbaren oder sich erst abzeichnenden Entwicklungstendenzen eindringen.

Im folgenden soll nur auf zwei Fragen, die eng miteinander verbunden sind, kurz eingegangen werden. Erstens auf die wahrscheinlichen Wirkungen der sich weiter durchsetzenden wissenschaftlich-technischen Revolution für den Außenhandel und zweitens auf die zunehmenden Spannungen und Konfliktmöglichkeiten in den internationalen wirtschaftlichen Beziehungen des kapitalistischen Systems.

Von der wissenschaftlich-technischen Revolution (wie überhaupt vom technischen Fortschritt) gehen zwiespältige Wirkungen auf den Außenhandel aus. Aus den oben angeführten Daten über das Tempo, in dem alte Erzeugnisse durch neue ersetzt werden, geht u.a. auch hervor, wie stark heute die objektiven Tendenzen zur Vertiefung der Arbeitsteilung sowohl national wie auch international sind. Diese Tendenz tritt seit dem zweiten Weltkrieg mit dem progressiven Wachsen der Ausgaben für Forschung und Entwicklung immer stärker hervor. Sie wird angetrieben durch den Konkurrenzkampf, und auch der ökonomische Wettbewerb der zwei Weltsysteme (als Beispiel sei nur auf Weltraum-Programme verwiesen) wirkt als eine Art Katalysator auf diese Entwicklung ein. Der Außenhandel wird dadurch vor allem in zweifacher Hinsicht stimuliert: erstens als Folge der wachsenden Erfordernisse nach internationaler Spezialisierung und Kooperation, weil die einzelnen Länder ihre Forschungs- und Entwicklungskapazitäten künftig viel stärker auf Schwerpunkte konzentrieren müssen als bisher, wenn sie auf dem Weltmarkt konkurrenzfähig bleiben wollen; zweitens über die zunehmende Konzentration der Hauptmasse der Exporte auf die Großbetriebe und Monopolgruppen, deren Exportabhängigkeit in der Regel zugleich anwächst. Dieser Prozeß kann dabei möglicherweise mit einem weiteren Abbau des handelspolitischen Protektionismus verbunden sein, da Zölle und ähnlich wirkende Praktiken für die Monopole in dem Maße an Bedeutung verlieren, wie der Umfang des Außenhandelsumsatzes sich dem des inländischen annähert oder ihn überschreitet. Daß ein solcher Zusammenhang besteht, darauf deutet auch die Haltung der Monopolgruppen in den kleinen hochindustrialisierten Ländern hin, die seit Jahrzehnten schon in geringerem Maße protektionistisch ist als die der größeren Länder.

Diesen den Außenhandel stimulierenden Wirkungen der wissenschaftlich-technischen Revolution stehen auch hemmende Wirkungen entgegen, ohne daß man diese, obwohl sie die Dynamik des Außenhandels beeinträchtigen, in jedem Falle mit Wachstumshemmnissen für einzelne Länder oder Ländergruppen gleichsetzen kann. Die Ausweitung der Lizenzgeschäfte, die Verlagerung der Produktion in Auslandsfilialen und das prozentuale Anwachsen der "Nachahmungsgüter", das mit der vergleichsweise rascheren Verbreitung des technischen Wissens zusammenhängt, seien als Beispiele dafür angeführt. Auf anderen Gebieten zeitigt aber die wissenschaftlich-technische Revolution außenhandelshemmende Wirkungen, die für einzelne Länder oder Ländergruppen mit schwierigen Problemen verbunden sind. Durch die Bereitstellung technisch neuer Erzeugnisse ist zweifellos ein Teil des früheren Außenhandels (Seide, Gummi, Metalle, Guano, Pflanzenöle, Kohle usw.) verdrängt worden. In der gleichen Richtung kann auch der rationellere Materialeinsatz bei der Herstellung alter Güter wirken. So hat sich nach den Berechnungen des GATT das Verhältnis des physischen Inputs von Roh- und Kraftstoffen zum Output in der Zeit von 1938 bis 1954 von 0,25 auf 0,179 ermäßigt. Ferner steigt der Anteil der Altmaterialverwendung bei der Produktion von Buntmetallen. So soll sich dieser Anteil bei Kupfer in den USA von 1910 bis 1950 von 15 % auf 26 % und bei Blei von 11 % auf 30 % erhöht haben.[42]

Diese zwiespältigen Wirkungen der wissenschaftlich-technischen Revolution haben wesentlich zur Veränderung der Grundstruktur des Außenhandels im kapitalistischen Weltsystem beigetragen. Jahrzehntelang entfielen knapp zwei Fünftel des gesamten Exports auf den Austausch von Fertigwaren und reichlich drei Fünftel auf den Außenhandel mit Rohstoffen und Nahrungsmitteln. Im Verlauf der Nachkriegszeit stieg der Anteil der Fertigwarenexporte von 37 % über 45 % (1953) bis auf rund 56 % im Jahre 1963. Da der Außenhandel mit Fertigwaren nach wie vor überdurchschnittlich ansteigt, entwickelt sich die Struktur des kapitalistischen Außenhandels auch weiterhin zugunsten der entwickelten Länder und zu Lasten der Entwicklungsländer, deren handelspolitische Stellung sich damit weiter relativ verschlechtert.

Der wachsende Anteil der entwickelten kapitalistischen Länder am gesamten Außenhandel, als Ausdruck der enger werdenden Außenhandelsverflechtung, darf aber andererseits auch nicht mit einer nachlassenden Handelsrivalität zwischen den imperialistischen Ländern erklärt werden.

Versuche, solche Thesen zu begründen, sind im Verlauf der Nachkriegszeit häufig gemacht worden. Zumeist verabsolutieren sie die im Prozeß der überstaatlichen Monopolisierun (IMF, JBRD, EWG usw.) zum Ausdruck kommende internationale wirtschaftspolitische Zusammenarbeit. Wir bestreiten natürlich keineswegs die auf diesen Gebieten erreichten Ergebnisse. Im Gegenteil. Heute werden im imperialistischen System, unserer Auffassung nach, der Umfang und die Richtung der Kapital- und Warenexporte und auch verschiedene Seiten und Aspekte der staatsmonopolistischen Wirtschaftspolitik von den internationalen Gebilden teilweise bestimmt. Vom Standpunkt des Funktionierens des Kapitalismus bedeutet dies, daß für einen wachsenden Teil des kapitalistischen Privateigentums das Wirken internationaler Gebilde zu einer Bedingung für seine ökonomische Realisierung wird.

Die aus der hohen Stufe der Vergesellschaftung der Produktivkräfte sich ergebende Notwendigkeit zur ständig erweiterten Anwendung von Planungsprinzipien in den internationalen wirtschaftlichen Beziehungen muß aber mit dem Verwertungsstreben der verschiedenen nationalen Monopolgruppen immer wieder in Konflikt geraten, weil die jeweiligen Bedingungen verschieden sind und sich auf unterschiedliche Weise verändern. Die Interessenkollisionen in der internationalen Währungspolitik und das gegenwärtig in vielen Ländern, vor allem in Westdeutschland, diskutierte Problem der "außenwirtschaftlichen Absicherung" einer auf

Stabilität und Wachstum gerichteten Wirtschaftspolitik zeigen in vielerlei Hinsicht, daß die Spannungen und Konfliktmöglichkeiten im Gesamtsystem zugenommen haben.

Der Außenhandel spielt im Verwertungs- und Wachstumsprozeß, wie versucht wurde darzulegen, eine sehr wichtige Rolle. Er kann aber ebenso wie andere Faktoren nur relativ zur Lösung der dem Kapital innewohnenden Widersprüche beitragen, er ist einer der Faktoren ihrer Bewegung und Entwicklung. Das zeigt sich in positiver wie in negativer Hinsicht für einzelne Länder und in verschiedenen historischen Perioden. Die im Zusammenhang damit entstehenden Konflikte und Gegensätze zwischen einzelnen Ländern üben einen starken Einfluß auf das Niveau, die Richtung und das Tempo des Außenhandels und damit zugleich auf die Entwicklung der internationalen Arbeitsteilung aus. Die zahlreichen regionalen Zusammenschlüsse in Form von Präferenzräumen, Freihandelszonen und Zollunionen, die im Verlauf der Nachkriegszeit zustande kamen, haben zumindest teilweise ihre Ursache in solchen Konflikten. Die ökonomische Grundlage dieser Konflikte selbst kann auf wissenschaftliche Art aber nur erklärt werden, wenn die Zusammenhänge zwischen dem Außenhandel, der internationalen Arbeitsteilung und anderen Formen der Internationalisierung des Wirtschaftslebens, in denen auch die Wirkungen und Folgen der internationalen Umverteilungsprozesse einbegriffen sind, allseitig untersucht werden.

Die Marxschen Thesen über die Rolle und die Funktionen des Außenhandels im Kapitalismus liefern auch heute noch einen gültigen Ausgangspunkt für ihre Analyse.

Fußnoten

1 Vgl. P. Düesberg, Zur praktischen Bedeutung der reinen Theorie des internationalen Handels, in: Zeitschrift für die gesamte Staatswissenschaft, Tübingen, 123. Bd., Heft 1/1967, S. 118

2 W. Leontief, Domestic Production and Foreign Trade..., in: Economia internazionale, Genova, Vol. VII/1954, Nr. 1, S. 42

3 H. Hesse, Die Bedeutung der reinen Theorie des internationalen Handels für die Erklärung des Außenhandels in der Nachkriegszeit, in: Zeitschrift für die gesamte Staatswissenschaft, Tübingen, 122. Bd., Heft 2/1966, S. 221-236
G. Hoffmann, Strukturwandlungen im Außenhandel der deutschen Volkswirtschaft seit der Mitte des 19. Jahrhunderts, in: Kyklos, Basel, Vol. XX/1967, Fasc. I, S. 301

4 Ebenda, S. 226

5 Ebenda, S. 234

6 K. Marx, Grundrisse der Kritik der Politischen Ökonomie, Berlin 1953, S. 318-319

7 Ebenda, S. 311

8 M. von Tugan-Baranowski, Studien zur Theorie und Geschichte der Handelskrisen in England, Jena 1901, Kap. I, S. 1-38

9 K. Marx, Grundrisse ..., a.a.O., S. 312

10 Vgl. z. B. E. Varga, Theoretische Probleme der Ökonomik des "Gemeinsamen Marktes", in: Sowjetwissenschaft, Gesellschaftswissenschaftliche Beiträge, Berlin, Heft 2/1963, S. 175-187

11 G. Mechanik, Die wissenschaftlich-technische Revolution und ihre Einwirkung auf die kapitalistische Wirtschaft, in: Sowjetwissenschaft, Gesellschaftswissenschaftliche Beiträge, Berlin, Heft 4/1967, S. 348

12 Vgl. Drittes Jahresgutachten des Sachverständigenrates zur Begutachtung der gesamtwirtschaftlichen Entwicklung, Deutscher Bundestag, 5. Wahlperiode, Drucksache V/1160, S. 43

13 K. Marx, Grundrisse..., a.a.O., S. 805

14 Ebenda, S. 810

15 Vgl. hierzu den Konferenzbeitrag von G. Kohlmey, Bemerkungen zur Theorie der komparativen Vorteile im Außenhandel, in diesem Band, S.77ff.

16 K. Marx, Das Kapital, III. Bd., in: K. Marx/F.Engels, Werke, Bd. 25, Berlin 1964, S. 247

17 Ebenda, S. 246

18 Ebenda, S. 258

19 A. Kruse, Außenwirtschaft, 2. Auflage, (West-)Berlin 1965, S. 23

20 K. Marx, Grundrisse..., a.a.O., S. 436

21 Vgl. Weltwirtschaftliche Probleme der Gegenwart, (West-)Berlin 1965, S. 215

22 H. Hesse, a.a.O., S. 228

23 P. Düesberg, a.a.O., S. 117

24 Zitiert nach: Handelsblatt, Düsseldorf, Nr. 21 vom 1. 2. 1966, S. 5

25 Vgl. Europäische Wirtschaftsgemeinschaft, 7. - 9. Gesamtbericht über die Tätigkeit der Gemeinschaft, Brüssel 1966, Abschnitte über die innere Handelsverflechtung

26 R. Hellmann, Amerika auf dem Europamarkt, Baden-Baden 1966, S. 137

27 Europäische Wirtschaftsgemeinschaft, 9. Gesamtbericht..., a.a.O., S. 60

28 A. Predöhl, Außenwirtschaft, Göttingen 1949, S. 160

29 Vgl. insbesondere G. Kohlmey, Karl Marx' Theorie von den internationalen Werten mit einigen Schlußfolgerungen für die Preisbildung im Außenhandel zwischen den sozialistischen Staaten, in: Probleme der politischen Ökonomie, Jahrbuch des Instituts für Wirtschaftswissenschaften bei der Deutschen Akademie der Wissenschaften zu Berlin, Bd. 5, Berlin 1965, S. 19 ff.

30 Vgl. z.B. A. Predöhl, a.a.O., S. 151-152

31 K. Marx, Das Kapital, I. Bd, in: K. Marx/F. Engels, Werke, Bd. 23, Berlin 1962, S. 584

32 Vgl. Unser Markt von 1970, Düsseldorf-Wien 1964, S. 30-31

33 DIW, Wochenbericht, (West-)Berlin, Nr. 21 vom 27. 5. 1966, S. 96

34 W. G. Hoffmann, a.a.O., S. 301

35 W.I. Lenin, Der Imperialismus als höchstes Stadium des Kapitalismus, in: W.I. Lenin, Werke, Bd. 22, Berlin 1960, S. 279

36 O. Morgenstern, Die Macht im Handel der Staaten: Ein Problem der Theorie des internationalen Handelns, in: Jahrbuch für Sozialwissenschaft, Göttingen, Bd. 14, Heft 3/1963, S. 51

37 Vgl. Handelsblatt, Düsseldorf, Nr. 119 vom 23./24. Juni 1967

38 Zitiert nach: D. Lorenz, Über einige Beziehungen zwischen technischem Fortschritt, Außenhandel und Wachstum, in: Schmollers Jahrbuch,(West-)Berlin, 86. Jg., Heft 3/1966, S. 259

39 H. Denis, Le rôle des "debouchés préalables" dans la croissance économique de l'Europe occidentale et des Etats- Unis d'Amerique, in: Cahiers de L'I.S.E.A., Series p- Nr. 5/1961, S. 4

40 J. A. Schumpeter, Konjunkturzyklen I, Göttingen 1961, S. 379

41 H. Denis, a.a.O., S. 41

42 Vgl. A. Kruse, a.a.O., S. 717

GUNTHER KOHLMEY

Bemerkungen zur Theorie der komparativen Vorteile im Außenhandel

1.

Die theoretischen Lehrsätze von den komparativen Vorteilen, die ein Land auch bei absoluten Produktivitätsnachteilen im internationalen Handel erzielen kann, wurden von Robert Torrens und David Ricardo in den Jahren 1808, 1815 und 1817 veröffentlicht.[1] Wir können diese Lehrsätze vielleicht folgendermaßen ausdrücken:

- Auch bei absoluten Nachteilen im Produktivitätsniveau kann eine Nation komparative Vorteile aus dem Außenhandel ziehen, und das Gesetz der komparativen Vorteile ist das Gesetz, das den Außenhandel bestimmt.
- Das Gesetz der komparativen Vorteile ist zugleich das Gesetz, das die Gewinne aus dem Außenhandel bestimmt: Alle beteiligten Nationen profitieren.

Ricardos bekannte numerische Illustration dieser beiden Lehrsätze - der Gesetze vom internationalen Austausch und vom Außenhandelsgewinn - kann wie folgt geschrieben werden:

A. Vor der internationalen Arbeitsteilung und dem internationalen Austausch

Land	Wein	Tuch	Σ
Portugal	80	90	170
England	120	100	220
Σ	200	190	390

Die Zahlen sollen Arbeitsstunden zum Ausdruck bringen. Portugal ist in beiden Produktionen im absoluten Vorteil gegenüber England. Wenn aber Portugal alle Produktivkräfte auf Wein und England alle Produktivkräfte auf Tuch konzentriert, sparen beide Länder Zeit und Kosten:

B. Nach der internationalen Arbeitsteilung und dem internationalen Austausch

Land	Wein	Tuch	Σ	A ./. B
Portugal	160	-	160	10
England	-	200	200	20
Σ	160	200	360	30
A./.B	40	./. 10	30	

Portugal gewinnt 10, und England spart sogar mehr, nämlich 20 Stunden ein. Das "Gesamtsystem" reduziert seinen Aufwand von 390 auf 360 Stunden. Die beiden Länder nehmen, wie wir heute sagen, "Antiimportproduktionen" nicht auf bzw. stellen sie ein, konzentrieren ihre Kräfte auf die für sie günstigste Produktion und sichern das Fehlende, Wein respektive Tuch, durch den Außenhandel. Bedingung dieses Austauschs: England muß der Import von Wein weniger als 120 und Portugal die Einfuhr von Tuch weniger als 90 kosten, wenn wir Preise gleich Arbeitsaufwand und Außenpreise gleich Binnenpreise annehmen.

Eine graphische Darstellung des ricardianischen Beispiels würde wie folgt aussehen:[2]

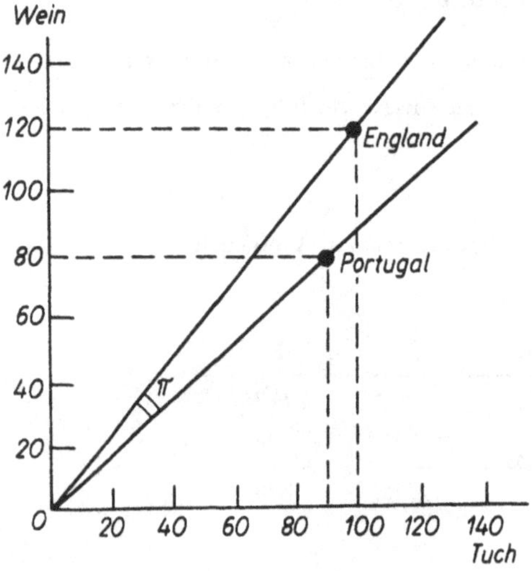

Abb. 1

Der Winkel π bringt den Spielraum zum Ausdruck, innerhalb dessen der internationale Austausch für beide Partner mit Gewinn vor sich gehen könnte.

Der komparative Vorteil liegt im Ricardo-Beispiel bei Wein und damit bei Portugal, denn seine Produktivitätsdifferenz gegenüber England ist bei der Weinherstellung größer als bei der Tucherzeugung, obwohl hier Portugal ebenso wie beim Wein einen absoluten Vorsprung hat.
Anders ausgedrückt:

$$\frac{80}{120} < \frac{90}{100} \quad x$$

Wenn von komparativen Vorteilen eines Landes die Rede ist, muß zwischen beiden Quotienten stets eine Ungleichung bestehen. Bei Gleichungen hätte der internationale Austausch keinen Sinn - alle anderen Faktoren als die Arbeitsstunden wieder unberücksichtigt gelassen, z. B. die inneren und äußeren Transportkosten.

Es ist möglich, mehr als zwei Waren und mehr als zwei Länder in das Modell einzubeziehen und ein Optimierungstableau aufzustellen.[3]

Ware / Land	j_1	j_2	...	j_n	$\sum_{j=1}^{n} x_{ij}$
i_1	α_{11} x_{11}	α_{12} x_{12}	...	α_{1n} x_{1n}	$\bar{\alpha}_{1j}$ $\sum_{j=1}^{n} x_{1j}$
i_2	α_{21} x_{21}	α_{22} x_{22}	...	α_{2n} x_{2n}	$\bar{\alpha}_{2j}$ $\sum_{j=1}^{n} x_{2j}$
⋮	⋮	⋮	⋰	⋮	⋰
i_m	α_{m1} x_{m1}	α_{m2} x_{m2}	...	α_{mn} x_{mn}	$\bar{\alpha}_{mj}$ $\sum_{j=1}^{n} x_{mj}$
$\sum_{i=1}^{m} x_{ij}$	$\bar{\alpha}_{i1}$ $\sum_{i=1}^{m} x_{i1}$	$\bar{\alpha}_{i2}$ $\sum_{i=1}^{m} x_{i2}$	⋰	$\bar{\alpha}_{in}$ $\sum_{i=1}^{m} x_{in}$	$\bar{\alpha}_{ij}$ $\sum_{i=1}^{m} \sum_{j=1} x_{ij}$

Abb. 2

Es bedeuten:

i = Land (i = 1 - m)

j = Ware (j = 1 - n)

x = Erzeugnismenge je Land in vergleichbaren Einheiten

α = Produktivitätskoeffizient

$\bar{\alpha}$ = durchschnittlicher Produktivitätskoeffizient je Ware bzw. Land (je Zeile bzw. Spalte)

Es handelt sich um ein statisches System, aber es läßt die absoluten ebenso wie die komparativen Vorteile (bzw. Nachteile) sichtbar werden. Es soll ein geschlossenes System sein: Es gibt nur intrasystemare Exporte und Importe.

Ricardos Entdeckung der möglichen komparativen Vorteile im Außenhandel bei absoluten Produktivitätsnachteilen ist ein bedeutender Beitrag für die Außenhandelstheorie. Das gilt allerdings nicht für viele der Schlüsse, die Ricardo aus diesem Theorem abgeleitet hat. Der Lehrsatz von den komparativen Außenhandelsvorteilen ist e i n e s von den vielen Instrumenten, um den internationalen Handel und seine Gesetze analysieren zu können. Es ist, wie P. A. Samuelson bemerkt, zwar übertrieben vereinfacht, hätte jedoch in einer Schönheitskonkurrenz eleganter theoretischer Thesen große Chancen:

"If theories, like girls, could win beauty contests, comparative advantage would certainly rate high in that it is an elegantly logical structure."[4]

Die Entdeckung der Möglichkeit komparativer Vorteile bei absoluten Nachteilen ist gegenüber den Merkantilisten und auch A. Smith ein bedeutender wissenschaftlicher Fortschritt, den Marx erkannt und gewürdigt hat. J. Viner hat die vorricardianische Lage folgendermaßen geschildert:

"In the beginning of free-trade doctrine in the eighteenth century the usual economic arguments for free trade were based on the advantage to a country of importing, in exchange for native products, those commodities, which either could not be produced at home at all or could be produced at home only at costs absolutely greater than at which they could be produced abroad. Under free trade, it was argued or implied, all products, abstracting from transportion costs, would be produced in those countries where their real costs were lowest. The case for free trade as presented by Adam Smith did not advance beyond this point."[5]

2.

Um das Torrens-Ricardo-Theorem bzw. -Modell zu prüfen, ist es angebracht, die Bedingungen und unmittelbaren Aussagen des Modells von den politischeideologischen Schlußfolgerungen der Autoren zu trennen. Dabei sollten wir auch zwischen theoretischen Fehlern, Vereinfachungen des Modells und ideologischen Fehlschlüssen unterscheiden.

Die wichtigsten B e d i n g u n g e n des recardianischen Modells sind:

1. Die Produktionsaufwendungen werden in Arbeitszeit und nicht in Geld (Kosten, Preisen) ausgedrückt.

2. Die Produktionsparameter werden als konstant angenommen. Sie verändern sich durch die internationale Spezialisierung nicht; der Produktivitätseffekt zeigt sich nur im Struktur-

effekt im Verzicht auf eine Produktion und in der Aufnahme bzw. Verstärkung einer anderen, günstigeren Produktion, nicht auch zusätzlich noch in der Verbesserung der Aufwandskoeffizienten dieser Produktion, also in der Veränderung der Produktionsfunktionen der gegebenen Produktion.

3. Die Produktionsfaktoren (Boden, Arbeit, Kapital) sind zwar national beweglich, nicht jedoch international.

4. Es werden nur zwei Waren und zwei Länder in das Modell eingeführt.

5. Aus der Annahme von nur zwei Waren je Land vor der Spezialisierung und einer Ware nach dieser ergibt sich, daß im ricardianischen Modell alle Wachstumseffekte über volkswirtschaftliche Verflechtungen fehlen.

6. Von den Transportkosten wird abgesehen.

7. Bei den Produktionsumstellungen entstehen keine Umstellungskosten.

8. Es herrscht Freihandel, keine Behinderung des Außenhandels.

An theoretischen Aussagen des Modells können wir festhalten:

1. Ein Land kann auch bei absoluten Produktivitätsnachteilen gegenüber seinen Partnern Außenhandelsvorteile erzielen.

2. Der Außenhandel kann auch bei ausgeglichener Handelsbilanz als Wachstumsfaktor, als Akkumulationsquelle dienen (Prinzip der Substitution, Struktureffekt, Einstellung von Antiimportproduktionen).

3. Eine Aussage über die volkswirtschaftliche Effektivität des Außenhandels kann nicht anhand einer einzelnen Export- oder Importoperation getroffen werden, sondern erst nach Prüfung der Relationen von Export und Import und der Wirkungen des Außenhandels auf die Produktion.

Es ist heute, nach 150 Jahren, natürlich leicht, die starken Vereinfachungen des Ricardo-Modells zu kritisieren. Wie so oft in der Wissenschaftsgeschichte war auch hier, in der Außenhandelstheorie, das erste Modell genial und naiv zugleich. Wenn trotzdem einige Vereinfachungen Ricardos erwähnt werden, dann deshalb, um die Kompliziertheit und Vielschichtigkeit der Problematik anzudeuten.

1. Vereinfachungen enthalten bereits die aufgezählten Bedingungen.

2. Aus den Vereinfachungen in den Bedingungen ergibt sich die Statik des ricardianischen Modells.

3. Die unterschiedliche Zusammensetzung des gesellschaftlichen Arbeitsaufwands und die unterschiedliche Effektivität der einzelnen Elemente (Boden, Arbeit, Kapital), auch ihre unterschiedlichen Preise, wurden von Ricardo ausgeklammert. Dabei fehlen auch die Probleme der organischen Zusammensetzung des Kapitals, das Substitutionsproblem, die Theorie der Produktionsfunktionen und die Kategorie des Kapitalkoeffizienten, der Fondsintensität.

4. Ricardo ließ die Größe der Länder und Märkte ebenso außer Ansatz wie die Mengen der produzierten bzw. exportierten und importierten Waren.

5. Die Kategorie der Nachfrage (ihrer Größe und Elastizität, ihres Verhältnisses zum Angebot) fehlt im Ricardo-Modell.

6. Ricardo ließ schließlich die Verflechtungsbeziehungen der Importe und Exportproduktionen zu anderen Bereichen der Produktion außer Betracht.

Wir können an einigen theoretischen Fehlern im Modell Ricardos nicht vorübergehen:

1. Der Außenhandel führt nach Ricardo zwar zu einer Veränderung der Gebrauchswertstruktur einer Volkswirtschaft und zur Vergrößerung der Menge der Gebrauchswerte, nicht jedoch zu einer Veränderung der nationalen Werte, Preise und Einkommen (Profite, Löhne). Dieser Irrtum erklärt sich wesentlich aus den anschließend angeführten theoretischen Mängeln.

2. Nach Ricardo gilt das Gesetz des Arbeitswerts nicht unmittelbar für den Außenhandel. Im VII. Kapital der "Principles" von Ricardo, das den Foreign Trade behandelt, heißt es:

"Dieselbe Regel, die den relativen Wert der Waren innerhalb eines Landes bestimmt, bestimmt nicht den relativen Wert der zwischen zwei und mehreren Ländern ausgetauschten Waren."[6]

Damit entsteht ein Widerspruch im Gesamtsystem Ricardos. Das Wertgesetz gilt nicht für die Gesamtheit der Warenproduktion und des Austauschs. Die Außenhandelstheorie wird nicht nach einheitlichen Grundsätzen, also logisch einwandfrei, in die Werttheorie und das gesamte theoretische System integriert. Dieser Fehler, diese Teilung der Theorie, die schon J. St. Mill bemerkte und auch von Marx hervorgehoben wurde, hat in der bürgerlichen Theorie im weiteren Verlauf immer wieder eine Rolle gespielt.

3. In Ricardos Modell fehlt die Kategorie des internationalen Warenwerts, worauf J. St. Mill und Marx ebenfalls aufmerksam gemacht haben, wenn auch von ganz unterschiedlichen Positionen. Dieser Fehler hängt mit dem soeben, unter Punkt 2, erwähnten Mangel zusammen, ergibt sich aber auch daraus, daß Ricardo nur zwei Waren und zwei Länder wählt

4. Das Fehlen der Kategorie des internationalen Werts führt dazu, daß Ricardo das Oszillationszentrum der Weltmarktpreise überhaupt nicht und damit das Gesetz des internationalen Austauschs, das er suchte, nur ungenau bestimmen konnte. Nach Ricardo liegt die Austauschlinie irgendwo in dem Bereich, der in unserer Graphik durch den Winkel gekennzeichnet ist.

5. Die komparativen Vorteile sind für Ricardo außenhandelsbestimmend. Nun erfolgt aber der internationale Austausch nicht zu Mengen des Arbeitsaufwands, sondern zu Preisen. Diese enthalten Kosten und Profit. Im Kapitalismus ist das allgemeine Profitgesetz

natürlich auch für den Außenhandel bestimmend.

6. Bei Ricardo fehlt die Frage nach der Aufteilung der Gewinne (Vorteile) aus der internationalen Arbeitsteilung zwischen den Beteiligten. (J. St. Mill hat darauf hingewiesen.[7]) Ricardo stellt nicht die Frage nach den Zahlungsbilanzvorteilen aus dem Austausch; er fixiert nicht die Austauschlinie im Bereich des Winkels π in unserer Graphik. An dieser Fixierung hindern ihn erstens das Fehlen der Kategorie des internationalen Werts in seinem Schema und zweitens die Leugnung des Profits als bestimmenden Faktors des kapitalistischen Außenhandels. Ricardo übersah die Folgen, die sich daraus ergeben, daß im Außenhandel ungleiche Vorteile je Land entstehen. Marx hat diese Frage in seiner Außenhandelstheorie beantwortet. Es entsteht eine Schere in der Produktivitäts- und Wohlstandsentwicklung. Das eine Land bereichert sich auf Kosten des anderen. Diese Prozesse können verstärkt werden, wenn wir noch die Verflechtungseffekte berücksichtigen (mit Hilfe der input-output-Schemata). Wir sehen: Ricardos Modell war statisch und nicht dynamisch.

Ricardo benutzte die Vorzüge und Mängel seines Theorems, um im großen Stil eine Eloge des Kapitalismus vorzutragen: Nach Ricardo führt der kapitalistische Konkurrenzmechanismus bei Freihandel zu Vorteilen für alle Beteiligten, zu Harmonie und weltwirtschaftlichem Gleichgewicht. Da Ricardo weder die Kategorie des internationalen Werts kannte noch die ungleichen Vorteile der am Welthandel beteiligten Nationen untersuchte, leugnete er die den Kapitalismus kennzeichnende internationale Ausbeutung der großen Volksmassen in den Kolonien, abhängigen Gebieten usw. durch das Kapital der "Mutterländer".

Ricardos Apologie ist offen, ja zynisch; sie war robust wie der junge Kapitalismus. J. St. Mill ist schon pastoral und heuchlerisch. Er bemängelt zwar, daß das Problem der internationalen Verteilung der Außenhandelsvorteile bei Ricardo fehle, lehnt aber die Arbeitswerttheorie ab, die diese Vorteils-Verteilung allein erklären kann, macht das Gesetz von Angebot und Nachfrage zum Gesetz des internationalen Handelns und gelangt so zu einer oberflächlich-phrasenhaften weltwirtschaftlichen Gleichgewichts- und Harmoniekonzeption. Schließlich ersetzt J. St. Mill die Wertlehre durch eine Kostentheorie und die Lehre vom Arbeitswert, wonach nur die produktive lebendige Arbeit wertbildend ist, durch die Produktionsfaktorentheorie.[8] So kommt es denn auch, daß Mill von komparativen Kosten spricht, während wir in der marxistischen Theorie von den komparativen Vorteilen reden.[9]

Ricardos Theorem ist bis heute Objekt der Untersuchung und des Streits in der kapitalistischen Wirtschaftstheorie.[10] Es wurde u. a. von J. St. Mill, A. Marshall, F. Y. Edgeworth, F. D. Graham, F. W. Taussig, W. Leontief, P. A. Samuelson, J. Viner und G. Haberler weiterentwickelt, wenn von einigen dieser Autoren (etwa Haberler) auch stark kritisiert. Taussig und Viner sind in der nichtmarxistischen Außenhandelsliteratur des 20. Jahrhunderts wohl die klarsten Verteidiger des Ricardo-Theorems. E. Heckscher und

und B. Ohlin hingegen lehnen die Konzeption der komparativen Kosten ab.[11]

Der Ausbau und die Kritik der ricardianischen Außenhandelstheorie erfolgten in der bürgerlichen Nationalökonomie nach Gesichtspunkten, die sich etwa wie folgt klassifizieren lassen:

1. Die Außenhandelstheorie wurde zu einem Bestandteil der allgemeinen Preis- bzw. Kosten- bzw. Nutzen- bzw. Gleichgewichtstheorie.

2. Damit wurde die "Exterritorialität" der Außenhandelstheorie aufgehoben, sie wurde ein Element des Gesamtsystems der ökonomischen Theorie und seiner Gesetzmäßigkeiten. Der Außenhandel wird so nur eine konkrete Erscheinung der allgemeinen ökonomischen Kategorien, ein spezielles Wirkungsfeld der allgemeinen ökonomischen Gesetze.

3. Die bürgerliche Außenhandelstheorie entfernte sich schnell von der Arbeitswerttheorie, gab sie bald vollständig auf und bekämpfte sie. Schon bei Ricardo hatte sie keine Gültigkeit für das Gebiet des Außenhandels, zumindest keine vollständige bzw. logisch einwandfreie.

4. Die bürgerliche Außenhandelstheorie als Ganzes blieb, was sie schon bei Ricardo war, eine Apologie der nationalen und internationalen Exploitation, wobei die Apologie intensiviert, zunehmend verschleiert und formalisiert wurde.

5. Ein Teil der nichtmarxistischen Außenhandelstheoretiker, u. a. aus den Entwicklungsländern (G. Myrdal, R. Prebisch, H. Myint, H. W. Singer u. a.), deckt die internationalen Ungleichgewichte der kapitalistischen Weltwirtschaft auf und analysiert die sich vertiefende Kluft zwischen herrschenden kapitalistischen Ländern und den riesigen Gebieten der Weltwirtschaft, die zurückgeblieben sind. Aber auch das geschieht nicht auf der Grundlage der Arbeitswert- und Mehrwerttheorie, leidet also an mehr oder minder spürbaren Konstruktionsfehlern.

Natürlich sind im Laufe der 150 Jahre, seit das Torrens-Ricardo-Theorem aufgestellt wurde, viele der Vereinfachungen, die das Modell ursprünglich aufwies, von den nichtmarxistischen Theoretikern beseitigt worden. Es wurden mehr Waren und Länder eingeführt, die Nachfrage wurde berücksichtigt, die Größe der Länder, Märkte und exportierten Warenmengen fand Beachtung u. a. m. Das Instrumentarium wurde bedeutend vervollkommnet und erweitert (Indifferenzkurven, Elastizitäten, terms of trade, Multiplikator u. a. m.). Aus der Vielzahl der Entwicklungen und Diskussionen seien hier nur zwei Themenkreise herausgegriffen: der der Nachfrage und der der Produktionsfaktoren.

Schon J. St. Mill hielt es für notwendig, die Nachfrage in das Theorem der komparativen Kosten einzuführen. Er begann auch, das Problem der Nachfrage- und Angebotselastizitäten bei großen und kleinen Ländern zu erörtern. Mill entwickelte auch die Kategorie der reziproken Nachfrage. Als Gegner der Arbeitswerttheorie bezeichnete er das Verhältnis der reziproken Nachfrage der Außenhandelsländer als das Gesetz des Austauschs. Er schrieb in seinen "Principles", Kapitel XVIII, "Von den internationalen Werten":

"Was seine Einfuhr ihm (einem Land) kostet, ist eine Funktion von zwei veränderlichen Größen, der Menge der eigenen Waren, die es für sie gibt, und der Kosten dieser Waren. Von diesen Größen hängt nur die zweite von der Leistungsfähigkeit seiner Arbeit ab; die erste hängt von dem Gesetze der internationalen Werte ab, d. h. von dem Grad und der Ausdehnbarkeit der Nachfrage des Auslandes nach seinen Waren, verglichen mit seiner Nachfrage nach den Waren des Auslandes."[12]

Wir sehen, wie schon Mill die Werte aus der Produktion verbannt - in ihr soll es nur Kosten geben - und sie als Wertschätzungen in die Nachfrage verlegt. Dieses theoretische Element wird im weiteren Verlauf der Entwicklung der kapitalistischen Außenhandelstheorie immer weiter ausgebaut, unentschlossen noch bei Alfred Marshall, für den die Austauschrelationen durch die jeweiligen Mengen an Kapital und Arbeit (= Produktionskosten) bestimmt werden. Unter Berücksichtigung der Transportkosten arbeitete Marshall verschiedene Probleme der reziproken Nachfrage aus und stellte sie graphisch dar.[13]

G. Haberler und W. Leontief entwickelten die These von der reziproken Nachfrage weiter zur Theorie vom weltwirtschaftlichen Gleichgewicht, begriffen als Gleichgewicht der internationalen Nachfrage und dargestellt in den Indifferenzkurven der internationalen Nachfrage. Leontief bezieht sich dabei ausdrücklich auf das Instrumentarium, das von Marshall, Edgeworth und Pareto entwickelt worden war. Die Nachfragekurve des Produzenten, der von der Ware B den Teil b im Export anbietet und nach dem Teil a der Ware A fragt, erreicht nach Leontief dort den Indifferenz-Punkt, wo ihm der Austausch "the maximum utlity" gewährt. Wenn sich die terms of trade ändern, verschiebt sich der Indifferenz-Punkt (bei dem sich der Nachfragende gegenüber allen anderen Entscheidungen als dieser einen indifferent verhält).

Von Haberler und Leontief wird nicht nur der Begriff des Arbeitswerts abgelehnt, sondern auch der der direkten Produktionskosten. Produktionskosten sind für beide Autoren - und nicht nur für sie! - "opportunity costs"; es sind die "costs of B in terms of A and vice versa".[14]

Von dieser Position aus wird folgende Kritik an der Theorie der komparativen Kosten geübt:

"Without trying to make a point against the spirit of the theory of comparative costs, it may be interesting to observe that two countries with costs of production which are equal not only comparatively, but even absolutely, will start an exchange of their products if their systems of indifference lines, i.e. their relative demands are different."[15]

Die These ist richtig; die Begründung falsch. (Wir kommen in den Ziffern 4 und 5 darauf zurück.)

Eine andere Seite der Weiterentwicklung des Ricardo-Theorems ist die Theorie der Produktionsfaktoren, der Beachtung ihrer unterschiedlichen Knappheiten, Mengen, Preise, Effektivitäten, Kombinationen und Substitutionen (Produktionsfunktionen) in den verschiedenen Ländern, die am Außenhandel beteiligt sind. Hier wären u. a. Graham, Ohlin, Heckscher, Leontief und Samuelson zu nennen.

Die Produktionsfaktorentheorie ist zumeist Zurechnungstheorie: Jeder Faktor (Boden, Arbeit, Kapital, Unternehmertum) hat *sein* Einkommen, und zwar gemäß seinem Beitrag zum Endprodukt. Einkommen und Preise werden von der relativen Knappheit der Faktoren abgeleitet. Außerdem seien die einzelnen Länder ganz unterschiedlich mit Produktionsfaktoren ausgestattet. Im wirtschaftlichen Fortschritt finde eine ständige Veränderung der Nachfrage, des Knappheitsgrades, der Kombination und der Preise der Produktionsfaktoren statt (Substitutionsprozeß, Änderung der Produktionsfunktionen). Es sei die progressive Funktion des Außenhandels, diesen Prozeß zu fördern. Er nutzte die Unterschiede in Preisen und Einkommen der Produktionsfaktoren aus. Allmählich erfolgte eine Angleichung der Preise der Produktionsfaktoren, also auch der Profite. Eine internationale Wanderung der Produktionsfaktoren sei nicht nötig, der Angleichungsprozeß gehe über den Außenhandel vor sich.

Mit diesen Konzeptionen soll gerade der Handel zwischen Industrieländern erklärt werden. Dabei werden die internationalen Exploitationsprozesse, die relative Verelendung großer Bereiche der kapitalistischen Weltwirtschaft nicht erklärt, ja ignoriert.

Die kritische Einstellung gegenüber dem Ricardo-Modell ist bei den einzelnen Autoren unterschiedlich. Frank A. Graham bezeichnet Ricardos Annahmen als "overabstraction". Er dynamisiert das Modell und nimmt *veränderliche* Kosten an.

"Quite apart from changes in the conditions of production, the comparative advantage of any given country is not a fixed but a shifting thing, moving according to the alterations which take place in the rate of interchange of the traded commodities."[16]

Die Vergrößerung der komparativen Vorteile sei gerade bei großen Industrieländern möglich, aber auch bei kleinen Staaten, wenn diese sich auf Monokulturen spezialisieren.

Ohlin und Heckscher lehnen die Theorie der komparativen Vorteile ab, weil sie an die internationale Unbeweglichkeit der Produktionsfaktoren gebunden sei. Die Wanderung der Produktionsfaktoren werde aber national und international durch die Warenbewegung ersetzt. *Internationaler* Handel sei nur eine bestimmte Sorte des *interregionalen* Handels. Die unterschiedlichen Preise der Produktionsfaktoren (im Zusammenhang mit ihrer unterschiedlichen Menge und Kombination in den einzelnen Ländern) sind, schreibt Heckscher, die Hauptursachen des internationalen Handels. Dessen Hauptwirkung seien der Einfluß auf diese Preise und die allmähliche Angleichung ihrer Relationen im Zusammenhang mit der ständigen Verbesserung der Produktionsfunktionen.

"... changings in the distribution of income must be considered the normal effects of expanding or contracting international trade."[17]

Verteidiger bestimmter Grundannahmen der klassischen Konzeption der komparativen Vorteile sind in der neuen bürgerlichen Literatur Taussig und Viner. Taussig nimmt an, daß die Preise, die den Außenhandel bestimmen, den Geldkosten der Produktion proportional seien. Er reduziert die Geldkosten auf Arbeitslöhne. J. Viner hat ebenfalls den Begriff der realen Kosten; sie sind aber für ihn subjektiv bestimmt, als Summe der "disutilities" bei Wahl einer bestimmten Produktion. Das Ohlin-Argument gegen das Theorem der komparativen Vorteile - ausschlaggebend sei die unterschiedliche Ausstattung mit Produktionsfaktoren - ist nach Viner nicht stichhaltig, weil, wie er richtig argumentiert, diese Bedingung im Theorem der komparativen Vorteile enthalten sei.

Autoren wie Myrdal, Singer, Prebisch, Myint und andere haben, teils empirisch, teils theoretisch, teils unter Ausnutzung, teils mit Ablehnung des Arguments von den komparativen Vorteilen, nachgewiesen, daß in der kapitalistischen Weltwirtschaft, auch bei sogenanntem Freihandel, die Kräfte des Marktes nicht zu Vorteilen für alle und zu Gleichgewicht führen, sondern gerade kumulative Prozesse des Ungleichgewichts auslösen: Die Zentren bereichern sich auf Kosten der Peripherie.

4.

Marx hat bekanntlich in doppelter Hinsicht an Ricardo Kritik geübt: Er hat bestimmte theoretische Irrtümer Ricardos nachgewiesen und die Apologie des Kapitalismus in Ricardos Lehren entlarvt. Beides hinderte Marx und Engels nicht, Ricardo als großen Theoretiker nicht nur anzuerkennen, sondern auch zu bewundern. Das gilt im Prinzip auch für Ricardos Außenhandelstheorie. Allerdings sind hier wohl mehr Einschränkungen zu machen, vor allem wegen des Widerspruchs zur Arbeitswerttheorie.

Marx würdigte von den außenhandelstheoretischen Entdeckungen David Ricardos:[18]

1. Die internationale Arbeitsteilung ist ein Wachstumsfaktor (der Struktureffekt als Produktivitätseffekt, die Verbesserung der Produktivitätskoeffizienten durch den Außenhandel).

2. Auch bei a b s o l u t e n Produktivitätsnachteilen kann eine Nation r e l a t i v e Vorteile im internationalen Handel erreichen. Hierzu schreibt Marx im dritten Teil der "Theorien über den Mehrwert": "... wie sich innerhalb eines Landes skilled, composed labour zur unskilled, simple verhält, so können sich die Arbeitstage verschiedner Länder verhalten. In diesem Fall exploitiert das reichere Land das ärmre, s e l b s t w e n n l e t z t r e s d u r c h d e n A u s t a u s c h g e w i n n t, wie auch J. St. Mill in seinen 'S o m e u n s e t t l e d Q u e s t i o n s etc.' entwickelt hat."[19]
(Erste Hervorhebung von mir - G. K.)

Noch ein weiteres Zitat, dieses Mal aus den "Grundrissen":

"... daß ... Nationen fortwährend miteinander austauschen können, auch fortwährend den Austausch auf stets wachsender Stufenleiter wiederholen, ohne daß sie deswegen gleichmäßig zu gewinnen brauchen. Die eine kann sich fortwährend einen Tei der Surplusarbeit der andren aneignen, für den sie nichts im Austausch zurückgibt..."[20] (Hervorhebung wieder von mir - G. K.)

Doch weiter in unserer Aufzählung der positiven Punkte in Ricardos Außenhandelstheorie die Marx (direkt oder indirekt) hervorhebt:

3. Gewinn aus dem Außenhandel ist auch bei ausgeglichener Zahlungs- bzw. Handelsbilanz möglich.

4. Exporte und Importe sind je für sich als Ganzes und beide im Zusammenhang zu untersuchen, wenn die Vor- oder Nachteile des Außenhandels berechnet werden sollen.

Marx hat den rationellen Kern der Lehre von den komparativen Außenhandelsvorteilen in seine Arbeitswert-, Mehrwert- und Reproduktionstheorie integriert. Er hat auch in der Außenhandelstheorie den Sprung von der bürgerlichen zur kommunistischen Theorie vollzogen.

Zunächst einmal hat Marx mehrere der Bedingungen des Ricardo-Modells übernommen. (Ich unterstreiche noch einmal, wie wichtig es ist, bei jedem Theorem auf die Bedingungen zu achten, unter denen bzw. für die es formuliert ist.) Es sei hier lediglich die Bedingung der internationalen Unbeweglichkeit der Produktionsfaktoren erwähnt.

Es geht uns hier nicht um das Historische der Bedingung, es geht um die Bedingung als Modell-Bedingung. Marx und Ricardo haben ihrem Modell diese Bedingung zugeordnet; das ist zulässig, denn zweifellos haben historisch immer mehr oder minder starke Unterschiede zwischen der nationalen und internationalen Beweglichkeit der Produktionsfaktoren bestanden.

Wie also hat nun Marx für diese (und andere) Bedingungen die Theoreme vom internationalen Austauschgesetz und vom Außenhandelsgewinn verbessert? Folgende Punkte könnten hervorgehoben werden:

1. Marx integrierte die Außenhandelstheorie in sein theoretisches Gesamtsystem. Er entwickelte die Kategorie des internationalen Arbeitswerts und die Theorie der internationalen Wirkung des Wertgesetzes. Er beseitigte damit den Bruch in Ricardos Arbeitswerttheorie. Marx hob die "Exterritorialität" der Außenhandelstheorie gegenüber dem Arbeitswert auf.

Es ist erstaunlich, daß die bürgerliche Außenhandelstheorie seit Jahrzehnten an dieser Leistung von Marx vorbeigeht, sie nicht kennt, nicht erwähnt, nicht analysiert, nicht würdigt. Taussig, Ohlin, Viner, Haberler und viele andere Autoren stellen sich die Aufgabe, eine allgemeine Wert-, Nutzen-, Kosten-, Preis-, Gleichgewichtstheorie usw. auszuarbeiten, in die endlich auch der Außenhandel einbezogen werden soll. Sie haben nicht verstanden bzw. gelesen, bzw. wollen nicht eingestehen, daß Marx dies, natürlich auf dem Boden der Arbeitswertlehre, vor 100 Jahren schon getan hat.

2. Mit der internationalen Wertgröße hatte Marx das Oszillationszentrum der Weltmarktpreise und damit den Kern für das Gesetz des internationalen Austauschs gefunden.

3. Korrespondierend formulierte Marx die Kategorie des Weltgeldes als allgemeines Äquivalent des internationalen Handels, womit ein einheitliches Wertmaß für die nationalen und internationalen Warenwerte und ein einheitlicher Maßstab für die nationalen und internationalen Preise gegeben war.

4. Bei prinzipieller Anerkennung des internationalen Werts und des internationalen Wirkens des Wertgesetzes beachtete Marx in genügendem Maße die spezifischen Bedingungen und Gesetzmäßigkeiten des internationalen Austauschs, was ihn veranlaßte, von "wesentlichen Modifikationen" des Wertgesetzes in der internationalen Arena zu sprechen.[21]

5. Während Ricardo dem Außenhandel nur einen Einfluß auf die Veränderung der nationalen Gebrauchswertmenge und -struktur zuschrieb, nicht jedoch der nationalen Werte und Profite, korrigierte Marx diesen Irrtum. Marx kommt immer wieder auf diesen Fehler zurück, in den "Grundrissen", in den "Theorien über den Mehrwert" und in verschiedenen Kapiteln des dritten "Kapital"-Bandes. Es sei z. B. der bekannte Abschnitt V im 14. Kapitel über den Außenhandel als Gegenfaktor zum Fall der Profitrate hervorgehoben. Hier wird direkt mit Ricardo polemisiert. Ebenso in den "Grundrissen", im Zusammenhang mit Ricardo-Exzerpten:

"Eine ursprünglich arme Nation, wie die Holländer, könnte also nie durch den auswärtigen Handel an Tauschwerten gewinnen, und bürgerlich reich werden. Dies Paradoxon stellt Ric(ardo) auf.

Allerdings wäre es richtig, wenn ich den neuen Wert, den ich selbst aus dem Lande genommen habe, gegen den alten austausche. Aber ich kann

neue Arbeit ins Leben rufen mit dem neuen Wert und darum neue Werte, gegen die ich nach und nach neue reproduzierend austausche;

ich kann das verwerten, was früher keinen Wert hatte, indem ich es zum Gegenstand des Austauschs mache;

ich kann einen Teil wieder ins Ausland schicken und einen Teil gegen denselben Wert austauschen, den ich ausgeführt habe mit Profit. So kann sich eine Handelsnation bereichern.

Und ich führe, in Arbeitszeit betrachtet, vielleicht mehr ein, als ich ausgeführt habe."[22]

6. Während Ricardo den gesellschaftlichen Bedarf und die Nachfrage aus den Bewegungsgesetzen des internationalen Handels bzw. Außenhandels ausklammerte, schloß Marx beide ein, ohne allerdings das Theorem der internationalen Nachfrage auszuarbeiten.

7. Während für Ricardo das Aggregat "Arbeitsaufwand" genügte, schlüsselte Marx weiter auf und untersuchte nationale Unterschiede in

- der organischen Zusammensetzung des Kapitals,
- den Löhnen,
- den Profit- und Mehrwertraten,
- der sogenannten "Ökonomie bei der Anwendung des konstanten Kapitals".

Auf dem festen Boden der Arbeitswert- und Mehrwerttheorie untersuchte Marx hier weitere Quellen des Außenhandelsgewinns in der unterschiedlichen Ausstattung der einzelnen Länder mit Produktionsfaktoren, in der national unterschiedlichen Kombination derselben, in der Substitution eines Faktors durch einen anderen, in ihren national unterschiedlichen Preisen, in den national unterschiedlichen Arbeitsintensitäten und schließlich national unterschiedlichen Arbeitsintensitäten und schließlich national unterschiedlichen Ausbeutungsgraden (Mehrwertraten). Auch bei Fehlen absoluter und/oder komparativer Vorteile im Aggregat "Arbeitsaufwand" können Nationen - können deren Kapitalistenklassen - Gewinn aus dem Außenhandel ziehen, indem sie absolute und/oder komparative Vorteile bei den einzelnen Elementen des Aggregats wechselseitig ausnutzen. (Auf verschiedene Seiten dieser Problematik hat der junge Lenin in seinen Arbeiten über die Theorie der Märkte usw. hingewiesen, als er von den historischen Notwendigkeiten des Außenhandels im kapitalistischen Reproduktionsprozeß sprach.)

Damit hatte Marx geleistet, worum sich Jahrzehnte später Graham, Taussig, Samuelson und andere bemühten - wir sahen das in Ziffer 3 unserer Studie -, mit viel feinerem Instrumentarium als seinerzeit Marx, aber auf der durchaus brüchigen Grundlage subjektiver Wert- und formaler Preis- und Gleichgewichtstheorien.

8. Mit seiner These von den unterschiedlichen internationalen Werten der einzelnen nationalen Waren erklärte Marx für den Kapitalismus, zusätzlich zur Ausbeutung der Arbeit durch das Kapital, die internationale Ausbeutung einer Nation durch eine andere.(Vgl. obiges Zitat). Damit sind die apologetischen Harmoniekonzeptionen Ricardos und Mills, aber erst recht natürlich Haberlers, Samuelsons usw., aus dem Bereich der Theorie hinausgeworfen. Auch Weltwirtschaft ist im Kapitalismus Klassenwirtschaft; auch im Welthandel und auf den internationalen Märkten herrscht Klassenkampf.

9. Im Außenhandel haben wir es unmittelbar mit Preisen, Kosten und Profit zu tun und nicht mit dem gesellschaftlich notwendigen Arbeitsaufwand und den daraus abgeleiteten absoluten und komparativen Vorteilen bzw. Nachteilen. Marx bewies, daß die absoluten und komparativen Vorteile nicht die Triebkraft des Außenhandels sein können. Im Kapitalismus ist diese Triebkraft der Profit. Er drängt das Kapital auf die Weltmärkte. Marx formulierte also für den kapitalistischen Außenhandel das Gesetz des Profits.

10. Marx brachte, allerdings nur in den Anfängen, z. T. nur in Randbemerkungen, das Element der Dynamik in die Theorie von den absoluten und komparativen Außenhandelsvorteilen. Er rüttelte energisch an der Statik des Ricardo-Modells. Expressis verbis geschah dies in seinen Ausführungen über die Rolle des Außenhandels bei der Ökonomie in der Anwendung des konstanten Kapitals oder auch in den Bemerkungen über den Außenhandel als mögliche Gegentendenz zum Fall der Profitrate. Darüber hinaus bieten sich Marx' Bemerkungen über die national unterschiedliche organische Zusammensetzung des Kapitals oder auch über nationale und internationale Werte für Schlußfolgerungen in der Dynamik an.[23]

Wiederholen sich bei Austausch zu internationalen Werten und unter der Bedingung ungleicher nationaler Werte, alle anderen Faktoren ausgeklammert, die Austauschakte, so beginnen kumulative Prozesse ungleichmäßiger Gewinnverteilung. Sie können durch die komparativen Vorteile oder auch durch Struktur- und andere Produktivitätseffekte kompensiert, mehr als kompensiert oder aber auch verstärkt werden. Viele Kombinationen sind möglich. Es ist jeweils zu untersuchen. Aber eines ist sicher: Austausch gleicher internationaler Wertgrößen, also Äquivalentenaustausch gemäß der Definition von Marx, bedeutet nur zufällig einen gleichen Vorteil für die beteiligten Partner. Pareto nahm zwar an, daß Austauschgleichgewicht zwangsläufig Nutzen- bzw., wie wir heute sagen würden, Wachstumsgleichgewicht bedeute, aber die marxistische Theorie der Zirkulation und Produktion, speziell der komparativen Vorteile aus dem Außenhandel, lehrt, daß Austauschäquivalenz ungleiche Vorteile, ja Ausbeutung einschließen kann. Marx erklärte die Ausbeutung der Arbeit durch das Kapital ja gerade auf der Grundlage des Verkaufs der Arbeitskraft zu ihrem Wert, also eines äquivalenten Austauschs.

In der kapitalistischen Weltwirtschaft beobachten wir eindeutig (in Vergangenheit und Gegenwart) die oben als möglich bezeichneten kumulativen Prozesse ungleicher Vorteile (zugunsten des Zentrums, zu Lasten der Peripherie, wie R. Prebisch sagen würde). Die marxistische Arbeitswerttheorie und Lehre vom Mehrwert sind die allgemeine Grundlage, um die weltwirtschaftliche Ausbeutung im Kapitalismus und dessen internationale Ungleichgewichte zu erklären, um die Frage nach den Ursachen der sich vertiefenden Kluft zwischen Entwicklungsländern und kapitalistischen Industriestaaten im Imperialismus beantworten zu können. Das ist auch die Hauptursache dafür, daß die Einführung der Kategorie des Arbeitswerts in die Außenhandelstheorie von Haberler und Kollegen so entschieden abgelehnt wird. Eine zweite Ursache für diese Ablehnung besteht darin, daß die meisten bürgerlichen Außenhandelstheoretiker die Preis-, Kosten-, Zahlungsbilanz- und Nachfragetheorie (im einzelnen unterschiedlich) als qualitativ und quantitativ ausschlaggebende Bestandteile der Außenhandelstheorie annehmen. Die Arbeitswerttheorie ist aber keine Preistheorie, sie ist nur der zentrale Lehrsatz derselben, also notwendig, aber nicht hinreichend, um den Preismechanismus zu erklären. Marx hat keine völlig ausgearbeitete Preistheorie hinterlassen, und speziell über die Weltmarktpreise hat er kaum Bemerkungen gemacht.

Das Problem der absoluten und komparativen Vorteile kommt natürlich auch in den außenwirtschaftlichen Beziehungen der sozialistischen Staaten zur Geltung - in ihren Beziehungen miteinander und mit "Dritten". Allerdings besteht ein grundlegender Unterschied zwischen der Problematik der absoluten und der der komparativen Vorteile. Absolute Produktivitätsunterschiede zwischen den Ländern sind keine notwendige Bedingung des Außenhandels, komparative Vorteile jedoch sind es. Komparative Vorteile werden existieren, solange nationale Wirtschaften und Unterschiede zwischen der Binnen- und Außenwirtschaft bestehen. Die absoluten Produktivitätsunterschiede, die wir in der heutigen Welt zwischen den verschiedenen Ländern beobachten, sind im wesentlichen auf die kapitalistischen Produktionsverhältnisse zurückzuführen. Das kapitalistische Wirtschaftssystem hat die Produktivitätskluft zwischen entwickelten und unterentwickelten Gebieten in den letzten 150 Jahren nicht etwa verringert, sondern vergrößert.

Das heutige internationale sozialistische System hat als Erbe des Kapitalismus große absolute Produktivitätsunterschiede zwischen den Nationen übernehmen müssen. Natürlich kann bei der heutigen Technik, bei schneller Internationalisierung der sozialistischen Produktion der einzelnen Länder und auf der Basis des jetzt in den sozialistischen Staaten erreichten Produktivitätsniveaus, das Tempo der Angleichung allmählich beschleunigt werden. Aber auch unter diesen Bedingungen nimmt der Prozeß Jahrzehnte in Anspruch, zumal unter Beachtung der imperialistischen Aggressionsgefahr und des antiimperialistischen Kampfes. Zu berücksichtigen ist auch, daß weitere sozialistische Staaten entstehen werden, dabei auch solche mit sehr geringem Produktivitätsniveau. So wird das Problem der allmählichen Angleichung des Entwicklungsniveaus immer wieder neu gestellt.

Es wird also noch lange absolute Produktivitätsdifferenzen zwischen den sozialistischen Ländern geben, doch werden sie reduziert. Kleine Differenzen werden bleiben. Sie hängen mit dem ungleichmäßigen technischen Fortschritt und mit anderen Umständen zusammen. Sie werden sich nach vollzogener Angleichung aber nicht verhärten, sie werden nicht für lange Zeit auf einzelne Gebiete fixiert werden, sondern vielmehr wechseln, heute in diesem und morgen in jenem Land auftreten.

Während die absoluten Produktivitätsdifferenzen im wesentlichen den kapitalistischen Produktionsverhältnissen entspringen, ergeben sich die komparativen Vorteile nicht nur aus den Produktionsverhältnissen, sondern auch aus den natürlichen Bedingungen und dem Stand und der Entwicklung der Produktivkräfte. Dabei drängen die gesellschaftlichen und technischen Faktoren die natürlichen Faktoren im Laufe der geschichtlichen Entwicklung zurück.[24] Imre Vajda hat sich mit dieser Frage beschäftigt. Er schreibt u. a.:

"Hinter jenen komparativen Vorteilen, die Ricardo im Auge hatte, verbargen sich in erster Linie die damals in der Agrarproduktion herrschenden Umstände, das Überwiegen der Naturabhängigkeit ... In den meisten Zweigen der modernen Industrieproduktion ... ist die Skala der von Naturgegebenheiten bestimmten oder weitgehend beeinflußten komparativen Vorteile jedoch ganz schmal, 'une quantité négligeable'. Heute entstehen und vergehen komparative Vorteile als Folge von Umständen, die die gesellschaftlichen und Besitzverhältnisse produzieren und reproduzieren." [25]

Offensichtlich ist in dieser Bemerkung die Bedeutung der Produktivkräfte und der modernen Technik nicht genügend hervorgehoben worden, zumindest geht sie in dem vom Verfasser unterstrichenen Teil des Zitats in dem Wort "gesellschaftlichen" unter.

Die Kombination von absoluten und komparativen Produktivitätsvorteilen im System der internationalen Arbeitsteilung und des Welthandels ist im Kapitalismus eine durchaus andere als im Sozialismus. In der kapitalistischen Weltwirtschaft nehmen die absoluten Differenzen zu, und unter diesen Umständen werden die komparativen Vorteile einseitig in die herrschenden imperialistischen Staaten verlagert. Gewiß tritt auch im Kapitalismus der natürliche gegenüber dem ökonomischen Faktor bei der Entwicklung der komparativen Vorteile allmählich zurück, doch hat dieser Prozeß seinen Klassencharakter, seinen sozialökonomischen Aspekt. Er geht am wirksamsten in den imperialistischen Integrationen vor sich, während in den Beziehungen zwischen den kapitalistischen Hauptländern und den unterentwickelten Gebieten des kapitalistischen Weltwirtschaftssystems die natürlichen Faktoren immer noch eine große, wenn auch hier abnehmende Rolle spielen (Lieferung von Rohstoffen und Lebensmitteln, Problem der Monokulturen, völlig unzureichende Industrialisierung usw.). Außerdem führen die kapitalistischen Produktionsverhältnisse dazu, daß die Amplituden der regionalen Schwankungen der komparativen Vorteile relativ groß sind.

In der sozialistischen Weltwirtschaft werden die absoluten Produktivitätsdifferenzen planmäßig abgebaut. Sie werden in (leider nicht nächster) Zukunft eine unbedeutende Rolle spielen und von Land zu Land wechseln. Die komparativen Vorteile werden eine große Rolle spielen. Dabei wird der natürliche Faktor in allen sozialistischen Ländern im Prozeß der Mechanisierung und Industrialisierung der Volkswirtschaften zurückgedrängt. Die Amplituden der regionalen Verlagerungen der komparativen Vorteile werden geringer als im kapitalistischen Weltwirtschaftssystem sein, weil sich die einzelnen Länder gleichmäßiger entwickeln, die Wirtschaft geplant wird und die Internationalisierung der Produktion in allen sozialistischen Wirtschaften zunehmen wird.

In einigen sozialistischen Ländern ist verstärkt vom extensiven zum intensiven Wachstum übergegangen worden. Dabei beobachten wir auch eine Rationalisierung der Materialwirtschaft: Leichtbauweise, Mikrotechnik, Intensivierung der Landwirtschaft, Substitution natürlicher durch synthetische Materialien, teilweise Verzicht auf die maximale Ausnutzung ungünstiger nationaler Rohstoffvorkommen und dafür Import von Rohstoffen oder besser noch Halbfertigwaren und Fertigwaren. Die Integration der internationalen Arbeitsteilung zwischen den RGW-Ländern in die allgemeine weltwirtschaftliche Arbeitsteilung erleichtert ebenfalls den der technisch-wissenschaftlichen Revolution entsprechenden Prozeß zur Erhöhung des Anteils moderner Technik (einschl. wissenschaftlicher Leistungen) an den Außenhandelsumsätzen der sozialistischen Staaten.

Bekanntlich hat der Anteil der Industriegüter an den Exporten der technisch-wirtschaftlich früher wenig entwickelten europäischen RGW-Länder in den letzten zehn, fünfzehn Jahren ständig zugenommen. Deshalb hat sich z. B. auch die Relation der Maschinenausfuhren der DDR zu den Maschineneinfuhren der DDR aus den RGW-Ländern in den letzten Jahren verändert; es besteht eindeutig die Tendenz zur Reduktion der früher zum Teil sehr großen Differenzen. Dieser Prozeß wird sich in den nächsten Jahren beschleunigen. Voraussetzung ist allerdings eine stärkere Internationalisierung der sozialistischen Produktion mit Übergang zu internationalen Spezialisierungen und Kooperationen, mit nationaler Konzentration der Produktion (Großproduktion mit ökonomisch-technischem Optimum) und Spezialisierung, mit Bereinigung der nationalen Strukturen, der Sortimente usw.

Wenn wir verallgemeinern, können wir sagen, daß in den letzten Jahren in den RGW-Ländern begonnen wurde, von der Ausnutzung der komparativen Vorteile durch Austausch von Produkten verschiedener Zweige (vor allem Rohstoffe gegen Fertigwaren) zur Ausnutzung der komparativen Vorteile innerhalb der Zweige bzw. Erzeugnisgruppen usw. überzugehen. Wir desaggregieren den Komplex der komparativen Vorteile. Das ist möglich, weil sich die Palette der Produktions- und Exportstrukturen in den früher technisch-wirtschaftlich weniger entwickelten sozialistischen Ländern erweitert hat. Die Tendenz zu "armen" Strukturen bis hin zur Monokultur ist zurückgedrängt, und die Tendenz zur Bereicherung, zur Diversifikation der Wirtschaft wird forciert. Damit bestehen mehr Wahlmöglichkeiten in der Struktur- und Exportpolitik, bei der Ausnutzung komparativer Vorteile durch internationale Arbeitsteilung und Außenhandel.[26] Dadurch erhöht sich die Elastizität der Volkswirtschaft, sie wird weniger abhängig von einzelnen Produktionen. Das ist natürlich ein bedeutender Wachstumsfaktor.[27]

Welche einzelnen Möglichkeiten gibt es, um in der internationalen Arbeitsteilung zwischen den von einer aggregierten zu einer desaggregierten Ausnutzung der komparativen Vorteile überzugehen?

Es gibt nicht nur Unterschiede in den Strukturrelationen *zwischen* den Zweigen, sondern auch unterschiedliche Strukturen *innerhalb* derselben bzw. der einzelnen Erzeugnisgruppen. Hier bieten sich Möglichkeiten für internationale Spezialisierungen und Kooperationen, Investitionsbeteiligungen, wissenschaftlich-technische Zusammenarbeit,

Errichtung gemeinsamer Betriebe usw. Insgesamt kann die unterschiedliche Entwicklung der Menge der Produktionsfaktoren und der Produktionsfunktionen in den einzelnen Ländern für die Entwicklung der internationalen Arbeitsteilung und der außenwirtschaftlichen Beziehungen ausgenutzt werden. Die Mengen, Preise und Kosten der verschiedenen Rohstoffe und Lebensmittel, der verschiedenen Maschinen und Transportmittel wie auch der einzelnen Arbeitskraftgruppen entwickeln sich ebenso unterschiedlich wie die Substitutionen der einzelnen Produktionsfaktoren in den jeweiligen Produktionsprozessen. Wechsel von Land zu Land gibt es bei gleichen Produktionen auch in den Fondsintensitäten und Fondseffektivitäten. Natürlich spielt dieser Faktor eine sehr wichtige Rolle, wenn er auch in der bisherigen Literatur über komparative Vorteile, besonders in der älteren, vernachlässigt wurde. Auch die Friktionsschwierigkeiten und -kosten sind von Land zu Land unterschiedlich und wechseln mit der Entwicklung der Produktivität und der Strukturen. Auch aus diesem Grunde sind die Elastizitäten der einzelnen Volkswirtschaften unterschiedlich, wenn wir Erzeugnis mit Erzeugnis vergleichen. Das hängt übrigens auch mit der Entwicklung der Reserven und Vorräte zusammen. Außerdem spielen bei der Ausnutzung der komparativen Vorteile Stand und Entwicklung der Infrastruktur eine wichtige Rolle.

Es zeigt sich also, daß selbst bei gleichem Produktivitätsniveau und selbst bei Fehlen von komparativen Vorteilen im Aggregat viele Möglichkeiten der internationalen Spezialisierung und des Außenhandels bestehen, müssen doch im Interesse des Übergangs zu rationeller Großproduktion die unterschiedlichen Bedingungen und Parameter der einzelnen Produktionen in den verschiedenen Ländern sorgfältig geprüft und ausgenutzt werden. Das auf Seite 79 dieser Studie angeführte Tableau der Produktionsmengen und -koeffizienten ist also in Wirklichkeit viel komplizierter.

6.

In einem Teil der sozialistischen Literatur wird die Ansicht vertreten, daß bisher der Außenhandel zwischen den RGW-Ländern die Reduzierung der absoluten Produktivitätsunterschiede eher gebremst als gefördert und die komparativen Vorteile einseitig zugunsten der Industrieländer verteilt habe. Die verschiedenen Argumente laufen darauf hinaus, daß sowohl die RGW-Außenhandelspreise als auch die Fondsintensität der von einigen Ländern vorwiegend exportierten Rohstoffe und Agrarerzeugnisse ungünstiger waren als die entsprechenden Werte bei den Fertigwaren, daß also eine Umverteilung von Nationaleinkommen zugunsten der sozialistischen Industrieländer stattgefunden habe.

Mir scheinen an diesen Thesen zwei Argumente richtig zu sein. Erstens ist *im Durchschnitt* die Fondsintensität im Bergbau und in der Metallurgie stärker als im Maschinenbau, und zweitens sind die Transportkosten, zum Teil auch die Kosten für Erkundung, Erschließung und Produktion bei einigen Rohstoffen in der UdSSR höher als in vielen anderen Bereichen der vergleichbaren Weltwirtschaft.[28] Aber diese beiden Argumente reichen nicht aus, um zu dem angeführten Schluß zu gelangen. Auch an den Zahlen läßt sich meiner Meinung nach viel zweifeln, z. B. wegen der unzureichenden Repräsentanz und Vergleichbarkeit. Wenn aber von der Verteilung der komparativen Vorteile im Außenhandel zwischen den RGW-Ländern und der Reduzierung oder Behinderung der Angleichung des Entwicklungsniveaus mit Hilfe des Außenhandels zwischen den RGW-Ländern die Rede ist, sollten unbedingt andere wichtige Faktoren Berücksichtigung finden. Ich erwähne z. B. die folgenden:

- Wir müssen sowohl bei den Rohstoffproduzenten als auch bei den Maschinenproduzenten die Relationen zwischen Selbstkosten bzw. Produktionskosten und den verschiedenen Weltmarktpreisen berücksichtigen. Dann wird sich herausstellen, daß bei vielen Rohstoffen die Relationen günstiger sind als bei einer ganzen Reihe von Fertigwaren, besonders modernen Erzeugnissen.
- Die DDR hat unter allen RGW-Ländern den niedrigsten Anteil der Maschinen, Geräte und Ausrüstungen an den Importen. In den fünfziger Jahren war er sogar ganz außerordentlich gering. Das bedeutet, daß der direkte Import von wirtschaftlichen Wachstumsfaktoren in der Gestalt von Produktionsinstrumenten in der DDR lange Zeit kaum eine Rolle gespielt hat. Es wurden vor allem Rohstoffe und Lebensmittel, also keine direkten Wachstumsfaktoren, importiert. Fast alle Produktionsinstrumente mußten im eigenen Land hergestellt und zudem noch exportiert werden, um die Rohstoffe zu bezahlen. Ein viel zu buntes Produktions- und Exportsortiment mit entsprechend ungünstigen Kostenlagen, wenigstens zum Teil, war die Folge. Erst in den letzten Jahren konnte die DDR mehr Produktionsinstrumente und damit direkte Wachstumsfaktoren importieren. Die Rohstoffeinfuhren sichern im allgemeinen nur die stoffliche Grundlage der erweiterten Reproduktion, beschleunigen diese nicht direkt. Nur bei der Einfuhr von Rohstoffen, die effektiver sind als die eigenen oder die bisher importierten, können wir von einem direkten Import von Wachstumsfaktoren sprechen. Das gilt z. B. für die verstärkten Erdöleinfuhren der DDR, wodurch es uns möglich wird, die Karbidchemie allmählich durch die Petrolchemie zu substituieren.
- Die DDR hat in den vergangenen Jahren für den Bedarf der RGW-Partner eine ganze Reihe von Produktionen in der Chemie und im Maschinenbau entwickelt, die investitions- und materialintensiv waren bzw. sind. Zudem war es oft nicht möglich, diese Produktionen mit optimaler Serie durchzuführen. Hinzu kommt, daß die Materiallieferungen in der Qualität, im Sortiment und in der Kontinuität nicht immer so waren, daß die Fertigwarenproduktion genügend effektiv werden konnte. Hohe Rohstoffpreise kamen zum Teil hinzu.
- Der RGW-Außenhandel war in der Vergangenheit oft wenig kontinuierlich. Das führte zu wechselnden Relationen des Anteils des RGW-Marktes an unserem Außenhandel, besonders

bei einigen Erzeugnissen bzw. Erzeugnisgruppen. Diese vorübergehenden und auch länger anhaltenden Defizite machten Importe aus Ländern mit freien Devisen notwendig, wofür, oft sehr kurzfristig, Exporte bereitgestellt werden mußten. Im allgemeinen minderten diese Geschäfte die Rentabilität und Effektivität von Produktion und Außenhandel.

Das Problem des Nutzens und der Vorteile aus dem Außenhandel zwischen den RGW-Partnern ist also viel komplizierter, als es manchmal in der Literatur dargestellt wird. Es ist nicht möglich, aus vereinfachten und deshalb nicht richtigen Rechnungen Schlußfolgerungen für Preiserhöhungen im Außenhandel oder andere Umverteilungen von Nationaleinkommen in den außenwirtschaftlichen Beziehungen zwischen den RGW-Partnern zu ziehen.[29]

7.

Die gegenwärtigen wissenschaftlich-technischen Umwälzungen in der Welt, der harte Wettkampf mit dem Imperialismus, die bisherigen Produktivitätsentwicklungen und Strukturveränderungen in den sozialistischen Ländern wie schließlich die neuen Planungs- und Leitungssysteme machen es möglich und fordern zugleich, neue Aufgaben an die Effektivität der außenwirtschaftlichen Beziehungen des sozialistischen Staates und dabei auch an die Politik der Ausnutzung komparativer Vorteile zu stellen. Es kristallisieren sich, wenn wir vereinfachen, die beiden folgenden Hauptaufgaben heraus:

- eine rationelle Wachstumspolitik, national und international,
- der Aufbau eines rationellen Wirtschaftsmechanismus, ebenfalls national und international.

In der Wachstumspolitik erfolgt der verstärkte Übergang vom extensiven zum intensiven Wachstum. Dabei wird vor allem die Effektivität der Investitionen erhöht. Außerdem muß Material eingespart werden. Beides wiederum ist nur möglich, wenn wir die Wirtschaftsstrukturen bereinigen und effektive Strukturen entsprechend den nationalen und internationalen Bedingungen entwickeln, dabei also die Möglichkeiten der internationalen Arbeitsteilung und des Außenhandels so gut wie möglich ausnutzen. Im Perspektivplan der DDR bis zum Jahre 1970 ist diese Aufgabe der Strukturpolitik unter Berücksichtigung der Möglichkeiten der internationalen Arbeitsteilung ganz entschieden unterstrichen worden.

Aber auch innerhalb der gegebenen Strukturen kann und muß die Effektivität erhöht werden. Ich meine damit nicht nur die Bereinigung der Sortimente. Ich meine vor allem die rationellere (nationale und internationale) Verbindung der Teilsysteme der Volkswirtschaften untereinander und mit der volkswirtschaftlichen Zentrale. Die betrieblichen und zum Teil auch territorialen Einheiten brauchen mehr Wahlmöglichkeiten und Entscheidungsfreiheit. Das erhöht ihre Elastizität und damit die volkswirtschaftliche Effektivität.

Unter beiden Gesichtspunkten ist die internationale sozialistische Produktionsintegration eine wichtige Tagesaufgabe. Sie wird von der wissenschaftlich-technischen Revolution bei den jetzt erreichten Bedingungen und Möglichkeiten in den sozialistischen Volkswirtschaften mit aller Entschiedenheit auf die Tagesordnung gesetzt. Wenn wir unsere Produktion nicht stärker internationalisieren, wenn wir die Warenhaussortimente in der Produktion und in den Exportprogrammen nicht reduzieren, wenn wir nicht zur Großproduktion in der Wissenschaft, bei den Investitionen, in der Infrastruktur und in der Produktion selbst übergehen, wenn wir nicht national und international ganz stark spezialisieren und kooperieren (ebenfalls wiederum in der Wissenschaft, bei den Investitionen, in der Infrastruktur und in der Produktion), werden unsere Produktivitätsfortschritte nicht den Notwendigkeiten des internationalen Wettkampfs und den Möglichkeiten der sozialistischen Gesellschaft entsprechen. Wir müssen die zu starke Isolierung der einzelnen sozialistischen Volkswirtschaften allmählich reduzieren, wir brauchen eine stärkere Kommunikation zwischen den Außen- und Binnenmärkten, zwischen den einzelnen nationalen Produktionen, Preissystemen, Währungssystemen und Märkten insgesamt. Wir sollten zu einer stärkeren internationalen Beweglichkeit der Produktionsfaktoren übergehen.

Zwecks Erhöhung der Effektivität der Wirtschaft ist es unerläßlich, den nationalen und internationalen Wirtschaftsmechanismus der sozialistischen Planwirtschaft zu vervollkommnen. Hier geht es vor allem darum, die Zahl der umfangreichen (oft naturalwirtschaftlichen und nicht immer widerspruchsfreien) zentralen Direktiven an die Betriebe abzubauen und durch ein System zu ersetzen, in dem die Teilsysteme von der Zentrale mit Hilfe vor allem der monetären Kategorien gelenkt werden und eine Rückkoppelung vom Betrieb zur Zentrale über den Markt erfolgt. Natürlich wird es weiterhin zentrale Direktiven geben - das ist ein Vorzug der sozialistischen Planwirtschaft mit ihrem gesellschaftlichen Eigentum an den Produktionsmitteln als Grundlage. Die monetären Kategorien als Führungsgrößen der Zentrale und als Sollwerte der Betriebe sollten jedoch systembestimmend werden. Dabei werden wir auch zu einer gewissen Dezentralisation der Kreisläufe kommen, also z. B. zu einer Geschäftstätigkeit zwischen Betrieben bzw. Vereinigungen und Bank, wie sie in der DDR auf dem VII. Parteitag der Sozialistischen Einheitspartei Deutschlands im April 1967 konzipiert worden ist. Das gilt auch für die Außenwirtschaft - und nicht zuletzt für diese!

In der Sphäre der internationalen Beziehungen der Wirtschaftskommunikation, zwischen den sozialistischen Ländern müssen wir die Produktionsintegration durch eine Marktintegration ergänzen und zugleich stimulieren. Wir sollten die verschiedenen einzelnen Marktbeziehungen zu einem komplexen internationalen Marktsystem ausbauen und umgestalten. Im einzelnen könnte das etwa bedeuten:

1. Abbau der Isolierung der nationalen Produktionen und Märkte, der nationalen Preis- und Währungssysteme. Geeignete Mittel sind auf dem Marktsektor u. a. internationale Kredite und Teilkonvertibilität der Währungen, aber auch internationale Beziehungen zwischen

den Betrieben und Banken. Auch hier wird also eine gewisse Dezentralisation der Kreisläufe zweckmäßig sein.

2. Daraus ergibt sich, daß auch im internationalen Wirtschaftsverkehr der sozialistischen Staaten die Geldausdrücke des Werts als Führungsgrößen und Sollwerte systembestimmend werden.

3. Wir fassen die verschiedenen einzelnen Marktprozesse zu einem komplexen und möglichst widerspruchsfreien System des sozialistischen Weltmarkts zusammen. Es sollen also die Preise nicht im Widerspruch zur Qualität, die naturalwirtschaftlichen Vereinbarungen in den Handelsabkommen nicht im Widerspruch zur Zahlungsbilanz, die Lieferbedingungen nicht im Widerspruch zur modernen Produktionstechnik, die Kreditbedingungen nicht im Widerspruch zu den Spezialisierungs- und Kooperationsmöglichkeiten stehen u. a. m. Das Preissystem kann letzten Endes nicht unabhängig von Zahlungsbilanz und Valutakurs vervollkommnet werden u. a. m.

4. Wir brauchen auch neue juristische Normen und Einrichtungen, um diese internationale Marktintegration der sozialistischen Länder zu beschleunigen und zu fixieren.

Bei dieser internationalen sozialistischen Produktions- und Marktintegration wird es möglich sein, das Theorem der komparativen Vorteile durch internationale Arbeitsteilung und Außenhandel wirksam zu realisieren. Dabei wird zwar viel weniger als bisher zentral ex ante fixiert, dafür gibt es dann aber auch weniger Korrekturen bzw. weniger Konflikte mit der Realität. Die Teilspontaneitäten werden wohl zunehmen, aber nur ein Teil von ihnen ist negativer Natur, die Mehrheit wirkt positiv. Diese positiven Elemente werden jene negativen Erscheinungen beseitigen helfen, die wir aus den bisherigen übertriebenen zentralen Fixierungen kennen. Auch in der Planwirtschaft gibt es Bekanntes und Unbekanntes. Unbekanntes wird im Planungsprozeß in Bekanntes verwandelt.

Die Erhöhung der Flexibilität, der Freiheit der Teilsysteme, der stärkere Einsatz der monetären Wertausdrücke als Führungsgrößen und Sollwerte, die gewisse Dezentralisation der Produktionsentscheidungen und Kreisläufe, auch bestimmter Bereiche der Preise, werden im Rahmen der globalen Planstrategie die Effektivität der Volkswirtschaft erhöhen und die internationale Arbeitsteilung beschleunigen. Es ist möglich, die Marktprozesse im Interesse der Teilsysteme, der Volkswirtschaften und des internationalen sozialistischen Systems einzusetzen und auszunutzen.

Marktprozesse wirken nicht ohne weiteres in der Richtung auf Gleichgewicht oder Ungleichgewicht. Die Tendenzen der Marktprozesse, ihre Bedingungen und Wirkungen, werden vom jeweiligen Wirtschaftssystem bestimmt. G. Myrdal hat völlig zu Recht darauf hingewiesen, daß unter kapitalistischen Bedingungen sowohl bei Freihandel als auch bei Protektionismus die Marktkräfte zugunsten des Zentrums der kapitalistischen Weltwirtschaft und zuungunsten der sogenannten Peripherie wirken.[30] Es versteht sich, daß G. Haberler auf diese

Thesen außerordentlich heftig reagiert. Aber ebenso versteht es sich, daß, von Ricardo und J. St. Mill angefangen bis hin zu Haberler, alle Theorien von der angeblichen Harmonie und vom weltwirtschaftlichen Gleichgewicht bei kapitalistischer Wirtschaftsordnung, Freihandel und Ausnutzung der komparativen Vorteile blanke Apologie des Kapitalismus/Imperialismus sind.

Auf diese apologetische Funktion der kapitalistischen Theorie der komparativen Vorteile ist mehrfach hingewiesen worden.[31] Wir zitieren hier aus einer Ausarbeitung kubanischer Autoren:

"Alle Mängel der Theorie von den komparativen Kosten kommen klar zum Vorschein. Ihre zahlreichen Voraussetzungen werden vom Leben selbst zerstört. Wenn eine Serie von irrealen Dingen mit der Absicht, zu vereinfachen', und, mehr noch, auf der Basis des 'ceteris paribus' vorausgesetzt wird, so ist das Ergebnis ein (nicht immer unbeabsichtigter) ungeheuerlicher Unsinn.

Die Voraussetzungen von der Beweglichkeit der Produktionsfaktoren, den statischen komparativen Vorteilen, von der Homogenität der Kapitalgüter und der Arbeitskraft, das Ignorieren der unterschiedlichen Kostenstrukturen, wobei das unterschiedliche Niveau der vergangenen Arbeit (des fixen Kapitals) unberücksichtigt gelassen wird, und schließlich das Beiseiteschieben der Tendenz zur Verschlechterung der terms of trade - all das hat keinen anderen Zweck, als die Aufmerksamkeit von den tieferliegenden Ursachen abzulenken, aus denen sich die Vergrößerung der Unterschiede zwischen den entwickelten und zurückgebliebenen Ländern ergibt. Mehr noch, die erwähnten theoretischen Annahmen sollen diese Unterschiede verstärken."[32]

Diese berechtigte Kritik an der proimperialistischen Ausnutzung des Theorems von den komparativen Kosten schließt natürlich nicht aus, daß es Möglichkeiten und Notwendigkeiten gibt, auf der Grundlage der marxistischen Wert-, Wachstums- und Außenhandelstheorie eine Theorie der komparativen Vorteile auszuarbeiten und sie in die allgemeine Wirtschafts- bzw. Weltwirtschaftstheorie zu integrieren. Die vorliegende Studie sollte hierfür einen kleinen Beitrag leisten.

Fußnoten

1 R. Torrens, The Economists Refuted, 1808;
R. Torrens, An Essay on the External Corn Trade, 1815;
D. Ricardo, Principles of Political Economy and Taxation, 1817, Chapter VII: On Foreign Trade

2 Vgl. auch die mathematische Interpretation des Problems der komparativen Vorteile in: R. Dorfman / P. A. Samuelson / R. M. Solow, Linear Programming and Economic Analysis, New York etc. 1958, 2. Abschnitt: "Basic Concepts of Linear Programming", 3. Abschnitt: "The Valuation Problem; Market Solutions"

3 Vgl. G. Kohlmey und Autorenkollektiv, Nationale Produktivität, dynamische Produktionen, internationale Arbeitsteilung, Berlin 1965, S. 159 ff.

4 P. A. Samuelson, Economics, Sixth Ed., New York etc. 1964, p. 671

5 J. Viner, Studies in the Theory of International Trade, London 1964, p.p. 439, 440

6 D. Ricardo, Grundsätze der politischen Ökonomie und der Besteuerung, übersetzt und mit einer Einleitung versehen von Gerhard Bondi, Berlin 1959, S. 120

7 J. St. Mill, Essays on Some Unsettled Questions of Political Economy, London 1844, Reprinted London 1948, p. 7

8 Vgl. J. St. Mill, Grundsätze der politischen Ökonomie, übersetzt von W. Gehrig und eingeleitet von H. Waentig, Zweiter Band, Jena 1921 (Buch III, Kap. 17: "Über internationalen Handel", S. 131 ff.; Kap. 18; "Über internationale Werte", S. 144 ff.)

9 J. St. Mill prägte den Terminus der comparative costs in seinen Essays on some unsettled questions, die auch Marx in den "Mehrwert-Theorien" zitiert. In Essay I heißt es: "It is not the difference in the absolute cost of production, which determine the interchange, but a difference in the comparative cost."
(J. St. Mill, Essays ..., S. 2)

10 Vgl. z. B.:
J. St. Mill, Principles of Political Economy, London 1848; Some unsettled questions of Political Economy, geschrieben 1829/30 und erst 1844 in London veröffentlicht
A. Marshall, The Pure Theory of Foreign Trade, geschrieben 1875/77, veröffentlicht 1930 (Neudruck: London 1949); ders., Money, Credit and Commerce, London 1923
F. Y. Edgeworth, The Pure Theory of International Trade, zuerst in: The Economic Journal, 1894; dann in: Papers relating to Political Economy, II., 1925
F. D. Graham, The Theory of International Values re-examined. In: Quarterly Journal of Economics, 1923; The Theory of International Values, ebenda, 1932
E. Heckscher, The Effect of Foreign Trade on the Distribution of Income, ursprünglich: Ekonomisk Tidskrift, 1919

B. Ohlin, Interregional and International Trade, Cambridge (USA) 1933 (außerdem verschiedene Aufsätze)

F. W. Taussig, Protection to Young Industries as Applied in the US, New York 1884; ders., International Trade, 1927

J. Viner, Studies in the Theory of International Trade, London 1955 (außerdem verschiedene Aufsätze zur Theorie der komparativen Kosten, 1928 und 1932)

G. Haberler, Der internationale Handel, Berlin 1933 (außerdem verschiedene Aufsätze)

W. Leontief, The Use of Indifference Curves in the Analysis of Foreign Trade, in: "Quarterly Journal of Economics", 1933

P. A. Samuelson, The Gains from International Trade, in: Canadian Journal of Economics and Political Science, 1939

(Die Arbeiten von Graham, Heckscher, Leontief und Samuelson sind wieder abgedruckt in: Readings in the Theory of International Trade, London 1966)

11 Vgl. auch die Ausführungen von R. Gündel in diesem Band, S. 46 ff.

12 J. St. Mill, Grundsätze ..., a.a.O., S. 179

13 Vgl. Appendix in seinem Buch Money, Credit and Commerce, London 1923

14 W. Leontief, The Use of Indifference ... in: "Readings ...", a.a.O., p. 231

15 W. Leontief, The Use of Indifference ..., a.a.O., S. 234

16 F. D. Graham, The Theory ... In: "Readings ...", a.a.O., S. 328

17 E. Heckscher, The Effect ... In: "Readings...", a.a.O., S. 284

18 Folgende Literatur von Marx wäre speziell für diese Zusammenhänge heranzuziehen: Grundrisse zur Kritik der politischen Ökonomie, Berlin 1953; Theorien über den Mehrwert, 3. Teil, Berlin 1962; Das Kapital, Bd. 1, Kapitel 20 (Über die nationalen Verschiedenheiten der Arbeitslöhne), in: Marx/Engels, Werke, Bd. 23, Berlin 1962; Das Kapital, Bd. 3, Kapitel 8 und 13 (Über nationale Unterschiede der Profit- und Mehrwertraten), in: Marx/Engels, Werke, Bd. 25, Berlin 1964; ebenda, Kapitel 10 (Über Marktpreise und Marktwerte); ebenda, Kapitel 14, Ziffer V (Über den tendentiellen Fall der Profitrate)

19 K. Marx, Theorien über den Mehrwert, 3. Teil, Berlin 1962, S. 102

20 K. Marx, Grundrisse der Kritik der politischen Ökonomie, Berlin 1953, S. 755

21 So heißt es in den "Mehrwert-Theorien", Teil 3, a.a.O., S. 102: "Verlust und Gewinn innerhalb e i n e s Landes gleichen sich aus. Nicht so zwischen verschiednen Ländern... (Es) können sich drei Arbeitstage eines Landes gegen einen eines andren austauschen. Das Gesetz des Werts erhält hier wesentliche Modifikation."
Und im "Kapital", Bd. 1, in: Marx/Engels, Werke Bd. 23, S. 584 f.: "Verglichen mit der weniger intensiven, produziert also die i n t e n s i v e r e nationale Arbeit in gleicher Zeit mehr Wert, der sich in mehr Geld ausdrückt. Noch mehr aber wird das Wertgesetz in seiner internationalen Anwendung dadurch modifiziert, daß auf dem Weltmarkt die p r o d u k t i v e r e nationale Arbeit ebenfalls als intensivere zählt, so oft die produktivere Nation nicht durch die Konkurrenz gezwungen wird, den Verkaufspreis ihrer Ware auf ihren Wert zu senken."

22 K. Marx, Grundrisse ..., a.a.O., S. 810

23 Vgl. einige Gedanken hierzu bei G. Kohlmey, Karl Marx' Theorie von den internationalen Werten mit einigen Schlußfolgerungen für die Preisbildung im Außenhandel zwischen den sozialistischen Staaten, in: "Probleme der politischen Ökonomie", Jahrbuch des Instituts für Wirtschaftswissenschaften, Bd. 5, Berlin 1962, besonders S. 45 ff.
Vgl. auch Kritik und Ergänzung hierbei I. Rachmuth, Einige Aspekte des Wirkens des Wertgesetzes auf der internationalen Ebene, in: "Probleme Economice", September 1964, rumän. (spanisch in: "Comercio Exterior", Habana, Heft 4/1965)
Vgl. auch G. Kohlmey und Autorenkollektiv, Nationale Produktivität, dynamische Produktionen, internationale Arbeitsteilung, Berlin 1965, S. 89 ff.

24 In dem in diesem Band enthaltenen Beitrag von E. Taeschner werden kritische Bemerkungen zu dieser These vorgetragen

25 I. Vajda, Sozialistischer Außenhandel und bürgerliche Außenhandelstheorie, in: "Jahrbuch für Wirtschaftsgeschichte", Teil I, Berlin 1964, S. 133

26 Hier wird von der Größe einer Volkswirtschaft abgesehen. Allerdings ist es an der Zeit, eine Art marxistische Ökonomie der großen und kleinen Länder auszuarbeiten. Zur allgemeinen Problematik vgl. u. a.: Economic Consequences of the Size of Nations. Proceedings of a Conference held by the International Economic Association, ed. by E. A. G. Robinson, London 1960

27 Vgl. hierzu auch: G. Kohlmey, Einige Zusammenhänge..., in diesem Band, S. 19 ff.

28 Vgl. hierzu u. a.: A. Probst, Zur Bestimmung des ökonomischen Nutzeffekts des

Außenhandels, in: Sowjetwissenschaft, Gesellschaftswissenschaftliche Beiträge, Berlin, Heft 3, 1966

I. Dudinskij, Topliva-syrevaja problema stran SEV i puti ee rešenija (Das Brennstoff- und Rohstoffproblem der RGW-Länder und Wege zu seiner Lösung), in: Voprosy Ekonomiki Moskau, Heft 4/1966

O. Bogomolov, Aktual'nye problemy ekonomičeskogo sotrudničestva socialističeskich stran (Aktuelle Probleme der wirtschaftlichen Zusammenarbeit der sozialistischen Länder), in: Mirovaja ekonomika i meždunarodnye otnošenija, Moskau, Heft 5/1966

29 Diese Schlußfolgerungen ziehen u. a. die in Fußnote 28 erwähnten Autoren, aber auch E. Mateev (Sofia), Meždunarodnoe socialističeskoe razdelenie truda i narodnochazjaistvennoe planirovanie, Moskva 1965, russ.

30 G. Myrdal, Development and Under-Development, Kairo 1956, p.p. 51, 52

31 Vgl. u. a. A. Mikojan, Über einige Fragen des internationalen Handels, in: "Der Außenhandel", Heft 14, 1960, S. 21, wo es heißt:

"Die Vertreter der alten 'klassischen' Schule, die sich auf ihre Theorie der relativen Produktionskosten stützen (unglückliche Übersetzung; gemeint sind die komparativen Kosten - G. K.), suchen immer noch die Beibehaltung der internationalen Arbeitsteilung, wie sie sich auf Grund des Kolonialismus herausgebildet hat, zu rechtfertigen ... Übrigens halten sich die Anhänger der Theorie der relativen Kosten selber nicht an ihre Empfehlungen, sobald ihre eigenen Interessen davon berührt werden..."

Vgl. auch G. Roginskij / A. Frumkin, Est li "racional'noe zerno" v buržuaznoj teorii vnešnej torgovli? (Gibt es in der bürgerlichen Außenhandelstheorie einen "rationellen Kern"?), in: Vnešnjaja torgovlja Moskau, Heft 11, 1961

A. Frumkin, Kritika sovremenych buržuaznych teorii meždunarodnych ekonomyčeskich otnošenii (Kritik der heutigen bürgerlichen Theorien von den internationalen Wirtschaftsbeziehungen), Moskva 1964. - In diesem Buch unterscheidet Frumkin zwischen der apologetischen Ausnutzung und bestimmten Wahrheitsgehalten des Theorems von den komparativen Vorteilen, während er im Artikel aus dem Jahr 1961 keinen "rationellen Kern" der Theorie von den komparativen Vorteilen anerkannte.

32 La experiencia de Cuba en Comercio Exterior, in: "Comercio Exterior", Habana, Heft 2/1964, S. 50 ff. (Es ist die offiziöse Arbeit eines Autorenkollektivs, die der ersten UNCTAD eingereicht wurde.)

PETER SYDOW

Wechselbeziehungen zwischen Außenhandels-, Industrie- und Nationaleinkommensentwicklung sozialistischer Volkswirtschaften

Karl Marx hat sein Werk nach dem konzipierten Gesamtplan nicht abschließen können. Obgleich das Gesamtmaterial ihm in Form von Monographien vorlag, ist er zu dessen zusammenhängender Verarbeitung zumindest für die vorgesehenen Abschnitte "Auswärtiger Handel" und "Weltmarkt" nicht gekommen.[1]

Dennoch ist sein Werk für die Ausarbeitung einer geschlossenen Theorie vom sozialistischen Außenhandel als Bestandteil der umfassenderen marxistischen Außenwirtschaftstheorie bedeutsam.

G. Kohlmey[2] hat bewiesen, daß Marx u. a. wesentliche Beiträge für die Bewältigung dieser Aufgabe leistete, indem er die Arbeitswerttheorie, die Mehrwert- und die Reproduktionstheorie schuf und ihre Kategorien, Gesetze und Widersprüche auf den internationalen Bereich, Welthandel und Weltmarkt projizierte. Damit gab er uns wichtige Bausteine und in der materialistisch-dialektischen Auffassungsweise die allen anderen überlegene wissenschaftliche Methode an die Hand.

Auf dieser Basis sind viele Anstrengungen in Theorie und Praxis notwendig, um das vom VII. Parteitag geforderte ökonomische System in der Außenwirtschaft zu schaffen. Einen zentralen Platz nimmt hierbei die Aufgabe ein, die Außenwirtschaft, die selbst ein komplexes Teilsystem der Volkswirtschaft darstellt, als volkswirtschaftlichen Wachstumsfaktor zu erforschen. Dabei geht es darum, die Wechselbeziehungen zwischen der Entwicklung der Volkswirtschaft und ihren außenwirtschaftlichen Beziehungen so zu gestalten, daß das ökonomische Wachstum beschleunigt, stabilisiert und effektiver gemacht wird. Deshalb muß, über den herkömmlichen Außenhandel hinausgehend, "die Außenwirtschaft als Komplex von Warenaustausch, wissenschaftlich-technischer Zusammenarbeit, Spezialisierung und Kooperation"[3] entwickelt werden.

Im Rahmen dieser Gesamtproblematik sind viele kausale konditionale, funktionelle und strukturelle Zusammenhänge theoretisch wie empirisch marxistisch zu erforschen. Gleichzeitig erwächst den marxistischen Ökonomen die Aufgabe, das Instrumentarium ihrer Theorie zu erweitern, auch auf dem Wege einer kritischen Übernahme von Instrumenten der bürgerlichen Außenwirtschaftstheorie.

1. Aktuelle Probleme der allgemeinen Wechselbeziehungen zwischen industrieller und Außenhandelsentwicklung in einer sozialistischen Volkswirtschaft

Ausgangspunkt für einige Gedanken dazu sind Marx' Feststellungen über die Wechselbeziehungen zwischen Produktion und Austausch. Nach Marx sind Produktion, Distribution, Austausch und Konsumtion nicht identisch, sondern alle Glieder einer Totalität, Unterschiede innerhalb einer Einheit.[4]

Das übergreifende Moment ist dabei die Produktion. "Eine bestimmte Produktion bestimmt also bestimmte Konsumtion, Distribution, Austausch, die bestimmten Verhältnisse dieser verschiedenen Momente zueinander."[5]

Die Entwicklung der Produktion - der entscheidenden Phase für den Reproduktionsprozeß und damit auch für den Außenhandel (der zugleich Austausch- und Distributionsprozeß ist) - ist unter verschiedenen Aspekten zu analysieren, insbesondere hinsichtlich des Umfangs, ihrer Dynamik sowie ihrer Struktur, die gleichzeitig wesentliche Faktoren ihrer Effektivität (ihres Entwicklungsniveaus) sind. Nehmen wir an, die Produktion entwickle sich in einer geschlossenen Volkswirtschaft, so sind für ihren Wachstumsprozeß - ausgehend von den ökonomischen und natürlichen Bedingungen des Landes - die konkreten Kombinationen der Verteilung von Arbeitskräften und Investitionen sowie das System der gesellschaftlichen Organisation der Produktion allein ausschlaggebend. Handelt es sich um offene Volkswirtschaften, so kommt ein wesentlicher Teilkomplex und damit eine wichtige Aufgabe hinzu, die Außenwirtschaftsbeziehungen maximal auszunutzen.

Aus Marx' Theorie ergibt sich dann für den Einfluß der Produktionsentwicklung auf das Wachstum der Außenwirtschaftsbeziehungen:

Das ökonomische und technische Niveau der Produktion (Umfang, Struktur und Dynamik) bestimmen wesentlich (nicht ausschließlich, u. a. weil es Rückwirkungen gibt) Umfang, Intensität, Struktur und Effektivität der nationalen und internationalen Verflechtung des Reproduktionsprozesses.

Da das volkswirtschaftliche Wachstum kein gleichmäßig verlaufender Prozeß ist, ergeben sich bereits in diesem (bisher einseitig betrachteten) Verhältnis Produktion - Außenhandel vielfältige Differenzierungsmöglichkeiten. Der Außenhandel kann langsamer oder schneller als die Produktion wachsen. Die Struktur der Produktion kann mit der des Außenhandels übereinstimmen, wenig oder stark von ihr abweichen, um nur zwei Variationsmöglichkeiten zu nennen.

Unter den Bedingungen der technischen Revolution muß in der DDR der Außenhandel schneller als die Industrieproduktion wachsen, wenn unsere Volkswirtschaft auf einer qualitativ höheren Stufe in das sich entwickelnde sozialistische Weltwirtschaftssystem eingegliedert werden soll, da Außenhandel ein wichtiges Kettenglied für die Beschleunigung des nationalen Wirtschaftswachstums darstellt.[6]

Das kann nicht heißen, daß der Außenhandel schon dann ein Wachstumsfaktor ist, wenn sein Wachstumstempo höher ist als das der Industrieproduktion. Ausschlaggebend ist vielmehr, daß die Außenhandelserlöse (direkte und indirekte) höher sind als die für sie notwendigen volkswirtschaftlichen Aufwendungen (bzw. bestimmte Waren über den Import billiger zu erhalten sind als aus der Eigenproduktion). Der Außenhandel muß also das verfügbare Nationaleinkommen in der notwendigen gebrauchswertmäßigen Struktur erhöhen.

Im Zusammenhang mit der Einschätzung der Wachstumsimpulse aus unserem Außenhandel in der vergangenen Periode wurde wiederholt behauptet, er habe sich extensiv (oder stärker importorientiert) entwickelt.[7] Jetzt sei aktive Exportpolitik notwendig, eine intensive Außenhandelsentwicklung einzuleiten.

Der Begriff "intensive Entwicklung des Außenhandels bzw. der Außenwirtschaftsbeziehungen" ist bisher jedoch noch nicht ausreichend definiert worden. Scholze/Thiele schreiben in ihrem beachteten Artikel, er sei dadurch charakterisiert, "daß auf der Basis und aus gesamtvolkswirtschaftlicher Sicht die ökonomischen Nutzeffekte der Einfuhr und Ausfuhr von Waren und Leistungen schneller wachsen als das Umsatzvolumen".[8] Soll der Außenhandel unser Wirtschaftswachstum maßgeblich beschleunigen, so müssen natürlich seine (direkten und indirekten) Wachstumsimpulse die volkswirtschaftlichen Aufwendungen bedeutend übersteigen. Da das gegenwärtig noch nicht erreicht ist, geben Scholze/Thiele die entscheidende Orientierung. Auf dem Wege zu diesem Ziel können die volkswirtschaftlichen Bedingungen durchaus dazu führen, daß der Nutzeffekt des Außenhandels lediglich proportional zum Umsatzvolumen anwächst. Das kann u. a. durch Produktionsumstellungen aus verschiedenen Gründen bedingt, also eine notwendige Zwischenetappe sein. Auch unter diesen Bedingungen würde ich die Entwicklung des Außenhandels (der Außenwirtschaftsbeziehungen) intensiv nennen.

Weitere Gesichtspunkte: Für das vorrangige Wachstum der Nutzeffekte (auch der Erlöse) gegenüber dem Umsatzvolumen gibt es objektive Grenzen. Der Begriff der intensiven Entwicklung trifft notwendig für einen bestimmten Toleranzbereich zu. Bisher können die indirekten Nutzeffekte nicht einmal näherungsweise zuverlässig quantifiziert, deshalb dieser Bereich auch nicht bestimmt werden.

Je nach der Handels- und Zahlungsbilanzsituation wird in dem Begriff der gegenwärtige und perspektivische Nutzeffekt unterschiedlich zu bewerten sein. Schließlich sind außerökonomische Bedingungen denkbar, die diese Definition in bestimmten Zeitabschnitten modifizieren.

Um über den Außenhandel das verfügbare Nationaleinkommen maximal zu erhöhen, sind verschiedene Bedingungen zu schaffen bzw. zu beachten, u. a.:

a. In jeder sozialistischen Volkswirtschaft sind die strukturbestimmenden Zweige und Produktionen vorrangig zu entwickeln. Ihr ökonomisches wie technisches Niveau ist an internationalen Höchstwerten zu orientieren.

Angesichts der Rückstände der RGW-Länder im Produktivitätsniveau gegenüber entwickelten kapitalistischen Ländern und ihres geringen Anteils am Welthandelsvolumen gibt es Auffassungen, wonach sich die RGW-Länder auf dem Weltmarkt darauf beschränken müßten, jene Lücken im Sortiment zu schließen, die kapitalistische Länder offen lassen. Dem kann nicht zugestimmt werden.

Natürlich muß jedes Land davon ausgehen, welcher Aufwand für die Produktion der Erzeugnisse notwendig ist und welcher Teil davon auf dem Weltmarkt realisiert werden kann (auch unter dem Gesichtspunkt der Verflechtungen zwischen Export und Import). Wesentliches Entscheidungskriterium für Strukturveränderungen in unseren kleinen RGW-Ländern muß also die (im Verhältnis zur absoluten Weltspitze) relative, aber, gemessen an der historisch gewachsenen Struktur und den ökonomischen Voraussetzungen, maximale Produktivitäts- und Nutzeffektssteigerung in Produktion und Außenhandel sein.[9] Das macht es erforderlich, bei der Produktion strukturbestimmender Erzeugnisse das ökonomische und technische Höchstniveau mitzubestimmen.

b. Auf der Basis dieser Profilierung der Produktionsstruktur ist die Zahl der Erzeugnisse bzw. Erzeugnisgruppen, die das gesamte Exportvolumen der DDR bilden, einzuschränken. Die Palette der Erzeugnisse muß so breit wie notwendig und so schmal wie möglich sein, nicht umgekehrt. Im Unterschied dazu kann es in RGW-Ländern mit einem heute noch niedrigeren industriellen Niveau durchaus notwendig sein, die Palette der Exporterzeugnisse schnell zu erweitern.

c. Die Entscheidung über Export bzw. Eigenverbrauch, Import bzw. Eigenproduktion der relevanten Teile des gesellschaftlichen Gesamtprodukts muß von der komplexen Analyse der direkten und indirekten Nutzeffekte unter Beachtung der Verflechtung zwischen Export und Import ausgehen.

d. Bei prognostischen Überlegungen über die regionale Entwicklung unseres Außenhandels muß das Wachstum mit den einzelnen Ländergruppen/Ländern nach ökonomischen und handelspolitischen Bedingungen d i f f e r e n z i e r t werden.

e. Der Außenhandel hat hinsichtlich seiner warenmäßigen Zusammensetzung unterschiedliche wertmäßige und gebrauchswertmäßige Effekte. G. Kohlmey verweist darauf, die Einfuhr von Maschinen sei Import direkter Wachstumsfaktoren, während die Einfuhr von Rohstoffen oft nur Import stofflicher Voraussetzungen für das Wachstum sei.[10]

G. Kohlmeys für die DDR formulierten Thesen ist zuzustimmen. Sind sie umkehrbar? Dann erhielte man bei sonst gleichbleibenden Bedingungen: Der Export von Maschinen und Ausrüstungen ist intensiver Außenhandel, der von Rohstoffen nicht.

Nach Berechnungen ungarischer Ökonomen ist die Produktion von Maschinenbauerzeugnissen und auch ihr Export tatsächlich volkswirtschaftlich effektiver als der von Rohstoffen und Erzeugnissen anderer Bereiche der verarbeitenden Industrie. Daraus darf nicht die Schlußfolgerung gezogen werden, erstere Produktion (und ihr Export) sei stets und ausschließlich ein direkter Wachstumsfaktor.

Die Entscheidung über diese Frage hängt u. a. maßgeblich davon ab, auf welchem industriellen Entwicklungsniveau sich die betrachtete Volkswirtschaft befindet.

In der ersten Phase der sozialistischen Industrialisierung wird der Export von Rohstoffen für die ehemals weniger entwickelten RGW-Länder vorteilhafter gewesen sein als der von einfachen Industriewaren. Dennoch wurde der Industriewarenexport stärker forciert, weil er einen größeren Anteil lebendiger Arbeit enthält.

Damit wuchs das Problem zu entscheiden, welchen Industriewaren der Vorrang zu geben ist. Generell ist dazu festzustellen, daß der Austausch von Produktionsinstrumenten der entscheidende Wachstumsfaktor auch für den RGW-Handel zumindest seit 1955 gewesen ist und auch künftig sein wird. Auf die Bedingungen, die dafür zu schaffen sind, sei hier nicht näher eingegangen.[11]

Entsprechend ihrem unterschiedlichen ökonomischen und industriellen Entwicklungsniveau gehen die RGW-Länder bei der Entwicklung ihrer Volkswirtschaft zum Teil differenziert vor. So ist für die VR Polen die Beschäftigung der vorhandenen Arbeitskräfte ein ebenso zentrales Problem wie für die DDR deren Einsparung. Zwischen den RGW-Ländern bestehen außerdem Unterschiede, u. a. in der Materialversorgung, dem historisch gewachsenen Forschungspotential, dem vorhandenen Facharbeiterstamm, der Produktionsstruktur der Industrie und einzelner ihrer Zweige wie auch dem technischen Niveau der Erzeugnisse. Diese und andere Differenzierungen werden weiterhin durch den zeitlichen Ablauf des industriellen Wachstums und die dabei wachsenden Möglichkeiten des Übergangs zur Produktion komplizierterer Erzeugnisse mit höherem Veredelungsgrad des eingesetzten Materials modifiziert.

Für Maschinen und Ausrüstungen ist also die These Kohlmeys umkehrbar, weltmarktfähige Erzeugnisse vorausgesetzt. Allerdings sind gleichzeitig die konkreten volkswirtschaftlichen Verflechtungen in den einzelnen RGW-Ländern ausschlaggebend dafür, welche Maschinen und Ausrüstungen im Export und Import entscheidend die Wachstumsimpulse des Außenhandels bestimmen und welche Erzeugnisgruppen außerdem gleiche (bzw. annähernd gleiche) Vorteile bringen; denn ebenso wie nicht der Außenhandel mit allen Maschinen und Ausrüstungen direkter Wachstumsfaktor sein kann, gibt es derartige positive Impulse auch über den Außenhandel mit anderen Gruppen von Industriewaren, z. B. mit bestimmten Erzeugnissen der Leichtindustrie.[12]

2. Zur Rückwirkung des Außenhandels auf den Reproduktionsprozeß

Bei der dialektischen Betrachtung des Reproduktionsprozesses analysierte Marx auch seine anderen Momente "in ihrer einseitigen Form". Dabei ergab sich: Bei Ausdehnung des Marktes (Entwicklung des Außenhandels mit den verschiedenen Ländern und Erzeugnissen) "wächst die Produktion dem Umfang nach und teilt sich tiefer ab".[13]

Bei den dargelegten Beziehungen sind also vor allem die Rückwirkungen des Außenhandels auf die Produktion zu nutzen.

Engels hat an anderer Stelle zum Verhältnis von Produktion und Warenhandel geschrieben: "Die Produktion ist das in letzter Instanz Entscheidende. Sowie aber der Handel mit den Produkten sich gegenüber der eigentlichen Produktion verselbständigt, folgt er einer eigenen Bewegung, die zwar im großen und ganzen von der Produktion beherrscht wird, aber im einzelnen und innerhalb dieser allgemeinen Abhängigkeit doch wieder eigenen Gesetzen folgt, die in der Natur dieses neuen Faktors liegen, die ihre eigenen Phasen hat und ihrerseits wieder auf die Bewegung der Produktion zurückschlägt."[14]

Dieses "Zurückschlagen" des Außenhandels (der Außenwirtschaftsbeziehungen) auf die Entwicklung der Produktion vollzieht sich im Sozialismus nicht im Selbstlauf, sondern ist Teil der bewußten Gestaltung des Reproduktionsprozesses. Die Ausnutzung dieser Wachstumsmöglichkeiten ist in der technischen Revolution für jede sozialistische Volkswirtschaft, allerdings mit Unterschieden je nach der Größe des Binnenmarktes und dem ökonomischen Entwicklungsniveau, eine immer größer werdende Wachstumsreserve. Sie zu nutzen heißt, die bereits dargestellten Beziehungen Produktion - Außenhandel (Außenwirtschaft) nicht nur, von den eigenen Möglichkeiten ausgehend,zu planen, sondern maximal bei jeder volkswirtschaftlichen Entscheidung, z. B. über den Einsatz von Investitionen, Arbeitskräften, die Gestaltung von Produktions- und Forschungsprogrammen,die ökonomischen und technischen Potenzen der Außenwirtschaftspartner zu nutzen, wobei die außenpolitischen Aufgaben die Richtschnur sein müssen. Die maximale Nutzung der Außenwirtschaftsbeziehungen erfolgt in verschiedenen Formen, die organisch zu entfalten (vom traditionellen Außenhandel ansteigend zur langfristigen Spezialisierung und Kooperation der Produktion und der Plankoordinierung), komplex zu gestalten (Kooperation in Forschung, Entwicklung, Produktion und Absatz) und über die auf den verantwortlichen Ebenen des volkswirtschaftlichen Leitungsprozesses zu entscheiden ist. (Ausarbeitung von Außenwirtschaftskonzeptionen, neue Formen des staatlichen Außenhandelsmonopols.) So können durch die Nutzung der vielfältigen Differenzierungen zwischen den Produktionsstrukturen der Länder, den nationalen Aufwendungen und Weltmarktpreisen, unter Berücksichtigung der einmaligen und laufenden Kosten, der direkten und indirekten Nutzeffekte, der wechselseitigen Effekte des Exports und des Imports, des Vergleichs des Aufwandes für die Eigenproduktion mit dem Importaufwand, der wertmäßigen Gewinne und Verluste mit den gebrauchswertmäßigen Wachstumseffekten die verschiedenen Formen der Außenwirtschaftsbeziehungen zur Erhöhung des physisch verfügbaren Nationaleinkommens beitragen.

3. Gedanken über den sozialistischen Außenhandel als multiplikativen Wachstumsfaktor

K. Marx hat in der Auseinandersetzung mit D. Ricardo an verschiedenen Stellen seines Werkes die wachstumsfördernden Einflüsse des Außenhandels hervorgehoben. So schrieb er im III. Band des "Kapitals" über den auswärtigen Handel als dem Gesetz des tendenziellen Falls der Profitrate entgegenwirkenden Faktor:

"Soweit der auswärtige Handel teils die Elemente des konstanten Kapitals, teils die notwendigen Lebensmittel, worin das variable Kapital sich umsetzt, verwohlfeilert, wirkt er steigernd auf die Profitrate, indem er die Rate des Mehrwerts hebt und den Wert des konstanten Kapitals senkt. Er wirkt überhaupt in diesem Sinn, indem er erlaubt, die Stufenleiter der Produktion zu erweitern. Damit beschleunigt er ... die Akkumulation ..."[15]

Bereits in den "Grundrissen" entwickelte Marx, wiederum gegen Ricardo, diesen Gedanken. Als einen Weg zur Erhöhung des Wertes, des Kapitals nennt er die "verhältnismäßige Vervielfältigung der Beschäftigungsweisen. Es werden mehr Werte geschaffen 1. indem mehr Hände sich ans Werk setzen: in einem Zweig sich ans Werk setzen und 2. eine entsprechende Arbeit in anderen Zweigen hervorgerufen wird, wogegen ausgetauscht wird. Die englischen Baumwollfabriker würden nicht mehr Werte geschaffen haben, wenn nicht 1 000 Absatzmärkte in und außer dem Land durch Arbeit, wogegen sie austauschen können, hervorgerufen würden."[16]

Und im Abschnitt "Der auswärtige Handel und der Tauschwert" heißt es weiter dazu: "In dem Maße, wie sich daher die Quellen des Austauschs eröffnen, vervielfältigen sich die Werte, im inländischen, wie im auswärtigen Handel. Und die Fähigkeit des Austauschs schafft daher neue Arbeit und setzt neues Land in Bebauung."[17]

Allerdings sah K. Marx die Möglichkeit, über den Außenhandel den Reproduktionsprozeß zu beschleunigen, nicht nur wertmäßig, wie aus diesen Zitaten ersichtlich ist, sondern gleichzeitig stofflich: "Natürlich (ist) der auswärtige Handel auch durch die variegation (Vielfältigkeit) der Gebrauchswerte und die Masse der Waren great agent in the process of accumulation (bedeutender Faktor im Prozeß der Akkumulation)."[18] Wenngleich K. Marx diese theoretischen Zusammenhänge über die zitierten Passagen hinaus aus den genannten Gründen (vgl. Fußnote 1) auch nicht ausgearbeitet hat, so besteht kein Zweifel daran, daß er dem Außenhandel als volkswirtschaftlichem Wachstumsfaktor eine große Bedeutung beimaß. Sie reduziert sich keineswegs auf den Einfluß über einen einfachen Erlös: Aufwand-Faktor, sondern der Außenhandel kann das ökonomische Wachstum durchaus multiplikativ beeinflussen, stofflich wie wertmäßig.

Ohne je diese Gedanken beachtet, geschweige denn anerkannt zu haben, wurde im Zusammenhang mit der Ausarbeitung der bürgerlichen Wachstumstheorie nach J.M. Keynes das von R.F. Kahn initiierte Multiplikatorprinzip auch in die bürgerliche Außenwirtschaftstheorie eingefügt. Während J.M. Keynes, L.F. Giblin, R.F. Harrod und Colin Clark/J.G. Grawford, z. T. sogar nur verbal, die Idee des Außenhandelsmultiplikators entwickeln,[19] kommt nach Ansicht bürgerlicher Autoren[20] insbesondere F. Machlup und L.A. Metzler[21] das Verdienst zu, durch Berücksichtigung der Wechselwirkungen zwischen den einzelnen Volkswirtschaften (der Rückwirkungsfaktoren, engl. "repercussion factors") eine eigentliche "Theorie des Außenhandelsmultiplikators" geschaffen zu haben.

"In allgemeiner Form besagt das Multiplikatortheorem, daß die Veränderungen einer Gesamtgröße das Mehrfache der sie bewirkenden Veränderung eines ihrer Teile ist. Spezieller: Die autonome Variation einer Komponente der gesamten wirksamen Nachfrage führt zu einer um ein Mehrfaches stärkeren Variation des Gesamteinkommens."[22]

An gleicher Stelle heißt es, der Multiplikator sei eine durch Symbole bezeichnete Definition von Beziehungen zwischen bestimmten Variablen innerhalb von Gleichungssystemen. Dagegen sei die Multiplikatortheorie ein beweisbedürftiges Theorem, das sich in einer Fülle unterschiedlicher mathematischer Formulierungen findet. Sein Erklärungswert sei umstritten, es kann keine Voraussagen liefern.[23]

Meine Aufgabe sehe ich hier darin, auszugsweise die Multiplikatortheorie kritisch zu analysieren. Es ist nicht möglich, davon ausgehend gleich praktikable Modelle für die marxistische Außenwirtschaftstheorie zu geben. Vielmehr sollen danach vorerst einige Einschätzungen marxistischer Außenhandelstheoretiker über die Theorie des Außenhandelsmultiplikators zur Diskussion gestellt werden.

4. Zur kritischen Einschätzung der bürgerlichen Theorie des Außenhandelsmultiplikators

"Multiplikatorformeln sind Ergebnisse von Modellkonstruktionen, d. h. der Einkommenseffekt eines gegebenen Primäreffekts fällt verschieden aus, je nachdem, welche Beziehungen zwischen den in Wirklichkeit allseitig verknüpften Wirtschaftsgrößen als relevant in das Modell eingehen."[24]

Als "weiteste Definition" empfiehlt W. Watter, unter einem Außenhandelsmultiplikator alle die Multiplikatorrelationen zu verstehen, die Auslandsgrößen in irgendeiner Form beinhalten.[25] W. Watter unterstützt deshalb W. Stolper zu Recht: "Es gibt so viele Multiplikatorformeln als man Systeme aufbauen kann."[26]

Daher ist für die kritische Einschätzung eine Auswahl zu treffen.

Von den "historischen" Konzeptionen[27] sei die von J.M. Keynes kurz dargelegt. Nach ihm hat der Außenhandelsmultiplikator folgendes Aussehen:[28]

$$dY = \frac{1}{1 - c} \qquad (dI + dX - dM)$$

wobei bedeuten:

dY - Entwicklung des Nationaleinkommens

dI - Entwicklung der Investitionen

dX - Entwicklung der Exporte

dM - Entwicklung der Importe

c - die gesamte marginale Konsumquote, Teil des Einkommens, der verbraucht wird (Neigung zum Konsum).

Nach dieser Grundform des Außenhandelsmultiplikators wird also die Entwicklung des Nationaleinkommens positiv durch die Erhöhung der Investitionen und des Exports und negativ durch den Import beeinflußt. Der Einfluß dieser "autonomen"[29] Größen erfolgt allerdings nicht direkt, sondern er wirkt durch einen Koeffizienten "multiplizierend". Nach obiger Formel ist demzufolge die Entwicklung des Nationaleinkommens umgekehrt proportional dem Hang zum Verbrauch.

Zum besseren Verständnis dieser Aussage seien kurz einige der Voraussetzungen angeführt, die diesen Zusammenhängen zugrunde gelegt werden. W. Watter schreibt dazu: "Ausgangspunkt ist die definitorische Annahme, daß Einkommen nur geschaffen werden, wenn Ausgaben getätigt werden. Relevant für die Einkommensbestimmung ist daher die Ausgabensumme, die einkommenschaffend ist, also die effektive oder wirksame Nachfrage."[30] Daran sind zwei prinzipielle Fehler bereits zu erkennen: 1. Die Ursache-Wirkungs-Relation bei der Schaffung von Nationaleinkommen durch die produktive Arbeit wird durch die Bedingung-Folge-Relation ersetzt = die effektive Nachfrage als Bedingung der Produktionserweiterung und Einkommensvergrößerung; 2. die Zusammenhänge zwischen der Nachfrage sowie der Bildung und Verwendung des Nationaleinkommens werden nur monetär, nicht aber stofflich betrachtet.

Entsprechend der gemachten Annahme entsteht das Nationaleinkommen durch Konsum und Investitionen, es kann für den Konsum (C) oder das Sparen (S) verwendet werden. Für die offene Wirtschaft sind diese Gleichungen zu erweitern: "In Höhe der Exporte (X) sind im Inland Einkommen entstanden, die effektive Nachfrage folglich erhöht worden, das Güteräquivalent ist jedoch nicht mehr im Inland verblieben und kann die Nachfrage nicht mehr befriedigen. In ihrer einkommenschaffenden Wirkung entsprechen die Exporte somit den Konsumausgaben und Investitionen. Es bleibt aber zu berücksichtigen, daß in den nachgefragten Konsumgütern, Investitionsgütern und auch in den Exporten in der Regel Importe (M) stecken werden. Importe schaffen aber keinerlei Einkommen im Inland, sondern wirken vielmehr den einkommenschaffenden Größen entgegen."[31] Es ergibt sich: I + X = S + M. Das durch Investitionen und Exporte geschaffene Nationaleinkommen wird zum Sparen und für Importe verwendet. Auch hier werden die Zusammenhänge zwischen Export, Import und Nationaleinkommen lediglich von der Seite der Realisierung betrachtet, nicht als Prozeß der Produktion von Neuwert. Die stofflichen Beziehungen bleiben vollkommen außer acht, es geht ausschließlich um Geldkreisläufe.

In anderer Schreibweise sehen die Annahmen so aus:

$$Y = C(Y) + I + X - M(Y)$$

Aus dieser Formel ergebe sich der multiplikative Effekt "als logische Notwendigkeit": "Steigt nämlich die effektive Nachfrage durch eine Erhöhung von X bzw. I, so erhöht sich auch das Einkommen. Mit dem Einkommen sind aber Konsum und Import funktional verbunden... Die durch Parameterveränderung (X und I) bewirkte Einkommenserhöhung (wird) ihrerseits wieder den Konsum und die Importe anregen... Ebenso wie eine positive Veränderung der Parameter (X und I) den beschriebenen Prozeß der Einkommensgeneration hervorruft, wird eine negative Veränderung der Parameter einen Schrumpfungsprozeß des Einkommens bewirken."[32]

Auf diesen, im Ansatz kritisierten Thesen beruht die angeführte Multiplikatorformel von J.M. Keynes ebenso wie die von R.F. Harrod und Clark-Crawford, wenngleich sie von der ersteren abweichen.[33]

Das Verdienst insbesondere von F. Nachlup besteht nun darin, den Außenhandelsmultiplikator auf ein 2-Länder-Modell erweitert zu haben.[34]

Wesentlich ist, daß marxistische Ökonomen schon seit längerer Zeit an der differenzierten Einschätzung der allgemeinen Multiplikatortheorie arbeiten. So wies Alter in einer Arbeit schon 1960 nach, die einseitige Behandlung des multiplizierenden Effektes sei unter den Bedingungen der Wirkung kapitalistischer Produktionsverhältnisse unzulässig, und es sei tautologisch, die äußeren Beziehungen zwischen Investitionen, Beschäftigung und Einkommen für das Wesen zu halten und in algebraische Formeln zu kleiden. Doch gleichzeitig unterstrich er, daß dieser multiplizierende Effekt vorhanden und ohne ihn der Prozeß der erweiterten Reproduktion nicht möglich sei.[35/36] Demgegenüber steht diese differenzierte Bewertung der Theorie des Außenhandelsmultiplikators noch aus.

Es ist nicht zu leugnen, daß zwischen Investitionen, Nationaleinkommen, Außenhandel und Akkumulationsrate ökonomische Beziehungen bestehen. Ebenso bestehen auf Grund der Verflechtungen im Reproduktionsprozeß wechselseitige Abhängigkeiten, deren Ausnutzung zu Sekundär- und Tertiäreffekten (indirekten Effekten) führen kann.

Davon ausgehend, möchte ich behaupten, besteht die Möglichkeit, die Idee des Multiplikatormodells auch in der sozialistischen Außenhandelstheorie auszunutzen. Das erfordert jedoch, die ökonomischen Grundlagen und Aussagen der Multiplikatortheorie zu prüfen.

Frumkin und Faude[37] haben das nach meiner Ansicht einseitig getan: für sie stand im Vordergrund, den apologetischen Charakter der Theorie zu entlarven, mit dessen Hilfe die Illusion von der krisenfreien Wohlstandsgesellschaft erzeugt, die Notwendigkeit der Außenhandelsexpansion und des Zahlungsbilanzüberschusses usw. seit Jahren begründet wird. Abgesehen von einigen dogmatischen Aussagen, stimme ich ihrem Vorgehen zu, aber es muß in dieser Anlage unvollständig bleiben.

Für Frumkin ist die Multiplikatortheorie unter folgenden Gesichtspunkten interessant:

1. weil sich in ihr auf dem Gebiet des Außenhandels die kapitalistischen Widersprüche der allgemeinen Krise des Kapitalismus widerspiegeln und da

2. diese Theorie benutzt wird, die imperialistische Außenhandelsexpansion der Monopole zu begründen.

So kommt es, daß der multiplikative Effekt des Außenhandels ausschließlich als Faktor angesehen wird, der die Wirtschaftskrisen nicht abschaffen kann.[38] Der Außenhandel sei nach der marxistischen Reproduktionstheorie (1) nichts anderes als Austausch von Teilen des gesellschaftlichen Gesamtprodukts, die sich in ihrer Naturalform unterscheiden, ihrem Wert nach aber gleich groß sind (wenn man vom nichtäquivalenten Austausch auf dem kapitalistischen Weltmarkt absieht - weitere Einschränkungen finden sich bei Frumkin nicht!). Und bekräftigend fügt er hinzu: "Das Volumen des Nationaleinkommens jedes Landes erfährt dabei keinerlei Veränderungen."[39]

Im sozialistischen Lager beeinflusse der Außenhandel das Nationaleinkommen lediglich dadurch, daß er "die allseitige Entwicklung der Produktivkräfte hemmt oder fördert".[40]

Ähnlich geht auch E. Faude vor. Er schreibt abschließend:

"Das Ziel der bürgerlichen Ökonomen, mit Hilfe des 'Investitions- und Außenhandelsmultiplikators zu berechnen, wie groß die staatlichen Ausgaben, die privaten Investitionen, der Exportüberschuß und der 'Hang zum Verbrauch' sein müssen, um einen hohen Nationaleinkommenszuwachs und eine Vollbeschäftigung zu erreichen, bleibt angesichts der objektiv wirkenden Widersprüche und Gesetzmäßigkeiten des Kapitalismus ein völlig aussichtsloser Versuch, die Probleme der kapitalistischen Produktionsweise zu lösen."[41]

Vollkommen einverstanden!

Doch ist es deshalb richtig zu behaupten, die Theorie des Außenhandelsmultiplikators sei "ein Rückschritt in der Geschichte des ökonomischen Denkens"[42] und "weder theoretisch noch praktisch aufrechtzuerhalten"?[43]

Faude selbst relativiert diese Aussage, wenn er z. B. feststellt: "Auch bei der 'Multiplikation' knüpfen die bürgerlichen Ökonomen an bestimmte, vorhandene Beziehungen und Erscheinungen an. Jedoch werden diese Beziehungen nicht auf ihren wirklichen Inhalt hin untersucht, sondern entstellt. Damit wird auch die Wirkung der Sekundäreffekte nur einseitig und falsch dargestellt."[44]

Offensichtlich trifft das, was K. Marx über die klassische Ökonomie schrieb, auch auf die bürgerliche Außenwirtschaftstheorie, im einzelnen auch auf die Theorie des Außenhandelsmultiplikators zu. Marx stellte fest: Die klassische Ökonomie "versucht oft unmittelbar, ohne die Mittelglieder, die Reduktion zu unternehmen und die Identität der Quelle der verschiedenen Formen nachzuweisen ... Sie hat nicht das Interesse, die verschiedenen Formen genetisch zu entwickeln, sondern sie durch Analyse auf ihre Einheit zurückzuführen, weil sie von ihnen als gegebenen Voraussetzungen ausgeht."[45]

Und das ist eben die Aufgabe (hier der marxistischen Außenwirtschaftstheorie), die verschiedenen Formen genetisch zu entwickeln, in denen der Außenhandel Einflußfaktor des Nationaleinkommens ist. Es genügt nicht, wie Frumkin und Faude das getan haben, den apologetischen Charakter der Multiplikatortheorie herauszustreichen und gleichzeitig darauf zu verweisen, z. B. Faude im Zusammenhang mit dem Multiplikatoreffekt: "Ein volles Wirksamwerden der Sekundäreffekte ist erst unter sozialistischen Produktionsverhältnissen möglich."[46]

Es ist also notwendig, die Bedingungen zu formulieren, unter denen in der sozialistischen Volkswirtschaft dieser Effekt erzielt werden kann. Dabei, so meine ich, ist das Multiplikatorm o d e l l in modifizierter Form der Darstellung ebenso anwendbar wie bestimmte Erkenntnisse (semantische Aussagen) der Multiplikatortheorie, so u. a.:

a. Der autonome Export führt zur Erhöhung des Nationaleinkommens,

b. Dieser Einfluß wird durch einen Multiplikator vermittelt.

Gleichzeitig sind folgende zentrale Aussagen der Multiplikatortheorie theoretisch unhaltbar:[47]

1. Das Verhältnis von Nationaleinkommens- und Exportentwicklung sei - nach der Grundformel des Außenhandelsmultiplikators - proportional;

2. das Nationaleinkommen werde nur durch den Exportüberschuß erhöht,[48] der Import senke das Nationaleinkommen. Diese These wird allerdings z. T. in modifizierter Form vertreten;[49]

3. der Multiplikator sei ausschließlich definiert durch den Hang zum Verbrauch (als Koeffizient, zu dem der Nationaleinkommenszuwachs für den persönlichen Verbrauch ausgegeben wird);

4. der Außenhandel wirke lediglich w e r t m ä ß i g auf das Nationaleinkommen. Wertmäßiger und stofflicher Einfluß des Außenhandels seien zu unterscheiden;

5. die politökonomische Interpretation des Nationaleinkommens sei als Summe aus persönlichem Verbrauch, Investitionen, Sparbetrag und Außenhandelssaldo zu verstehen.

Dies ist von Frumkin bereits begründet und damit bewiesen worden, daß auch die Logik des Multiplikatortheorems durchaus bestreitbar ist, eben weil die Annahmen nicht marxistisch und die Wachstumsbeziehungen nicht linear sind.

Wie könnte ein modifiziertes Multiplikatormodell aussehen?

Der wertmäßige Einfluß des Außenhandels auf das verfügbare Nationaleinkommen:[50]

$$dY = Td(X) + Td(M)$$

Dabei bedeuten:

dY = Entwicklung des Nationaleinkommens

dX = Entwicklung des Exports

dM = Entwicklung des Imports

T = Multiplikator der direkten und indirekten Effekte, die über den Außenhandel erzielt werden können.

Ob durch den Außenhandel das Nationaleinkommen vermindert oder vergrößert wird, hängt vom Wert des Koeffizienten ab, Binnenpreise = Weltmarktpreise vorausgesetzt. Diese Formel betrachte ich höchstens als Hilfsmittel, um anzudeuten, daß mit Hilfe des Multiplikatormodells unter Annahme bestimmter Bedingungen vielzählige Wachstumsbeziehungen nachgebildet werden können. Es ist also eine M e t h o d e zur Vertiefung der Erkenntnisse über die wechselseitigen Einflüsse zwischen Außenhandel, Investitionen und Nationaleinkommen, m ö g l i c h e r Ausgangspunkt für die theoretische und empirische Analyse der tatsächlichen Beziehungen in ihrem zeitlichen Ablauf und damit D e m o n s t r a t i o n s m o d e l l für künftige makroökonomische Außenhandelsentscheidungen. Da jedoch die Koeffizienten veränderlich sind, ist es für die Prognose nicht verwendbar.

Diese Einschätzung soll zur Diskussion gestellt werden. Weitere Anregungen sind vermutlich zu erhalten, wenn die Theorie des Außenhandelsmultiplikators detailliert analysiert wird.[51]

5. Funktionale Wachstumsrelationen zwischen Produktions- und Außenhandelsentwicklung als Problem bei der wissenschaftlichen Prognose des sozialistischen Außenhandels

Ungeachtet der Tatsache, daß die allgemein akzeptierten funktionalen Zusammenhänge zwischen Produktion und Außenhandel schon vor über 100 Jahren von Marx festgestellt wurden, gibt es bisher nur wenige marxistische Versuche, durch Verbesserung der Untersuchungsmethoden diese theoretischen Erkenntnisse aufzuschlüsseln, zu vertiefen und praktisch zu verwerten.[52]

G. Kohlmey hat dieses Problem aus marxistischer Sicht aufgeworfen, als er versuchte, das Wachstum des sozialistischen Außenhandels als eine Funktion darzustellen.

In seinem Jahrbuch-Artikel "Der sozialistische Anteil am Welthandel"[53] schreibt G. Kohlmey: "Das sozialistische Weltwirtschaftssystem erzeugt ... drei grundlegende, allgemeine Bedingungen für eine rationelle, d. h. schnelle, planmäßige, maschinen- und geräteintensive Entwicklung des Außenhandels entsprechend den Interessen der gesamten internationalen sozialistischen Gesellschaft:

1. Planmäßige, umfassende, schnelle Steigerung der Arbeitsproduktivität in allen Wirtschaftszweigen, in allen Volkswirtschaften, im Weltwirtschaftssystem als Ganzem.

2. Extensive und intensive Mechanisierung und Industrialisierung in allen Volkswirtschaften des sozialistischen Weltsystems.

3. Planmäßige und gleichberechtigte internationale wirtschaftliche Zusammenarbeit ..." (WTZ), Investitions- und Produktionsabstimmungen, Spezialisierung und Kooperation, Koordinierung der VW-Pläne).

Als Ausgangsformel für den Außenhandel entwickelt, ergibt sich für G. Kohlmey:

$$a = f\,(p + Dp,\ i + D\,i,\ s + D\,s) - f\,(p, i, s),$$

wobei im einzelnen bedeuten:

a	= Außenhandel	D	= Wachstum
p	= Produktivität	s	= internationale Spezialisierung.
i	= Industrialisierungsgrad		

Danach schreibt G. Kohlmey: "Das sind die drei Bilanzfaktoren, die quantifiziert und programmiert werden müssen."[54]

An diese Form der Darstellung (Auffassung von den Zusammenhängen) knüpfen sich für mich verschiedene Fragen, im einzelnen:

a. Ist es überhaupt möglich, diese drei Faktoren auch nur für ein Land, geschweige denn für den engeren oder weiteren Bereich der sozialistischen Weltwirtschaft zu quantifizieren und

und zu programmieren? Diese Form der Darstellung und der Aggregation gestatten das nach meiner Ansicht nicht.

b. Zur funktionalen Darstellung: Die in der Funktion vereinten Größen beeinflussen einander wechselseitig, die Entwicklung der internationalen Wirtschaftszusammenarbeit (in allen ihren Formen) beschleunigt den Industrialisierungsprozeß und damit die Produktivitätsentwicklung, beide wiederum wirken auf die Entwicklung der internationalen Wirtschaftszusammenarbeit zurück (siehe Marx über den Zusammenhang von Entwicklungsniveau und Internationalisierung des Reproduktionsprozesses). Auf Grund dieser Wechselbeziehungen befinden sich diese "Bilanzfaktoren" (ich würde dafür besser den Begriff der Wachstumsfaktoren vorschlagen) nicht in einem gleichberechtigten funktionalen Zusammenhang. Vielmehr wären sie in Form einer Kettenfunktion darzustellen:

$$a = f \; (p \; . \; f \; (i) \; f \; (s) \;)$$

(Erläuterung der Symbole siehe Darstellung bei G. Kohlmey).

c. Es würde m. E. ausreichen, die gesamte Außenhandelsentwicklung des Exports bzw. des Imports als Funktion der Nationaleinkommensentwicklung aufzufassen und darzustellen, ausgehend von der Tatsache, daß dessen Erhöhung zentrales, volkswirtschaftliches Kriterium ist.

d. Die von G. Kohlmey genannten Wachstumsfaktoren des Außenhandels sind nicht die einzigen in einer sozialistischen Volkswirtschaft:

1. Preise, Bilanzierungsmodus, Modus der Außenhandelsabkommen und Marktbearbeitung wie Service beeinflussen durchaus die Außenhandelsentwicklung;

2. Regional- und Warenstruktur des eigenen Außenhandels ebenso wie der wichtigsten Partner sind wichtige positive/negative Wachstumsbedingungen für den Warenaustausch.

Es wäre also notwendig, in die vorgeschlagene Funktion Koeffizienten einzusetzen, die diese Bedingungen näherungsweise berücksichtigen.

Daraus wird erneut ersichtlich, daß es sich bei den Beziehungen zwischen Produktions- und Außenhandelswachstum um sehr komplizierte Verflechtungsprozesse handelt. Während es bei der Lösung bestimmter methodischer Probleme (z. B. einer begründeten Außenhandelsprognose mit Hilfe einer solchen Außenhandelsfunktion) in der Grundrichtung darum gehen wird, bestimmte Vereinfachungen und Annäherungen zu finden, die praktikabel sind (in der Berechnung), muß bei ihrer theoretischen Lösung (und darauf aufbauenden Entscheidungen) jede Einseitigkeit vermieden werden.

In der bürgerlichen Außenwirtschaftstheorie wird diesen Funktionalbeziehungen große Beachtung geschenkt. Wie sind bürgerliche Export- und Importfunktionen marxistisch zu werten?

Nach dem zweiten Weltkrieg hat es in der bürgerlichen Ökonomie eine Fülle von Versuchen gegeben, die Exporte und Importe einzelner Länder und ganzer Ländergruppen quantitativ zu analysieren, um mit Hilfe errechneter Parameter vergangene Entwicklungsprozesse zu erklären und danach künftige zu prognostizieren.

Hierzu einige markante Beispiele:[55]

a. 1953 konzipierte Polak ein weltwirtschaftliches Modell, in dem das Exportvolumen eines Landes als Funktion des Welthandelsvolumens postuliert wurde.[56] In einer erweiterten Form bezieht er in die Funktion neben der Auslandsnachfrage auch "relative" Preise ein (eigene Preise im Verhältnis zu den Preisen der Konkurrenz).

b. In Neißers und Modiglianis Werk über die Außenhandelsbewegungen zwischen den beiden Weltkriegen[57] werden als prinzipiell bestimmende Faktoren der Exportentwicklung eines Landes die Importe aller anderen Staaten, Preise, Lager- und Kapitalbewegungen angenommen, wobei in den Berechnungen lt. Rothschild überwiegend der erste Faktor und nur teilweise auch die Preise berücksichtigt werden.

c. In der neueren Literatur hat Anne Romanis[58] versucht, den Rückgang des Anteils Amerikas am Industriewarenexport auf Änderungen in der Struktur der Weltnachfrage, die Wettbewerbsfähigkeit der amerikanischen Waren, Diskriminierungen amerikanischer Exporte und Sondereinflüsse zurückzuführen.

d. Junz und Rhomberg[59] konzentrieren sich in ihrer Arbeit über den Export der Industriestaaten ebenfalls auf die Nachfrageentwicklungen auf den Absatzmärkten und "relative" Preisbewegungen. Die Bedeutung von "nonprice determinants" wird von ihnen zwar anerkannt, findet bei den Berechnungen aber keine Berücksichtigung.

e. Ginsburg und Stern[60] versuchten, durch Regressionsgleichungen folgende Faktoren als entscheidend für die langfristige Position der USA und Englands im Außenhandel zu ermitteln: "relative Preisentwicklungen, regionale Umschichtungen der Nachfrage, besondere Präferenzen, handelspolitische Bedingungen."

f. In gleicher Weise wird von bürgerlichen Ökonomen an die Außenhandelsprognose herangegangen. Im Jahresgutachten 1964/65 für Westdeutschland[61] wird z. B. die Exportentwicklung aufgefaßt als Funktion der Entwicklung des Bruttosozialprodukts im Abnehmerland. Als weitere Bestimmungsfaktoren werden anerkannt (allerdings nicht beachtet):

Preiseinflüsse, Wechselkursänderungen, Handelshemmnisse. Zusammenfassend erhalten wir als allgemeine Form einer Exportfunktion:[62]

$$Ex^1 = f\left(y, \frac{P1}{PW} : Z, L\right)$$

Dabei bedeuten:

Ex^{1} = Exporte des Landes 1 in die Welt

y = ein Welteinkommensindex

$\frac{P1}{PW}$ = Exportpreise des Untersuchungslandes zu Preisen der Konkurrenten

Z = Index für die Zollentwicklung

L = Höhe der Gold- und Währungsreserven der Importländer.

Haben diese angeführten Modelle einen allgemeinen Nenner? (Wir sehen hier von anderen Modellen ab). Rothschild schreibt dazu:

Zwei Faktoren dominieren als die bewegenden Kräfte des Exports,"die Auslandsnachfrage und die relative Preissituation. Gelegentlich wird nur eine dieser 'Kräfte' in die Exportgleichungen einbezogen, stets werden jedoch beide Faktoren anerkannt. Daneben finden sich Hinweise auf Zolländerungen, Devisenkontrollen und andere Handelshemmnisse als 'störende' Einflüsse oder auch Trends als langfristig wirkende Zusatzfaktoren. Aber das Hauptinteresse gilt stets der Auslandsnachfrage und den Preisen. Unterschiede in Fülle und Raffinement des Gebotenen beziehen sich nicht auf neue Grundstrukturen, sondern auf ambitionierte Aufgliederungen der Nachfrage nach Regionen und Warengruppen, auf detaillierte Preisapproximationen und verfeinerte statistische Methoden."[63]

Und an anderer Stelle fügt er hinzu:

"Der Export erscheint (in diesen Modellen - P.S.) als eine passive, formbare Masse, deren Umfang durch Geschehnisse und Entscheidungen in der Außenwelt bestimmt wird.

Der 'Pull' der Auslandsnachfrage ist der zentrale Erklärungsfaktor. Daneben bestimmen Währungs- und Handelspolitik durch ihren Einfluß auf Preisniveau, Zölle und Kontingente, wie stark sich dieser 'Pull' auswirken kann. Die Exportfirmen selbst scheinen kaum Einfluß auf den Exportumfang zu nehmen. Sie 'reagieren' nur."[64]

Rothschilds Auffassung weist m. E. auf das Wesentliche dieser Modelle hin, das aus marxistischer Sicht nicht zu akzeptieren ist: Entwicklungen in der Zirkulationssphäre, deren Bestandteil ja der Außenhandel ist, werden überwiegend, nahezu ausschließlich aus Vorgängen in dieser Phase des Reproduktionsprozesses erläutert und prognostiziert. Dem steht die zitierte Marx-These entgegen: Die Entwicklung der Produktion bestimmt wesentlich die der Zirkulation. Im einzelnen wäre gegen die Modelle auszuführen:

a. Unter dem Gesichtspunkt ihrer Anwendung auf den sozialistischen Außenhandel ist zuallererst zu berücksichtigen, daß in allen diesen Modellen von den Maximen des kapitalistischen Wirtschaftens ausgegangen wird: Jeder Partner geht primär von der Maximierung des Profits aus;

- ausschlaggebend für den Export oder Import ist im Prinzip der "relative" Preis (Verhältnis des eigenen Preises zum Preis des Konkurrenten);

- "volkswirtschaftliche" Gesichtspunkte spielen nur in geringem Grade eine Rolle (so z. B. im Falle einer Subventionierung bestimmter Außenhandelsgeschäfte durch den Staat, bei Rücklagenbildungen usw.);

- die Einstellung zum Markt ist unterschiedlich: Die Preisgestaltung unterliegt der Konjunkturlage, hängt von der Marktposition des Handelnden ab und seinem Ziel, diese zu erweitern oder einzuschränken.

Alle diese Gesichtspunkte spielen bei der Außenhandelsentwicklung zwischen den RGW-Ländern keine (Profitmaximierung) oder aber eine sehr geringe Rolle. Demzufolge ist dieses Vorgehen bei der Aufstellung von Außenhandelsfunktionen weder für sozialistische Volkswirtschaften übernehmbar, noch sind diese Funktionen dort anwendbar.

b. Dessenungeachtet wären diese prognostischen Arbeiten ausführlicher zu verfolgen, da aus ihnen Rückschlüsse auf die Entwicklung des Außenhandels kapitalistischer Länder und makroökonomische Anhaltspunkte für die Entwicklung des sozialistischen Außenhandels mit diesen Ländern zu gewinnen sind.

c. Selbst bei Anwendung auf die kapitalistische Wirtschaft sind nach meiner Auffassung diese Modelle zumindest aus zwei Gründen nicht vollständig:

1. In ihnen werden Export und Import ausschließlich passiv beurteilt, als ausschließlich durch die Auslandsnachfrage bestimmt. Auch in der kapitalistischen Wirtschaft hängt die Entscheidung darüber, ob das Ergebnis im Inland verbraucht oder exportiert wird, nicht ausschließlich von der Auslandsnachfrage, sondern auch von der Produktionsentwicklung (Umfang der Produktion wie technischer und ökonomischer Reifegrad des Erzeugnisses, Größe des Unternehmens im Verhältnis zum notwendigen Service, Kundendienstsystem, Kooperationssystem) im eigenen Land ab, auch von der Konjunkturphase, in der sich das Land befindet usw.; das heißt, es wäre in diesen Modellen nicht nur von der Auslandsnachfrage, sondern auch von den Produktionsbedingungen auszugehen.[65]

2. Die Entwicklung der Auslandsnachfrage ist nicht für alle Außenhandelspartner die gleiche, d. h., je nach der Marktposition kann jeder Partner aus ihrer Entwicklung unterschiedliche Vorteile ziehen, d. h., die Außenhandelsentwicklung differiert entsprechend.

Sollen für die Analyse der Entwicklung des Außenhandels und seine makroökonomische Prognose in sozialistischen Ländern derartige Außenhandelsfunktionen aufgestellt werden, so ist auf drei Wegen vorzugehen:

a. Es sind die bestimmenden Faktoren der Außenhandelsentwicklung theoretisch herauszuarbeiten;

b. mit Hilfe mathematisch-statistischer Methoden (Regressions- und Korrelationsrechnungen) ist zu analysieren, wie sich Produktion, Investitionen, Außenhandel und Nationaleinkommen im Verhältnis entwickelt haben;

c. danach kann das konkrete Funktionsbild mit den entsprechenden Parametern gewonnen werden.

Hier sind nur einige Gedanken zum ersten Arbeitsabschnitt möglich.

Die Entwicklung des gesamten Exports (Imports) einer sozialistischen Volkswirtschaft ist primär eine Funktion der Entwicklung des Nationaleinkommens. Aus der Analyse über den zurückliegenden Zeitraum ist zu prognostizieren, in welchem Grade künftig der Außenhandel das verfügbare Nationaleinkommen beeinflußt. Die (prognostisch) mögliche Entwicklung des Außenhandelsvolumens wäre dann mit Hilfe der Kennziffer für die durchschnittliche volkswirtschaftliche Rentabilität des Außenhandels zu errechnen. Wir erhalten damit:

$$D\,E\,(DI) = k \cdot f\,(DY),$$

wobei im einzelnen bedeuten:

D = Zuwachs

E = Export

I = Import

k = Kennziffer des Nutzeffekts

Y = Nationaleinkommen.

Diese Funktion hätte die Aufgabe, die Entwicklung des Warenaustausches mit bestimmten Ländergruppen zu prognostizieren, um folgende Faktoren zu erweitern:

- einen Koeffizienten über die mögliche Importentwicklung im Partnerland (ausgehend vom bisherigen Wachstumsverhältnis zwischen Import und Nationaleinkommen; das gleiche wäre für den Export notwendig);

- einen Koeffizienten über die Entwicklung des Anteils z. B. der DDR am Import z. B. der ČSSR. Dieser Koeffizient liegt unter 1, wenn der Anteil der DDR sinken kann, über 1, wenn er steigen soll;

- einen Koeffizienten zur Berücksichtigung des regionalen Austauschverhältnisses.

Die Außenhandelsfunktionen für Export und Import müßten je Ländergruppe/Land zusammengefaßt und mit Hilfe von Zahlungsbilanzkoeffizienten so modifiziert werden, daß die

Außenhandelsentwicklung in die gesamten Außenwirtschaftsbeziehungen richtig eingegliedert wird.

Entsprechende Außenhandelsfunktionen wären außerdem vorerst insbesondere für strukturbestimmende Haupterzeugnisse aufzustellen: Primär wären darin zu berücksichtigen:

- die Außenhandelsrentabilität des Erzeugnisses;
- ihre Produktionsentwicklung (insbesondere durch die künftigen Investitionen);
- die mögliche Export- bzw. Importquote (durch zwischenstaatliche Abstimmungen zur Kooperation und Spezialisierung zu sichern);
- die voraussichtliche Marktaufnahmefähigkeit der Partner.

Sekundär wäre über Koeffizienten das Gewicht der Ware im Außenhandel zu berücksichtigen (Parameter der strukturellen Entwicklung); weiter: handelspolitische Gesichtspunkte der regionalen Aufteilung des Außenhandels mit diesem Erzeugnis.

Die Arbeit an der Erforschung dieser Probleme müßte mit einer Analyse der Entwicklung des Außenhandels unter verschiedenen makroökonomischen Gesichtspunkten etwa für den Zeitraum 1960 - 1965 begonnen werden.

Fußnoten

1 K. Marx, Zur Kritik der Politischen Ökonomie, in: Marx/Engels, Werke, Bd. 13, Berlin 1961, insbesondere S. 7 ff., und ebenda, Aus dem handschriftlichen Nachlaß, S. 639 ff.

2 Vgl. G. Kohlmey, Karl Marx' Außenhandelstheorie und Probleme der außenwirtschaftlichen Beziehungen zwischen sozialistischen Staaten, Einheit, Berlin, Heft 7/1967, S. 871 ff; Wirtschaftswissenschaft, Berlin, Heft 8/1967, S. 1233 ff.

3 W. Ulbricht, Die gesellschaftliche Entwicklung in der DDR bis zur Vollendung des Sozialismus, Dietz Verlag, Berlin 1967, S. 201/202

4 Vgl. K. Marx, Aus dem handschriftlichen Nachlaß, a.a.O., S. 631

5 Ebenda, S. 630

6 Vgl. W. Ulbricht, a.a.O., S. 203

7 Vgl. G. Kohlmey, Wirtschaftswachstum und Außenhandel, in: Der Außenhandel, Berlin, Heft 3/1965, S. 1 ff.

8 G. Scholze/R. Thiele, Außenwirtschaftsbeziehungen und nationales Wirtschaftswachstum, in: Der Außenhandel, Berlin, Heft 1//1966, S. 15

9 Vgl. dazu auch Gy, Varga, On the Structural Development of National Economy, Acta Oeconomica (Periodical of the Hungarian Academy of Sciences), Budapest 1966, Bd. 1, Nr. 1 - 2, S. 46/47, engl.

10 Vgl. G. Kohlmey, Karl Marx' Außenhandelstheorie ..., Wirtschaftswissenschaft, a.a.O., S. 1242; Einheit, a.a.O., S. 873

11 Vgl. P. Sydow, Die Entwicklung des Außenhandels mit Maschinen und Ausrüstungen zwischen den RGW-Ländern und ihre ökonomische Aussage (vergleichende Strukturanalyse 1955 - 1964), Dissertation, Berlin 1966

12 Hinsichtlich der Rohstoffe im Welthandel und ihres Einflusses auf den Reproduktionsprozeß verweise ich auf den Beitrag von E. Taeschner in diesem Band: Die Bedeutung der natürlichen Bedingungen für die internationale Arbeitsteilung (Studie zum Rohstoffproblem), S. 161 ff

13 K. Marx, Aus dem handschriftlichen Nachlaß, a.a.O., S. 631

14 F. Engels in einem Brief an Schmidt vom 27.10.1890, in: K.Marx/F.Engels, Ausgewählte Schriften, Berlin 1955, Bd. II, S. 461/62

15 K. Marx, Das Kapital, III. Bd., in: K.Marx/F.Engels, Werke, Bd. 25, Berlin 1964, S. 265

16 K. Marx, Grundrisse der Kritik der Politischen Ökonomie, Berlin 1959, S. 805 - 806

17 Ebenda, S. 810

18 K. Marx, Theorien über den Mehrwert, 3. Teil, Berlin 1962, S. 443

19 L.F. Giblin, Australia 1930, Melbourne University Press, Economic Series No. 8, Melbourne 1930;
J.M. Keynes, The Means to Prosperity, London 1933;
R.F. Harrod, The Trade Cycle, Oxford 1936, S. 146 ff.;
C. Clark/J.G. Crawford, The National Income of Australia, Sydney-London, 1938, S. 103

20 W. Watter, Entwicklung, Stand und ungelöste Probleme der Theorie des Außenhandelsmultiplikators, Wirtschaftswissenschaftliche Abhandlungen, Heft 16, (West-)Berlin 1961

21 F. Machlup, International Trade and the National Income Multiplier, Philadelphia 1943, repr. 1950;
L.A. Metzler, The Transfer Problem Reconsidered, repr., in: Readings in the Theory of International Trade, London 1966
Machlups Buch wird als Standardwerk des Außenhandelsmultiplikators angesehen.

22 Handwörterbuch der Sozialwissenschaften, 7. Bd., Stuttgart-Tübingen-Göttingen 1961, S. 469

23 Ebenda, S. 469, S. 475 (von mir hervorgehoben - P.S.)

24 Handwörterbuch der Sozialwissenschaften, a.a.O., S. 470

25 Vgl. W. Watter, a.a.O., S. 24

26 W. Stolper, Stand und ungelöste Probleme der Theorie des Außenhandelsmultiplikators, Wiederabdruck in: Theorie der internationalen Wirtschaftsbeziehungen, Köln - (West-) Berlin 1965, S. 254

27 Vgl. W. Watter, a.a.O., S. 27 ff.

28 Zitiert nach W. Watter, a.a.O., S. 29

29 Als "autonom" bezeichnet die bürgerliche Theorie Variationen z. B. des Außenhandels auf Grund von Veränderungen in den Produktionsbedingungen, den Transportkosten, Zöllen oder anderen Handelsschranken. Im Gegensatz dazu werden Veränderungen, die durch das "Wachstum des Nationaleinkommens" hervorgerufen werden, "induziert" genannt. Vgl. F. Machlup, a.a.O., S. 12

30 W. Watter, a.a.O., S. 16/17

31 W. Watter, a.a.O., S. 17

32 W. Watter, a.a.O., S. 22/23

33 So vertritt R.F. Harrod u. a. die Auffassung, die Konsumgütereinfuhr erhöhe das Nationaleinkommen, während die Importe für die Exportproduktion und die von Kapitalgütern das Nationaleinkommen vermindern. (Vgl. a.a.O., S. 146 ff.)

34 Auf diese Darstellung kann hier verzichtet werden, da sie für die Lösung meiner Aufgabe nicht unbedingt notwendig ist.

35 Vgl. L. Alter, Multiplikator und Accelerationsprinzip in der bürgerlichen politischen Ökonomie, in: Wirtschaftswissenschaft, Berlin, Heft 1/1961, S. 75 ff., insbesondere S. 88

36 Vgl. dazu auch die differenzierte Kritik der neoklassischen bürgerlichen Wachstumstheorien durch:
I. Osadtschaja, Beitrag für die internationale Konferenz in Smolenice, Oktober 1966, russ.

37 A.F. Frumkin, Kritik der modernen bürgerlichen Theorien der internationalen Wirtschaftsbeziehungen, Moskau 1964, S. 243 ff., russ.; vgl. auch: Vnešnjaja Torgovlja, Moskau, Heft 12/1959, S. 17 44., russ.;
E. Faude, Das Multiplikatorprinzip in der bürgerlichen Außenhandelstheorie, in: Wirtschaftswissenschaft, Berlin, Heft 12/1962, S. 1821 ff.
Vgl. auch: Ökonomisches Lexikon, Berlin 1966, S. 218/219
Neuere Arbeiten polnischer Ökonomen konnten für diesen Beitrag nicht mehr berücksichtigt werden.

38 Vgl. A.F. Frumkin, in: Vnešnjaja Torgovlja, a.a.O., S. 19,

39 Ebenda, S. 20 (- selbst übersetzt - P.S.)

40 Ebenda, a.a.O., S. 21

41 E. Faude, a.a.O., S. 1837

42 Ebenda, S. 1832

43 Ebenda, S. 1835

44 Ebenda, S. 1835

45 K. Marx, Theorien über den Mehrwert, 3. Teil, Berlin 1962, S. 497

46 E. Faude, a.a.O., S. 1836

47 Es wurde bereits darauf hingewiesen, daß ich mit wesentlichen theoretischen Einwänden von Frumkin und Faude gegen die Theorie des Außenhandelsmultiplikators einverstanden bin.

48 Ein extremer Vertreter dieser These ist G. Haberler, Prosperität und Depression, Tübingen-Zürich, 1955, S. 446

49 Vgl. Fußnote 33 dieses Beitrags

50 Dabei wird von den anderen volkswirtschaftlichen Wachstumsfaktoren des Nationaleinkommens abstrahiert.

51 An dieser Stelle sei darauf verwiesen, daß die Theorie des Außenhandelsmultiplikators in den 50er Jahren unter Einbeziehung beweglicher Preise, flexibler Wechselkurse und beweglicher Zinssätze weiterentwickelt wurde. Vgl. noch einmal die monographische Darstellung bei W. Watter, a.a.O., S. 64 ff

52 Ansatzpunkte im Sinne der Lösung von funktionalen Beziehungen auf dem Gebiet der sozialistischen Außenwirtschaft sind die Arbeiten zur Optimierung des Außenhandels, der Einbeziehung des Außenhandels in die Verflechtungsbilanz, Überlegungen zur Prognose des sozialistischen Außenhandels, vgl. G. Umbreit/E. Schmidt, Die Prognose im Außenhandel - Probleme und Methoden', in: Der Außenhandel, Berlin, Heft 1 und 2/1967

53 Probleme der politischen Ökonomie, in: Jahrbuch des Instituts für Wirtschaftswissenschaften der Deutschen Akademie der Wissenschaften, Berlin 1961, Bd. 4, S. 84

54 G. Kohlmey, a.a.O., S. 84

55 Ich stütze mich dabei vor allem auf einen Aufsatz von K.W. Rothschild 'Pull und Push im Export', in: Weltwirtschaftsarchiv, Bd. 97, 1966, H. 2, S. 251 ff, der wiederum ausgegangen ist von Arbeiten von H.Sh. Chong und S.J. Prais, siehe ebenda, S. 251

56 J.J. Polak, An International Economic System, London 1954

57 H. Neißer/F. Modigliani, National Incomes and International Trade, A Quantitative Analysis (Studies of the Institute of World Affairs, New School for Social Research), Urbana, Ill., 1953

58 A. Romanis, Relative Growth of Exports of Manufactures of United States and other Industrial Countries. JMF "Staff Papers", Vol. 8 (1960/61), S. 2.41 ff.

59 H.B. Junz/R.R. Rhomberg, Price and Export Performance of Industrial Countries, 1953 - 1963. JMF "Staff Papers", vol. 12 (1964/65), S. 224 ff.

60 A.L. Ginsburg/H.M. Stern, The Determination of the Factors Affecting American and British Exports in the Inter-War and Post-War Periods, Oxford Economic Papers, N.S., vol. 27 (1965), S. 263 ff.

61 Stabiles Geld - stetiges Wachstum. Jahresgutachten 1964/65, Sachverständigenrat zur Begutachtung der gesamtwirtschaftlichen Entwicklung, Stuttgart-Mainz 1965

62 D. Schweckendiek, Die Trennung der Struktur- von den Konkurrenzeffekten in der Begründung des unterschiedlichen Exportwachstums einzelner Länder, Tübingen 1967, S. 1. Entsprechend sieht auch die allgemeine Form einer Importfunktion aus.

63 K.W. Rothschildt, a.a.O., S. 251/252

64 Ebenda

65 Vgl. dazu wiederum das Vorgehen von K.W. Rothschildt bei der Aufstellung eines neuen Modells, in dem beide Komponenten berücksichtigt werden, a.a.O., S. 263 ff.

EWALD TAESCHNER

Die Bedeutung der natürlichen Bedingungen für die internationale Arbeitsteilung (Studie zum Rohstoffproblem)

1. Karl Marx über das Verhältnis von Natur und Gesellschaft

Es ist das Verdienst von Marx und Engels, als erste die wahren Beziehungen zwischen Natur und Gesellschaft herausgearbeitet zu haben. "Der Mensch und seine Arbeit auf der einen, die Natur und ihre Stoffe auf der anderen Seite", schrieb Marx, "sind allgemeine Bedingung des Stoffwechsels zwischen Mensch und Natur, ewige Naturbedingung des menschlichen Lebens."[1]

Marx wandte sich gegen die einseitigen Auffassungen der Physiokraten, die in der Natur die alleinige Quelle allen Reichtums sahen. Er widerlegte aber auch in seiner "Kritik des Gothaer Programms" die nicht minder einseitige Gegenthese von der Arbeit als Quelle allen Reichtums.

"Die Arbeit ist nicht die Quelle allen Reichtums. Die Natur ist ebensosehr die Quelle der Gebrauchswerte (und aus solchen besteht doch wohl der sachliche Reichtum!) als die Arbeit, die selbst nur die Äußerung einer Naturkraft ist, der menschlichen Arbeitskraft."[2]

Die Gesellschaft ist aus der Natur hervorgegangen. Der ständige Stoffwechsel mit der Natur ist die unabdingbare Voraussetzung für ihre Existenz.

Marx weist darauf hin, daß die Menschen im Laufe des Arbeitsprozesses nicht nur auf die Natur, sondern auch aufeinander einwirken. Sie müssen im Arbeitsprozeß auf bestimmte Weise zusammenwirken und ihre Tätigkeit gegeneinander austauschen.

"Um zu produzieren, treten sie (die Menschen) in bestimmte Beziehungen und Verhältnisse zueinander, und nur innerhalb dieser gesellschaftlichen Beziehungen und Verhältnisse findet ihre Einwirkung auf die Natur, findet die Produktion statt."[3]

Doch während die Natur (soweit sie nicht vom Menschen verändert wird) über längere Zeiträume hinweg dieselbe bleibt, verändern sich die Werkzeuge, Maschinen und Technologie aber auch die Produktionsfertigkeiten der Menschen in schnellem Tempo.

"Mit der Erwerbung neuer Produktivkräfte verändern die Menschen ihre Produktionsweise, und mit der Veränderung der Produktionsweise, der Art, ihren Lebensunterhalt zu gewinnen, verändern sie ihre gesellschaftlichen Verhältnisse."[4]

Die Klassiker des Marxismus kamen zu dem Schluß, daß nicht der äußere Widerspruch zwischen Natur und Gesellschaft, sondern der innere Widerspruch zwischen den Produktivkräften und Produktionsverhältnissen für die Entwicklung der menschlichen Gesellschaft entscheidend ist.

2. Der Einfluß der Entwicklung der Produktivkräfte auf die Abhängigkeit des Menschen von der Natur

Mit der Entwicklung der Produktivkräfte gelingt es dem Menschen immer mehr, seine Herrschaft über die Natur zu festigen. "Er entwickelt die in ihr schlummernden Potenzen und unterwirft das Spiel ihrer Kräfte seiner eigenen Botmäßigkeit", schrieb Marx.[5] Engels sah in der Art und Weise des Stoffwechsels mit der Natur den "letzten und wesentlichen Unterschied" zwischen Mensch und Tier: "Das Tier benutzt die äußere Natur bloß und bringt Änderungen in ihr einfach durch seine Anwesenheit zustande; der Mensch macht sie durch seine Änderungen seinen Zwecken dienstbar, beherrscht sie."[6]

Beherrschung der Natur - darunter ist erstens die wachsende Fähigkeit des Menschen zu verstehen, die hemmenden, elementaren Einflüsse der Natur auf die Produktion zurückzudrängen (durch Errichtung von Staudämmen, Anwendung von Mineraldünger, Pflanzenschutz- und Schädlingsbekämpfungsmitteln, Züchtung, frostbeständiger Getreidearten, Anpflanzung von Schutzwaldstreifen usw.).

Beherrschung der Natur - das bedeutet zweitens, daß der Mensch die Auseinandersetzung mit der Natur immer umfassender führt, daß er ihre "schlummernden Potenzen" heute in nie gekanntem Ausmaß seinen Zwecken nutzbar zu machen versteht. Dieser Prozeß der immer breiteren Aneignung der Natur vollzieht sich sowohl horizontal (Naturreichtümer in den entlegensten Gebieten werden erschlossen und in den wirtschaftlichen Kreislauf einbezogen) als auch vertikal (Vordringen in immer größere Tiefen, Erschließung des Kosmos).

Drittens kommt die fortschreitende Beherrschung der Natur durch den Menschen darin zum Ausdruck, daß mit der Entwicklung von Wissenschaft und Technik der in der Natur vorgefundene Rohstoff hochgradiger veredelt wird, daß er immer mehr Produktionsstufen durchläuft, bevor er sich schließlich in ein hochkompliziertes, den modernen menschlichen Bedürfnissen entsprechendes Endprodukt (Elektronengehirn, automatisierte Fertigungsstraße usw.) verwandelt.

Die Beherrschung der Natur umfaßt somit quantitative und qualitative Prozesse. Sie machen deutlich, daß der Kampf des Menschen mit der Natur - einst auf einen engen Bereich (die Gewinnung von Nahrungsmitteln) beschränkt - heute auf breitester Front und mit den vielfältigsten Mitteln geführt wird. Die Mehrheit der Menschen nimmt aktiv an diesem

Kampf teil; denn die Tätigkeit aller in der materiellen Produktion und im Bereich der Naturwissenschaften Arbeitenden ist letzten Endes auf eine breitere und intensivere Aneignung der Natur gerichtet.

Trotz unserer Siege über die Natur - so meint Engels - sollten wir nicht vergessen,

"daß wir keineswegs die Natur beherrschen, wie ein Eroberer ein fremdes Volk beherrscht, wie jemand, der außer der Natur steht - sondern daß wir mit Fleisch und Blut und Hirn ihr angehören und mitten in ihr stehen..."[7]

Aber wenn die Menschen "eins mit der Natur" sind (Engels), so können sie sich auch niemals von der Natur lösen, von ihr unabhängig werden. Solange die Menschheit existiert, muß sie - immer aufs neue - ihren Stoffwechsel mit der Natur vollziehen.

"Wie der Wilde mit der Natur ringen muß, um seine Bedürfnisse zu befriedigen, um sein Leben zu erhalten und zu reproduzieren, so muß es der Zivilisierte, und er muß es in allen Gesellschaftsformen und unter allen möglichen Produktionsweisen. Mit seiner Entwicklung erweitert sich dies Reich der Naturnotwendigkeit, weil die Bedürfnisse; aber zugleich erweitern sich die Produktivkräfte, die diese befriedigen. Die Freiheit auf diesem Gebiet kann nur darin bestehen, daß der vergesellschaftete Mensch, die assoziierten Produzenten, diesen ihren Stoffwechsel mit der Natur rationell regeln, unter ihre gemeinschaftliche Kontrolle bringen, statt von ihm als von einer blinden Macht beherrscht zu werden..."[8]

Marx spricht also von einer E r w e i t e r u n g des Reiches der Naturnotwendigkeiten, des Ringens mit der Natur. Er legt dar, daß die Freiheit auf diesem Gebiet nicht als Freiheit im Sinne geringerer Abhängigkeit von der Natur verstanden werden kann, sondern lediglich als rationelle Regelung des Stoffwechsels mit der Natur.

Während die Abhängigkeit des Menschen von der Natur immer bestehen wird, ändern sich die F o r m e n dieser Abhängigkeit in dem Maße, wie es ihm gelingt, die Naturgesetze zu erkennen, richtig anzuwenden und somit seinen Stoffwechsel mit der Natur auf eine qualitativ höhere Stufe zu heben. Zum Beispiel erlangen die einzelnen naturgeographischen Elemente (Bodenschätze, Bodenfurchtbarkeit, Klima usw.), die in ihrer Gesamtheit die Naturbedingungen[9] der Produktion ausmachen, in den verschiedenen Etappen der menschlichen Entwicklung unterschiedliches Gewicht. Nach Marx zerfallen die äußeren Naturbedingungen ökonomisch in zwei große Klassen:

a. den natürlichen Reichtum an Lebensmitteln (Bodenfruchtbarkeit, fischreiche Gewässer usw.) und

b. den natürlichen Reichtum an Arbeitsmitteln (Holz, Metalle, Energieressourcen usw.).

"In den Kulturanfängen gibt die erstere, auf höherer Entwicklungsstufe die zweite Art des natürlichen Reichtums den Ausschlag", stellt Marx fest[10] und weist damit auf eine Tendenz hin, die noch heute volle Gültigkeit hat: Ständig wächst die Bedeutung der industriellen Rohstoffe (insbesondere der mineralischen) für die Entwicklung der Gesellschaft. Es scheint daher gerechtfertigt, bei den folgenden Ausführungen von den Industrierohstoffen und Brennstoffen auszugehen und die Besonderheiten der Produktion und des Verbrauchs von Nahrungsmitteln[11] weitgehend unberücksichtigt zu lassen.

Nach dieser notwendigen Einschränkung der Thematik soll zunächst eine Antwort auf die Frage versucht werden: Wie beeinflussen die moderne Wissenschaft und Technik die Abhängigkeit der Industrie von den Naturressourcen?

Nach meiner Meinung kommt dieser Einfluß vor allem in zwei Haupttendenzen zum Ausdruck:

e r s t e n s in der ständigen Verringerung des spezifischen Rohstoff- und Brennstoffverbrauchs der Volkswirtschaft;

z w e i t e n s in einer elastischeren, von den örtlichen Naturgegebenheiten weniger abhängigen Standortverteilung der Produktion.

In allen industriell entwickelten Staaten ist festzustellen, daß im Prozeß der wissenschaftlich-technischen Revolution der spezifische Materialverbrauch der Volkswirtschaft sinkt. Viele Enderzeugnisse werden leichter und kleiner, aus der gleichen Menge Ausgangsmaterial können mehr Fertigerzeugnisse hergestellt werden. Der Einsatz moderner Maschinen und Ausrüstungen bringt neben einer Steigerung der Arbeitsproduktivität meist auch eine rationellere Ausnutzung des Materials. Revolutionierende Veränderungen vollziehen sich nicht nur bei den Arbeitsmitteln, sondern auch bei den Arbeitsgegenständen. Metallurgie und Chemie entwickeln ständig neue, hochwertige Werkstoffe (Spezialstähle, Stahlleichtprofile, Aluminium-Halbzeuge, eine Vielfalt von Plastsorten, synthetischen Fasern usw.), deren Verwendung es ermöglicht, aus derselben Rohstoffmenge immer mehr und immer hochwertigere Erzeugnisse herzustellen. Nach amerikanischen Berechnungen, die auf der Grundlage unveränderter Preise durchgeführt wurden, ist zwischen 1900 und 1961 die Produktion der verarbeitenden Industrie in den USA auf das 9,5fache gestiegen, der Verbrauch mineralischer Rohstoffe jedoch nur auf das 2,2fache.[12]

Das Sinken der volkswirtschaftlichen Materialintensität - teils durch rationellere Ausnutzung der Rohstoffe, teils durch den bereits erwähnten Prozeß ihrer höheren Veredelung bewirkt - ist gleichbedeutend mit einer r e l a t i v abnehmenden Abhängigkeit der Produktion von den natürlichen Bedingungen. Einen ähnlichen Effekt hat die Gewinnung von Sekundärrohstoffen aus Schrott und Abfällen aller Art, die in den industriell entwickelten Ländern immer größere Bedeutung gewinnt. Auch hierdurch brauchen dem "Schoße der Natur" entsprechend weniger Primärrohstoffe entrissen zu werden. Da die Erschließung neuer Rohstoffvorkommen einen wesentlich größeren und langfristigeren Kapitalvorschuß erfordert als Maßnahmen zur Senkung des spezifischen Materialverbrauchs und zur Rückgewinnung von Sekundärrohstoffen, ist es verständlich, daß diesen Möglichkeiten der Verringerung des Rohstoffbedarfs überall große Aufmerksamkeit geschenkt wird - ganz besonders natürlich in rohstoffarmen Ländern, die auf diese Weise das Fehlen günstiger Naturbedingungen teilweise wieder ausgleichen können.

Diese letzte Feststellung leitet bereits zu der zweiten obengenannten Tendenz über - der geringer werdenden Abhängigkeit der Standortverteilung der Industrie von den örtlichen Naturgegebenheiten. Im Inneren e i n e s Landes ist diese Tendenz gegenwärtig in der UdSSR zu beobachten, wo riesige Energie- und Rohstoffströme aus neuerschlossenen Vorkommen in Sibirien und Mittelasien über tausende Kilometer in die traditionellen Industriezentren des europäischen Teils geleitet werden, so daß die Weiterentwicklung dieser Gebiete trotz unzureichender eigener Naturgrundlagen gesichert ist.

Im internationalen Maßstab finden wir ähnliche Erscheinungen. In vielen Ländern ist die Industrieproduktion bereits weit über die eigene schmale Rohstoffbasis hinausgewachsen und wächst ständig weiter. Das trifft vor allem auf die führenden Staaten Westeuropas und auf Japan zu, aber auch auf zahlreiche RGW-Länder, darunter die DDR und ČSSR. Die revolutionierende Verbilligung des Transports durch Einsatz von Großfrachtern und den Bau von Pipelines sowie die Entdeckung und Erschließung neuer reicher Lagerstätten außerhalb Europas bieten die Möglichkeit, große Bereiche der Grundstoffindustrie in den genannten Ländern (darunter Stahlindustrie und Chemie) aus weitentfernten Quellen billig und rationell mit Rohstoffen zu versorgen.

Mit der wachsenden Bedeutung der Atomenergie werden künftig auch Kraftwerke unabhängig vom Vorhandensein örtlicher Energiequellen (Kohle, Wasserkraft) entstehen können.

Die geringer werdende Abhängigkeit der Standortverteilung verschiedener Zweige der Industrie von örtlich vorhandenen Rohstoffvorkommen[13] darf natürlich nicht gleichgesetzt werden mit einer geringer werdenden Naturabhängigkeit der Produktion überhaupt. Auch bei der oben behandelten sinkenden Tendenz des spezifischen Rohstoffverbrauchs handelt es sich nur um einen relativen Prozeß. A b s o l u t steigt der Bedarf an Rohstoffen und Energieträgern in der Welt ständig weiter an, und die Befriedigung dieses Bedarfs erfordert ständig größere materielle und finanzielle Anstrengungen bei der Erkundung und Erschließung neuer Lagerstätten, der Entwicklung moderner technischer Ausrüstungen.

Zusammenfassend kann man feststellen, daß im Prozeß der wissenschaftlich-technischen Revolution die u n m i t t e l b a r e Abhängigkeit vieler Industriezweige von den natürlichen Bedingungen geringer wird. Welchen Einfluß das auf die Bedeutung der Naturbedingungen für das Wachstum der Volkswirtschaft und die künftige Rolle des internationalen Austauschs von Fertigwaren gegen Rohstoffe hat, soll im folgenden Abschnitt untersucht werden.

3. Zur Bedeutung der natürlichen Bedingungen für das wirtschaftliche Wachstum

Die natürlichen Grundlagen der Produktion sind von Land zu Land verschieden. Nach wie vor gilt die Feststellung von Marx, daß bestimmte "Naturverhältnisse, wie Seelage, Fruchtbarkeit des Bodens etc. der Produktion günstiger sind als andere".[14]

Beim heutigen hohen Entwicklungsstand der Produktivkräfte haben Länder, die nur über unzureichende oder ungünstige Naturressourcen verfügen, jedoch die Möglichkeit, diesen Nachteil weitgehend zu kompensieren, vor allem durch

a. konsequente Durchsetzung der wissenschaftlich-technischen Revolution und

b. den internationalen Austausch von Fertigwaren gegen Rohstoffe.

Daß im Prozeß der wissenschaftlich-technischen Revolution die rationelle Ausnutzung der Rohstoffe und die Substitution zu einer Verringerung der volkswirtschaftlichen Materialintensität führt, wurde bereits erläutert. Der gleiche Effekt kann auch durch eine aktive Strukturpolitik erreicht werden (Erhöhung des Anteils wenig materialintensiver Erzeugnisse).

Hinzu kommt, daß die Anwendung der modernen Wissenschaft und Technik die Entdeckung neuer Vorkommen auf dem Territorium rohstoffarmer Länder ermöglicht oder die Nutzung von Lagerstätten, die bisher aus technischen, ökonomischen oder Transportgründen nicht ausgebeutet werden konnten. Als Beispiel seien hier nur die armen Eisenerze mit hohem Feinanteil in den USA genannt, die jetzt zu Pellets verarbeitet werden, oder das neuentdeckte riesige Naturgasvorkommen in den Niederlanden. Daß die Möglichkeiten auf diesem Gebiet aber nicht unbegrenzt sind, daß es hierbei auch Fehlschläge gibt, zeigt der Abbruch der kostspieligen Erdöl- und Erdgassuche vor der westdeutschen Nordseeküste Mitte 1967 nach elf enttäuschenden Tiefbohrungen bis 4000 und 5000 m.

Die in fast allen Industrieländern vorhandene Disproportion zwischen beschränkter einheimischer Rohstoffbasis und dem wachsenden Rohstoffbedarf der Industrie kann durch Anwendung der modernen Wissenschaft und Technik im eigenen Land zwar gemildert, aber nicht überwunden werden. Wie die Praxis zeigt, kann ein Ausgleich der von Land zu Land unterschiedlichen Naturbedingungen der Produktion nur über den internationalen Handel erreicht werden. Die Einfuhr von Rohstoffen und ihre Bezahlung mit Fertigwaren ist heute für führende Industrieländer lebensnotwendig (z.B. für Japan, Großbritannien, Westdeutschland, aber auch für die DDR, die ČSSR und andere RGW-Länder). Ohne diesen Handel wäre das Wirtschaftswachstum dieser Länder gefährdet, ihr volkswirtschaftlicher Reproduktionsprozeß gestört. (Auf die Bedeutung des internationalen Austausches Fertigwaren-Rohstoffe wird in den folgenden Abschnitten ausführlich eingegangen.)

Es entsteht nun die Frage: Wenn es heute vielfältige Möglichkeiten für einen Ausgleich unterschiedlicher Naturvoraussetzungen gibt, sind dann die natürlichen Faktoren überhaupt noch von Bedeutung für das Wachstum der Volkswirtschaft? Charles P. Kindleberger verneint offensichtlich diese Frage oder schätzt die Bedeutung der natürlichen Bedingungen sehr gering ein, indem er schreibt:

"Es gibt viele extreme Ansichten über die Rolle der Ressourcen... Einerseits gibt es den Glauben, daß reiche Ressourcen notwendig sind für einen hohen Lebensstandard, wie es in den USA der Fall ist. Aber dem ist nicht so. Siehe Großbritannien, die Schweiz oder Westdeutschland. - Andererseits wird oft behauptet, die Spezialisierung auf Naturprodukte sei ruinös. Auch das ist nicht zutreffend. Siehe Kanada, aber auch Australien, Neuseeland, Dänemark, von denen die meisten sich mit Hilfe der aus den Ressourcen produzierten Werte in Industrieländer verwandelt haben."[15]

Kindleberger wendet sich hier gegen extreme Auffassungen. Soweit richtig. Trotzdem kann man seiner Argumentation nicht uneingeschränkt zustimmen, denn es fehlen notwendige Differenzierungen. Kindleberger fordert selbst an anderer Stelle seines Buches, die natürlichen Ressourcen müßten stets in Relation zur gegebenen Technologie und zum verfügbaren Kapital gesehen werden. "Wenn sich die Technologie ändert, verändern sich auch die Ressourcen", stellt er sehr richtig fest. Führt man diesen Gedanken weiter, so ergibt sich: Ein und dieselben natürlichen Faktoren können - je nachdem, ob es sich um ökonomisch mehr oder weniger entwickelte Länder handelt - das Wirtschaftswachstum sehr verschieden beeinflussen - und nicht nur, weil bei höherem Niveau der Technik diese natürlichen Ressourcen besser und intensiver erschlossen werden können. (Nur diesen Aspekt behandelt Kindleberger.) Noch wesentlicher erscheint mir, daß ein Land mit niedrigerem Entwicklungsniveau der Produktivkräfte weit geringere Möglichkeiten hat, die eingangs genannten beiden Wege des Ausgleichs ungünstiger natürlicher Bedingungen zu beschreiten. Daraus ergibt sich: Je höher entwickelt ein Land ist, desto weniger beeinflußt das Vorhandensein oder Fehlen günstiger natürlicher Ressourcen das Wirtschaftswachstum.

Auf die Anfälligkeit ökonomisch schwach entwickelter Länder mit überwiegend agrarischer Produktion gegenüber elementaren Einflüssen der Natur (Überschwemmungen, Dürre) ist oft hingewiesen worden. Hemmend wirken ungünstige Naturbedingungen auch dann, wenn ein Land aus ökonomischen und politischen Gründen gezwungen ist, unrentable Rohstoffproduktionen im großen Stil aufrechtzuerhalten . Ohne das hier näher ausführen zu können, soll an dieser Stelle betont werden, daß die Bedeutung der natürlichen Faktoren für ein bestimmtes Land nicht nur vom Stand der Produktivkräfte, sondern ebenso auch von gesellschaftlichen Faktoren abhängt. (Überholte Produktionsverhältnisse hemmen die Ausnutzung der natürlichen Vorteile.)

Das gilt auch für den internationalen Austausch Fertigwaren - Rohstoffe. Will man die Bedeutung dieses Handels für das Wachstum der Volkswirtschaft untersuchen, so muß man zunächst einmal fragen, unter welchen Produktionsverhältnissen sich dieser Austausch vollzieht. Gerade das aber versäumt Kindleberger. Es ist doch unbestreitbar, daß der Rohstoffexport unter den Bedingungen neokolonialistischer Ausbeutungsverhältnisse für viele Länder ruinös ist. Wenn das auf Kanada nicht zutrifft, so deshalb, weil dieses Land unter gänzlich anderen Bedingungen als die Entwicklungsländer an der kapitalistischen internationalen Arbeitsteilung teilnimmt. Es scheint mir deshalb nicht gerechtfertigt, gerade dieses Beispiel zu verallgemeinern.

Marx spricht bereits von der "monopolosierbaren Naturkraft, die ... nur denen zur Verfügung steht, die über besondere Stücke des Erdbodens ... zu verfügen haben". Niemand bezweifelt, daß das internationale Monopolkapital aus dem auf der Monopolisierung der wichtigsten Rohstoffquellen beruhenden Handel riesige Profite zieht, was natürlich für die imperialistischen Hauptländer eine zusätzliche Quelle für das wirtschaftliche Wachstum darstellt.

Doch abgesehen von diesem spezifisch imperialistischen "Wachstumseffekt", beeinflußt der Austausch von Rohstoffen gegen Fertigwaren auf vielfältigste Weise das Wirtschaftswachstum der beteiligten Export- und Importländer. Dabei spielt eine wichtige Rolle, um welchen Rohstoff es sich handelt, ob günstige Transportbedingungen bestehen usw. Im einzelnen wird auf die Bedeutung des internationalen Handels Fertigwaren - Rohstoffe und die dabei auftretenden verschiedenen Aspekte des "Rohstoffproblems" in den folgenden Abschnitten eingegangen.

4. Die Bedeutung der natürlichen Bedingungen beim Entstehen der internationalen Arbeitsteilung

Die kapitalistische internationale Arbeitsteilung entstand zusammen mit dem Kapitalismus, und die Gewalt war der Geburtshelfer beider. Das trifft besonders auf die Entstehung der kolonialen Form der kapitalistischen Arbeitsteilung zu. Was sich zur Zeit der ursprünglichen Akkumulation in Amerika, Ostindien und Afrika abspielte, hatte wenig mit W a r e n a u s t a u s c h, umso mehr aber mit Raub, Plünderung, Betrug, Ausrottung oder Versklavung der einheimischen Bevölkerung zu tun. Trotzdem war das der Beginn der Einbeziehung dieser Gebiete in die Weltwirtschaft. Mit dem Tee, der in der Zeit des Handelsmonopols der englisch-ostindischen Kompanie nach Europa verschifft wurde, und mit den Silberbarren, die nach der kolonialen Eroberung aus den Bergwerken Mexikos nach Europa flossen, nahmen Warenströme ihren Anfang, die bis zum heutigen Tag im Welthandel eine Rolle spielen.

Freilich waren das erst Vorläufer einer internationalen Arbeitsteilung, denn man kann nach meiner Meinung erst dann von Arbeitsteilung sprechen, wenn ein wirklicher W a r e n a u s t a u s c h stattfindet (für den Äquivalenz nicht Bedingung ist). Die eigentliche Geschichte der kapitalistischen Arbeitsteilung beginnt wohl erst zu der Zeit, als anstelle physischer Gewalt (oder in ihrem Gefolge) typisch kapitalistische Waffen zur Eroberung neuer Märkte eingesetzt wurden: die billigen, in Fabriken hergestellten Waren, die die einheimische handwerkliche Produktion ruinierten, so daß diese Territorien ökonomisch in die Rolle des Rohstofflieferanten gezwungen wurden. In der Mitte des vorigen Jahrhunderts war auf diese Weise Ostindien bereits auf die Produktion von Baumwolle, Wolle, Hanf und Jute "spezialisiert" worden, Australien und Südafrika lieferten Wolle, die Vereinigten Staaten Baumwolle und Weizen nach England. Marx schrieb über diesen Prozeß:

"Es wird eine neue, den Hauptsitzen des Maschinenbetriebes entsprechende internationale Teilung der Arbeit geschaffen, die einen Teil des Erdballs in vorzugsweis agrikoles Produktionsfeld für den andern als vorzugsweis industrielles Produktionsfeld umwandelt."[16]

Ausschlaggebend für die Richtung dieser Spezialisierung waren neben den genannten gesellschaftlichen Faktoren die außerordentlich günstigen Naturbedingungen, die in den genannten Ländern für diese Erzeugnisse bestanden (sie waren so günstig, daß sie für ihre Ausfuhr noch heute eine große Rolle spielen).

Die Ausnutzung der unterschiedlichen Naturbedingungen wurde von den Kapitalisten sehr schnell als bedeutende zusätzliche Quelle des Profits erkannt. Marx erläuterte im dritten Band des "Kapitals" den Zusammenhang zwischen Rohstoffpreisen und Profitrate: Sinken die Preise der Rohstoffe, steigt der Profit - und umgekehrt. Daraus ergibt sich, daß der auswärtige Handel die Profitrate nicht nur durch Einwirkung auf den Arbeitslohn (Verbilligung der zur Reproduktion der Arbeitskraft notwendigen Lebensmittel), sondern ebenso durch Verbilligung der Rohstoffe beeinflußt. Für die Kapitalisten sei es daher von größer Wichtigkeit - so erläuterte Marx -, daß die Rohstoffe ohne Belastung durch Zölle frei hereingelassen werden. Auch heute ist es eine Tatsache, daß die Zollschranken der EWG-Staaten gegenüber Waren aus Drittländern im Bereich der industriellen Rohstoffe am niedrigsten und daher am leichtesten zu überwinden sind. Scherzhaft könnte man sagen: Also findet sich schon bei Marx eine Erklärung dafür, warum heute Industrierohstoffe, bei denen im RGW ein Defizit besteht, teilweise auf westliche Märkte abfließen (obwohl das natürlich nicht der einzige Grund ist).

Marx hat als erster nachgewiesen, daß der zusätzliche Profit aus der Ausnutzung der national unterschiedlichen Naturbedingungen nicht etwa ein "Geschenk der Natur", sondern Mehrarbeit darstellt. "Die Gunst der Naturbedingungen liefert immer nur die Möglichkeit, niemals die Wirklichkeit der Mehrarbeit, also des Mehrwerts oder des Mehrprodukts. Die verschiedenen Naturbedingungen der Arbeit bewirken, daß dieselbe Quantität Arbeit in verschiedenen Ländern verschiedene Bedürfnismassen befriedigt, daß also, unter sonst analogen Umständen, die notwendige Arbeitszeit verschieden ist."[17]

Geht der Nutzen, den die unter günstigen Naturbedingungen angewandte Arbeit erbringt, im internationalen Handel an den Importeur über, so handelt es sich demnach um die Umverteilung von Mehrwert (unter kapitalistischen Bedingungen) oder von Reineinkommen (unter sozialistischen Bedingungen) - Tatsachen, die Phrasen über "die Bodenschätze, die der ganzen Menschheit gehören", ad adsurdum führen, wie sie in westlichen Quellen aus durchsichtigen Motiven propagiert werden.

5. Welche Bedeutung hat der internationale Austausch Fertigwaren gegen Rohstoffe in der Gegenwart?

Die von Kontinent zu Kontinent, von Land zu Land unterschiedlichen natürlichen Bedingungen erklären auch noch heute zu einem wesentlichen Teil, warum die einzelnen Länder gerade mit dieser und nicht mit einer anderen Handelsware am Welthandel teilnehmen, warum sie sich gerade auf diesen und nicht auf einen anderen Produktionszweig spezialisiert haben (bzw. einst durch die Kolonialmächte mehr oder minder gewaltsam darauf spezialisiert wurden). Selbstverständlich spielen auch andere Faktoren eine Rolle. Wenn heute billige Erzeugnisse der Textilindustrie aus Hongkong auf westeuropäischen Märkten eine gefürchtete Konkurrenz darstellen, so ist das nicht auf günstige Naturbedingungen, sondern auf die in Hongkong für die Kapitalisten äußerst wohlfeile Ware Arbeitskraft zurückzuführen. Im allgemeinen sind jedoch für die Entwicklungsländer und die übrigen weniger entwickelten Gebiete des kapitalistischen Weltwirtschaftssystems heute noch immer die natürlichen Bedingungen die Grundlage für ihre arbeitsteilige Verflechtung mit der Weltwirtschaft.

Vielfach wird die Meinung vertreten, daß die Bedeutung der natürlichen Faktoren auch hier bereits zurückgeht. Als Begründung werden die (allerdings sehr langsam wachsenden) Exporte von Halbfabrikaten und Fertigerzeugnissen dieser Länder angeführt. Ich kann mich dieser Meinung nicht anschließen. Die weitere Ausnutzung ihrer natürlichen Vorteile wird im Gegenteil für alle Länder, die bemüht sind, trotz des historisch bedingten niedrigeren Niveaus ihrer Produktivkräfte verstärkt am internationalen Handel mit Fertigwaren teilzunehmen, zur zwingenden Notwendigkeit. Indem sie bei ihrer Industrialisierung, aber auch bei der Weiterführung ihrer traditionellen Exporte von den günstigen natürlichen Bedingungen ausgehen, können sie einen Teil der komparativen Vorteile ausgleichen, die den hochindustrialisierten Staaten durch ihr höheres Produktivitätsniveau entstehen.

Aus dem gleichen Grund ist die stärkere Ausnutzung der natürlichen Bedingungen auch für zahlreiche kapitalistische Staaten von Bedeutung, die nicht zu den kapitalistischen Hauptländern gehören (Australien, Kanada, Südafrika, Neuseeland, Spanien u. a.). Diese letztgenannte Ländergruppe hat in den letzten Jahren ihre Positionen auf den internationalen

Rohstoffmärkten erheblich ausbauen können und wird künftig noch stärker als bisher Investitionsschwerpunkt der großen Rohstoffmonopole sein, denen hier keinerlei Beschränkungen auferlegt sind.

Wie steht es nun mit jenen Ländern, die an der Arbeitsteilung Fertigwaren - Rohstoffe als Importeure von Rohstoffen teilnehmen?

Bei den europäischen RGW-Ländern (außer UdSSR) gibt es keinerlei Anzeichen, daß ihr Importbedarf an Rohstoffen stagnieren oder gar zurückgehen könnte. Die gewaltigen Ziele, die sich die sozialistischen Länder in ihren langfristigen Wirtschaftsplänen gesetzt haben, sind nur bei weiterer Steigerung der Rohstoffimporte zu erreichen, da kaum noch Möglichkeiten für den Ausbau der eigenen Förderung bestehen.

Die UdSSR - größter Rohstoffexporteur im RGW - wird ihre Ausfuhren weiter erhöhen, um einen großen Teil des wachsenden Bedarfs der sozialistischen Länder zu decken (vgl. Abschnitt 8). Gleichzeitig wird die UdSSR aber auch stärker als bisher Möglichkeiten des Rohstoffimports nutzen, die sich in Entwicklungsländern bieten (z. B. bei Erdöl, Naturkautschuk, Buntmetallen). Da die Sowjetunion durch Intensivierung der Landwirtschaft künftig wahrscheinlich ihre Getreidekäufe in kapitalistischen Ländern wieder einschränken kann, wird insgesamt die Teilnahme der UdSSR am internationalen Rohstoffhandel importseitig nicht wesentlich stärker werden (im Gegensatz zum Export).

Bleiben als letzte Gruppe die imperialistischen Großmächte sowie die hochindustrialisierten kleineren kapitalistischen Länder. Auch ihre Beteiligung an der internationalen Arbeitsteilung Rohstoff - Fertigwaren wird zunehmen. Im wesentlichen gibt es hierfür zwei Gründe:
1. Innerhalb der Rohstoffproduktion vollziehen sich tiefgreifende strukturelle Veränderungen. Rohstoffe und Energieträger, die in der technischen Revolution eine entscheidende Rolle spielen, haben im Vergleich zu anderen Rohstoffen überdurchschnittliche Zuwachsraten: Erdöl, Erdgas, Nickel, Wolfram, Bauxit, Asbest, Diamanten, Molybdän und Uran (für Atomkraftwerke). Gerade bei diesen Rohstoffarten ist die Importabhängigkeit der imperialistischen Industriestaaten wesentlich höher als bei den traditionellen Rohstoffen. Insgesamt kann die Rohstofferzeugung der meisten westeuropäischen Länder und Japans nur einen Bruchteil des Eigenbedarfs decken. Jeder Bedarfszuwachs an Industrie-Rohstoffen (der natürlich weitgehend von der konjunkturellen Entwicklung abhängig ist) führt notwendigerweise zu einer weiteren Steigerung der Übersee-Importe (einzige Ausnahme: Kohle). Auch in den USA haben die Rohstoffimporte seit Jahren einen steigenden Trend.
2. Die USA und Frankreich treten auf den Agrarmärkten verstärkt als Exporteure von Mais und Futterweizen auf. Da die Empfängerländer dieser Agrarprodukte (vor allem Westeuropa) nicht identisch sind mit den Lieferländern der mineralischen Rohstoffe an die USA und Frankreich, tragen die verstärkten landwirtschaftlichen Exporte dieser Länder zur Ausweitung der Arbeitsteilung Rohstoff - Fertigwaren bei.

Insgesamt kann eingeschätzt werden, daß die auf den unterschiedlichen Naturbedingungen beruhende internationale Arbeitsteilung ihre Bedeutung nicht verloren hat und daß auch künftig mit einer weiteren Entwicklung des Austauschs Fertigwaren gegen Rohstoffe zu rechnen ist.

Alles dies scheint mit der Tatsache in Widerspruch zu stehen, daß der Anteil der Rohstoffe am Welthandel in den letzten Jahren ständig zurückgegangen ist, und zwar von 53,4 Prozent auf 1953 auf 41,8 Prozent 1964. Nach Schätzungen des GATT soll dieser Anteil 1965 weiter gesunken sein (auf 40,3 Prozent).[18] Sind diese Ziffern aber ein ausreichender Beweis für eine geringer werdende Bedeutung der auf natürlichen Bedingungen beruhenden internationalen Arbeitsteilung?

Zunächst muß berücksichtigt werden, daß es sich bei dem obengenannten Rückgang der Rohstoffe am Welthandel um einen r e l a t i v e n Rückgang handelt. Absolut sind die Weltrohstoffexporte von 41,8 Milliarden Dollar 1953 auf 74 Milliarden Dollar 1965 gestiegen, das ist eine Steigerung um 77 Prozent.

Zweitens sind in dem genannten Zeitraum die Rohstoffpreise um 6 Punkte gesunken, die Fertigwarenpreise dagegen um 9 Punkte gestiegen (nach GATT-Index: 1953 = 100). In Wirklichkeit ist also die Differenz zwischen der Zunahme der Rohstoff- und Fertigwarenexporte gar nicht so groß, wie die eingangs genannten Zahlen aussagen.

Schließlich muß noch untersucht werden, inwieweit das langsamere Wachstum des Rohstoffexports auf die konjunkturellen Rückschläge in einigen Industrieländern - also auf zeitweilige Faktoren - zurückzuführen ist.

Erst nach Berücksichtigung dieser Faktoren wäre eine Aussage möglich, in welchem Maße der bereits behandelte Trend zur Senkung der volkswirtschaftlichen Materialintensität auch zu einem Absinken des spezifischen Weltrohstoffverbrauchs und damit zu einem r e l a t i v e n Rückgang der Bedeutung der natürlichen Faktoren im Welthandel führt.

Der Weltexport von Fertigerzeugnissen hat sich von 1953 bis 1965 verdreifacht, ist also fast viermal schneller gewachsen als der Rohstoffexport. Auch wenn man die teilweise Entstellung dieser Relation durch die unterschiedliche Preisentwicklung berücksichtigt, sind diese Ziffern ein eindrucksvoller Beweis für die Dynamik einer neuen Form der Arbeitsteilung, die sich im Zusammenhang mit der wissenschaftlich-technischen Revolution zwischen entwickelten Industriestaaten herausgebildet hat. Das Gesetz der großen Serie, die Tendenz zur Internationalisierung der Produktion hat zu einer breiten Spezialisierung und Kooperation zwischen Firmen verschiedener Länder auf dem Gebiet der Fertigwarenproduktion geführt. Entwicklungsländer oder weniger entwickelte kapitalistische Länder blieben allerdings weitgehend von dieser neuen Form der internationalen Arbeitsteilung ausgeschlossen, so daß 1965 über zwei Drittel der Fertigwarenexporte der kapitalistischen Industrieländer innerhalb dieser Gruppe verblieben. Die auf der Spezialisierung und Kooperation in der verarbeitenden Industrie beruhende neue Form der Arbeitsteilung hat trotz ihrer Dynamik auf die traditionelle Arbeitsteilung nur geringen Einfluß. Durch internationale Spezialisierung der Fertigung verändert sich der Rohstoffbedarf nicht. Wenn zwei hochentwickelte Länder ihren Fertigwarenaustausch erhöhen, beeinträchtigt das im allgemeinen nicht die weiterhin für beide bestehende Notwendigkeit, Rohstoffe im Austausch gegen Fertigwaren aus dritten Ländern zu beziehen.

6. Gibt es ein Weltrohstoffproblem?

Das bekannte Gedicht "Raum für alle hat die Erde" könnte ebenso richtig heißen "Rohstoffe für alle hat die Erde". Zwar sind in der Vergangenheit schon oft Kassandra-Rufe über einen angeblich die Menschheit bedrohenden Rohstoffmangel ertönt, denen jedoch jedesmal neue Meldungen über die Entdeckung weiterer Rohstoffvorkommen in allen Teilen der Welt folgten. Die modernen Produktivkräfte ermöglichen heute die Erschließung von Bodenschätzen in größeren Tiefen, die Anreicherung von Erzen, die früher als unverwertbar galten. Mit der industriellen Nutzung der Atomenergie als neuer Energiequelle wurde begonnen. Ständig werden neue Verfahren zur effektiveren Ausnutzung der Naturstoffe entwickelt und eingeführt. Selbst wenn einst ein Rohstoff wirklich zur Neige gehen sollte, ist es gewiß, daß Wissenschaft und Technik rechtzeitig in der Lage sein werden, entsprechende Substitutions- und Ausweichstoffe bereitzustellen. Was die Naturreichtümer der Erde anbelangt, so gibt es demnach für absehbare Zeit kein "Rohstoffproblem".

Wird trotzdem dieser Begriff häufig gebraucht, so kann es sich dabei nur um Probleme handeln, die im Zusammenhang mit der ungleichmäßigen Verteilung der Naturreichtümer auf der Erde stehen. Es ist eine wichtige, von der Menschheit zu lösende Aufgabe, diese ungleichmäßige Verteilung mit Hilfe des internationalen Handels zu korrigieren. Daß es bisher noch nicht gelungen ist, im Weltmaßstab diesen "Stoffwechsel mit der Natur" so rationell zu regeln, wie es möglich und erforderlich wäre, hat keine natürlichen, sondern differenzierte gesellschaftliche Ursachen. Je nachdem, ob es sich um Entwicklungsländer, kapitalistische Industrieländer oder sozialistische Länder handelt, erhält das Rohstoffproblem einen anderen Aspekt.

Es sollte deshalb unterschieden werden zwischen

a. dem Rohstoffproblem der imperialistischen Mächte,

b. dem RGW-Rohstoffproblem und

c. dem Rohstoffproblem der Entwicklungsländer.

Während bisher die natürlichen Bedingungen im Mittelpunkt dieser Arbeit standen, wird im folgenden gezeigt werden, daß es beim Rohstoffproblem - wie es sich heute darstellt - in erster Linie um die Beseitigung überlebter, die Herausbildung rationeller arbeitsteiliger Beziehungen hemmender Produktionsverhältnisse (im Weltmaßstab), geht.

7. Das Rohstoffproblem der imperialistischen Staaten

Für die imperialistischen Staaten besteht das Rohstoffproblem im wesentlichen darin, die monopolistische Beherrschung der Rohstoffquellen - nach Lenin eines der vier Hauptmerkmale des Monopolkapitalismus - auch unter den neuen Bedingungen des Erstarkens der nationalen Befreiungsbewegung und der Existenz des sozialistischen Weltsystems aufrechtzuerhalten.

Das Monopolkapital sieht sein Rohstoffmonopol in Gefahr. Ein Viertel des Territoriums der Erde mit riesigen Bodenschätzen ist durch den Sieg des Sozialismus in der UdSSR und China vollständig seiner Kontrolle entzogen. In den Entwicklungsländern hat nach Erreichung der politischen Souveränität der Kampf um die ökonomische Selbständigkeit, um das Recht auf die eigenen Bodenschätze begonnen. In welcher Richtung die Entwicklung geht, zeigt das Beispiel zahlreicher Entwicklungsländer, in denen die Herrschaft ausländischer Monopole über die Rohstoffproduktion bereits mehr oder minder eingeschränkt wurde. Die ausländischen Gesellschaften mußten sich mit den verschiedensten staatlichen Kontrollen und Auflagen abfinden, nationales staatliches Kapital als Teilhaber (teilweise als Mehrheitsaktionär) aufnehmen, die Entstehung nationaler staatlicher Bergbaugesellschaften dulden, in Einzelfällen - wie in Algerien - sogar die Nationalisierung der Erzbergwerke hinnehmen. Mit Sorge beobachtet das Monopolkapital, daß die Entwicklungsländer bei einigen wichtigen Rohstoffen (Erdöl, Kupfer) Organisationen der Produzentenländer bildeten, um - bei Erdöl bereits mit einigem Erfolg - gemeinsam eine größere Beteiligung an den Gewinnen der auf ihrem Territorium tätigen ausländischen Gesellschaften, höhere Preise und langfristige Absatzgarantien durchzusetzen.

Neben den bekannten Mitteln des politischen Drucks, der Bestechung, der Inszenierung von Staatsstreichen und Putschen versuchen die großen Monopolgesellschaften dieser Entwicklung auch mit folgenden ökonomischen Mitteln entgegenzuwirken:

Erstens werden Investitionen für die extraktive Industrie in letzter Zeit bevorzugt in Gebiete gelenkt, die unmittelbar zum imperialistischen Einflußbereich gehören (Australien, Kanada, Angola, Südafrika u. a.). Auf diese Weise ist es den imperialistischen Staaten bereits gelungen, bei fast allen wichtigen Industrierohstoffen (mit Ausnahme von Erdöl) ihre Abhängigkeit von Importen aus Entwicklungsländern zu verringern.
Zweitens werden für den Kapitalexport internationale Konsortien unter Beteiligung von Gesellschaften und Banken aus mehreren Ländern gebildet, um das politische und ökonomische Risiko bei Investitionen in Entwicklungsländern möglichst niedrig zu halten.
Drittens werden die Bezugsquellen geographisch breit gestreut, um nicht zu sehr von einem einzigen Lieferland abhängig zu sein.

Viertens wird versucht, einen Teil des Rohstoffbedarfs durch langfristige Abnahmeverträge in Ländern zu binden, die im Sinne der Monopole als stabil und sicher gelten können. Fünftens werden Erdölraffinerien, Erzanreichungsanlagen, Schmelzhütten usw. wieder verstärkt in den Verbraucherländern errichtet, um die Rohstoffproduzenten auf diese Weise in Abhängigkeit zu halten.

Inwieweit wird es gelingen, trotz dieser und anderer Maßnahmen den Einfluß der Monopole in der internationalen Rohstoffwirdschaft zurückzudrängen?

In der Produktionssphäre stößt die diesbezügliche Aktivität der Entwicklungsländer auf die objektive Schranke ihrer Kapitalknappheit. Die moderne Abbau- und Fördertechnik erfordert die Errichtung von Großanlagen mit mehreren Millionen Tonnen Jahreskapazität, was natürlich die finanziellen und materiellen Möglichkeiten junger, ökonomisch noch wenig entwickelter Länder bei weitem übersteigt. Hinzu kommen gewaltige Mittel für die Schaffung der notwendigen Infrastruktur (Eisenbahnen, Häfen usw.), die vielfach sogar von finanzstarken Konzernen nicht ohne weiteres aufgebracht werden können. Doch die Monopole haben die Möglichkeit, diese Investitionen ganz oder teilweise auf den imperialistischen Staat oder supranationale Finanzorganisationen (wie die sogenannte Weltbank) abzuwälzen. Aus all dem wird verständlich, warum sich die meisten neuerschlossenen großen Rohstoffvorkommen der nichtsozialistischen Welt gegenwärtig noch in den Händen der großen Monopole befinden.

Umgekehrt aber sind die Entwicklungsländer weiterhin auf die imperialistischen Staaten als Großabnehmer ihrer Rohstoffe angewiesen, da ihr Eigenverbrauch nur gering ist und die sozialistischen Länder nur in relativ bescheidenem Maße als Käufer in Erscheinung treten können. Die Entwicklungsländer können sich daher nicht ohne Schwierigkeiten aus der internationalen kapitalistischen Arbeitsteilung herauslösen. Ihre Abhängigkeit von den Großabnehmern wird noch dadurch verstärkt, daß sich die Tanker und Frachter (insbesondere alle großen Schiffe) in den Händen des Monopolkapitals befinden, vielfach sogar unmittelbar im Besitz der Rohstoffgesellschaften.

Schließlich darf auch nicht übersehen werden, daß die Feststellung Lenins, das Finanzkapital repräsentiere eine so gewaltige Macht in allen ökonomischen und internationalen Beziehungen, "daß es imstande ist, sich sogar Länder zu unterwerfen, und auch tatsächlich unterwirft, die vollste politische Unabhängigkeit besitzen", noch heute Gültigkeit hat. Selbst in solchen fortschrittlichen, den nichtkapitalistischen Entwicklungsweg beschreitenden Staaten wie Algerien und Guinea kann das ausländische Kapital (trotz weitgehender Nationalisierung anderer Wirtschaftszweige) noch wichtige Positionen in der extraktiven Industrie behaupten (Sahara-Erdöl in Algerien, Bauxitförderung in Guinea).

Zusammenfassend kann festgestellt werden, daß sich der Kampf der Entwicklungsländer und die volle ökonomische Selbständigkeit unter sehr komplizierten Bedingungen vollzieht. Ein plötzliches Ausbrechen wichtiger Rohstoffproduzenten aus der kapitalistischen Arbeitsteilung ist daher kaum zu erwarten, vielmehr ein schrittweises Zurückdrängen des Monopoleinflusses jeweils unter Ausnutzung der auf den einzelnen Rohstoffmärkten herrschenden Bedingungen, wobei die sozialistischen Länder durch Stärkung der wirtschaftlichen Zusammenarbeit mit den Entwicklungsländern einen wichtigen Beitrag leisten können.

Angesichts der Tatsache, daß die imperialistischen Monopolgesellschaften bisher ihre Vormachtstellung auf allen wichtigen Rohstoffmärkten behaupten konnten, wäre es verfrüht, davon zu sprechen, daß sich die traditionelle Arbeitsteilung kolonialen Typs bereits im Zerfall befindet. Im Gegenteil scheint mir diese Arbeitsteilung - zumindest vom Standpunkt der Rohstoffversorgung der kapitalistischen Industriestaaten - durchaus gut zu funktionieren. Allerdings ist die sich ständig verschlechternde Stellung der Entwicklungsländer Ausdruck einer ernsten Krise (aber eben noch keines Zerfalls) dieser Arbeitsteilung (vgl. Abschnitt 9 dieses Beitrages und P. Friedländers Ansicht zu dieser Frage, S. 225 ff. dieses Bandes).

8. Zum Rohstoffproblem im RGW

Die europäischen sozialistischen Länder (außer der UdSSR) verfügen nur über eine unzureichende eigene Rohstoffbasis. Die Deckung ihres rasch wachsenden Rohstoff- und Energiebedarfs wirft eine Reihe komplizierter Probleme auf, die sich alle auf einen Punkt zurückführen lassen: Infolge der imperialistischen Beherrschung der Rohstoffmärkte und einige ökonomischer Faktoren ist es den RGW-Ländern nicht möglich, an der weltweiten internationalen Arbeitsteilung "Fertigwaren gegen Rohstoffe" in dem Maße teilzunehmen, wie es eine - rein von den geographischen und natürlichen Bedingungen ausgehende - optimale Rohstoffversorgung erfordern würde. Die Rohstoffimporte der RGW-Länder konzentrieren sich daher fast ausschließlich auf die UdSSR, bei wichtigen Rohstoffen zu mehr als 90 Prozent. Die sowjetischen Lieferungen an Rohstoffen und Halbfabrikaten sind von entscheidender Bedeutung für die stabile Versorgung der Industrie und damit für ein kontinuierliches Wachstum der Volkswirtschaft in den meisten sozialistischen Ländern Europas.

Die steigenden Rohstoffexporte der UdSSR erfordern entsprechende zusätzliche Investitionen in der extraktiven Industrie. Die Bereitstellung dieser Mittel bedeutet für die sowjetische Volkswirtschaft eine starke Belastung, besonders da die UdSSR ein eigenes, nationales Rohstoffproblem zu lösen hat. (Es besteht in der Notwendigkeit einer schnellen Erschließung der Rohstoff- und Energieressourcen Sibiriens und anderer außereuropäischer Gebiete der UdSSR, um die Versorgung des europäischen Teils zu sichern). Sowjetische Ökonomen verweisen auf die hohe Fondsintensität und lange Rückflußdauer der Investitionen in den Rohstoffzweigen und die im Vergleich zum Weltdurchschnitt vielfach ungünstigeren geologischen und Standortbedingungen in der UdSSR, die gegenwärtig bei der Zusammenarbeit im RGW nicht genügend berücksichtigt würden. Die zu geringe Effektivität der Rohstoffexporte mache einen Ausgleich der Belastung durch Erhöhung der Rohstoffpreise und Gewährung von Krediten notwendig.

Ohne die ausführliche Argumentation von Prof. Dr. Kohlmey zu wiederholen, möchte ich ebenfalls vor den Folgen einer generellen Erhöhung der Rohstoffpreise im RGW warnen. Gestatten Sie mir, daß ich - da dieser Beitrag für eine Karl-Marx-Konferenz bestimmt ist - auch zu diesem aktuellen Thema Marx zitiere, der im III. Band des "Kapitals" feststellt, daß

"ein Steigen im Preis des Rohstoffs den ganzen Reproduktionsprozeß beschneiden oder hemmen kann, indem der aus dem Warenverkauf gelöste Preis nicht hinreicht, alle Elemente der Ware zu ersetzen; oder indem er es unmöglich macht, den Prozeß auf einer, seiner technischen Grundlage gemäßen Stufe fortzusetzen..."[19]

Marx etwas freier interpretiert, auf unsere Bedingungen im Zeitalter der wissenschaftlich-technischen Revolution übertragen, bedeutet das: Hohe Rohstoffpreise können den Erlös, den die Fertigwarenproduzenten beim Verkauf ihrer Waren im In- und Ausland erzielen, derart schmälern, daß der Reproduktionsprozeß nicht auf der Stufe vonstatten gehen kann, die der Stand von Wissenschaft und Technik erfordert. Die Folge wäre, daß Maschinen und Ausrüstungen mit niedrigerem technischen Niveau zu höheren Preisen angeboten würden.

Die Befürworter höherer Rohstoffpreise sollten auch diesen Aspekt in ihre Überlegungen einbeziehen und dabei die Tatsache berücksichtigen, daß auf dem sozialistischen Weltmarkt nicht nur ein Defizit an Rohstoffen, sondern auch ein Defizit an modernen hochwertigen Fertigerzeugnissen - besonders hochproduktiven Maschinen und Anlagen - besteht. Höhere Rohstoffpreise können also die Gefahr eines Zeitverlusts im ökonomischen Wettbewerb mit den entwickelten kapitalistischen Ländern heraufbeschwören, der nun einmal vorwiegend auf dem Gebiet der Wissenschaft und Technik entschieden werden wird. (Diese grundsätzlichen Erwägungen schließen natürlich nicht aus, daß in Einzelfällen - wenn es um konkrete Rohstoffarten und Liefermengen geht - auf der Basis des gegenseitigen Vorteils besondere Preis- oder Kreditvereinbarungen abgeschlossen werden.)

Allerdings wäre es zu einseitig, eine Lösung des Rohstoffproblems im RGW allein durch höhere Preise und Kredite anzustreben, die eine höhere Förderung stimulieren sollen. Vielmehr ist ein komplexes Herangehen erforderlich. Das Rohstoffproblem darf nicht auf die Frage reduziert werden, wie der steigende Rohstoffbedarf durch ebenso schnell steigende Rohstoffimporte gedeckt werden kann. Nicht minder wichtig ist es, den Rohstoffv e r b r a u c h in Menge und Struktur den Erfordernissen der technischen Revolution, der gegebenen nationalen Rohstoffbasis und den Möglichkeiten der internationalen Arbeitsteilung anzupassen.

Der Nachteil hoher Transportkosten im Außenhandel der RGW-Länder - eine Folge des geographisch bedingten Überwiegens der Eisenbahntransporte im grenzüberschreitenden Verkehr - kann durch Einschränkung des Imports von Massengütern (Kohle, Erz, Baumwolle, Holz) zugunsten der Einfuhr effektiverer Rohstoffe (Erdöl) oder von Stufenfabrikaten (Walzstahl, Plaste, Papier) erheblich gesenkt werden.

Abschließend noch einige kurze Bemerkungen zur Frage des Rohstoffimports aus nichtsozialistischen Ländern. Zweifellos ist eine Steigerung der bisher sehr niedrigen Bezüge wünschenswert. Alle sich bietenden günstigen Gelegenheiten zur Anbahnung langfristiger Lieferbeziehungen mit Entwicklungsländern sollten stärker als bisher genutzt werden. Andererseits existiert jedoch auch eine bestimmte Grenze für die Ausdehnung der Rohstoffbezüge aus diesen Quellen.

Diese Grenze ergibt sich einmal aus der Notwendigkeit, vorrangig die Kontinuität und Sicherheit der Lieferungen zu gewährleisten. Die Abhängigkeit von nichtsozialistischen Lieferquellen darf nicht so weit gehen, daß die Rohstoffversorgung der Industrie der DDR bei Ausfall einer oder mehrerer dieser Quellen ernsthaft gefährdet werden kann.

Auf ökonomischem Gebiet erweist sich das Problem der Gegenlieferungen als Schranke für die Ausdehnung der Rohstoffimporte. Auch dort, wo keine Diskriminierung von Waren sozialistischer Herkunft besteht, ist es oft schwer, auf den von traditionellen Lieferanten (meist ausländischen Großunternehmen) beherrschten Fertigwarenmärkten der Rohstoffländer vorzudringen. Hinzu kommt, daß interessante Exportwaren mit hohem technischem Niveau noch nicht ausreichend zur Verfügung stehen, Service und Werbung in manchen RGW-Ländern noch ungenügend entwickelt sind usw.

Aus diesen Gründen wird der Anteil der nichtsozialistischen Lieferquellen am gesamten Rohstoffimport der RGW-Länder in den kommenden Jahren zwar steigen, ohne daß aber eine weitgehende Verlagerung der Rohstoffimporte in diesem Bereich zu erwarten wäre. Umso wichtiger ist es, die wirtschaftliche Zusammenarbeit der sozialistischen Länder auch auf dem Gebiet der Rohstoffversorgung weiter zu festigen und für die offenen Fragen Lösungen auf der Basis der gegenseitigen Vorteils zu finden.

9. Zum Rohstoffproblem der Entwicklungsländer

Im Laufe eines Jahrzehnts (1955 - 1964) erreichten die Entwicklungsländer nur einen wertmäßigen Zuwachs ihrer Rohstoffexporte von 40 Prozent. Dagegen stieg die Rohstoffausfuhr der kapitalistischen Industriestaaten im gleichen Zeitraum um fast 70 Prozent. Berücksichtigt man, daß das wirtschaftliche Wachstum der Entwicklungsländer weitgehend von den Erlösen aus den Rohstoffexporten abhängig ist - rund 85 Prozent der Exporte dieser Länder sind Rohstoffe -, so machen bereits diese wenigen Zahlen das Rohstoffproblem der Entwicklungsländer in seiner ganzen Tragweite deutlich.

Die kapitalistischen Industriestaaten exportieren heute fast 12 Prozent mehr Rohstoffe als die auf Rohstoffe "spezialisierten" Entwicklungsländer. Während sich die Rohstoffausfuhren beider Ländergruppen 1955 noch die Waage hielten, stellten die kapitalistischen Industrieländer 1964 bereits 49 Prozent der Weltrohstoffexporte, die Entwicklungsländer aber nur noch 41 Prozent. Wie kam es zu dieser erstaunlichen Entwicklung?

Untersuchen wir zunächst die Warengruppe "Nahrungsmittel, Getränke und Tabak", wo der Anteil der Entwicklungsländer von 42,9 Prozent im Jahre 1955 auf 34,6 Prozent 1964 zurückging.[20] Hier sind heute Futtergetreide (besonders Weizen und Mais) sowie eiweißreiche Ölschrote die "dynamischen Erzeugnisse". Ursache für die rasch wachsende Nachfrage nach diesen Produkten war der starke Trend zur Verwendung von Mischfutter (Hochleistungskraftfutter) in der modernen Viehaufzucht. Die hochproduktive, unter Überkapazitäten leidende Landwirtschaft in den USA, Australien, Kanada und Frankreich nutzte die Gunst der Stunde: In weniger als einem Jahrzehnt wurde sowohl der Export von Futtergetreide als auch von Extraktionsschrot[21] auf das Doppelte gesteigert.

Die Entwicklungsländer, die auf dem Getreidemarkt infolge des wachsenden Eigenbedarfs, der geringen Produktivität des Anbaus immer weniger in Erscheinung treten, hatten an dieser Entwicklung - die von einem Anziehen der Preise für die genannten Produkte begleitet war - im Falle der Futtermittel keinen und im Falle der Ölsaaten nur geringen Anteil. Auf den Märkten für tropische Produkte hingegen, die für viele Entwicklungsländer von größter Bedeutung sind, blieb die Nachfrage schwach, das Preisniveau niedrig, so daß die unverkäuflichen Vorräte anwuchsen (bei Kaffee von 37 Mill.Sack 1959/60 auf 69 Mill.Sack 1964/65).

In der Warengruppe "Landwirtschaftliche Rohstoffe und Erze" ging der Anteil der Entwicklungsländer ebenfalls zurück (von 40,1 auf 32,6 Prozent). Wesentlichen Einfluß hatte hier das starke Absinken der Exporte Indonesiens (Zinn, Kautschuk) und Indiens (Baumwolle). Die vorrangige Erschließung von Erzvorkommen außerhalb der "unsicheren" Entwicklungsländer durch die Monopole beginnt sich bei einigen NE-Metallen bereits auszuwirken. Auf dem Eisenerzmarkt dagegen konnten die Entwicklungsländer ihren Exportanteil noch erhöhen, doch schmälerte hier der erhebliche Preisverfall den Außenhandelserlös.

Nur in einer der drei großen Warengruppen der internationalen Rohstoffstatistik, in der Gruppe "Brennstoffe", haben die Entwicklungsländer ihren Marktanteil erheblich erweitern können. Hier stieg ihr wertmäßiger Anteil an den Exporten von 57,5 Prozent 1955 auf 62,8 Prozent 1964, was vor allem auf die Zunahme der Erdölgewinnung in den Ländern des Nahen Ostens zurückzuführen ist. Dabei muß jedoch berücksichtigt werden, daß die Förderung weitgehend in den Händen der sieben großen, im internationalen Ölkartell zusammengeschlossenen Petroleumgesellschaften liegt, so daß nur ein Teil der erzielten Verkaufserlöse der nationalen Wirtschaft des betreffenden Erdöllandes zugute kommt.

Insgesamt nimmt die strukturelle Entwicklung des internationalen Handels einen für die Entwicklungsländer sehr ungünstigen Verlauf. Da ihr Anteil an den Weltexporten bei Rohstoffen und erst recht bei Fertigwaren ständig zurückgeht, besteht die Gefahr, daß diese Länder an der Peripherie einer sich im Prozeß der technischen Revolution integrierenden und vorwärtsentwickelnden Industriegesellschaft liegen bleiben.

Die sich im Welthandel vollziehenden strukturellen Veränderungen und ihre ungünstigen Auswirkungen auf die Entwicklungsländer veranlassen auch bürgerliche Ökonomen, die meist noch aus der Kolonialzeit herrührende Stellung ihrer Länder im System der internationalen Arbeitsteilung kritisch zu beleuchten.

Raul Prebisch[22] nennt den Austausch von Rohstoffen gegen Fertigwaren "ein anachronistisches Schema" der internationalen Arbeitsteilung.[23] Es erweise sich heute als Hemmnis für die wirtschaftliche Entwicklung der lateinamerikanischen Länder, daß sich ihre Industrialisierung innerhalb dieses Schemas vollzog. Prebisch stellt fest, daß das Auslandskapital - gewissermaßen als verlängerter Arm der großen Zentren - in den Ländern der Peripherie die Einführung der modernen Technik auf einige Enklaven im Bereich der exportorientierten Rohstoffproduktion beschränkt habe, ohne daß von dort die Technik nach innen ausstrahlen konnte. Die Folge: Es besteht eine latente Tendenz des Ungleichgewichts. Die kapitalistischen Industriestaaten exportieren Fertigwaren, nach denen die Nachfrage mit dem Wachstum des Einkommens der Länder der Peripherie eine stark steigende Tendenz zeigt, während jene Rohstoffe ausführen, nach denen die Nachfrage in den Zentren nur sehr langsam wächst. Infolgedessen erzielen die Industrieländer im Handel mit der Peripherie einen Exportüberschuß, während die Entwicklungsländer gezwungen sind - vielfach ohne Rücksicht auf die Produktionskosten -, ständig neue Anti-Importproduktionen aufzuziehen, um das Defizit in der Zahlungsbilanz zu schließen. Diese durch einen übertriebenen Protektionismus (Zollsätze von über 500 Prozent sind keine Seltenheit) geschützte "Industrialisierung nach innen" habe zu einer Kostenstruktur geführt, die den Export von Fertigwaren nach der übrigen Welt außerordentlich erschwert.

Welchen Ausweg sieht Prebisch aus diesem "circulus vitiosus"? Er betont die Notwendigkeit einer schnellen Industrialisierung der Peripherie als unausweichliches Erfordernis der wirtschaftlichen Entwicklung. Er fordert die kapitalistischen Industriestaaten auf, die industrielle Ausfuhr der Entwicklungsländer zu fördern, vor allem derjenigen, die die erste Etappe des Industrialisierungsprozesses beendet haben. Gleichzeitig hält er es für "unumgänglich, intensiv nach Möglichkeiten des Handels mit anderen Regionen der Welt zu forschen, vor allem mit solchen - beispielsweise denen der sozialistischen Wirtschaft -, die ein hohes Entwicklungstempo aufweisen".

Selbstverständlich ist die Forderung Prebischs nach stärkerer Industrialisierung der Entwicklungsländer und Einbeziehung der Produkte ihrer jungen Industrien in den internationalen Austausch völlig legitim. Diese Bestrebungen der Entwicklungsländer finden die volle Unterstützung der sozialistischen Länder, die die Einfuhr industrieller Fertigwaren aus diesen Ländern kontinuierlich erhöhen.

Nach meiner Meinung bleibt Prebisch jedoch auf halbem Wege stehen, wenn er einzig und allein dem "anachronistischen" Austausch "Fertigwaren - Rohstoffe" die Schuld an den großen wirtschaftlichen Schwierigkeiten der Entwicklungsländer gibt, ohne zu sehen, daß sich hinter diesem Austausch - wie hinter jedem anderen auch - ein gesellschaftliches Verhältnis verbirgt, in diesem Fall das Verhältnis der imperialistischen Monopole zu ihren Rohstoff-Anhängseln. Nicht die Tatsache, daß Rohstoffe gegen Fertigwaren ausgetauscht werden, sondern daß sich dieser Austausch unter imperialistischen Vorzeichen vollzieht, daß er den Monopolen als Instrument neokolonialistischer Ausbeutung dient, hat das "latente Ungleichgewicht" im Handel zwischen kapitalistischen Industrieländern und Entwicklungsländern hervorgerufen. Anachronistisch ist nicht der Warenaustausch "Rohstoffe gegen Fertigwaren", sondern das imperialistische Ausbeutungssystem.

Prebisch sagt selbst: Dort, wo ein hohes Wachstum erreicht wird - in den sozialistischen Ländern -, besteht ein aufnahmefähiger Markt für unsere Rohstoffe. Es ist jedoch nicht nur ein Markt wie jeder andere, sondern ein sozialistischer Markt, auf dem Handel nur unter Wahrung des Prinzips der vollen Gleichberechtigung der Partner und des gegenseitigen Vorteils getrieben wird. Es ist bekannt, daß die sozialistischen Länder keinen einseitigen Außenhandelsüberschuß, sondern einen ausgeglichenen Handel anstreben. Unter diesem Aspekt erscheint auch der Austausch von Rohstoffen gegen Fertigwaren in einem anderen Licht.

Die Erfahrung, daß der Monoexport einen völlig anderen Charakter erhält, wenn sich die wichtigsten Exportzweige der Wirtschaft in den Händen des Volkes befinden und der Außenhandel auf einem Markt stattfindet, der sich grundlegend von dem monopolistischen und von Krankheiten geschüttelten kapitalistischen Markt unterscheidet, machte Kuba nach dem Sieg der Revolution, als es zum festen Bestand des sozialistischen Weltmarktes wurde. Ein Autorenkollektiv kubanischer Außenhandelsökonomen veröffentlichte hierzu in der Zeitschrift "Comercio exterio"[24] eine umfangreiche Analyse, in der es rückblickend heißt:

"In Kuba wurde die Bedeutung des Zuckers zeitweilig unterschätzt. Man erinnerte sich nur zu gut daran, wie nachteilig die Monokultur für die Entwicklung des Landes war, als diese Schlüsselposition der kubanischen Wirtschaft noch vom USA-Kapital beherrscht wurde. Deshalb sah man zunächst nicht, daß mit der Übernahme der Macht durch die Werktätigen der Zucker eine völlig neue, positive Bedeutung für Kuba erhielt. Weil auch viele andere lateinamerikanische Bruderländer in diesen Irrtum verfallen könnten, möchten wir dies besonders hervorheben."

Die Autoren vertreten die Auffassung, daß die internationale Spezialisierung der Länder, die sich befreien, unvermeidlich eine gewisse Zeit lang weiterhin auf den besonders günstigen Exportbedingungen beruhen wird, die in einigen bestimmten Zweigen dieser Länder bestehen. Sie heben die Rolle der unterschiedlichen Naturbedingungen für die Arbeitsteilung hervor, indem sie schreiben:

"Die Exportzweige eines Landes basieren gewöhnlich auf günstigen natürlichen Gegebenheiten und haben daher eine vergleichsweise hohe Produktivität. Daher können diese Zweige die Grundlage für die beschleunigte Entwicklung der übrigen Bereiche der Wirtschaft bilden."

Abschließend kommen die Autoren zu dem Ergebnis, daß sich unter den neuen Bedingungen "der Monoexport aus einem Instrument der Unterordnung in eine Hauptquelle für die schnelle ökonomische Entwicklung" verwandelt.

10. Hat die internationale Arbeitsteilung Rohstoffe - Fertigwaren eine Perspektive?

Das Fortbestehen des internationalen Austausches von Fertigwaren gegen Rohstoffe ist - wie bereits betont wurde - eine Existenzfrage für die meisten hochentwickelten Industrieländer, da ihre eigenen Bodenschätze immer weniger ausreichen, den wachsenden Rohstoffbedarf der Industrie zu decken. Aber auch die Entwicklungsländer werden voraussichtlich noch lange Zeit daran interessiert sein, den aus den "günstigen Naturbedingungen der Arbeit" (Marx) herrührenden Vorteil durch Rohstoffexporte zu realisieren - so lange jedenfalls, wie die Möglichkeiten der Rohstoffproduktion den Eigenbedarf der entstehenden nationalen Industrie übersteigen.

Es zeichnet sich bereits jetzt deutlich ab, daß sich die Stellung der Rohstoffproduzentenländer gegenüber den kapitalistischen Importländern weiter festigen wird. (Günstigere Gewinnteilung, Preise, Absatzbedingungen usw.). Unaufhaltsam wird auch die Verstaatlichung der Rohstoffquellen durch die Besitzerstaaten weitergehen, obwohl imperialistische Geldgeber (private oder staatliche) gerade in diesen Zweigen wegen der hohen Fondsintensität noch lange Einfluß ausüben werden.

In dem Maße, wie es gelingt, das imperialistische Monopol an den Rohstoffquellen der Welt zu liquidieren - was als komplizierter, langwieriger Prozeß verstanden werden muß -, wird auch das Rohstoffproblem der Entwicklungsländer aufhören, ein "Problem" zu sein, werden neue effektivere Lösungen für die Rohstoffversorgung der sozialistischen Länder aktuell. Die Beseitigung der Herrschaft der internationalen Rohstoffmonopole ermöglicht gleichberechtigte, gegenseitig vorteilhafte Beziehungen zwischen Rohstofflieferanten und Empfängerländern, die es den Entwicklungsländern gestatten, durch Ausnutzung ihrer günstigen Naturbedingungen Akkumulationsquellen für die Industrialisierung zu erschließen.

Da die ungleichmäßige Verteilung der Bodenschätze in der Welt ebenso unabänderlich ist wie die Tatsache, daß jede Produktion letztlich von natürlichen Stoffen ausgehen muß, wird es auch stets eine internationale Arbeitsteilung zwischen rohstoffarmen und rohstoffreichen Ländern geben müssen. Freilich wird die auf den unterschiedlichen Naturbedingungen beruhende internationale Arbeitsteilung sich auf ständig höherer Stufenleiter vollziehen. Es werden immer weniger unbearbeitete Rohstoffe, dafür aber umso mehr Halbfabrikate und solche Fertigerzeugnisse ausgetauscht, die einen hohen Anteil des betreffenden Ausgangsmaterials enthalten.

Das Rohstoffproblem ist in seinem Kern ein zutiefst internationales Problem, das die enge Zusammenarbeit der rohstoffproduzierenden und rohstoffverbrauchenden Länder verlangt. Und wenn es auch utopisch klingen mag: Nach meiner Auffassung steht die weltweite Planung der Förderung und des Absatzes wichtiger Rohstoffe bereits heute als aktuelle Aufgabe auf der Tagesordnung, deren Lösung im Rahmen der UNCTAD in Angriff genommen werden sollte. Ein erster Schritt auf diesem Wege könnte der Abschluß stabilisierender internationaler Warenabkommen sein, wie sie der sowjetische Außenhandelsminister Patolitschew vor der Welthandelskonferenz in Genf 1964 für Kakao, Ölsamen, Pflanzenöl, Baumwolle, Bananen, Blei, Zink, Kupfer und Erdöl angeregt hat.

Fußnoten

1 K. Marx, Das Kapital, I. Bd., in: K. Marx/F. Engels, Werke, Bd. 23, Berlin 1962, S. 198/199

2 K. Marx, Kritik des Gothaer Programms, a.a.O., Bd. 19, S. 15

3 K. Marx, Lohnarbeit und Kapital, a.a.O., Bd. 6, S. 407

4 K. Marx, Das Elend der Philosophie, a.a.O., Bd. 4, S. 182

5 K. Marx, Das Kapital, I. Bd., a.a.O., Bd. 23, S. 192

6 F. Engels, Anteil der Arbeit an der Menschwerdung des Affen, a.a.O., Bd. 20, S. 452

7 Ebenda, S. 453

8 K. Marx, Das Kapital, III. Bd., a.a.O., Bd. 25, S. 828

9 Marx und Engels verwenden Ausdrücke wie Natur, Naturbedingungen, natürliche Reichtümer u. ä. zur Charakterisierung der natürlichen Umwelt der Gesellschaft. Inzwischen ist hierfür der von Stalin geprägte Begriff "geographisches Milieu" zu einem festen Bestandteil der marxistischen Terminologie geworden. Nach neuesten Definitionen (G. Narweleit u. a., Bemerkungen zum Wesen und Inhalt des geographischen Milieus. Jahrbuch für Wirtschaftsgeschichte, Akademie-Verlag, Berlin 1967) reicht er weit über das hinaus, was Marx und Engels unter Naturbedingungen verstanden, so daß dieser Begriff hier nicht verwendet wird. Zum geographischen Milieu werden heute nicht nur die naturgeographischen Elemente gezählt (Bodenverhältnisse, Flora und Fauna, klimatische und geologische Verhältnisse, Bodenschätze), sondern außerdem auch natürliche Objekte, die im Verlauf der gesellschaftlichen Entwicklung umgeformt worden sind (z. B. landwirtschaftlich genutzte Flächen) und daneben sogar durch die Gesellschaft hinzugefügte, der ursprünglichen Natur fremde Objekte (Häuser, Fabriken, Verkehrsanlagen).

10 K. Marx, Das Kapital, I. Bd., a.a.O., Bd. 23, S. 535

11 Die UNO-Statistik unterscheidet drei Hauptgruppen von Primärprodukten: Nahrungsmittel, Rohstoffe und Brennstoffe, die im Deutschen unter dem Oberbegriff "Rohstoffe" zusammengefaßt werden.

12 Zitiert nach "Westnik statistiki", Heft 4/1966, Moskau, S. 40, russ.

13 Bei einigen besonders energie- und rohstoffintensiven Produktionen, wie Aluminiumerzeugung, Holz- und Zelluloseindustrie, zeigt sich allerdings eine entgegengesetzte Tendenz. Hier werden Standorte unmittelbar bei den Energie- und Rohstoffquellen bevorzugt.

14 K. Marx: Einleitung zur Kritik der Politischen Ökonomie, a.a.O., Bd. 13, S. 618

15 Ch. P. Kindleberger, Foreign trade and the National Economy, New Haven-London 1964, S. 46, engl.

16 K. Marx, Das Kapital, I. Bd., a.a.O., Bd. 23, S. 475

17 Ebenda, S. 537

18 International Trade 1965, Geneva 1966 (Herausgeber: GATT)

19 K. Marx, Das Kapital, III. Bd., a.a.O., Bd. 25, S. 119

20 DIM-Warenberichte, Sonderbericht "Analyse und Prognose der langfristigen Entwicklungslinien des internationalen Rohstoffhandels", Berlin, März 1967, Autorenkollektiv (unter Mitwirkung des Verfassers)

21 Rückstände der Ölgewinnung aus Sojabohnen, Erdnüssen, Baumwollsaat, Leinsaat, Kopra, Sonnenblumensaat, Palmkernen und Rapssaat

22 R. Prebisch war lange Jahre Generalsekretär der UNO-Wirtschaftskommission für Lateinamerika und ist heute Generalsekretär der UNCTAD (Welthandelskonferen)

23 R. Prebisch, Einer dynamischen Entwicklung Lateinamerikas entgegen, Wirtschaftswissenschaftliche Informationen Berlin, Heft 38/39

24 "Comercio exterior", Havanna, Heft 2/1964, vom Verfasser ins Deutsche übertragen und veröffentlicht in: Wirtschaftswissenschaftliche Informationen Berlin, Heft 45, S. 51 - 102

HARALD-DIETRICH KÜHNE

Die Marxsche Theorie von der Funktion des Geldes als Weltgeld und deren Bedeutung für die Gestaltung und Beurteilung der Außenwirtschaftsprozesse in der Gegenwart

Eine Analyse der Bedeutung der Marxschen Lehre vom Weltgeld für die Gegenwart ist unmittelbarer Bestandteil aller jener Bemühungen in Theorie und Praxis, die Stellung des Geldes, der mit ihm verbundenen Kategorien und Instrumente im Prozeß der Herausbildung des ökonomischen Systems der DDR zum Kernstück des entwickelten gesellschaftlichen Systems des Sozialismus angesichts des stürmischen Wachstums der Produktivkräfte und der zunehmenden internationalen Verflechtung der nationalen Volkswirtschaften untereinander neu zu bestimmen. Die Auffassungen, daß das Geld in der sozialistischen Ökonomik sozusagen nur technischer Bewertungsmaßstab und "Schmiermittel" des Kreislaufprozesses sei, allenfalls eine "relative Verselbständigung" gegenüber den materiellen Vorgängen und Bedingungen darstelle, vernachlässigen die im Geld liegenden Steuerungsmöglichkeiten und damit verbundenen wachstumsfördernden Effekte.

Gerade die Geldkategorien sind dazu prädestiniert, die Aufdeckung von Reserven anzureizen, ökonomische Prozesse zu verketten und einander anzupassen, Reibungsverluste herabzudrücken und auf strukturelle Veränderungen zu drängen, also solche Steuerungs- und Regulierungseffekte zu erzielen, die mittels bloßer materieller Produktionslenkung und zentraler Weisungen auf die Dauer nicht erreichbar sind. Das gilt für die Gestaltung der binnen- und außenwirtschaftlichen Geldbeziehungen gleichermaßen. Werden diese Prozesse von einer einheitlichen Konzeption bestimmt, v e r v i e l f a c h e n sie die i n d i r e k t e n Wachstums-, Regulierungs- und Steuerungseffekte monetärer Größen; denn die schrittweise Durchsetzung des ökonomischen Systems der Außenwirtschaft zielt auf die umfassende Nutzung aller Impulse der internationalen Arbeitsteilung für das Wachstum des Nationaleinkommens ab. Die direkte Konfrontation der Wirtschaftseinheiten mit den Bedingungen des Weltmarktes und die verstärkte Konzentration der Funktionen des internationalen Warenaustausches und der wissenschaftlich-technischen Zusammenarbeit in den Händen der Produzenten und beauftragten Handelsbetriebe dienen der Verflechtung der bisherigen Teilsysteme internationaler Wirtschaftsbeziehungen zu einem einheitlich funktionierenden, in sich abgestimmten außenwirtschaftlichen Gesamtsystem. Die in diesem Zusammenhang angestellten Überlegungen über ein breiteres Wirkungsfeld der Valutakurse, der Konvertibilität, des internationalen Kredits und der Zahlungen führen zum theoretischen Zentrum aller internationalen Geldprozesse hin, der Funktion des Geldes als Weltgeld.

1. Weltgeld und Wachstumsfaktor Außenwirtschaft

Die von Karl Marx im ersten Band seines "Kapitals" formulierte Funktion des Geldes als Weltgeld gehört zusammen mit der von ihm ausgearbeiteten Theorie des internationalen Werts und der komparativen Vorteile zu den Eckpfeilern der marxistischen Außenhandelstheorie.[1] In der Funktion des Geldes als Weltgeld wurden von Marx alle erforderlichen Beziehungen und Bedingungen formuliert, die ein Gleichgewicht zwischen Weltwirtschaft und nationalem Reproduktionsprozeß mittels monetärer Steuerungs- und Stimulierungsgrößen herbeiführen können. Im 35. Kapitel des III. Bandes "Das Kapital" über "Edelmetall und Wechselkurs" wurde der damit verbundene Mechanismus zwischen Weltgeld, Valutakurs und Reproduktionsprozeß für den Krisenzyklus des vormonopolitistischen Kapitalismus verifiziert.

Seit dem Zusammenbruch des Goldstandards zu Beginn der allgemeinen Krise des Kapitalismus und den durch Administration und Bilateralismus gekennzeichneten Startbedingungen der Außenwirtschaftspolitik der sozialistischen Staaten wurde die objektive Kategorie des Weltgeldes jedoch nur stark deformiert und modifiziert wirksam.

Ein solcher Zustand förderte die Unterschiedlichkeit in den theoretischen Auffassungen über die Rolle des Weltgeldes:

1. Nur in den Ländern übt das nationale Geld (Währung) eine Weltgeldfunktion aus, in denen es in Gold konvertierbar ist.[2]
2. Die Weltgeldfunktion ist nur in jenen Ländern wirksam, in denen entweder durch eigene Goldproduktion oder durch Kauf von monetärem Gold Goldreserven (Weltgeldreserve) bestehen.[3]
3. Die Funktion des Weltgeldes ist in ihrer Wirksamkeit im sozialistischen und kapitalistischen Weltwirtschaftssystem unterschiedlich und uneinheitlich.[4]
4. Für die Währungen der sozialistischen Staaten existiert die Weltgeldfunktion nur in den Beziehungen zwischen dem sozialistischen und kapitalistischen Weltwirtschaftssystem.[5]

In der Regel wird also das spezifische Wirkungsfeld des Weltgeldes nur im Bereiche des internationalen Austauschs und der Abwicklung internationaler Finanzoperationen gesehen.

Die von Karl Marx entwickelte Theorie des Weltgeldes trägt jedoch universellen Charakter: Sie ist nicht nur jeder mehr oder weniger entwickelten Ware-Geld-Wirtschaft immanent[6], sondern umfaßt auch alle monetären Seiten der Außenwirtschaftsbeziehungen:

a. Die Konzeption des Geldes als Weltgeld stellt die konsequente Anwendung der Arbeitswerttheorie auf das Geld und damit auf das Gold als Geldware dar: "Erst auf dem Weltmarkt funktioniert das Geld in vollem Umfang als die Ware, deren Naturalform zugleich unmittelbar gesellschaftliche Verwirklichungsform der menschlichen Arbeit in abstracto ist."[7]

b. Die Spezifik der Weltgeldfunktion gegenüber den anderen Geldfunktionen besteht darin, die Gesamtheit der inneren Geldfunktionen in einer einheitlichen Kategorie gegenüber den internationalen Beziehungen konzentriert zur Geltung zu bringen: "Das Weltgeld funktioniert als allgemeines Zahlungsmittel, allgemeines Kaufmittel und absolut gesellschaftliche Materiatur des Reichtums überhaupt (universal wealth)."[8]

c. Aus der Funktion des Weltgeldes leiten sich für die Außenwirtschaft verselbständigte Wert- und Geldkategorien ab, so Zahlungsbilanz, Valutakurs, internationale Liquidität: "Die Funktion als Zahlungsmittel zur Ausgleichung internationaler Bilanzen herrscht vor..., andrerseits laufen Gold und Silber fortwährend hin und her zwischen den verschiednen nationalen Zirkulationssphären, eine Bewegung, die den unaufhörlichen Oszialationen des Wechselkurses folgt ... Wie für seine innere Zirkulation, braucht jedes Land für seine Weltmarktzirkulation einen Reservefonds."[9]

d. Aus der Ableitung der Weltgeldfunktion aus der Arbeitswerttheorie sowie aus den Beziehungen zwischen den einzelnen Geldfunktionen selbst ergibt sich folgerichtig die objektive Anforderung der Konvertibilität der Geldzeichen in Gold und der Umtauschbarkeit der nationalen Geldzeichen untereinander (Devisenkonvertibilität):

"... die Konvertibilität der Note in Gold (ist) ein ökonomisches Gesetz ..., es mag politisch existieren oder nicht ... Konvertibilität - legal oder nicht - also bleibe Anforderung an jedes Geld, dessen Titel es zu einem Wertzeichen macht, d.h. es als Quantität einer dritten Ware gleichsetzt."[10]

Damit ergeben sich für die Gestaltung der Außenwirtschaftsprozesse zwei grundsätzliche Beziehungen und Bedingungen:

1. In den Formen und Methoden des Vollzugs der Weltgeldfunktion spiegelt sich die Einheit des Wirkens des Wertgesetzes im nationalen und internationalen Maßstab wider, indem ein objektiver Funktionalzusammenhang zwischen den monetären Prozessen auf dem Binnen- und Außenmarkt hergestellt wird. Zwar streifen Waren und Werte beim Übertritt in eine andere nationale Zirkulationssphäre die äußerlichen Daten ihres Herkunftslandes ab,

übertragen jedoch in anderer nationaler Form die Anforderungen des Wertgesetzes ihres Landes auf die Zirkulation des anderen Landes und damit des Außenmarktes. Der Prozeß der Durchsetzung des Wertgesetzes im internationalen Maßstab beeinflußt mehr oder weniger direkt die Zahlungsbilanz und hier die Weltgeld repräsentierenden Gold- und Devisenbestände: Die Posten der Zahlungsbilanz sind abhängig von den Mengen der ausgetauschten Leistungen und von den Preisen der Mengeneinheiten bzw. den in Geld ausgedrückten Werten der Finanzoperationen. Wenn der Valutakurs einer Geldeinheit das mehr oder weniger exakte Spiegelbild ihres Wertes sein soll, dann besteht seine Bedeutung für die Zahlungsbilanz darin, daß er die ausgetauschten Werte in die Landeswährung, in der die Zahlungsbilanz aufgestellt wird, umrechnet. Damit beeinflußt er gleichzeitig den materiellen Umfang der einzelnen Positionen der Zahlungsbilanz, indem von den umgerechneten Werten stimulierende oder hemmende Auswirkungen auf die Handels- und Zahlungstätigkeit ausgehen. Beide Effekte bedingen einander und sind eng miteinander verknüpft. Gleichzeitig ergibt sich hier zugleich das vermittelnde Element zum inländischen Geldprozeß, indem damit von den Relationen in der Zahlungsbilanz monetäre Effekte auf den Binnenmarkt ausgehen. Wie auf den Binnenmärkten, so übertragen sich in den Beziehungen zwischen Außen- und Binnenmarkt die ökonomischen Anforderungen des Wertgesetzes schließlich auf die Währung, sofern die Erfüllung der Identitätsgleichung von Preis und Wert weder über die Außenhandelspreise und Zahlungsbilanzen noch durch eine von der Zahlungsbilanz ausgehende Tendenz zur Korrektur der Binnenmarktpreise gesichert werden kann, denn Valutareserven korrespondieren als Forderungen an das Ausland mit der nationalen Kreditbilanz (ebenso wie die Kreditaufnahme als Kreditquelle im inländischen Kreislauf). Sie üben damit einen Einfluß auf die Höhe des inländischen Geldvolumens aus. Entscheidend für diesen Einfluß ist u.a., inwieweit die Veränderungen des Gold- und Devisenbestandes eines Landes als Folge des positiven oder negativen Saldos seiner Leistungsbilanz die Einhaltung des Geldumlaufgesetzes ermöglichen, indem der Gold- und Devisenbestand als Ausgleichsfaktor der Zahlungsbilanz - sei es direkt oder indirekt - eine Erhöhung oder Verminderung der im Inland zirkulierenden Geldmenge hervorruft, die ökonomisch im Vergleich zum Wachstum des Gesamtprodukts bzw. zum Warenumsatz nicht gerechtfertigt sein kann. Entsprechend den Anforderungen des Geldumlaufgesetzes müßte sich dann die gleiche Goldmenge in einer entsprechend größeren oder kleineren Menge Geldzeichen gleichen Namens darstellen, was aber den Goldgehalt der Geldeinheit und damit ihren Wert verändert. Eine Verletzung des Geldumlaufgesetzes mit den genannten Folgen kann auch dann eintreten, sobald die internationale Kreditgewährung als Form des Ausgleiches der Zahlungsbilanz das Kreditvolumen des Binnenmarktes so stark erweitert, daß die Deckung des Geldumlaufs durch materielle Werte im Inland nicht gegeben ist. Unter diesem Gesichtspunkt weitet sich die Rolle der Währung im Mechanismus der Durchsetzung des Wertgesetzes zur vermittelnden Rolle im Ausgleich zwischen den Erfordernissen der Wertrealisierung auf den Binnen- und Außenmärkten aus. Die Währungskategorie sichert somit die Einheit des Wirkens des Wertgesetzes im nationalen und internationalen Maßstab und damit den Vollzug der Weltgeldfunktion.

2. Aus der Stellung des Weltgeldes im Funktionalzusammenhang zwischen ex- und internen monetären Prozessen ergibt sich, daß die aus dem Weltgeld notwendig folgende Konvertibilität durch ständige Anpassungen materieller und finanzieller Prozesse auf dem Binnen- und Außenmarkt die Gleichgewichtsbedingung zwischen Weltmarkt und nationalem Reproduktionsprozeß bildet. In diesem Sinne ist das Zahlungsbilanzgleichgewicht einer der drei aggregierten Gleichgewichtsprozesse der Außenwirtschaft: Weltwirtschaft, nationaler Reproduktionsprozeß, Zahlungsbilanz.[11] Die Konvertibilität ist deshalb ökonomisch kein ausschließlich zahlungs- oder devisentechnischer Vorgang, sondern entsprechend der aus dem Weltgeld folgenden Einheit von (ideeller) Goldkonvertibilität und (effektiver) Devisenkonvertibilität ein objektiver Gleichgewichtsprozeß, dessen monetäre Bestimmung mit wachstumsfördernden bzw. -hemmenden Faktoren eng verbunden ist. Das gilt in zweifacher Hinsicht:

a. Ausgleich und Gleichgewicht der Zahlungsbilanz sind nicht identisch. Während der Ausgleich der Zahlungsbilanz Sicherung der inneren bzw. äußeren Finanzierung bedeutet, gleichgültig in welcher Form (Devisen oder Kredite) oder aus welchen Quellen (eigene oder fremde), befindet sich eine Zahlungsbilanz dann im Gleichgewicht, wenn von ihrem rechnerischen Ausgleich und von den ökonomischen Anpassungsprozessen (auf Grund der Weltgeldfunktion) her ein relativ gleichmäßiges Produktivitätsniveau der nationalen Volkswirtschaften besteht bzw. angesteuert wird.[12] Die Grenzbedingungen eines solchen Zahlungsbilanzgleichgewichts sind:

- Die Leistungsbilanz wird durch eine dem Wachstum des Nationaleinkommens optimal entsprechende Zunahme des Devisenbestandes ausgeglichen, d.h., bei gleichbleibendem oder schnellerem Umschlag der Valutafonds wird ein "Einfrieren" der Überschüsse im "sichtbaren und unsichtbaren" Handel verhindert.
- Die Leistungsbilanz wird durch eine solche Kreditaufnahme ausgeglichen, die entweder kurzfristige Liquiditätsanspannungen überbrückt oder zusätzliche Wachstums-, d.h. Investitions- und Rationalisierungsprozesse mit Kostensenkungen und Exportsteigerungen bzw. Importeinsparungen anregt; die Kreditaufnahme ist also nicht chronischer Natur und "konserviert" auf keinen Fall strukturelle Disproportionen zwischen Außen- und Binnenmarkt.

Unter diesem Aspekt erfordert Gleichgewicht zwischen Weltwirtschaft und nationalem Reproduktionsprozeß ein Gleichgewicht der Zahlungsbilanz, wenn auch nicht eine rechnerisch ausgeglichene Leistungsbilanz (Zahlungen aus Handel und Leistungen) bzw. Kredit- und

Vermögensbilanz. Ein Zahlungsbilanzgleichgewicht ist deshalb eine wesentliche Voraussetzung für ein stabiles Wirtschaftswachstum auf hohem Niveau.[13]

b. Genauso wie auf dem Binnenmarkt so ist auch in den Außenwirtschaftsbeziehungen die materielle Existenz des Goldes in Gestalt einer Goldreserve und des Goldausgleiches der Zahlungsbilanzen sowie der Goldankauf- und -verkauf zur Sicherung der Valutakurse nur dann erforderlich, wenn zwischen materiellen und geldlichen Prozessen langfristig Disproportionen auftreten und das Gleichgewicht der Zahlungsbilanzen gestört ist. Trotzdem ist das Weltgeld nicht schlechthin nur eine Störreserve bei Zahlungsbilanzschwierigkeiten. Die Dynamik der Produktivkräfte erfordert hohe Elastizität und Flexibilität der nationalen und internationalen Geldfonds.
Um bei wachsender arbeitsteiliger Verflechtung eine hohe Marktdisponibilität der Volkswirtschaftsstrukturen und ihrer Teilsysteme zu erreichen, um durch die Entwicklung der Produktivkräfte bedingte Anpassungsschwierigkeiten und Reibungsverluste auf ein Mindestmaß zu begrenzen, ist das Dazwischenschalten von Reservefonds im Sinne der Sicherung eines reibungslosen Reproduktionsprozesses (und nicht allein im Sinne einer Reserve für eventuell eintretende "Notfälle") auch für das Gold notwendig. Aus den gleichen Gründen erfordert die wachsende Internationalisierung des Wirtschaftslebens, die Abspaltung der Devisenkonvertibilität von der Goldkonvertibilität unter dem Apsekt zu überwinden, daß Außenwirtschaftspolitik untrennbar mit nationaler Strukturpolitik verbunden ist. In diesem Zusammenhang ist auf die These Lenins zu verweisen, daß "... das Gold Weltgeld bleiben wird und ... sich diese Bedeutung des Goldes auf den Weltmarkt unvermeidlich auch in den Beziehungen auf den Binnenmarkt äußert, sogar in einem Lande, in dem durch die Nationalisierung der Hauptzweige der Industrie und des Verkehrswesens ein Teil der Wirtschaft planmäßig geführt wird".[14]

2. Weltgeld und internationale sozialistische Arbeitsteilung im RGW

Aus den Beziehungen zwischen Weltgeld und Wirtschaftswachstum ergibt sich, daß die Währungen aller sozialistischer Länder den objektiven Wirkungen des Weltgeldes und dessen Gesetzmäßigkeiten unterliegen. Wenn gegenwärtig im Zusammenhang mit der Weiterentwicklung des transferablen Rubels Überlegungen über die Herstellung ökonomisch begründeter Beziehungen zur allgemeinen Geldware Gold angestellt werden, dann stellt dies keinen neuen gesetzmäßigen Prozeß dar, sondern nur die öffentlich dokumentierte Ausnutzung und Berücksichtigung bestehender objektiver Erfordernisse. Erst die stürmische Entwicklung der Produktivkräfte unter den Bedingungen der wissenschaftlich-technischen Revolution, die damit verbundene wachsende arbeitsteilige Verflechtung zwischen den nationalen Volkswirtschaften sowie die Tendenz einer zunehmenden relativen Verselbständigung der monetären gegenüber den materiellen Prozessen ermöglichen es, die Geldkategorien stärker als ökonomisches Instrument der Lenkung, Steuerung und Regulierung in den Außenwirtschaftsbeziehungen, sowohl in den Beziehungen zwischen den einzelnen Staaten als auch in den Beziehungen zwischen Binnen- und Außenmarkt, einzusetzen.

Auch für die Beziehungen im Rahmen des sozialistischen Weltwirtschaftssystems sind damit die Möglichkeiten einer stärkeren Nutzung der Erfordernisse der Weltgeldfunktion in den Beziehungen zwischen Außenwirtschaft und nationalen Volkswirtschaften herangereift. Der transferable Rubel in seiner derzeitigen Ausgestaltung entspricht diesen Anforderungen noch nicht: z. B. Bewegungsfreiheit für den transferablen Rubel nur in vorher bestimmten, in der Regel bilateral ausbilanzierten Waren- und territorialen Bahnen, keine Verknüpfung mit den nationalen Währungssystemen.

Deshalb ist gegenwärtig der transferable Rubel mehr eine Rechen- und Verrechnungseinheit als internationales Geld, ohne seine latenten Möglichkeiten in Abrede stellen zu wollen. Das ist weniger die Folge der Art und Weise der Konvertibilität und des Zahlungsverkehrs als vielmehr die notwendige Konsequenz der Preis- und Kursbeziehungen, d.h. der Funktion als Wertmaß und Preismaßstab. Die Messung der Warenwerte im Preisausdruck des transferablen Rubels führt auch dann zu einer Rechengröße und stellt keine echte Funktion als Maß der Werte dar, wenn die Preisdifferenzen zwischen Binnen- und Außenmarkt gegenseitig in keiner funktionalen Abhängigkeit stehen, die Preisbildung für Außenhandelswaren isoliert von den effektiven nationalen Bedingungen vorgenommen wird, was sich logischerweise auch auf die Valutakursbildung auswirkt.

Es besteht weitgehende Übereinstimmung darüber, daß die gegenwärtig im RGW bestehenden Möglichkeiten monetärer Multilateralität noch nicht optimal genutzt werden, zumal eine Reihe materieller Ursachen sowie langjährig eingefahrene administrative Organisationsformen im Außenhandel diesen Prozeß außerordentlich erschweren. Es besteht auch Übereinstimmung darüber, daß das auf dem transferablen Rubel aufgebaute Multi-Clearingsystem nicht nur durch Veränderungen der materiellen Bedingungen der Außenwirtschaftsbeziehungen vervollkommnet werden kann, sondern auch durch Ausbau des internationalen Kreditsystems, durch Ausdehnung des Anwendungsbereichs des transferablen Rubels gegenüber Nichtmitgliedsländern des RGW und durch Herstellung begründeter Beziehungen des transferablen Rubels zur allgemeinen Geldware Gold, um den transferablen Rubel universeller verwendbar zu machen. In diesem Zusammenhang wurde vorgeschlagen, neue Konvertibilitätsbedingungen des transferablen Rubels, differenziert nach dem Verrechnungskreis der RGW-Mitgliedländer und nach Nichtmitgliedstaaten, zu schaffen. Hierbei wurde davon ausgegangen, daß infolge der noch nicht befriedigend gelösten Preisrelationen zwischen Binnen- und Außenmarkt sowie der noch nicht voll entwickelten Funktionsfährigkeit der Valutakurse der direkte Übergang zur Konvertibilität der nationalen Währungen der RGW-Staaten im kommerziellen Bereich noch nicht möglich ist.

Unter Beachtung der Erfordernisse der Weltgeldfunktion und der daraus resultierenden Rolle der Konvertibilität als Gleichgewichts- und damit indirekter Wachstumsbedingung kann eine solche Lösung nicht befriedigen:

a. Die Praktizierung eines solchen differenzierten Konvertibilitätssystems stößt immer wieder an die Grenzen der noch nicht gelösten Einordnung der Außenwirtschaft in das ökonomische Gesamtsystem der einzelnen Staaten, u.a. auf die negativen Wirkungen einer unterschiedlichen Bewertung des nationalen Geldes auf dem Binnen- und Außenmarkt. Um die erstrebte positive Wirkung von Konvertibilitätsbedingungen auf die Erhöhung des Nutzeffektes und die Strukturverbesserung in den einzelnen Ländern - sichtbar am Wachstum des Nationaleinkommens - zu erreichen, sind jedoch eine bestimmte Annäherung der qualitativen und quantitativen Geldprozesse im internationalen und nationalen Rahmen sowie eine elastische Handhabung der sich gegenseitig bedingenden Faktoren und Elemente der ex- und internen Geldbewegungen erforderlich.

b. Die Durchsetzung einer umfassenderen, flexiblen, auf das Wachstum orientierten Konvertibilität der nationalen Währungen des RGW hängt offensichtlich davon ab, inwieweit der transferable Rubel "internationales Kaufmittel" in dem Sinne wird, daß die von ihm repräsentierte Kaufkraft und Nachfrage jederzeit durch Leistungen der nationalen Volkswirtschaften gedeckt werden kann. Dazu sind jedoch entsprechende Voraussetzungen, Kapazitätsreserven, Materialvorräte, jederzeitige Lieferbereitschaft, hohe Anpassungsfähigkeit der Pläne, Elastizität der Handelsabkommen zu schaffen. Das ist nicht als einseitiger Vorgang aufzufassen, vielmehr wäre es denkbar, daß bei bestimmten materiellen Voraussetzungen die umfassendere Verwendbarkeit des transferablen Rubels selbst wieder neue materielle Bedingungen für die Ausnutzung der Konvertibilität stimulieren könnte.

Das Ziel aller Maßnahmen zur freizügigeren und elastischeren Verwendung des transferablen Rubels müßte darin bestehen, zwischen inneren und äußeren monetären Prozessen einen optimalen Annäherungs- und Anpassungsprozeß zu sichern. Dabei stünden folgende Varianten zur Auswahl:

1. Bei Sicherung einer ausgeglichenen Zahlungsbilanz und Beibehaltung der gültigen Valuta-Umrechnungssätze ist eine Übereinstimmung zwischen nationalen und internationalen Geldströmen nur durch Veränderungen von Inlandspreisen möglich. Die zahlungsbilanzorientierte Inlandspreisbildung findet jedoch ihre Grenzen, wenn das inländische Preisgefüge negativ beeinflußt wird.
Da sich z.B. im ökonomischen System der DDR die Industriepreisreform auf die inneren Belange der Stimulierung des Reproduktionsprozesses konzentriert, ist eine solche Variante

partiell für vorwiegend im Ex- und Import zu zirkulierende Waren möglich. Eine fondsbezogene Preisbildung kann diesen Prozeß nur fördern.

2. Bei Sicherung einer ausgeglichenen Zahlungsbilanz und unterstellter Unveränderlichkeit der Binnenpreise ist eine Übereinstimmung zwischen inneren und äußeren Geldbewegungen durch Veränderung der Valuta-Umrechnungssätze möglich. Dabei ist zu beachten, daß eine solche Veränderung die Stabilität der Goldparität der Mark berücksichtigen muß und eine generelle Wirkung besitzt, da Umrechnungssätze auf durchschnittlichen Wertrelationen beruhen. Die Abweichungen wären dann immer noch durch Zu- und Abführungen der Differenzen zwischen Inlandsaufwand und Valutaerlös zu regulieren.

3. Bei Unveränderlichkeit von Preisen und Kursen kann eine Übereinstimmung von inneren und äußeren Geldprozessen durch Ausschöpfung des Kreditspielraums der Zahlungsbilanz gesichert werden. Die Schranke bildet der für den maximalen Zuwachs des Nationaleinkommens erforderliche Ausgleich der Zahlungsbilanz, d.h., die Aufnahme nur solcher Kredite im Ausland ist empfehlenswert, die entweder kurzfristig umschlagen oder einen genau kalkulierbaren Nutzen bei der Erwirtschaftung der Außenhandelsrentabilität erbringen, der unmittelbar das Wachstum des Nationaleinkommens fördert.

Zugespitzt formuliert geht es darum, daß die Erhöhung der Wirksamkeit des Weltgeldes in den weltwirtschaftlichen Beziehungen unweigerlich auch den Funktionsmechanismus des Weltgeldes insgesamt, d.h. auch im Hinblick auf die Beziehungen zum inneren Reproduktionsprozeß,beeinflußt, da theoretisch auf der Grundlage der Einheit des Wirkens des Wertgesetzes im nationalen und internationalen Maßstab die Konvertibilitätsanforderungen des Goldes als Geldware auf den Außen- und Binnenmärkten gleichermaßen gültig sind.

3. Weltgeld und Währungskrise im modernen Kapitalismus

Die gegenwärtige Krise des modernen kapitalistischen Währungssystems vollzieht sich in Form eines ständigen Prozesses der Durchsetzung des Geldes als Weltgeld. Das gilt sowohl für den Funktionalzusammenhang zwischen inneren und äußeren monetären Bewegungen als auch für die Rolle des Goldes.

Auch bei Vorliegen zeitweiliger Abweichungen vom ökonomischen Erfordernis wird der innere Zusammenhang zwischen der Realisierung der Werte auf dem Binnen- und Außenmarkt durch das Dazwischentreten der Währungskategorie gewahrt, die die Bewegungsform für die vorhandenen Widersprüche darstellt und damit auf ihre Lösung im Sinne des Wertgesetzes drängt. Diese Rolle der Währung wird an drei Problemkreisen deutlich:

1. Die unterschiedliche Erfüllung der Identitätsgleichung von Wert und Preis auf dem äußeren und inneren Markt führt sowohl über den Mechanismus des Ausgleichs der

Zahlungsbilanz (Geldumlauf und Kredit) als auch über die Subventionen aus dem Staatshaushalt und die damit bei entsprechender Größenordnung bedingte defizitäre Situation und den Ausgleich durch Notenemission zu einem Sinken des Wertes der Geldeinheit. Dessen Effekte können unter Umständen direkt eine gewisse Äquivalenz zwischen Außenhandels- und Binnenmarktpreisen herstellen.

2. Der Widerspruch zwischen der Konstanz der Goldparität und damit der amtlichen Kurse und des effektiven Goldgehaltes der Geldeinheit fördert auf der einen Seite über die Preis-Mengen-Relation eine bestimmte Situation der Zahlungsbilanz und damit den monetären Effekt auf die Inlandspreise, auf der anderen Seite führt er über die Existenz "schwarzer" und "grauer" Devisenmärkte und das damit verbundene Freikursniveau notwendig zur amtlichen Korrektur der Goldparität, die einen gewissen Ausgleich zwischen Außenhandels- und Inlandspreisen herstellt. Entscheidend für das Verhältnis der Realisierung der Werte auf dem Binnen- und Außenmarkt ist demnach nicht die amtliche Bewertung der Währung, sondern ihr effektiver Wert in Gestalt des Goldgehaltes, der unmittelbar das inländische Preisniveau affiziert.

3. Der Zusammenhang zwischen dem Geld und seiner von ihm repräsentierten Geldware, dem Golde, wird infolge der Existenz der Papierumlaufwährung nicht immer offensichtlich, so daß dieser Zusammenhang in Form eines Geldüberhanges von Papiergeld verletzt wird und seine widerspruchsvolle Bewegungsform in den Veränderungstendenzen des Wertes der Geldeinheit findet.
Die Rolle des zirkulierenden Geldes als Repräsentant des Goldes wird schließlich auf den Außenmärkten in Gestalt der internationalen Bewegung der Goldbarren als Ausgleichsfaktor der Zahlungsbilanz evident, die mit dem Wert der Geldeinheit in Korrespondenz steht.

Für alle Fälle der Durchsetzung der Erfordernisse des Wertgesetzes über die Währungskategorie gilt, daß diese Form der Übereinstimmung der finanziellen Prozesse mit den tatsächlichen produzierten und zu realisierenden Werten nicht ständig, sondern sprungartig, nicht individuell für den einzelnen Zirkulationsakt, sondern mit tiefgehenden Verlagerungen im gesamten gesellschaftlichen Reproduktionsprozeß vor sich geht.

In der gegenwärtigen Praxis der kapitalistischen Währungskooperation stellen die Gesetzmäßigkeiten der Weltgeldfunktion die Währungspolitik vor die Alternative, dem Sinken des Wertes der Währungseinheiten entweder durch scharfe Maßnahmen der Devisenzwangswirtschaft (Währungsautarkie) oder durch Abwertung der Währungen Rechnung zu tragen. Beide Varianten widersprechen sowohl den Bedürfnissen mehr oder weniger langfristig aufgebauter Absatz- und Bezugsbeziehungen der einzelnen Märkte untereinander als auch der Sicherung der Interessen der Aufrechterhaltung des überlebten staatsmonopolistischen Herrschaftssystems. Deshalb besteht zwischen Abwertung und Devisenzwangswirtschaft ein außerordentlich abgestuftes System von zeitweiligen Lösungsvarianten der dem kapitalistischen Wirtschaftssystem immanenten Widersprüche.

Der Widerspruch zwischen "festen" Valutakursen und "unechten" Zahlungsbilanzausgleich stellt die Form dar, in der eine durch staatsmonopolistische Eingriffe gehemmte und verhinderte Anpassung des offiziellen an den realen Wert der Währungseinheit (Devalvation) existiert.

Unter den genannten Bedingungen muß eine andere ökonomische Kategorie der Valutabeziehungen, die Zahlungsbilanz, die Funktion übernehmen, die ständige Bewegungs- und Lösungsform der währungspolitischen Widersprüche zu sein, während die Valutakurse diese Rolle nur sprunghaft, in Perioden der Kurskorrekturen, auszufüllen vermögen. Die Zahlungsbilanz gibt in ihrer Ausgestaltung weitaus besser als die Valutakurse die Möglichkeit, die Störungen und Disproportionen in den Valutabeziehungen längerfristig zu "konservieren". Dieser Widerspruch kann so lange aufrechterhalten bleiben, wie der internationale Kreditmechanismus noch Ausdehnungsfähigkeit besitzt. Er wird jedoch durch die politischen und wirtschaftlichen Widersprüche zwischen den kapitalistischen Ländern und die zyklische Entwicklung begrenzt: Sobald die Widersprüche offen ausbrechen oder eine allgemeine Überproduktionskrise eintritt, wird der "Kreditüberbau" auf das Maß reduziert, das für die Bedürfnisse der internationalen Warenzirkulation ökonomisch notwendig ist. Dieser Prozeß vollzieht sich in der Regel in der Form, daß der Nachweis der Devisen in Gold verlangt wird (z.B. Umtausch der Dollarguthaben in Gold). Im Verhältnis zum Binnenmarkt, auf dem der Ausbruch einer Kreditkrise durch inflationistisch wirkende staatsmonopolistische Maßnahmen öfters verhindert und auf einen späteren Zeitraum verlagert wird, entstehen auf dem Weltmarkt viel früher die Bedingungen für einen solchen Zusammenbruch des überhöhten Kreditvolumens. Äußerlicher Ausdruck dieser Vorgänge sind die "Beschränkung der internationalen Liquidität" und die "Vertrauenskrise" gegenüber den Währungen, die im internationalen Kreditmechanismus eine ausschlaggebende Rolle spielen (z.B. Weltreservewährungen und andere voll konvertierbare Währungen).

In solchen Fällen tritt die chronische Zahlungsbilanzkrise in ein akutes Stadium, in deren Verlauf die Abwertung der Währungen (Veränderung der Parität der Kurse) auf der Tagesordnung steht. Dieser spontane Prozeß der Durchsetzung des Goldes als die international und national anerkannte Geldware lauert unsichtbar über allen Valutaoperationen der kapitalistischen Weltwirtschaft und schafft an der Oberfläche eine währungspolitische Unsicherheit und Nervosität, die selbstverständlich die Labilität im Währungssystem außerordentlich erhöht.

In diesem Zusammenhang muß darauf hingewiesen werden, daß die von einer Reihe bürgerlicher Ökonomen unterbreiteten Vorschläge für eine Reformierung des Gold-Devisen-

Standards durch Rückkehr zu bestimmten Elementen der Goldwährung keineswegs abstrakten Charakter tragen, sondern folgende praktische Erfordernisse berücksichtigen:

- Die auch im Kapitalismus zu beobachtende Remonetisierung des Goldes drückt das Interesse an bestimmten stabilisierenden Elementen im Weltwirtschaftsprozeß aus, um die Dynamik der Produktivität mit dem gesellschaftlichen Charakter der Außenwirtschaftsbeziehungen zeitweilig in Übereinstimmung zu bringen.

- Die Forderung nach Rückkehr zum Goldstandard wird gerade von jenen imperialistischen Staaten vertreten, deren Konkurrenzposition auf dem Weltmarkt die Akkumulation von Goldvorräten erlaubt und diese als Druckmittel gegenüber anderen Staaten (Forderung eines "währungspolitischen Gleichschritts") ausnutzen möchten.

Aber auch hier gilt die Bemerkung von Karl Marx, "daß dem Übel der bürgerlichen Gesellschaft nicht durch Bank"verwandlungen" oder Gründung eines nationalen "Geldsystems" abzuhelfen ist.[15]

An anderer Stelle weist er auf die wachstumshemmende Wirkung des nationalen Kredits mit folgenden Worten hin:

"Es ist aber eben die Entwicklung des Kredit- und Banksystems, das einerseits dahin treibt, alles Geldkapital in den Dienst der Produktion zu pressen ... und das andrerseits in einer gewissen Phase des Zyklus die Metall-Reserve auf ein Minimum reduziert, worin sie die ihr zukommenden Funktionen nicht mehr vollziehn kann - es ist das ausgebildete Kredit- und Banksystem, das diese Überempfindlichkeit des gesamten Organismus erzeugt."[16]

4. Weltgeld und ökonomisches System der Außenwirtschaft der DDR

Die Wirkungsweise der Weltgeldfunktion verdient auch im Blick auf die Durchsetzung eines neuen ökonomischen Systems der Außenwirtschaftsbeziehungen der DDR unsere besondere Aufmerksamkeit. Die Überwindung aller Überreste einer theoretischen Trennung von Binnen- und Außenwährung gehört zu den Grundbedingungen einer neuen ideologischen Einstellung zur sozialistischen Außenwirtschaftspolitik. Die Theorie des "Binnen- und Außenwerts der Währung" muß deshalb mehr und mehr der Vergangenheit angehören.[17]

Es geht darum, daß die Vervollkommnung der zwischenstaatlichen Geldbeziehungen auch binnenwirtschaftlich wirksam werden muß und ein harmonisierendes sozialistisches internationales Geldsystem seinen Funktionsraum bis zu den nationalen Produktions- und Handelsunternehmen im Sinne einer durchgängigen Lenkungs- und Stimulanzwirkung erweitern muß.

Generell kann gesagt werden, daß die Entfaltung der Geldfunktion des Weltgeldes, die Entwicklung des "Geldausdrucks des Tauschwertes zu planwirtschaftlichen Führungsgrößen und Sollwerten in den internationalen Beziehungen zwischen den sozialistischen Staaten"[18] ein Erfordernis der Entwicklung der Außenwirtschaft zu einem Wachstumsfaktor unserer nationalen Volkswirtschaft darstellt. Das ökonomische System der Außenwirtschaft der DDR drängt objektiv zu einer Überwindung der monetären Isolierung der nationalen Volkswirtschaften, ist also nicht nur notwendiges Resultat äußerer Entwicklungstendenzen des Weltmarktes.

Im Prinzip umfaßt die Verflechtung der Außenwirtschaft mit dem nationalen Reproduktionsprozeß zwei in sich geschlossene Regelkreise, die durch die gesamtstaatliche Planung abgestimmt und einheitlich im Sinne der Zielfunktion wirksam werden müssen:
- Ausnutzung der Konfrontation von internationalen und nationalen Wertbildungs- und Wertrealisierungsbedingungen für die Stimulierung eines hocheffektiven Reproduktionsprozesses,
- Sicherung der Übereinstimmung der betrieblichen und zweiglichen mit den volkswirtschaftlichen Interessen, um den Nutzeffekt des Reproduktionsprozesses in dem Wachstum des Nationaleinkommens sicht- und spürbar werden zu lassen.

Der erste Regelkreis wurde in der Vergangenheit nur wenig praktisch wirksam, da kein gemeinsames Interesse von Produzenten, Abnehmern und Außenhandel an einem hohen Ergebnis bestand. Die bereits zu Beginn der Durchsetzung des neuen ökonomischen Systems gestellte Forderung nach Überwindung der starren Trennung von Produktion und Außenhandel sowie nach Beseitigung der schädlichen Isolierung der Industrie vom Weltmarkt verlangt gegenwärtig, daß alle am Export beteiligten Organe ökonomisch interessiert sind, einheitlich den höchsten volkswirtschaftlichen Nutzeffekt zu erzielen.

Dementsprechend ist ein lückenloses und gradliniges System der Übertragung der Tendenzen und Impulse der Außenmärkte auf die Tätigkeit der Betriebe und wirtschaftsleitenden Organe notwendig. Diese Impulsübertragung stellt nicht allein eine rechnerische Konfrontierung von Kosten und Preisen im nationalen und internationalen Maßstab dar, sondern verbindet sich organisch in Form von Steuerungs- und Regulierungseffekten mit Reaktionen in folgenden Richtungen:
- Veränderung des Produktionsprofils und der Warenstruktur entsprechend den Entwicklungstendenzen der internationalen Märkte und den Bedingungen der technischen Revolution im Weltmaßstab.
- Elastisches Anpassen an kurzfristige Bedürfnisse und Schwankungen im Verhältnis von Angebot und Nachfrage sowohl der ausländischen Kunden als auch der inländischen Bedarfsträger.

Die Ausnutzung der stimulierenden Faktoren des Außenmarktes muß in der Praxis dazu führen, einen Anreiz für ein volkswirtschaftlich günstiges Planangebot zu bieten und im Rahmen der vorgegebenen staatlichen Planaufgaben genügend Spielraum für plangerechte Entscheidungen zu schaffen, die ein höchstmögliches Außenhandelsergebnis gewährleisten.

Der zweite Regelkreis war zwar in der Vergangenheit überbetont praktiziert worden, aber nur in einer deformierten Weise: Die Übereinstimmung der betrieblichen mit den volkswirtschaftlichen Interessen wurde durch administrative Eingriffe in den Reproduktionsprozeß zugunsten des Exports und Imports ausgewählter Waren sowie durch die Übernahme aller mit dem Außenhandel verbundenen Risiken durch zentrale Organe hergestellt. Mangelndes Interesse der Betriebe an qualitäts- und sortimentsgerechter Erfüllung der Exportpläne und Kontingentierung der Importe und Devisen waren weitere Konsequenzen.

Die Impulsübertragung von Weltmarktbedingungen auf den nationalen Reproduktionsprozeß bedeutet keine Alternative zur Übereinstimmung volkswirtschaftlicher und betrieblicher Interessen: Nach wie vor können im Interesse der Stabilität der Planwirtschaft der DDR Weltmarktbedingungen nicht schematisch auf die Betriebe und wirtschaftsleitenden Organe übertragen werden.

Die notwendigen stimulierenden Wirkungen der Außenmärkte müssen harmonisch und widerspruchsfrei in das Lenkungs- und Steuerungssystem der Volkswirtschaft einfließen. Deshalb muß ein Regelsystem der Übereinstimmung volkswirtschaftlicher und betrieblicher Interessen in der Außenwirtschaftstätigkeit auf neuer Basis geschaffen werden:

1. Der Beitrag der Außenwirtschaft für die Steigerung des Nationaleinkommens kann nur dann realisiert werden, wenn zwischen der warenmäßigen Struktur und der länderpolitischen Orientierung ein Optimum hergestellt wird. Die länderpolitischen Strukturentscheidungen müssen auf der Ebene der Volkswirtschaft getroffen werden. Demzufolge stellt das in den Betrieben und VVB sichtbare Außenhandelsergebnis nur einen Teil des Nutzeffekts der außenwirtschaftlichen Beziehungen dar. Die vom Außenmarkt auf die Wirtschaftseinheiten wirkenden Impulse können also nur nach Korrektur der länderpolitischen Entscheidungen weitervermittelt werden, wirken also modifiziert.

2. Es entspricht den Funktionen der sozialistischen Planwirtschaft, alle vom Außenmarkt her einfließenden planwidrigen und den inländischen Kreislauf negativ beeinflussenden Impulselemente abzufangen. Damit werden nur solche Impulse wirksam, die unmittelbar zur Erhöhung des Nutzens führen und die die Betriebe und wirtschaftsleitenden Organe in das System der ökonomischen Stimuli auf dem Binnenmarkt organisch einordnen.

Der Schnittpunkt dieser genannten zwei eigenständigen Regelkreise ist das Außenhandels- und Valutamonopol. Als Instrument der staatlichen Leitung der Außenwirtschaft hat es eine den ökonomischen Bedingungen entsprechende Koordinierung von außen- und binnenwirtschaftlichen Prozessen in Richtung der Zielfunktion der Volkswirtschaft zu sichern.

Das Valutamonopol ist also eine entscheidende Schaltstelle zwischen nationalen und internationalen Geldprozessen. Das entwickelte gesellschaftliche System des Sozialismus fordert eine Weiterentwicklung und Erhöhung der Wirksamkeit des Außenhandels- und Valutamonopols - eine Umgestaltung zu einem ökonomischen Instrument -, nicht aber seine

Überwindung. "Das staatliche Außenhandelsmonopol, das seinem Wesen nach die besondere Form der Planung und Leitung des Außenhandels durch den sozialistischen Staat darstellt, bleibt voll wirksam."[19] Diese Aussage trifft auch vollinhaltlich auf das Valutamonopol zu, das zwar vom Außenhandelsmonopol abgeleitet ist, jedoch relativ eigenständig wirkt.

Damit verbunden ist jedoch gleichzeitig, daß die schematische Trennung zwischen Produktion und Außenhandel allseitig überwunden werden muß. "Das Außenhandelsmonopol hat nie bedeutet und bedeutet jetzt erst recht nicht, daß die Betriebe die Bedingungen des Weltmarktes nicht kennen und spüren sollen."[20] Auch die monetären Bedingungen der äußeren Märkte sind deshalb sinnvoll in das Gesamtsystem der Planung und Leitung eines sozialistischen Staates einzuordnen.

Die Konfrontation der Betriebe mit den Bedingungen des Außenmarktes hat weitgehende Konsequenzen auf die Finanzbeziehungen zwischen Industrie und Außenhandel, indem durch die Ware-Geld-Beziehungen zwischen Industrie und Außenhandel die Verflechtung zwischen Binnen- und Außenmarkt so gestaltet wird, daß das Ergebnis der Außenwirtschaftstätigkeit unmittelbar den betrieblichen Gewinn beeinflußt. Es geht jedoch *nicht nur* um eine Gewinn- und Verlustbeteiligung zwischen Industrie und Außenhandel, sondern es wird auch die *Gesamtheit der Finanzbeziehungen* zwischen Industrie und Außenhandel berührt, d. h. die Preise, der Dokumentendurchlauf zur Finanzierung der Betriebe, die Kreditierung und die Zahlungsbedingungen. Der Valutapreis wird beispielsweise auch in Zukunft nicht direkt das Ergebnis der Exportbetriebe beeinflussen. Er muß vielmehr, eben auf Grund des Außenhandels- und Valutamonopols, in modifizierter Form wirken, indem der Valutapreis auf dem Binnenmarkt durch Richtungskoeffizienten und flexible Stimulierungsmittel (Exportförderungsprämie, Exportrückvergütung, Subventionen) korrigiert wird. Demzufolge werden auch in Zukunft die Wirkungen der Weltgeldfunktion "gefiltert" den nationalen Reproduktionsprozeß beeinflussen.

Es gibt jedoch noch eine ganze Reihe anderer monetärer Hebel, die dafür Voraussetzungen schaffen, daß die Effektivität der Weltgeldfunktion erhöht werden kann. Es handelt sich dabei insbesondere um die Verbesserung des Kreditmechanismus. Anfänge in dieser Richtung wurden bereits mit der Vergabe von Devisenkrediten gemacht. Devisenkredite, die in kapitalistischen und sozialistischen Währungen (sie könnten z. B. auch in transferablen Rubeln ausgereicht werden) dem Kreditnehmer zur Verfügung gestellt werden, sollen zur Finanzierung kurzfristig erkennbarer Maßnahmen entsprechend dem Entwicklungsstand von Wissenschaft und Technik dienen.

Um jedoch den Wirkungsmechanismus des transferablen Rubels zu erhöhen, ist es notwendig, daß die Zinsen, die in Mark von den Kreditnehmern zu zahlen sind, den international geltenden Zinssätzen (entsprechend der Laufzeit der Kredite) angepaßt werden.

Es ist weiterhin festgelegt worden, daß Kredite in ausländischen Währungen aufgenommen und den Exporteuren als Valutabank-Kredite zur Verfügung gestellt werden. Damit kann bei einer richtigen ökonomischen Ausgestaltung des Kreditmechanismus der multiaterale Zahlungsverkehr zwischen den Ländern vertieft und auch binnenwirtschaftlich wirksam werden.

Durch die Gewährung von Valutaanrechten - bei der Übererfüllung des Exportplanes und bei Importeinsparungen - sind weitere Möglichkeiten des Einwirkens der Weltgeldfunktion auf die Betriebe und wirtschaftsleitenden Organe geschaffen worden. Um jedoch die direkte Verbindung zwischen Außen- und Binnenmarkt herstellen zu können, ist es notwendig, die Valutaanrechte in die Effektivitätsberechnungen der Außenwirtschaft einzubeziehen.

Zusammenfassend läßt sich feststellen:

- Die Marxsche Theorie des Weltgeldes besitzt auch für das ökonomische System des Sozialismus ihre objektive Berechtigung.
- Mehr noch: Erst unter den Bedingungen harmonisch ausgestalteter Weltwirtschaftsbeziehungen kann sich die Funktion des Weltgeldes ihrer ökonomischen Bestimmung gemäß entfalten.
- Genausowenig wie die Anwendung von Planungsformen im Kapitalismus ein Indiz für die Annäherung der beiden gesellschaftlichen Systeme ist, bedeutet die volle Nutzung der Weltgeldfunktionen etwa die Rückkehr zu Elementen der kapitalistischen Ökonomik. Sozialistisches Weltgeld ist deshalb kein unvermeidliches "Übel":

"Deshalb besteht die Aufgabe der wissenschaftlichen Führungstätigkeit beim Aufbau der sozialistischen Gesellschaftsformation nicht darin, diese Kategorien zu überwinden, sondern darin, sie im Interesse der Werktätigen vollständig auszunutzen."[21]

Fußnoten

1 G. Kohlmey, Karl Marx' Außenhandelstheorie und Probleme der außenwirtschaftlichen Beziehungen zwischen sozialistischen Staaten, in: Einheit, Berlin, Heft 7/1967, S. 872

2 Im Lehrbuch, Das Finanzsystem der DDR, Berlin 1961, S. 37, heißt es: "Da die ... Mark der Deutschen Notenbank weder in Gold geprägt noch als Geldzeichen in Gold konvertierbar ist, kann sie auch nicht die Funktion des Geldes als Weltgeld ausüben."

3 "Die sozialistischen Länder, die über Goldlagerstätten verfügen, produzieren und akkumulieren jedoch Gold ... vor allem als Weltgeld, da es seine Rolle als Kauf- und

Zahlungsmittel auf dem kapitalistischen Weltmarkt voll und ganz beibehält ... In den sozialistischen Ländern, die kein Gold produzieren, wird dieser (Goldschatz) beim Vorhandensein eines aktiven Saldos der Zahlungsbilanz mit den kapitalistischen Ländern durch den Kauf von Gold gegen Devisen gebildet. Die Goldreserve in den sozialistischen Ländern hat eine Doppelfunktion. Erstens dient sie (neben dem Warenfonds) als Deckung für die in Umlauf befindlichen Geldzeichen und zweitens als Weltgeldreservefonds ...", Geraschenko, Geld und Kredit in der UdSSR, Moskau 1966, Lehrbuch, Rohübersetzung des Finanzökonomischen Forschungsinstituts, Bd. I, S. 41

4 "An Stelle des einheitlichen Weltgeldes entstanden zweierlei Arten von Weltgeld: Geld sozialistischen Weltwirtschaftssystems und Geld des kapitalistischen Weltwirtschaftssystems." J.A. Kronrod, Das Geld in der sozialistischen Gesellschaft, Berlin 1963, S. 261

5 "Diese von Marx festgestellte Gesetzmäßigkeit gilt auch für das Fungieren des Weltgeldes in der Sphäre der Warenbeziehungen zwischen dem kapitalistischen Weltwirtschaftssystem und dem sozialistischen Weltwirtschaftssystem", Geraschenko, a.a.O., S. 37

6 K. Marx, Das Kapital, I. Bd., in: K.Marx/F.Engels, Werke, Band 23, Berlin 1962, S. 184

7 Ebenda, S. 156

8 Ebenda, S. 157

9 Ebenda, S. 157 - 159

10 K. Marx, Grundrisse der Kritik der Politischen Ökonomie, Berlin 1953, S. 53

11 Vgl. G. Kohlmey, Einige Zusammenhänge von Wirtschaftswachstum und Außenhandel, in vorliegendem Band, S. 19 ff.

12 Es wurde hier die Definition des "weltwirtschaftlichen Gleichgewichts" von G. Kohlmey, a.a.O., auf die Bestimmung des Zahlungsbilanzgleichgewichts folgerichtig angewandt.

13 Deshalb kann der These von T. Kiss nicht gefolgt werden, daß eine ausgeglichene Zahlungsbilanz ein wesentlich geringeres Tempo des Wirtschaftswachstums nach sich zieht. (Vgl. T. Kiss, Einige Fragen der internationalen Arbeitsteilung und des Wirtschaftswachstums, in vorliegendem Band, S. 256 ff.)

14 XI. Parteitag der KPR (B), Über die Finanzpolitik, in: Die Kommunistische Partei der Sowjetunion in Resolutionen und Beschlüssen der Parteitage, Konferenzen und Plenen des ZK 1898 bis 1954, Moskau 1954, Teil I, S. 614 (russ.)

15 K. Marx, Grundrisse ..., a.a.O., S. 53

16 K. Marx, Das Kapital,III. Bd., in: K. Marx/F.Engels, Werke, Band 25, Berlin 1964, S. 587

17 Vgl. dazu W. Ehlert/F.K. Kolloch, Fragen einer möglichen Konvertibilität sozialistischer Währungen, in: Finanzpolitische Informationen des Finanzökonomischen Forschungsinstituts beim Ministerium der Finanzen, Berlin, Nr. 6/1966, S. 53

18 G. Kohlmey, Karl Marx' Außenhandelstheorie und Probleme der außenwirtschaftlichen Beziehungen zwischen sozialistischen Staaten, in: Einheit Berlin, Heft 7/1967, S. 874

19 W. Ulbricht: Die gesellschaftliche Entwicklung der DDR bis zur Vollendung des Sozialismus, Dietz Verlag, Berlin 1957, S. 204

20 Ebenda

21 W. Ulbricht, Die Bedeutung des Werkes "Das Kapital" von Karl Marx für die Schaffung des entwickelten gesellschaftlichen Systems des Sozialismus in der DDR und den Kampf gegen das staatsmonopolistische Herrschaftssystem in Westdeutschland in: Neues Deutschland vom 13. September 1967, S. 3

GÜNTHER OTTO

Ein lineares Modellsystem im Außenhandel und Probleme beim Aufbau von Modellen der internationalen Arbeitsteilung

1. Die Grundzüge des Modellsystems im Außenhandel

Für die Verbesserung der Planung und Leitung der Volkswirtschaft ist die qualitativ-quantitative Analyse der objektiven Gesetzmäßigkeiten des sozialistischen Reproduktionsprozesses von entscheidender Bedeutung. Das erfordert die Anwendung der Erkenntnisse der Kybernetik, der modernen Datenverarbeitung und der Mathematik. Von großer Bedeutung ist in diesem Zusammenhang die Aufstellung von Modellen, die als Bilanz- und Optimierungsmodelle in das Gesamtsystem der Planung eingebaut werden und wichtige Voraussetzungen darstellen für die optimale Gestaltung der Zusammenhänge ökonomischer Erscheinungen, letztlich mit dem Ziel der optimalen Steuerung des volkswirtschaftlichen Reproduktionsprozesses zur Erreichung eines maximalen Zuwachses an verfügbarem Nationaleinkommen.

Unter Berücksichtigung der Tatsache, daß die Gesetzmäßigkeiten des Weltmarktes im Zusammenhang mit dem objektiven Prozeß der Entwicklung des wissenschaftlich-technischen Fortschrittes in immer stärkerem Maße die eigene Volkswirtschaft durchdringen und sowohl die Zusammenhänge als auch die Optimalität der gesellschaftlichen Erscheinungen direkt und indirekt wesentlich beeinflussen, wächst die Bedeutung der wissenschaftlichen Erforschung und systematischen Durchdringung der Gesetzmäßigkeiten des Systems der Außenwirtschaft.

Daraus ergibt sich als eine wesentliche Schlußfolgerung, daß dem integrierten Einbau von Modellen, in denen Außenhandels- und Außenwirtschaftserfordernisse zum Ausdruck kommen, in volkswirtschaftliche Bilanzierungs- und Optimierungsmodelle mehr Aufmerksamkeit zu schenken ist. Außerdem resultiert aber daraus die Forderung nach dem Aufbau und Ausbau von Außenhandels- und Außenwirtschaftsmodellen als relativ selbständige Modelle, die entweder zusammengefaßt zu einem Modellsystem der Außenwirtschaft oder auch als selbständige Einzelmodelle in das volkswirtschaftliche Modellsystem integrierbar sein müssen. Außenhandelsmodelle beinhalten in verschiedener Hinsicht und nach verschiedenen Möglichkeiten sowohl nationale als auch internationale Verflechtungen. Aber auch hier muß man unterscheiden zwischen einem (theoretischen) Gesamtmodell der Weltwirtschaft, in dem die Totalität der integrierten nationalen Volkswirtschaften eingeschlossen ist,und daraus abgeleiteten Einzelmodellen, die primär als Außenhandelsmodelle oder Modelle der internationalen Arbeitsteilung die wichtigsten objektiven außenwirtschaftlichen Begrenzungen und Verflechtungen in bilateralen oder multiateralen Einzelmodellen beinhalten. Dabei ist es einerseits notwendig, ebenfalls die wichtigsten nationalen Begrenzungen zu kennen und in das Modell aufzunehmen, andererseits (zumindest gegenwärtig) aber unmöglich, alle nationalen Verflechtungen und Bilanzierungen gleichzeitig zu sichern. Die notwendige Selbständigkeit nationaler Modelle und ihre weitere Integration in internationale Modelle dürfte unbestritten sein.

Daraus leiten wir die Notwendigkeit ab, ein Modelisystem zu bilden, in das relativ selbständige nationale und subnationale Modelle integriert sein müssen. Mehr noch, erst das Bestehen und die Integration von Einzelmodellen ermöglichen letztlich die Bildung eines Gesamtsystems.

1.1. Das Modellsystem im Außenhandel als nationales System

In Abhängigkeit vom gegenwärtigen Planungssystem und zur Erhöhung seiner Qualität wurden unter Auswertung von Vorstellungen und Erfahrungen anderer sozialistischer Länder, insbesondere der VR Polen und der VR Ungarn, in der DDR die Grundzüge eines Systems von Modellen der Bilanzierung und Optimierung im Außenhandel geschaffen und experimentell erprobt. Dieses Modellsystem besteht im wesentlichen aus

a. einem Modell zur Optimierung der Regionalstruktur für den gesamten Außenhandel,

b. einem Modell zur Optimierung der Waren- und Regionalstruktur für zusammenhängende Warengruppen,

c. einem territorialen Detailmodell entweder als weitere Detaillierung des Modells a), aber auch des Modells b), wenn im letzteren Regionalgruppierungen verwendet wurden.

Das regionale Außenhandelsgesamtmodell beinhaltet als Zielfunktion

(1) $$Z = \sum_r \sum_k X_{kr} - \sum_r \sum_k Y_{kr} \longrightarrow \max.$$

(1.a) wobei $$X_{kr} = d_{kr} \; x_{kr}$$

und (1.b) $$Y_{kr} = p_{kr} \; y_{kr}$$

woraus zunächst ersichtlich wird, daß eine Maximierung des nominellen Handelsbilanzüberschusses erfolgt.

Als Nebenbedingungen finden Verwendung:

Die Einhaltung des Warenfonds.

(2) $$\sum_r x_{kr} \; d'_{kr} = W_k \quad (\text{o})$$

(3) $$\sum_r Y_{kr} \, e'_{kr} = B_k^{(o)}$$

wobei

(2.a) $$d'_{kr} = \frac{\sum_{\mu=1}^{n'} c_{\mu r} \, x_{\mu r}}{\sum_{\mu=1}^{n'} d_{\mu r} \, x_{\mu r}}$$

und

(3.a) $$e'_{kr} = \frac{\sum_{\mu=1}^{s'} e_{\mu r} \, y_{\mu r}}{\sum_{\mu=1}^{s'} p_{\mu r} \, y_{\mu r}}$$

Die Kennziffern d'_{kr} und e'_{kr} sind also Bewertungskoeffizienten des Export- bzw. Importumsatzes. Dieser Bewertungskoeffizient ist notwendig, weil eine Optimierung nach Umsatzgrößen, die sowohl in der Zielfunktion als auch in den Nebenbedingungen enthalten sind, keine optimale Verteilung nach Nutzeffektskriterien sichern kann.

Aus (1.a) und (2.a) ergibt sich für den Export, daß es sich beim regionalen Gesamtmodell um aggregierte Warengruppen handelt, also

(1.c) $$X_{kr} = d_{kr} \, x_{kr} = \sum_{\mu=1}^{n'} d_{\mu r} \, x_{\mu r}$$

$$Y_{kr} = p_{kr} \, y_{kr} = \sum_{\mu=1}^{s'} p_{\mu r} \, y_{\mu r}$$

Das gleiche gilt entsprechend für den Import.

Wir haben jedoch mit dieser Behandlung von Warengruppen im regionalen Gesamtmodell das eigentliche Aggregationsproblem (Struktur-Bewertungsproblem) nicht gelöst.

Im Zusammenhang mit der Zielfunktion und der Bewertung der Nebenbedingung (2) und (3) wird gesichert, daß die Warenmenge zu Inlandspreisen gesichert bleibt und eine nominelle Preiseinsparung aus territorialen Verlagerungen erzielt wird.[1]

Einhaltung der Absatz- bzw. Bezugsmöglichkeiten sowie Absatz- und Bezugsverpflichtungen

(4) $$\underline{V}_{kr} \leq X_{kr} \leq \bar{V}_{kr} \qquad \begin{matrix}(k = 1 \ldots n)\\(r = 1 \ldots m)\end{matrix}$$

(5) $$\underline{E}_{kr} \leq Y_{kr} \leq \bar{E}_{kr} \qquad \begin{matrix}(k = 1 \ldots s)\\(r = 1 \ldots m)\end{matrix}$$

Einhaltung der bilateralen Bilanzerfordernisse bei Gewährleistung einer höheren Beweglichkeit der Planung in der dezentralen Planungsebene durch mögliche Toleranzen pro Land.

$$(6) \qquad \bar{S}_r \geq \sum_k X_{kr} - \sum_k Y_{kr} \geq \underline{S}_r \qquad (r = 1 \ldots m)$$

Vor allem gilt dieses Prinzip jedoch für dezentrale Planungsebenen. Die Zielfunktion (1) kann modifiziert werden durch

- regionale Richtungskoeffizienten,
- einen cif-Faktor im Import, um die Aufwendungen für Warennebenkosten außerhalb der DDR zu berücksichtigen.

Sie würde dann so aussehen (Erläuterung der Symbole siehe Anhang):

$$(1.1) \qquad \sum_r \sum_k k_r^{(I)} X_{kr} - \sum_r \sum_k k_r^{(E)} f_{kr} Y_{kr} \longrightarrow \max.$$

Dieses Modell ist als zentrales Gesamtmodell des Außenhandels Bestandteil des volkswirtschaftlichen Gesamtmodells und erlaubt bei Einhaltung vorgegebener bzw. benötigter Warenfonds im Export und Import mit der Zielstellung, die direkten ökonomischen Nutzeffekte des Außenhandels zu maximieren, optimale Länderorientierungsziffern für die Außenhandelsunternehmen zu erarbeiten (die, gegliedert nach kommoditären Gesichtspunkten, eine Addition der Warengruppen darstellen). Diese zentral-optimale Randbedingung kann im System eines 2-Stufen-Rhythmus zwischen Zentrale und Dezentrale gewonnen werden und so den Ausgangspunkt für dezentrale warenstrukturelle und regionale Optimierungsaufgaben auf der Ebene der Außenhandelsunternehmen darstellen. Es ist nicht schwer, solche Modelle nach dem Vorbild des regionalen Gesamtmodells und eines allgemeinen warenstrukturellen Modells weiter dezentralisiert, beispielsweise für ein Außenhandelsunternehmen, zu formulieren, wobei eine weitere Detaillierung der Warengruppen bis zu Einzelwaren erfolgen kann.

Wenden wir uns nunmehr speziellen warenstrukturellen Optimierungsmodellen für zusammenhängende Warengruppen zu, für deren Optimierung gilt, daß sie einerseits als Voraussetzung die regionale Optimierung erfordern, andererseits aber eine wesentliche Ergänzung des regionalen Modells darstellen. Mehr noch, durch die Berücksichtigung der Einheit zwischen Waren- und Regionalstruktur, Nutzeffekt und Bilanzierung, Wert und Gebrauchswert sowie der volkswirtschaftlichen Verflechtungen besitzen diese Optimierungen ein gewisses Primat.

Unter einer zusammenhängenden Warengruppe verstehen wir eine repräsentative Auswahl vom Standpunkt der Volkswirtschaft und des Außenhandels wichtiger Einzelwaren, die eine gewisse gebrauchswertmäßige Vergleichbarkeit und ähnliche technologische Fertigungsverfahren haben. Sie haben ähnliche oder gleiche Kooperationsbeziehungen, nehmen in den Vorstufen im wesentlichen die gleichen Verarbeitungskapazitäten in Anspruch und werden aus gleichen oder ähnlichen Rohstoffen hergestellt. Dies gilt für eine vertikale Betrachtungsweise.

Horizontal werden nach den obigen Prinzipien ähnliche, nach Art, Type, Qualität usw. jedoch unterschiedliche Einzelwaren betrachtet, die in ihrer vertikalen Verflechtung über die Kooperationsstufen bis zum Import berücksichtigt werden. Die Auswahl hängt weitgehend von den Besonderheiten der jeweiligen Industriezweige ab und wird von der Ware in Produktion und Zirkulation bestimmt.

Dabei kann es sich also in Synthese zwischen horizontaler und vertikaler Betrachtung um solche Waren handeln, die Gegenstand von Variantenberechnungen für die internationale Produktionsspezialisierung sein sollen.

Bei richtiger gemeinsamer Auswahl der Warengruppe zwischen Außenhandel und Industrie sowie der exakten Ermittlung der notwendigen Ausgangsdaten beachtet die Optimierung zusammenhängender Warengruppen volkswirtschaftliche Verflechtungen und Begrenzungen sowie die gebrauchswertmäßige Funktion dieser Waren im Reproduktionsprozeß unter der Zielstellung eines hohen Gesamtbeitrages von Außenhandel und Industrie zur Erhöhung des ökonomischen Nutzeffekts.

Das Modell kann zusammengefaßt so formuliert werden:

$$(7) \quad Z = \sum_{w,r} {}^{v}K_{w,r} \left[\sum_{r=1}^{m} \left(\sum_{k=1}^{n} C'_{kr} x_{kr} + \sum_{k=1}^{s} p'_{kr} y_{kr} \right) \right] \longrightarrow \max.,$$

<u>wobei</u> $C'_{kr} = d_{kr} - e_k$ und

$$p'_{kr} = e_k - p'_{kr}$$

Der Koeffizient ${}^{v}K_{w,r}$ habe - so wird unterstellt - im Export die gleiche Größe wie im Import.

Eine erste Möglichkeit der Variantenrechnung besteht in der Veränderung des Variantenkoeffizienten ${}^{v}K_{w,r}$ in der Zielfunktion. Dadurch erhält man - dieser Koeffizient ist nach Ländergruppen bzw. Ländern detailliert - Varianten der unterschiedlichen quantitativen Entwicklung zwischen dem erzielten ökonomischen Nutzeffekt und der Bilanzierung. Ausgangspunkt für die Wahl der absoluten Höhe dieses Koeffizienten ist, daß jeweils die Differenzen pro Ländergruppe $d_{kr} - e_k > 0$ und $e_k - p_{kr} > 0$ und unterschiedlich sind. Dieser Koeffizient muß so oft in einer von vornherein oder auch im Ergebnis der Variantenrechnung bestimmten Größe verändert werden, wie Varianten gerechnet werden sollen. Durch die kalkulatorische Bestimmung der Größe des Koeffizienten entstehen Widersprüche zum Ergebnis der Optimierung auf der Grundlage der nominell wirksam werdenden Preise.[2]

Die optimale Beziehung zwischen Nutzeffekt und Bilanzierung wird durch die Einführung eines die Nutzeffektsgrenze der Bilanzierung charakterisierenden Koeffizienten und seine Verwendung als Steuerungsparameter in der Zielfunktion in den polnischen Modellen zur Optimierung der Warenstruktur vorgesehen. Dieser Koeffizient wird bekanntlich als "Grenzkurs" bezeichnet.

Dieser "Grenzkurs" ist inhaltlich der Schattenpreis der Währung r.

Als Nebenbedingungen finden Verwendung: Angaben über die Verflechtungsbeziehungen, die Kapazitätsbeschränkungen, die Absatz- und Bezugsmöglichkeiten sowie die Ländersalden.

$$(8) \quad P_k + \sum_r y_{kr} = \sum_{j=1}^{e} a_{kj} P_j + \sum_r x_{kr} + g_k \qquad (k=1\ldots n)$$

$$(9) \quad P_k \leq b_k$$

$$(10) \quad 0 \leq x_{kr} \leq \bar{V}_{kr} \qquad (k=1\ldots n) \; (r=1\ldots m)$$

$$(11) \quad 0 \leq y_{kr} - \bar{E}_{kr} \qquad (k=1\ldots s) \; (r=1\ldots m)$$

$$(12) \quad \bar{S}_r \geq \sum_k d_{kr} x_{kr} - \sum_k p_{kr} y_{kr} \geq \underline{S}_r \qquad (r=1\ldots m)$$

Dabei bezeichnen x und y in den Gleichungen 10 und 11 jeweils das physische Volumen. Insbesondere aus den Nebenbedingungen (8) und (9) geht deutlich hervor, daß es sich in Verbindung mit der Zielfunktion (7) um eine warenstrukturelle Optimierung handelt, die (s. (8)) eng mit der volkswirtschaftlichen warenmäßigen Verflechtung und den Produktionskapazitäten (s. (9)) verbunden ist. Schon daraus ist erkennbar, daß dieses Modell nicht nur inhaltlich mit dem regionalen Modell des Außenhandels, sondern ebenfalls mit einem Produktionsoptimierungsmodell zusammenhängt.

Damit stellen wir zusammenfassend die Möglichkeit der Bildung eines Modells*system*s im Außenhandel fest. Dieses System besteht aus

a. einem Modell für die Optimierung der territorialen Struktur für den gesamten Außenhandel. In diesem Modell wird eine unveränderte Warenstruktur unterstellt. Es beinhaltet eine unmittelbare Verbindung zwischen den dezentralen waren- und ländermäßig fixierten Voraussetzungen und zentralen Erfordernissen mit dem Gesamtziel der Maximierung des direkten ökonomischen Nutzeffektes des Außenhandels.

Auf Grund der Ergebnisse dieses Modells kann sowohl auf der zentralen Leitungsebene des Außenhandels als auch auf der Ebene der Außenhandelsunternehmen die planmäßige Steuerung der Warenströme nach Ländern komplex begründet nach einem einheitlichen Nutzeffekskriterium vorgenommen werden;

b. einem Modell für die Optimierung der Waren- und Regionalstruktur für zusammenhängende Warengruppen unter Beachtung der komplexen Verflechtungen mit dem nationalen volkswirtschaftlichen Reproduktionsprozeß und dem Ziel der maximalen Erhöhung des direkten ökonomischen Nutzeffekts des Außenhandels. Sowohl die Produktion als auch der Außenhandel kann auf Grund der Ergebnisse dieser Modellrechnung die planmäßige Realisierung eines höchstmöglichen ökonomischen Nutzeffekts sichern. In diesem Modell kommt die notwendige Zusammenarbeit zwischen Industrie und Außenhandel unmittelbar zum Ausdruck;

c. einem Modell der Optimierung der Territorialstruktur nach Einzelwaren und Ländern innerhalb eines Außenhandelsunternehmens entweder als 2. Stufe der warenmäßig aggregierten Optimierung des Modells a) oder als 2. Schritt bei regionalen Aggregationen im Modell b).

Zwischen den verschiedenen Modellen, die sich nach verschiedenen Stufen unterscheiden, bestehende engehaltliche Zusammenhänge. In der Gesamtheit des Modellsystems besteht dieser Zusammenhang zum volkswirtschaftlichen Gesamtmodell.

Das dargestellte Modellsystem der linearen Optimierung im Außenhandel ist in den Grundzügen experimentell erprobt. Um so wichtiger erscheint die Forderung, bestimmte Seiten dieses Modellsystems - bzw. Einzelmodells - in Richtung einiger prinzipiell neuer Aufgabenstellungen zu untersuchen.

Solche Aufgabenstellungen sind meines Erachtens gegenwärtig

1. die Verwendbarkeit für Berechnungen von Varianten, darunter auch Varianten der internationalen Produktionsspezialisierung,

2. der Zusammenhang zwischen Statik und Dynamik,

3. der Zusammenhang zwischen direkten und indirekten Effekten,

4. der Ausbau der Komplexität dieser Modelle, vor allem in Richtung zu Modellen des internationalen Handels bzw. der internationalen Arbeitsteilung.

2. Supranationale Modelle

Modelle der internationalen Arbeitsteilung als Gesamtsystem sowie Modelle und Varianten der Produktionsspezialisierung kann man grundsätzlich unterscheiden einmal nach bilateralen oder multilateralen Modellen und andererseits nach Modellen, in denen primär ein Maximum nationaler Nutzeffekte pro Land erzielt werden soll oder primär eine Maximierung des Gesamteffekts aller Länder. Diese letztere, prinzipielle Unterscheidung ist schon deshalb notwendig, weil wir wissen, daß die Addition der Teiloptima nicht das Gesamtoptimum ergibt. Diese Problematik wird auch aus dem von G. Kohlmey[3] entwickelten Modell deutlich, aus dem die Feststellung resultiert, daß Gesamt- und nationale Interessen nicht ohne weiteres zusammenfallen.

Allerdings wäre es denkbar, dieses Kohlmeysche Modell in Richtung des warenstrukturellen Modells des Außenhandels so auszubauen, daß

a. die Nebenbedingungen (8) und (9) in das internationale Modell, detailliert für die einzelnen Länder, aufgenommen werden könnte,

b. Export-Import-Betrachtungen in ihrer Totalität mit berücksichtigt werden,

c. Bilanzierungserfordernissen bilateral oder multilateral entsprochen wird.

Im grundsätzlichen gilt für den internationalen Austausch (als geschlossenes System), daß sich in der Totalität aller Länder die Exporte mit den Importen ausgleichen.[4]

Den Export aller Länder in alle Länder bezeichnen wir mit

(13.a) $$\sum_r \sum_k \sum_s {}^s d_{kr} \; {}^s x_{kr}$$ und den

Import entsprechend mit

(13.b) $$\sum_r \sum_k \sum_s {}^s p_{kr} \; {}^s y_{kr}$$

Offensichtlich gilt (13.a) = (13.b)

(Das hochgestellte s beim Export kennzeichnet, aus welchem Land die Exportware stammt. Im Import kennzeichnet S, welches Land aus welchem Land r importiert.

Damit wird ausgesagt, daß jeder Export eines Landes der Import eines anderen Landes ist.

Bei strengem Bilateralismus können Überschüsse oder Defizite entstehen, wenn in den einzelnen Ländern die Exporte die Importe überwiegen oder umgekehrt. Die aktive Handelsbilanz bei strenger Bilateralität ist also zu formulieren, z. B. für das Exportland s und das Importland s wie folgt

(14) $$\sum_k {}^s d_{kr} \; {}^s x_{kr} > \sum_k {}^s p_{kr} \; {}^s y_{kr}$$

Hier handelt es sich um eine Länderbilanz; die Gesamtbilanz des Landes s (also in der Summe zu allen Ländern) ergibt

(15) $$\sum_r \sum_k {}^s d_{kr} \; {}^s x_{kr} - \sum_r \sum_k {}^s p_{kr} \; {}^s y_{kr}$$

Wir stellen zu diesen möglichen Bilanzierungsformulierungen fest, daß es für das optimale Gesamtergebnis, gleich welche Zielfunktion des Nutzeffekts formuliert wird, wesentlich ist, wie die Bilanzbeschränkung erfolgt. Dabei sehen wir gut den Unterschied zwischen voller Multilateralität (vgl. (13.a) - (13.b)) und strenger Bilateralität (vgl. z. B. (14)), also im letzteren Falle die Einschränkung einer möglichen Zahl ländermäßiger Verlagerungen, indem anstelle einer Restriktion (13) s + r Restriktionen eingeführt werden. Wir sind uns darüber klar, daß gegenwärtig und künftig die Formulierung dieser Bedingungen gleichzeitig sowohl bilaterale als auch multilaterale Elemente enthält mit unterschiedlichem Anteil der theoretisch möglichen allgemeinen multilateralen Verrechnung und strenger Bilateralität.

Man kann hierbei so vorgehen, daß man bilaterale Beziehungen durch die Formulierung in anderen Nebenbedingungen, in denen materielle Prozesse warenstruktur- und ländermäßig bereits langfristig festgelegt (durch Produktionsabstimmung) wurden, als bilaterale Minima eines multilateralen Systems betrachtet. Wir erkennen damit an, daß es sich bei Bilateralität und Multilateralität im Kern um materielle, vor allem produktionsseitig begründete Prozesse handelt, und setzen dabei voraus, daß die langfristigen bilateralen Festlegungen Optimalitätskriterien genügen. Wenn wir diese Problematik auf mögliche internationale Produktionsspezialisierungen beziehen, also einen Ausschnitt - volumenmäßig - aus den Erfordernissen der Gesamtbilanzierung betrachten und für diesen Ausschnitt eine Export-Import-Bilanzierung fordern, werden weitere wesentliche Möglichkeiten zur Erhöhung des ökonomischen Nutzeffekts nicht voll erschlossen. Bei - wir wiederholen: nur theoretisch gültiger - allgemeiner Multilateralisierung nach (13.a) und (13.b) stellt - und das ist von allgemeiner Gültigkeit - der zu bilanzierende Umsatz eine Teilgesamtheit des Gesamtumsatzes dar. Jeder Export bedeutet im anderen Land einen Import und deshalb im multilateralen System nach wie vor Ausgleich - es bleibt sich praktisch gleich, w e r exportiert und w e r importiert.

Anders ist dies im Falle der Bedingung (14) und (15). Eine bilaterale Bilanzierung des Exports und des Imports aus der Spezialisierung bedeutet im Falle (14) nicht nur r + s Bedingungen, sondern bei

$$(16) \qquad \sum_{\underline{k}} {}^{s}d_{\underline{k}r} \; {}^{s}x_{\underline{k}r} \gtreqless \sum_{\underline{k}} {}^{s}p_{\underline{k}r} \; {}^{s}y_{\underline{k}r}$$

Zusätzliche Bedingungen, wenn $\underline{k}$) k, wobei $\underline{k}$ im Unterschied zu k die Spezialisierung mit dem betreffenden Land bezeichnet. Nur auf die Bilanzierung bezogen, gilt:

a. Eine multilaterale Spezialisierung und ihre multilaterale Bilanzierung erhöhen die Möglichkeiten struktureller Verlagerungen und damit des Nutzeffekts.

b. Eine bilaterale Bilanzierung nur der spezialisierten Waren im Export und Import schränkt die Grenzen der allgemeinen bilateralen Bilanzierung weiter und wesentlich ein und stellt damit zusätzliche Grenzen für die Erhöhung des ökonomischen Nutzeffekts.

c. Bei einer Bilanzierung der spezialisierten Waren im Rahmen des Ausgleichs der bilateralen Gesamtbilanz erhöhen sich die Möglichkeiten zur Verbesserung des ökonomischen Nutzeffekts. Der höchste Effekt jedoch - soweit man die Bilanzierung als Grenze betrachtet - läßt sich erwarten, wenn die Nebenbedingung (15) gilt, also eine allgemeine multilaterale Bilanzierung erfolgt und der Umfang der Produktionsspezialisierung in den multilateral zu bilanzierenden Gesamtumsatz einbezogen wird.

Wir betonen ganz besonders, daß bei diesen Bilanzierungsfragen vor allem der zeitlichen Seite, also perspektivisch zu gewährleistender Bilanzierung, eine bestimmende Rolle zukommt, da z. B. Produktionsspezialisierungen Waren- und Länderstrukturen für eine lange Zeit begründen.

Bei der Betrachtung möglicher Produktionsspezialisierungen spielen die in der Bedingung (8) und (9) zum Ausdruck kommenden Abhängigkeiten eine wesentliche Rolle, da in ihnen zum Ausdruck kommt

- die Entscheidung, ob exportiert oder importiert werden soll,
- die jeweilige nationale gebrauchswertmäßige Gesamtbilanzierung,
- die Berücksichtigung der Kooperationsverflechtungen mit ihren Begrenzungen einschließlich des Imports.

Bei internationalen Modellen, speziell auch Produktionsspezialisierungen, müssen nationale Kapazitätsgrenzen eingeführt werden. Die Formulierung der nationalen Kapazitäten, beispielweise

$$\sum_{s} {}^{s}p_{k} \leq \sum_{s} {}^{s}b_{k} ,$$

führt zu strukturell unzulässigen Lösungen pro Land, denn es kann dann nichts ausgesagt werden, welches Land mit welcher Kapazität am Export bzw. Import beteiligt sein soll, sondern nur inwieweit die Gesamtkapazität ausgelastet wird. Es ist also notwendig, diese Grenzen national zu detaillieren.

Die Bedingungen (8) und (9) sind also demnach jeweils weiter zu detaillieren pro Land, wobei selbstverständlich die Größen g_k, b_k und daraus resultierend die anderen Größen der Bedingung (8) unterschiedlich sind. Interessant wäre vor allem auch ein internationaler Vergleich der Materialeinsatzkoeffizienten a_{kj}.

Die Bedingung (8) sieht im multilateralen Gesamtsystem demzufolge so aus:

$$(16) \qquad {}^{s}p_{k} + \sum_{r} {}^{s}y_{kr} = \sum_{k=1}^{e} {}^{s}a_{kj} \; {}^{s}p_{j} + \sum_{r} {}^{s}x_{kr} + {}^{s}g_{k}$$

(k = 1... e)

(s = 1...m)

Aus Bedingung (9) folgt

$$(17) \qquad {}^{s}p_{k} \leq {}^{s}b_{k} \qquad \begin{matrix}(k = 1 \ldots e)\\(s = 1 \ldots m)\end{matrix}$$

Auch bei einem Gesamtmodell des internationalen Handels ergibt sich die Notwendigkeit, Absatz- und Bezugsmöglichkeiten einzuführen.

Die Absatzmöglichkeiten charakterisieren den Bedarf auf dem Weltmarkt, die Bezugsmöglichkeiten die (nach Abzug des Produktionsverbrauchs und gegebenenfalls inländischen Endverbrauchs) Produktionsgrößen für die einzelnen Waren.

Diese Absatz- und Bezugsmöglichkeiten sind zu formulieren pro Ware und Land

$$(18) \qquad {}^{s}x_{kr} \leq \bar{V}_{kr}$$

$$(19) \qquad {}^{s}y_{kr} \leq \bar{E}_{kr}$$

Die Zielfunktion eines multilateralen Gesamtmodells kann formuliert werden als Minimierung der Produktionsaufwendungen[3]. Setzen wir aber voraus, daß wir das Modell als Außenhandelsmodell mit der Zielstellung formulieren, den direkten Nutzeffekt zu erhöhen, dann als Maximierung dieser Nutzeffekte:

$$(20) \quad \sum_{s}\left[\sum_{r}\sum_{k} {}^{s}d_{kr}\, {}^{s}x_{kr}\right] - \sum_{s}\left[\sum_{r}\sum_{k} {}^{s}c_{kr}\, {}^{s}x_{kr}\right] + \sum_{s}\left[\sum_{r}\sum_{k} {}^{s}e_{kr}\, {}^{s}y_{kr}\right] - \sum_{s}\left[\sum_{r}\sum_{k} {}^{s}p_{kr}\, {}^{s}y_{kr}\right] \longrightarrow \max.$$

Eine gesamtoptimale Lösung entsprechend dieser Zielfunktion ergibt unterschiedliche Größen für den Nutzeffekt pro Land infolge unterschiedlicher Strukturentscheidungen. Dies wird vor allem bestimmt sein vom jeweiligen nationalen Niveau der Arbeitsproduktivität im Vergleich zum internationalen Durchschnitt, ausgedrückt in Auslandspreisen. Wenn wir unterstellen dürfen, daß die Gewinnung vergleichbarer Export- und Importauslandspreise auf keine unüberwindlichen Schwierigkeiten stoßen wird, bleibt doch als wesentlichste Frage die Gewinnung vergleichbarer Größen für die nationalen Produktionsaufwendungen, denn vom Vergleich der Differenzen wird die Struktur der optimalen Gesamtlösung entscheidend bestimmt. Zur annähernden Exaktheit dieser Vergleiche gehört bei der Konstruktion der Zielfunktion in der obigen Form die Gewinnung einer realen Größe für den Währungsumrechnungskoeffizienten evtl. als einheitlicher Grundzuschlag oder/und auch zur Berücksichtigung differenzierter Zuschläge in Form von Richtungskoeffizienten.

Es ist selbstverständlich, daß nach der Konstruktion der Zielfunktion (20) sowie der Nebenbedingungen (16 - (19) und (14) bzw. (15), wie sie für ein multilaterales Gesamtsystem Verwendung finden können, auch eine Produktionsspezialisierung nach supranationalen

Aspekten betrachtet werden kann unter jeweiliger Berücksichtigung der Tatsache, daß es sich dann um aus der Totalität der Handelsbeziehungen ausgewählte Teilgesamtheiten handelt.

Die Aufgabe sichert also nicht das Optimum vom Standpunkt eines Landes, obwohl sich natürlich daraus Lösungen mit konkreten Strukturen auch für die einzelnen Länder ergeben, aber eben abgeleitet aus dem Ziel, ein Maximum für alle Länder zu erreichen.

3. Nationales Maximum des Nutzeffekts als Zielfunktion - Probleme, Möglichkeiten und Aufgaben

Wenn wir die Aufgabe der Maximierung des Nutzeffekts für die jeweiligen Länder jeweils getrennt formulieren, erhalten wir eine Zielfunktion in der Konstruktion nach Formel (7). Dies beinhaltet also die Maximierung des direkten Nutzeffekts für ein bestimmtes Land, im Unterschied zur Zielfunktion (20), wo die Maximierung der Nutzeffekte aller Länder erfolgt. Aus der unterschiedlichen Formulierung der Zielfunktionen wird trotz inhaltlich gleicher Zielstellung ersichtlich: Die Addition der nationalen Optima entspricht nicht dem supranational errechneten Gesamtoptimum, resultierend aus der Erkenntnis von der grundsätzlichen Gesetzmäßigkeit, daß die Summe suboptimaler Lösungen (und nationale Lösungen sind in diesem Sinne, vom Standpunkt der gesamten Weltwirtschaft betrachtet, solche suboptimalen Lösungen) nicht dem Gesamtoptimum entspricht.

Prinzipiell vertreten wir dabei den Standpunkt, daß den Aktivitäten der Teilgesamtheiten dabei eine entscheidende Rolle zugemessen werden muß, also die Ermittlung suboptimaler (nationaler) Lösungen einen wesentlichen Schritt darstellen muß in der praktischen Annäherung an das Gesamtoptimum. Letzten Endes geht es hierbei im Kern auch darum, welche Aktivität man den national und zwischenstaatlich effektiv wirksam werdenden Marktkategorien beimessen muß. Die koordinierende und prinzipiell notwendige Funktion eines Gesamtmodells sehen wir vor allem darin, die Grenzen und Bedingungen im Wechselverhältnis mit den relativ selbständigen Submodellen ständig neu zu setzen und das Gesamtoptimum teiloptimiert zu bilanzieren bei Gewährleistung einer aktiven Einflußnahme auf die effektiv wirksam werdenden Marktkategorien. Bei dieser Art von Modellen, in denen also das nationale Maximum als Ziel gestellt wird, entdecken wir den unmittelbaren Zusammenhang zum Inhalt und zum Aufbau des Außenhandel-Modellsystems, denn gerade das ist ebenfalls die Zielfunktion dieser Modelle. Diese grundsätzliche Übereinstimmung gilt unseres Erachtens auch bei einer weiteren Detaillierung der Modelle, beispielsweise bei Betrachtung von Möglichkeiten und der Berechnung von Varianten der internationalen Produktionsspezialisierung mit dem Ziel, ein nationales Maximum zu erreichen.

Das Verhältnis und die auftretenden Probleme haben volle Gültigkeit für internationale Produktionsspezialisierungen; denn gerade hier sehen wir eine weitere Möglichkeit, dieses Modell in seiner Konkretisierung auf Waren, die Gegenstand einer internationalen Produktionsspezialisierung sein können, zu detaillieren. Wir können also - aus nationaler Sicht - ermitteln, welche Struktur (warenmäßig und regional) der internationalen Produktionsspezialisierung einen maximalen nationalen direkten ökonomischen Nutzeffekt sichert. Auch hier gilt natürlich, daß dies nicht die optimale supranationale Variante darstellen muß. Aber unabhängig davon können wir entsprechende Varianten mit dem Nachweis ihres unterschiedlichen Einflusses auf die Entwicklung der materiellen Erfordernisse des nationalen Reproduktkonsprozesses, der Größe des ökonomischen Nutzeffekts und der Bilanzierung errechnen. Modellmäßig stellt das keine Schwierigkeit dar, da im Prinzip Zielfunktion und Nebenbedingungen (7) bis (12) Verwendung finden können. Viel schwieriger jedoch sind die Fragen, die sich aus der inhaltlich ökonomischen Betrachtung des Modells ergeben. Eine solche Frage ist beispielsweise die Dynamik der Entwicklung bei perspektivisch festzulegenden Maßnahmen, wie sie Produktionsspezialisierungen darstellen. Eine statische Betrachtungsweise birgt die Gefahr in sich, vorhandene Strukturen nach dem Kriterium gegenwärtiger Produktivitätsverhältnisse zu zementieren. Trotzdem ist, obwohl in ihrer theoretischen Notwendigkeit längst anerkannt, die konkrete Erforschung von Möglichkeiten der dynamischen Formulierung solcher Modelle noch im Anfangsstadium.

Ökonomische Prozesse dürfen letztlich nur in ihrer sachlichen, zeitlichen und räumlichen Entwicklung bei Beachtung ihrer gesetzmäßigen Zusammenhänge betrachtet werden. Jede statische Betrachtung zeigt letztlich jeweils nur einen Ausschnitt aus einem dynamischen Prozeß, um den es sich beim Ablauf ökonomischer Prozesse im sozialistischen Reproduktionsprozeß immer handelt. Ebenso wie die Addition der -statischen- Teiloptima nicht das -statische- Gesamtoptimum, so ergibt auch nicht die Addition statischer Optima das dynamische Optimum. Eine dynamische Betrachtungsweise ökonomischer Erscheinungen erfordert, den Gesamtprozeß in verschiedene Stufen zu zerlegen und stufenweise so zu optimieren, daß bei jeder der zu lösenden Optimierungsaufgabe die Lösung der vorangegangenen Stufe mit optimiert wird. Die Zielfunktion muß für alle Stufen gleich definiert sein. Beim Einbau dynamischer Aspekte in lineare Modelle der Optimierung findet ein definierter Zeitraum Verwendung. Einen Jahreszeitraum betrachten wir insbesondere aus der Erkenntnis, daß im Rahmen der kurzfristigen Pläne ein Jahresplan prinzipiell ausreichend ist, wobei jedoch zu beachten ist, daß natürlich auch innerhalb dieses Zeitraumes noch aus zeitlichen Aspekten resultierende Durchschnittsbildungen enthalten sind. Die Formulierungen des linearen Optimierungsmodells für den Außenhandel unter Berücksichtigung verschiedener Stufen ergibt (ohne Koeffizientenberücksichtigung)

$$Z = \sum_{t=1}^{T} \sum_{r} \sum_{k} c'_{krt}\, x_{krt} + \sum_{t=1}^{T} \sum_{r} \sum_{k} p'_{krt} y_{krt} \longrightarrow \max.$$

$$(21) \quad Z = \sum_{t=1}^{T} \left[\sum_{r} \sum_{k} c'_{krt}\, x_{krt} + \sum_{r} \sum_{k} p'_{krt} y_{krt} \right] \longrightarrow \max.$$

$$(22) \quad P_{kt} + \sum_{r} y_{krt} = \sum_{j=1}^{e} a_{kjt}\, P_{jt} + \sum_{r} x_{krt} + g_{kt}$$

$$(23) \quad P_{kt} \leq b_{kt}$$

$$(24) \quad 0 \leq x_{krt} \leq \bar{V}_{krt}$$

$$(25) \quad 0 \leq y_{krt} \leq \bar{E}_{krt}$$

$$(26) \quad \bar{S}_{rt} \geq \sum_{k} d_{krt}\, x_{krt} - \sum_{k} p_{krt}\, y_{krt} \geq \underline{S}_{rt}$$

wobei t = 1...T. Wenn wir eine solche Optimierungsaufgabe lösen, in der alle Nebenbedingungen für eine bestimmte Zeit t formuliert sind, erhalten wir praktisch eine optimale Lösung für jede Stufe. Daran ändert nichts die Tatsache, daß natürlich die Parameter (also beispielsweise die Preise) in den verschiedenen Stufen unterschiedlich sind. Praktisch wird das Optimierungsmodell jeder Stufe, als statisches Modell gesondert gelöst, graphisch dargestellt.

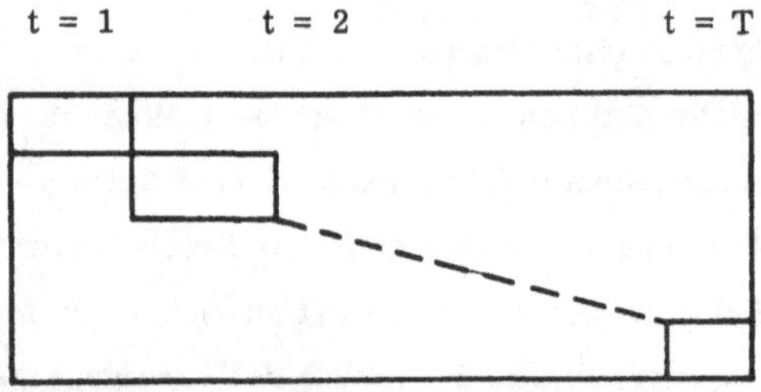

Wir sehen in dieser Formulierung einen ersten gangbaren Weg, um dynamisch angenäherte und vergleichbare Ergebnisse zu erhalten. Für diese Methode spricht, daß mit stufenweise veränderten Parametern gerechnet wird und deshalb ihre Auswirkung auf die vergleichbare Struktur der optimalen Lösung analysiert werden kann. Deutlich wird das beispielsweise, wenn im Anfangsstadium der Produktion zusätzliche Kosten zu realisieren sind, in den folgenden Zeiträumen aber im Vergleich zu anderen (bereits amortisierten) Waren ein ungleich günstigeres Rentabilitätsverhältnis und damit sich günstigere strukturelle Lösungen ergeben als in der Anfangsstufe. Natürlich setzt diese Annahme eine effektive Amortisierung voraus. Zweifellos ist der Vergleich der statisch optimalen Lösungen eine wichtige mögliche Grundlage für primär perspektivisch begründete Entscheidungsfindungen. Die Lösungen der verschiedenen Stufen sind jedoch keinesfalls widerspruchsfrei. Diesen Widerspruch kann man nur dadurch beseitigen, daß Entscheidungen zwischen den verschiedenen Stufen möglich werden. Dies ist jedoch im Kern nicht eine dynamische Optimierung, denn sie fordert, daß mit der Maximierung über alle Zeiträume gleichzeitig auch eine Optimierung der Steuerungsparameter (Policy) erreicht werden muß. Möglich ist das nur, wenn eine der Bedingungen über verschiedene Zeiträume definiert ist und es im Rahmen der Optimierung entsprechend der ökonomischen Aufgabe gestattet wird, eine Entscheidung herbeizuführen, ob diese Bedingung und wenn ja, in welchem Grade, auf welcher Stufe ausgenutzt wird. Allgemein erhält man bei einer dynamischen Optimierung bekanntlich eine Zielfunktion, in der - bezogen auf den Außenhandel - eine Maximierung des Nutzeffekts zu erreichen ist und gleichzeitig auch eine optimale Steuerung der Stufen erfolgt. Zum Beispiel[5]

$$W = W(U),$$

wobei W die Zielfunktion und U die "Steuerung" (Policy) darstellen soll. Für eine optimale Steuerung ergibt sich

$$W^* = W(U^*) = \max \left\{ W \quad (U) \right\}$$

Nun geht es aber um die inhaltliche Hauptfrage, nämlich, wie durch die Gestaltung der Nebenbedingungen ökonomisch sinnvolle Aufgaben gelöst werden, die reale dynamische Entscheidungen ermöglichen und es gestatten, im obigen Sinne eine optimale Policy auszuwählen. Für das Außenhandelsmodell kämen in Frage,

1. die für den Gesamtperspektivzeitraum bekannte Summe der Absatz- und Bezugsmöglichkeiten mit der Möglichkeit zu entscheiden, wann, in welcher Stufe, in welchem Grade sie in Anspruch genommen werden können. Nichtkorrespondierende Produktionsgrößen könnten so behandelt werden, daß unter Berücksichtigung eines Satzes für Lagerkosten) für die zeitweilig die Absatzmöglichkeiten in der jeweiligen Stufe überschreitende Produktion) eine zusätzliche Lagerhaltung geplant wird. Diese Möglichkeit geht freilich von der Annahme aus, daß eine Nichtausnutzung von Absatzmöglichkeiten in einer Stufe sich automatisch auf die folgende Stufe überträgt. Eine solche Annahme ist jedoch auf Grund der objektiven Entwicklung auf dem Weltmarkt generell nicht haltbar;

2. bei Vorgabe eines Gesamtaußenhandelswarenfonds oder einer Gesamtproduktionskapazität für den gesamten Perspektivzeitraum - möglicherweise auch innerhalb bestimmter Toleranzen, um eine bestimmte minimale Ausnutzung zu sichern und maximale Grenze nicht zu überschreiten - zu entscheiden, in welcher Stufe wieviel produziert oder exportiert werden soll, handelt es sich doch hier um eine praktisch bedeutsame Aufgabenstellung und eine dem Charakter nach dynamische Optimierung. Wenn wir nach diesen Kriterien die Nebenbedingung (8) und (9) des warenstrukturellen Modells betrachten,

wird eine Entscheidung darüber möglich, in welcher zeitlichen Stufe wieviel zu produzieren ist, wieviel für den Inlandverbrauch zur Verfügung steht und wie sich der Export und Import entwickeln sollten. Unabhängig von der notwendigen Forderung für bestimmte Begrenzungen (z. B. g_k und b_k) auch stufenmäßig detaillierte Bedingungen mit weitgehenden Toleranzen vorzugeben, könnte (stark vereinfacht) die Nebenbedingung (8) formuliert werden.

$$\sum_{t=1}^{T} P_{kt} + \sum_{t=1}^{T} \sum_{r} y_{krt} = \sum_{t=1}^{T} \sum_{j=1}^{e} a_{kjt} P_{jt} + \sum_{t=1}^{T} \sum_{r} x_{krt}$$
$$+ \sum_{t=1}^{T} g_{kt}$$

und die Bedingung (9)

$$\sum_{t} P_{kt} \leq \sum_{t} b_{kt}$$

Bei einem solchen Vorgehen erhalten wir eine Lösung, bei der durch die Formulierung der Nebenbedingung ein "Übergreifen" zwischen verschiedenen Stufenabschnitten möglich ist und deshalb die Gesamtlösung die inhaltlich-dynamische Verbindung der statischen Teillösungen sichert.

Wir verkennen nicht die Problematik einer solchen Rechnung, die ja leicht dazu führen kann, zwischenstuflich diskontinuierliche Lösungen zu erhalten. Trotzdem halten wir derartige Berechnungen - nach ihrer ersten experimentellen Berechnung - für notwendig, um zu Vergleichen zu kommen, zu Lösungen, bei den zusätzlich stufenweise Begrenzungen mit größeren Toleranzbreiten eingeführt werden. Auf alle Fälle erscheint es notwendig, um aussagekräftige Varianten für die objektiv begründete Entscheidungsfindung vorlegen zu können, weitere Möglichkeit zu prüfen, dynamische Prozesse besser darzustellen und im System der Optimierung zu berücksichtigen. Die Einführung statischer Parameter zwischen den verschiedenen Stufen, die gewährleisten sollen, daß die Lösung der Stufe T nicht unabhängig von der Lösung der Stufe T-1 erfolgt, ist notwendig.

Die Dimension der einzuführenden Parameter hängt von der Dimension der Nebenbedingung ab, in die solche Parameter eingeführt werden sollen. Nehmen wir hierzu als Beispiel die Einführung solcher Parameter (b') in die Nebenbedingung (10) des warenstrukturellen Modells.

$$x_{krt} \leq \bar{V}_{kr1}$$

$$x_{kr1} + b'_{kr1} x_{kr1} \leq \bar{V}_{kr2}$$

Der Parameter b' wird errechnet aus

$$b'_{kr1} = \frac{x_{kr2} - x_{kr1}}{x_{kr1}}, \text{ wonach sich ergibt:}$$

$$x_{kr1} = \frac{x_{kr2} - x_{kr1}}{x_{kr1}} \qquad x_{kr1} = x_{kr2}$$

Dieser Koeffizient, errechnet als Zuwachsrate, soll also eine bestimmte Entwicklung letztlich von x_{kr1} zu x_{kr2} zeigen. In dieser Richtung wird also bereits festgelegt, daß zwischen x_{kr1} und x_{kr2} ein bestimmtes Verhältnis - dieses Verhältnis wird errechnet als Verhältnis zwischen den zeitlichen Stufen - gesichert werden soll. Man kann den Einbau eines solchen Koeffizienten auch mit der Gewährleistung einer gewissen Kontinuität begründen, im obigen Falle bei der Inanspruchnahme der Absatzmöglichkeiten. In gleicher Weise ist es natürlich auch möglich, solche Parameter beispielsweise in die Bedingung (9) des warenstrukturellen Modells einzuführen, um beispielsweise (evtl. mit Einfluß von Veränderungen der Größe b_j durch Investitionserweiterungen) eine kontinuierlich steigende Kapazitätsauslastung zu erreichen. Unzweckmäßig erscheint auf jeden Fall die Einführung eines solchen Koeffizienten, wenn in der Nebenbedingung das Gleichheitszeichen steht. Widersprüche sind dann kaum vermeidbar.

Wenn also beispielsweise gilt (s. regionales Modell (2))

$$\sum_r X_{kr} \; d'_{kr} = W_k \, (o),$$

ergibt sich, bei stufenweiser zeitlicher Detaillierung für die Stufe t = 1 und der Einführung eines entsprechenden Parameters a'

$$W_{k2}^{(o)} = \sum_r X_{kr} \, d'_{kr1} + \sum_r a'_{k1} \, X_{kr1} \, d'_{kr1},$$

$$\text{wenn} \quad a'_{k1} = \frac{X_{kr2} \, d'_{kr2} - X_{kr1} \, d'_{kr1}}{X_{kr1} \, d'_{kr1}} \qquad \text{nach Auflösung}$$

$$W_{k2}^{(o)} = X_{kr2} \; d'_{kr2}$$

Also ergibt sich zwischen $W_{k2}^{(o)} : W_{k1}^{(o)}$ das gleiche Verhältnis wie zwischen $\sum_r X_{kr2} \; d'_{kr2} : \sum_r X_{kr1} \; d'_{kr1}$, und die Einführung eines Koeffizienten ist unnötig. Die Anwendungsmöglichkeit dieser Methode im warenstrukturellen Modell ist (theoretisch) gegeben, da für alle Nebenbedingungen $\gtreqless$ gilt.

Durch die Einführung solcher Parameter können wir jedoch ebenfalls nicht das Problem der dynamischen Optimierung lösen, sondern lediglich einen Zwischenschritt von der getrennt statisch-stufenweisen Betrachtung mit Hilfe statischer Parameter eine gewisse dynamische Verbindung sichern. Für die konkrete Anwendungsmöglichkeit dieser Methode ist letztlich nicht nur die Wahl eines optimalen Parameters erforderlich, sondern vor allem auch die vorhergehende Analyse der Entwicklung der Begrenzungen, die leicht in Widerspruch zu den im Modell enthaltenen Forderungen geraten können. Nehmen wir hierzu als Beispiel, daß sich in der Stufe 1 eine Lösung ergibt von

$$x_{krt} = \bar{V}_{krt}$$

bei unveränderter Begrenzung, also $\bar{V}_{krt} = \bar{V}_{krt+1}$,

ergibt sich bei $x_{krt} + b'_{krt} \quad x_{krt} > b'_{krt+1}$,

wenn $b'_{krt} > 1$,

ein Widerspruch.

Ein solcher Parameter kann leicht in Gegensatz zu Nutzeffektserfordernissen des Gesamtmodells auf den verschiedenen Stufen geraten, da bei der Bewertung zu laufenden Preisen (vor allem in der Zielfunktion) auch bei einer Preisverschlechterung (oder Kostenerhöhung) diese Bedingung unverändert einzuhalten ist. Bei stufenweiser Zerlegung des Gesamtmodells, wie auch bei der Einführung statischer Parameter sind noch einige Bemerkungen zur Nebenbedingung der Bilanzierung notwendig, wobei hier als "übergreifender" Parameter die Kreditproblematik betrachtet werden muß. Der Saldo des Jahres t+1 kann offensichtlich (Kreditexporte und -importe unterstellt) nur in Abhängigkeit vom Saldo des Vorjahres festgelegt werden. Wenn S_{rt} die Veränderung des Saldos gegenüber den Vorjahren angibt, gilt für den Saldo der Periode t+1

$$\bar{S}_{rt+1} = \bar{S}_{rt} - \sum_k d_{krt} \bar{x}_{krt} + \sum_k p_{krt} \bar{y}_{krt} \stackrel{+}{-} F_{rt+1},$$

wobei $d_{krt} \bar{x}_{krt} = d_{krt} x_{krt}$ - Kreditexporte

und $p_{krt} \bar{y}_{krt} = p_{krt} y_{krt}$ - Kreditimporte.

Entsprechend gilt $\underline{S}_{rt+1} = \underline{S}_{rt} - \sum_k d_{krt} \bar{x}_{krt} + \sum_k p_{krt} \bar{y}_{krt} \pm F_{rt+1}$.

Aus den bisherigen Darlegungen ist ersichtlich, daß es durchaus Möglichkeiten gibt, warenstrukturelle Modelle auch für Variantenrechnungen, darunter nicht zuletzt auch Varianten der internationalen Produktionsspezialisierung, anzuwenden und dabei dem äußerst wichtigen

Aspekt der notwendigen dynamischen Betrachtungsweise, Optimalität in der Entwicklung ökonomischer Gesetzmäßigkeiten, in gewisser Hinsicht Rechnung zu tragen. Besonders bei warenstrukturellen Optimierungsvarianten, dabei speziell von Variantenrechnungen für die internationale Produktionsspezialisierung, spielt die Erkenntnis eine entscheidende Rolle, daß das Primat der Erzielung eines Maximums ökonomischer Nutzeffekte insgesamt zukommen muß und nicht uns, wie in den bisherigen Optimierungsmodellen formuliert der angenäherten direkten ökonomischen Nutzeffekte des Außenhandels. Hierzu stellen wir fest, daß wir durch die Tatsache der Einbeziehung der Selbstkosten als Aufwandgröße in die Zielfunktion und der Betrachtung der verschiedenen Zeitstufen (auch wenn zunächst nur statisch-stufenweise) indirekte Nutzeffekte als Kriterium der optimalen Lösung mit einbezogen werden. Dies trifft zwar nicht auf die Gesamtheit der indirekten Nutzeffekte zu, wohl aber beispielsweise auf die durch die Erhöhung der Arbeitsproduktivität hervorgerufene Senkung der Selbstkosten. Offensichtlich finden diese indirekten Nutzeffekte in der Zielfunktion insoweit Berücksichtigung, wie sie sich (auch in späteren Zeiträumen) wiederum als direkte ökonomische Nutzeffekte des Außenhandels niederschlagen.

Die Vervollständigung dieser Aussage liegt offensichtlich darin, die Bewertungen in der Zielfunktion in der Weise zu vervollständigen, daß Investitionseffektivitäten und Fondseffektivitäten besser zum Ausdruck kommen.

Wir haben hier vor allem und grundsätzlich festzustellen, daß wir gegen eine Überbetonung der direkten ökonomischen Nutzeffekte sind, weil insbesondere bei der planmäßigen prognostischen Begründung arbeitsteiliger Beziehungen dem indirekten ökonomischen Nutzeffekt eine bestimmende Rolle beigemessen werden muß. Gleichzeitig realisieren sich aber auch die indirekten Nutzeffekte mit wachsender Intensität der Außenwirtschaftsbeziehungen als direkte ökonomische Nutzeffekte.

Bei stufenweise-statischer Optimierung verändern sich u.U. die Bewertungsparameter pro ME. Die Kosten pro ME hängen in der Produktion aber wiederum von der zu produzierenden Stückzahl ab, und es ist eine wichtige Aufgabe, die unterstellte Linearität zu überprüfen. Wenn die Beziehungen stückweise linear sind, kann man so vorgehen, daß nun das Gesamtsystem in Teilsysteme zerlegt, innerhalb deren eine Linearität gewährleistet ist. Weit schwieriger lösbar sind solche Fälle, wenn beispielsweise der Preis (die Selbstkosten) eine lineare Funktion der Menge darstellt, nehmen wir an

$$C = ax + b.$$

In unserer Zielfunktion würde sich unter Vernachlässigung der darin enthaltenen übrigen Faktoren ergeben

$$Z = (a_{11} x_{11} + b_{11}) x_{11}$$

$$= a_{11} x^2_{11} + b_{11} x_{11},$$

also eine quadratische Zielfunktion. Zur Lösung dieser Aufgabe, bei lineraren Nebenbedingungen, kann ein erweitertes Simplexverfahren (Wolfe) angewendet werden. Praktische Erfahrungen liegen jedoch, bezogen auf unsere Außenhandelsmodelle, noch nicht vor.

4. Zusammenfassung

Zu den Modellen des internationalen Handels und der Produktionsspezialisierung können wir feststellen, daß sie in den allgemeinen Grundzügen des Aufbaus übereinstimmen mit den bisher bereits ausgearbeiteten Modellen des Außenhandels. Daraus ergeben sich die Schlußfolgerungen:

- Das internationale Modell als Modellsystem ist im Prinzip nach gleichen Gesichtspunkten aufbaubar und zerlegbar (regionale und warenstrukturelle Modelle) wie das Außenhandelsgesamtmodell. Die Einzelmodelle lassen sich systematisch verbinden in einem Modellsystem, das als supranationales oder nationales System konzipierbar ist. Das Verhältnis Teil- zu Gesamtoptimum ist im Prinzip das gleiche wie beim Aufbau der Außenhandelsmodelle.

- Es sind in den internationalen Modellen im Prinzip wie nach den Möglichkeiten in den Modellen des Außenhandels verschiedene Varianten errechenbar, insbesondere Varianten der internationalen Produktionsspezialisierung.

Zu den einzelnen Problemkomplexen stellen wir fest:

1. Das regionale aggregierte (für den gesamten Außenhandel) und außerdem detailliert formulierbare regionale Modell sowie das warenstrukturelle Modell des Außenhandels sind in der Richtung ausbaufähig, daß ihre Grundzüge auf internationale Modelle einschließlich der dabei notwendig zu berücksichtigenden nationalen Verflechtungen anwendbar sind.

2. Modelle der internationalen Arbeitsteilung sind aufstellbar entweder mit supranationalen Zielfunktionen oder dem Ziel der nationalen Maximierung ökonomischer Nutzeffekte. Bei beiden beschränken wir uns, wie im Modell des Außenhandels, auf die Maximierung des direkten ökonomischen Nutzeffekts, betonen aber ihren weiteren Ausbau in Richtung der Maximierung auch der indirekten Nutzeffekte.
Zwischen den beiden möglich zu bildenden Modellen bestehen echte Wechselbeziehungen, die sich im Prinzip aus dem Verhältnis Teiloptimum zu Gesamtoptimum ergeben. Damit ist jedoch auch die Gefahr der Widersprüche zwischen den verschiedenen Lösungen vorhanden, zu deren Lösung eine iterative Annäherung erfolgen kann, etwa auch nach dem System des 2-Stufen-Rhythmus der "2-Ebenen-Planung".

3. Innerhalb der einzelnen Modelle sowie des Modellsystems ist es möglich, verschiedene Varianten zu errechnen. Dies ist erreichbar durch Veränderung der Bewertungsparameter in der Zielfunktion oder/und Veränderung der in das Modell einbezogenen Koeffizienten, die jedoch weitgehend reale ökonomische Veränderungen widerspiegeln müssen.

4. Als Teilmodell ist es möglich, ein Modell der Produktionsspezialisierung aufzustellen,entweder aus der Sicht supranationaler oder nur nationaler Maximierung, und durch entsprechende Veränderung der Parameter verschiedene Varianten unter Berücksichtigung der Verflechtungsbeziehungen vorzuschlagen.

5. Von besonderer Wichtigkeit ist bei Modellen der internationalen Arbeitsteilung die Beachtung des Verhältnisses zwischen Statik und Dynamik, einem Spezialfall des Verhältnisses zwischen Suboptimum und Gesamtoptimum. Mit der Möglichkeit dynamischer Betrachtungen, auch durch die Aneinanderreihung statischer Stufen, ergeben sich Möglichkeiten der vollständigeren Erfassung des Wechselverhältnisses zwischen direkten und indirekten ökonomischen Nutzeffekten, soweit sich letztere wiederum als direkte ökonomische Nutzeffekte des Außenhandels niederschlagen.

Fußnoten

1 Auf eine ausführliche Darstellung,wie dies im einzelnen gesichert wird, kann an dieser Stelle verzichtet werden

2 Zusätzlich zu den Abweichungen, die sich ergeben aus der Verwendung der Selbstkosten in der Zielfunktion und nicht der inländischen Verrechnungspreise

3 Vgl. G. Kohlmey und Autorenkollektiv, Nationale Produktivität, dynamische Produktionen, internationale Arbeitsteilung, Berlin 1965, S. 89 - 95 und 159 - 161

4 Im folgenden werden immer unterstellt gleiche Import- wie Exportbewertung, keine zeitlichen Differenzen und einheitliche Erfassung zu Käufer- und Verkäuferland

5 Vgl. J. S. Wetzel, Elemente der dynamischen Optimierung, Leipzig 1966, S. 38

Erläuterung der Symbole

X_{kr}	Exportumsatz für die Warengruppe k zum Land r in VGW auf der Basis fob
Y_{kr}	Importumsatz für die Warengruppe k zum Land r in VGW auf der Basis fob
d	Exportpreis pro ME
p	Importpreis pro ME
x	Exportvariable Menge
y	Importvariable Menge
$W_k^{(o)}$	Exportwarenfonds für die Warengruppe k, ausgedrückt zu Inlandspreisen
$B_k^{(o)}$	Importwarenfonds für die Warengruppe k, ausgedrückt zu Inlandspreisen
d_n	Exportpreis pro ME für eine Einzelware innerhalb der Warengruppe k des regionalen Modells
p_n	Importpreis pro ME für eine Einzelware innerhalb der Warengruppe k des regionalen Modells
V	Verkaufsmöglichkeiten
$\underline{V}$	minimale Verkaufsnotwendigkeiten
$\bar{V}$	maximale Verkaufsmöglichkeiten
E	Einkaufsmöglichkeiten
$\underline{E}$	minimale Einkaufsnotwendigkeiten
$\bar{E}$	maximale Einkaufsmöglichkeiten
$\underline{S}_r$	untere Grenze eines Handelsbilanzsaldos
$\bar{S}_r$	obere Grenze eines Handelsbilanzsaldos
$k_r^{(I)}$	Richtungskoeffizienten pro Land, eingeschlossen Importpreisverhältnis auf regionaler Basis

$k_r^{(E)}$ Richtungskoeffizienten pro Land, eingeschlossen Exportpreisverhältnis auf regionaler Basis

P_k Gesamtproduktion der Ware k

a_{kj} direkter Materialeinsatzkoeffizient

P_j Produktion der Ware j (Produktionsverbrauch der Ware k)

g_k inländischer Endbedarf

b_k Produktionskapazität

F_r Veränderung des Saldos gegenüber den Vorjahren

c inländischer Aufwand für Export

e inländischer Ertrag für Import

KATJA NEHLS

Zur Bedeutung der internationalen Kapitalbeziehungen und ihrer Besonderheiten im staatsmonopolistischen Kapitalismus

Der staatsmonopolistische Kapitalismus und die Veränderungen im ökonomischen Mechanismus des Kapitalismus wirken sich auch auf das System der internationalen Kapitalbeziehungen aus. Die internationalen Kapitalbeziehungen, insbesondere die langfristigen Kapitalexporte der Monopole als ein Hauptmerkmal des Imperialismus und ökonomische Grundlage des Systems der kapitalistischen Weltwirtschaft wurden in der Leninschen Analyse des Imperialismus auf die strukturellen Veränderungen, die das Hinüberwachsen des Kapitalismus der freien Konkurrenz in den Monopolkapitalismus bewirkte, insbesondere auf Umfang und Erscheinungsformen des relativen Kapitalüberschusses zurückgeführt.

Im folgenden soll versucht werden, eine Reihe typischer Merkmale der internationalen Kapitalbeziehungen in der zweiten und dritten Etappe der allgemeinen Krise des Kapitalismus im Zusammenhang mit den Veränderungen im kapitalistischen System unter den Bedingungen des staatsmonopolistischen Kapitalismus und der wissenschaftlich-technischen Revolution darzustellen, wobei von den Auswirkungen dieser Veränderungen auf Umfang, Bewegung und Erscheinungsformen des relativen Kapitalüberschusses ausgegangen wird.

Das Problem des relativen Kapitalüberschusses ist das Problem der produktiven Kapitalanlage, die im Kapitalismus nicht unmittelbar gegeben ist, weil "... das Kapital und seine Selbstverwertung als Ausgangspunkt und Endpunkt, als Motiv und Zweck der Produktion erscheint; daß die Produktion nur Produktion für das Kapital ist und nicht umgekehrt die Produktionsmittel bloße Mittel für eine stets sich erweiternde Gestaltung des Lebensprozesses für die Gesellschaft der Produzenten sind. Die Schranken, in denen sich die Erhaltung und Verwertung des Kapitalwerts, die auf der Enteignung und Verarmung der großen Masse der Produzenten beruht, allein bewegen kann, diese Schranken treten daher beständig in Widerspruch mit den Produktionsmethoden, die das Kapital zu seinem Zweck anwenden muß, und die auf unbeschränkte Vermehrung der Produktion, auf die Produktion als Selbstzweck, auf unbedingte Entwicklung der gesellschaftlichen Produktionskräfte der Arbeit lossteuern. Das Mittel - unbedingte Entwicklung der gesellschaftlichen Produktivkräfte - gerät in fortwährenden Konflikt mit dem beschränkten Zweck, der Verwertung des vorhandenen Kapitals."[1]

Die qualitativ neue Stufe der Verschärfung der Widersprüche, die dem relativen Kapitalüberschuß zugrunde liegen, bedingt gleichzeitig mit den daraus resultierenden neuen Quellen, Funktionen und Erscheinungsformen des relativen Kapitalüberschusses neben dem Kapitalexport auch neue Absorptionskanäle für das relativ überschüssige Kapital, so zum Beispiel die Ausweitung des parasitären Staatsverbrauchs, insbesondere die Rüstung, die Entwicklung der Infrastruktur, die staatliche "Entwicklungshilfe" und andere Formen der staatlichen Finanzierung der ökonomischen und politischen Expansion. Durch diese und weitere Absorptionskanäle als spezifische Methoden der staatsmonopolistischen Transformation von relativ überschüssigem Kapital in fungierendes Kapital wird der gesamten Gesellschaft ein Tribut auferlegt, um die ökonomischen und politischen Bedingungen zur Aufrechterhaltung des Profitsystems zu sichern. Diese spezifischen Methoden bedingen ihrerseits gleichzeitig die konkreten historischen Erscheinungsformen des relativen Kapitalüberschusses in Form von chronischen und Strukturkrisen, in Form der säkularen Inflation, der Überproduktion von produktivem Kapital, in Form der weltwirtschaftlichen Strukturverzerrungen und der Deformation der internationalen Arbeitsteilung. Es sind dies heute gleichzeitig die konkreten Formen, in denen sich die Funktion des relativen Kapitalüberschusses - durch Kapitalvernichtung und -entwertung die Reproduktion auf erweiterter Stufenleiter zu ermöglichen - vollzieht.

Quellen, Funktion, Erscheinungsformen und Absorptionskanäle des relativen Kapitalüberschusses bedingen sich so gegenseitig und stellen die einzelnen Komponenten der Bewegung des Widerspruchs zwischen Produktion und Verwertung, seiner relativen Lösung und Verschärfung in der zweiten und dritten Etappe der allgemeinen Krise des Kapitalismus dar.[2]

Die veränderten Bewegungsformen und die neuen Erscheinungsformen des relativen Kapitalüberschusses liegen einer Reihe neuer Erscheinungen in den internationalen Kapitalbeziehungen der imperialistischen Länder zugrunde.

1. Abnehmende relative Bedeutung des Kapitalexports

So liegt unter anderem die Transformation von relativ überschüssigem Kapital in fungierendes Kapital durch die staatsmonopolistische Regulierung der Erscheinung zugrunde, daß die relative Bedeutung des Kapitalexports im Vergleich zum frühen Entwicklungsstadium des Imperialismus zurückgegangen ist. Es gibt Schätzungen, nach denen England vor dem ersten Weltkrieg über einen Zeitraum von 50 Jahren jährlich zwischen 4 und 7 Prozent seines Volkseinkommens im Ausland investierte. Zu Beginn der fünfziger Jahre belief sich der Anteil der englischen Auslandsinvestitionen am Nationaleinkommen auf 1,5 Prozent. Um einen entsprechenden Anteil des Kapitalexports am Nationaleinkommen zu erreichen wie seinerzeit England, müßten die USA, die nach dem zweiten Weltkrieg zum Hauptkapitalexporteur unter den imperialistischen Ländern wurden, jährlich etwa 12 bis 20 Milliarden Dollar im Ausland investieren.[3] Tatsächlich betragen die amerikanischen Nettokapitalexporte (private und staatliche) nach den Daten der amerikanischen Zahlungsbilanz im jährlichen Durchschnitt zwischen 3 und 4 Milliarden Dollar.[4] Wenn man die staatlichen Grants mitberücksichtigt, erhöht sich die Summe auf 5 bis 6 Milliarden Dollar jährlich.[5] Von 1910 bis 1913 erreichten die englischen Investitionen 13,4 Prozent des Nationaleinkommens. Davon entfielen 4,1 Prozent auf Binneninvestitionen und 9,3 Pro ent auf Auslandsinvestitionen. Am Vorabend des ersten Weltkrieges entfielen fast 70 Prozent aller englischen Investitionen auf Auslandsinvestitionen.[6] Nach den Daten der Zahlungsbilanz betrug der englische langfristige private und staatliche Nettokapitalexport 1960 56 Millionen Pfund, 1961 85 Millionen Pfund und 1961 90 Millionen Pfund.[7] Ebenso wie bei den Angaben über den Kapitalexport der USA stellen diese Summen den Saldo aus den verschiedensten langfristigen Kapitaltransaktionen im privaten und öffentlichen Sektor dar. Man kann daraus, daß der englische Nettokapitalexport relativ gering ist, nicht schließen, daß England wenig Kapital exportiert, sondern darin kommt zum Ausdruck, daß England ebenfalls viel Kapital importiert. Die internationale Kapitalverflechtung, vor allem zwischen den führenden imperialistischen Ländern, ist enger geworden. Das zeigt sich zum Beispiel auch an Hand der Angaben über die Direktinvestitionen des Auslandes in England einerseits und der Entwicklung der Direktinvestitionen Englands im Ausland andererseits.[8]

Direktinvestitionen des Auslands in England (in Millionen Pfund)

Jahr	1958	1959	1960	1961	1962
Investitionssumme	87	146	135	236	137

Direktinvestitionen Englands im Ausland (in Millionen Pfund)

Jahr	1958	1959	1960	1961	1962
Investitionssumme	144	196	247	226	212

Die internationale Kapitalverflechtung als kapitalistische Form der Internationalisierung des Wirtschaftslebens hat offensichtlich stark zugenommen. Das beruht einerseits auf der Vervielfachung der Formen und Anlässe für Kapitalexporte bzw. -importe, auf relativ großen Bruttokapitalbewegungen. Dabei sind aber auch diese Bruttokapitalexporte der einzelnen imperialistischen Länder relativ, im Verhältnis zum Nationaleinkommen bzw. den

Inlandanlagen gegenüber der Zeit vor dem ersten Weltkrieg zurückgegangen und gleichen sich, was die führenden imperialistischen Länder betrifft, weitgehend aus. Mit Ausnahme der USA gibt es keine ausgesprochenen Kapitalexportländer mehr - in dem Sinne, daß sie ständig große Kapitalsummen netto exportieren. Es gibt eigentlich nur noch ausgesprochene Kapitalimportländer - das sind die Entwicklungsländer. Die internationale Kapitalverflechtung vollzieht sich aber auch als internationale Akkumulation, Konzentration und Zentralisation des Kapitals. Zum Beispiel stehen die amerikanischen Kapitalexporte in Form von Direktinvestitionen in keinem Verhältnis zur tatsächlichen Auslandsakkumulation der amerikanischen Konzerne.

Bau und Ausrüstungsinvestitionen von direkten Auslandsanlagen der USA 1957-1967 (in Millionen Dollar)

Jahr	1957	1958	1959	1960	1961	1962
Geräte insgesamt	4 819	4 097	3 705	3 789	4 122	4 618

Jahr	1963	1964	1965	1966	1967 geplant Juni 1966
Geräte insgesamt	5 068	6 199	7 531	9 162	9 210

Diese Angaben beziehen sich nur auf die Erweiterung des fixen Kapitals der direkten Auslandsinvestitionen der USA und nur auf einen Teil der gesamten Akkumulation.

Für die Jahre 1962 bis 1965 betrug die gesamte Akkumulation in Milliarden Dollar:

Jahr	1962	1963	1964	1965
Akk.Summe	6 042	7 636	8 543	11 247

Rechnet man dazu noch die ausgezahlten Gewinne, so erhöht sie sich auf 8.806 Milliarden Dollar für 1964 und 14 761 Milliarden Dollar für 1965. Davon wurden 1962 nur 1 021 Milliarden Dollar durch Kapital aus den USA finanziert. 1963 betrug der Anteil, der durch Kapital aus den USA finanziert wurde, 1 393 Milliarden Dollar, 1964 1 456 Milliarden Dollar und 1965 2 490 Milliarden Dollar. Die übrige Finanzierung erfolgte aus Gewinnen, Abschreibungen und ausländischem Kapital.[10]

Die Abnahme in der relativen Bedeutung des Kapitalexports für den Reproduktionsprozeß in den imperialistischen Ländern im Vergleich zum frühen Entwicklungsstadium des Imperialismus sowie die viel intensivere internationale Kapitalverflechtung, die sich unter anderem darin zeigt, daß auch die führenden imperialistischen Länder in bedeutendem Maße Kapital importieren, hängt auf verschiedene Weise mit der staatsmonopolistischen

Transformation von relativ überschüssigem Kapital in fungierendes Kapital zusammen. Einmal schafft die Lenkung des in Händen des Staates zentralisierten Teils des Nationaleinkommens in den Bereich der Investitionen und des Staatsverbrauchs starke Stimuli für die Ausdehnung der Binneninvestitionen. Die damit verbundenen neuen Formen, in denen der relative Kapitalüberschuß erscheint - vorwiegend als Überschuß von produktivem Kapital, als Brachlegung von Produktionskapazitäten -, verhindern seine internationale Mobilität. In dieser Form ist der Kapitalüberschuß in einer bestimmten nationalen Produktionssphäre fixiert. International ebenso wie national ist das Kapital nur übertragbar in Waren- oder Geldform, nicht jedoch als produktive Kapital. Die Überschußkapazitäten müßten sich also zunächst in eine der Zirkulationsformen des Kapitals verwandeln. Das wird aber gerade durch die gleichen Prozesse, die zur Brachlegung des produktiven Kapitals führten, verhindert bzw. könnte nur unter großen Verlusten stattfinden.

Ein weiterer Zusammenhang zwischen der staatsmonopolistischen Transformation von relativ überschüssigem Kapital und der relativ zurückgegangenen Bedeutung des Kapitalexports für den Reproduktionsprozeß besteht in der mit der staatsmonopolistischen Transformation von relativ überschüssigem Kapital verbundenen stetigen Inflationierung der Währungen und der staatsmonopolistischen Selbstfinanzierung, die zur Untergrabung des internationalen Kredits führten.

Der relative Rückgang in der Bedeutung dieser Kategorie der internationalen kapitalistischen Wirtschaftsbeziehung ist gleichzeitig Ausdruck der Untergrabung des kapitalistischen weltwirtschaftlichen Mechanismus und der politischen und ökonomischen Instabilität der Wirtschaftsbeziehungen. Auf der anderen Seite finden aus den gleichen Gründen große internationale Kapitalbewegungen zwischen den kapitalistischen Ländern statt, wie Grants, Reparationen, Wiedergutmachungsleistungen, längerfristige Devisenkredite zwischen den Notenbanken, die keine Kapitalexporte sind, aber Methoden der Transformation von relativ überschüssigem Kapital in fungierendes Kapital darstellen bzw. in engem Zusammenhang mit ihr stehen.

2. Rückläufige Bedeutung des Kapitalexports über Wertpapieremissionen

In den weltwirtschaftlichen Beziehungen zeigt sich die Untergrabung des kapitalistischen Preis- und Profitmechanismus durch die staatsmonopolistische Transformation von relativ überschüssigem in fungierendes Kapital unter anderem in der relativ geringen Bedeutung, die heute dem Export von Leihkapital über die Emission von Wertpapieren, der Hauptform des Kapitalexports vor dem ersten Weltkrieg, im Rahmen des langfristigen Kapitalexports der imperialistischen Länder zukommt.

Vor dem ersten Weltkrieg, in den Jahren von 1910 bis 1913, erreichte das Volumen der Auslandsemissionen in London jährlich durchschnittlich 134 Millionen Pfund Sterling oder 2,68 Milliarden Geldmark, das sind 75 Prozent des gesamten damaligen Londoner Emissionsvolumens.[11] Bis 1914 waren Auslandsemissionen im Gegenwert von 18 Milliarden Dollar in London, 5 Milliarden Dollar in Paris, 6 Milliarden Dollar an den deutschen Kapitalmärkten, insbesondere Berlin und Frankfurt, und 3,5 Milliarden Dollar in New York vorgenommen worden.[12] Das sind zusammen 36,5 Milliarden Dollar. Von 1954 bis 1962 erreichten die in Europa und USA aufgelegten Anleihen einen Betrag von insgesamt nur rund 6,8 Milliarden Dollar oder unter Berücksichtigung der Entwertung des Dollars nur 2,3 Milliarden Dollar.[13]

Die Voraussetzungen für diese Form des Kapitalexports sind heute infolge der Veränderungen in den kapitalistischen Produktionsverhältnissen nicht mehr in dem Maße gegeben. Sie war an die Bedingungen des Freihandels, der vollen Konvertibilität der Währungen auf der Grundlage des Goldstandards, relativ ausgeglichener Zahlungsbilanzen und an eine niedrigere Stufe der Konzentration und Zentralisation gebunden.

Der staatsmonopolistische Kapitalismus verstärkte die ungleichmäßige Entwicklung der einzelnen imperialistischen Länder und verstärkt damit die Tendenzen zur Störung der Zahlungsbilanzgleichgewichte.

Die staatsmonopolistische Transformation von relativ überschüssigem Kapital in fungierendes Kapital durch die Forcierung der Aufrüstung, durch die staatliche Investitions- und Außenhandelsförderung usw. sind ein Faktor für die Inflationierung der kapitalistischen Währungen.

Die verstärkte ungleichmäßige ökonomische und politische Entwicklung der einzelnen Länder des kapitalistischen Systems und der allgemeine, wenn auch ebenfalls ungleichmäßig verlaufende Prozeß der Inflationierung führen, sich gegenseitig verstärkend, zur Unterhöhlung des kapitalistischen Weltwährungssystems und zur Vertiefung der chronischen Währungs- und Valutakrise. Die staatsmonopolistischen Regulierungsmaßnahmen in den einzelnen Ländern, um dem entgegenzuwirken, wie Handelsbeschränkungen und Devisenbewirtschaftungen, führen nur zu weiterer Instabilität und Ungleichmäßigkeit.

Die staatsmonopolistischen Zentralisationsprozesse und die damit verbundene Monopolisierung der inländischen Kapitalmärkte durch das Finanzkapital sowie die Verschmelzung der großen Investoren mit dem Staat, die Mobilisierung von Haushaltsmitteln für die Finanzierung der Investitionen und des moralischen Verschleißes führten national und international zur Zurückdrängung der Finanzierung in Form von Wertpapieremissionen zugunsten anderer Finanzierungsformen. Die gleichen Prozesse untergruben aber auch die allgemeinen eigentumsmäßigen Grundlagen dieser Finanzierungsform.

Es wurde gezeigt, daß sich auf der Grundlage der monopolistischen und staatsmonopolistischen Zentralisation die Bewegungs- und Erscheinungsformen des relativen Kapitalüberschusses veränderten.

Vor dem ersten Weltkrieg, als der Grad der Monopolisierung weniger weit fortgeschritten war, das volkswirtschaftliche Investitionsvolumen sowie der Anteil der Investitionen am Nationaleinkommen weit geringer waren als unter den Bedingungen der wissenschaftlich-technischen Revolution, wo beide Größen infolge des gewaltig gestiegenen Kapitalminimums und der forcierten Akkumulation sehr stark zunahmen, erschien der Kapitalüberschuß unter anderem als ständige Plethora von Leihkapital, die sich zu einem wesentlichen Teil in den Händen einer breiten Schicht von Rentnerkapitalisten befand.

Dieses Leihkapital wurde weitgehend in Auslandsemissionen angelegt. So betrug der Nennbetrag der ausländischen Staats- und Kommunalanleihen in Deutschland in den Jahren 1886 bis 1889 2 Milliarden Mark, das sind 40 Prozent der überhaupt aufgelegten Anleihen. In den folgenden Jahren betrug der Auslandsanteil der in Deutschland aufgelegten Anleihen zwischen 33 und etwa 7 Prozent.[14] Der erste Weltkrieg, die Inflation und die Weltwirtschaftskrise führten zur Enteignung der Rentnerschichten. Die staatsmonopolistische Transformation von relativ überschüssigem Kapital und die Monopolisierung des Kapitalmarktes führten dazu, daß sich die Geldkapitalakkumulation weitgehend in Händen des Finanzkapitals zentralisierte. Der sogenannte Mittelstand, Handwerker, kleine und mittlere Kapitalisten legen ihr Geldkapital heute vorwiegend in liquiden Anlageformen und nicht in Wertpapieren an,[15] weil die fortschreitende Inflation die Realverzinsung des Leihkapitals generell entwertet, insbesondere aber die in langfristigen Anlagen. Die Entwertung der Realverzinsung des Leihkapitals ist ein Hebel der Zentralisation und Enteignung insbesondere der kleinen und mittleren Kapitalisten zugunsten der großen nationalen und internationalen Bank- und Industriemonopole. Sie macht prinzipiell die Anlage in industrielles Kapital profitabler als die Anlage in Leihkapital. In Anbetracht des gestiegenen Kapitalminimums entfällt der Hauptteil der Investitionen jedoch auf die großen, mit den Banken verflochtenen Monopolgesellschaften.

Die Zentralisation der Geldkapitalakkumulation bei den Monopolen und dem Staat führt zum Vorherrschen direkter Bankkredite und der Selbstfinanzierung gegenüber der Wertpapieremission.

Auf Grund der Eigentumsstruktur, des hohen Grades der Zentralisation von Kapital und Produktion und der engen finanziellen Verflechtung von Industrie- und Bankmonopolen mit dem Staat ist der Mobilisierung von Leihkapital in der Form der Wertpapieremission als hauptsächlicher Finanzierungsform der Boden entzogen. Sie beschränkt sich auf die großen monopolistischen Gesellschaften und staatliche Institutionen.

Die Veränderungen in der eigentumsmäßigen Struktur des gesellschaftlichen Gesamtkapitals im allgemeinen und der Geldkapitalakkumulation im besonderen, die in den imperialistischen Ländern binnenwirtschaftlich die Bedeutung und Funktionsfähigkeit dieser Finanzierungsform aufhoben, sind auch die Grundlage für die relativ geringe Bedeutung des Kapitalexports in Form von Wertpapieremissionen gegenüber anderen Formen des

Kapitalexports. Jedoch kommen im internationalen Bereich zusätzliche Momente hinzu, die diese Finanzierungsform zurückdrängen: Einerseits stimuliert die staatsmonopolistische Transformation von relativ überschüssigem Kapital in fungierendes Kapital die Investitionen in den hochentwickelten kapitalistischen Ländern und führt zur wachsenden Inlandsnachfrage der Monopole nach Geldkapital für die Akkumulation. Andererseits fallen die schwach entwickelten Länder, auf die vor dem ersten Weltkrieg etwa 60 Prozent der in den Industrieländern emmittierten Auslandsanleihen entfielen, heute als Anlagesphären für Kapitalexporte in dieser Form aus, weil die politischen, ökonomischen und währungsmäßigen Risiken zu groß sind.

Die Inflationierung der Währungen und die Zahlungsbilanz-Ungleichgewichte unterhöhlen die ökonomische und institutionelle Stabilität der Wechselkurse. Das zunehmende Auseinanderklaffen von Binnen- und Außenwert der Währungen infolge der inflationistischen Konjunkturpolitik und der Förderung der außenwirtschaftlichen Expansion vergrößern das Wechselkursrisiko. Dieses drückt auf die Laufzeit der Anleihen und verteuert diese Form des internationalen Kredits. Dazu kommt, daß sich der Leihkapitalexport im allgemeinen, wie der Wertpapierkapitalexport im besonderen, unmittelbar auf die Währungsreserven und die Wechselkurse, die innere Geldzirkulation und das inländische Kreditvolumen auswirkt und von daher Wirkungen auf den Reproduktionsprozeß im Kapitalexport- und -importland ausüben kann. Infolgedessen unterliegen der Leihkapitalexport und -import im allgemeinen und der in Form von Wertpapieren im besonderen in fast allen kapitalistischen Ländern zahlreichen, vielfältigen staatlichen Kontrollen sowie devisenpolitischen und steuerlichen Beschränkungen, die sich sehr schnell mit der konjunktur- und währungspolitischen Entwicklung verändern können.

Unter diesen Bedingungen sind nur die größten internationalen Gesellschaften, Regierungen oder die internationalen Institutionen in der Lage, sich internationales Kapital über Wertpapieremissionen zu beschaffen.

Die internationalen Leihkapitalexporte der Monopole erfolgen vorwiegend in Form von Direktkrediten der Banken an Industrieunternehmen bzw. von Muttergesellschaften an ausländische Tochtergesellschaften. Daneben spielen Anlagen in ausstehenden Wertpapieren eine große Rolle, denen aber oft spekulative Motive zugrunde liegen.

3. Vorrang des industriellen Kapitalexports gegenüber dem Leihkapitalexport gegenüber dem Leihkapitalexport im Bereich der privaten Kapitalexporte

Heute exportieren die Monopole Kapital überwiegend als industrielles und Zirkulationskapital und nicht als Leihkapital, was sich in dem hohen Anteil der Direktinvestitionen an den gesamten langfristigen privaten Kapitalexporten niederschlägt.

Die Funktionen des internationalen langfristigen Kredits sind heute weitgehend an die internationalen staatsmonopolistischen Finanzinstitutionen übergegangen sowie an die bilateralen staatlichen Kredite und an die langfristigen Lieferantenkredite. Die Transformation von relativ überschüssigem Kapital in fungierendes Kapital vollzieht sich unter anderem über die staatliche Finanzierung von supranationalen Kreditinstitutionen, bilateralen staatlichen Krediten, langfristigen Lieferantenkrediten und die Förderung von Direktinvestitionen. Auf diesen Wegen verbreitert sie über die Stimulierung der Investitionen und die Ausdehnung der Produktion die nationale und internationale Akkumulation der Monopole.

Auf der anderen Seite erweitert die wissenschaftlich-technische Revolution die Anlagesphären für industrielles Kapital sowie die technisch-ökonomischen Voraussetzungen für Direktinvestitionen, insbesondere durch die Ausdehnung und Verbesserung des Nachrichten- und Transportwesens, die zunehmende Standardisierung, die Vereinfachung einzelner Arbeitsgänge und die mögliche Verwendung ungelernter Arbeitskräfte.[16] Gleichzeitig vervielfältigen die Methoden und Instrumente der staatsmonopolistischen Transformation von relativ überschüssigem Kapital die unmittelbaren Motive für Kapitalexporte in Form von Direktinvestitionen.

Neben den Integrationsprozessen fördert auch der Neokolonialismus die Tendenz zur Verstärkung der Direktinvestitionen. Neben Investitionen, die der Erschließung von Rohstoffvorkommen dienen, spielen Investitionen in die verarbeitende Industrie eine wachsende Rolle, um neue Absatzmärkte zu erschließen und die kapitalistische Ausbeutungsbasis in den schwachentwickelten Ländern zu verbreitern und zu vertiefen.

Jedoch führt die wissenschaftlich-technische Revolution überwiegend zu einer Konzentration der Direktinvestitionen auf gegenseitige Investitionen der hochentwickelten kaptalistischen Industrieländer. Sie bewirken ihrerseits eine verstärkte Konzentration und Zentralisation auf nationaler und internationaler Ebene.

Die wissenschaftlich-technische Revolution stellt hohe Anforderungen an die Akkumulation sowie die Konzentration und Zentralisation des Kapitals. Der Akkumulationsprozeß verlangt unter modernen technischen Bedingungen immer größeren Kapitalaufwand. Das bedeutet unter monopolkapitalistischen Bedingungen gleichzeitig verschärfte Konkurrenz der Monopole um die günstigsten Verwertungs- und Akkumulationsbedingungen. Beides wirkt in Richtung einer verstärkten internationalen Konzentration und Zentralisation. Die Monopole schließen sich auf nationaler und internationaler Ebene zusammen, um sich an dem infolge des technischen Fortschritts schnell ausdehenden Markt mittels großer Investitionen einen möglichst großen Anteil zu sichern.

Die moderne Stufe der Vergesellschaftung der Produktion, wie sie durch die wissenschaftlich-technische Revolution erzeugt wird, erfordert umfangreiche und kostspielige Forschungs- und Entwicklungsarbeiten sowie eine langfristige und vorausschauende Planung der Investitionen. Auch von dieser Seite gehen Anstöße zu einer verstärkten internationalen Konzentration und Zentralisation aus.

Das gewaltig gestiegene Kapitalminimum bei gleichzeitig sprunghaftem Anstieg der technischen und organischen Zusammensetzung des Kapitals und steigendem Anteil des fixen konstanten Kapitals am fungierenden Kapital, der beschleunigte moralische Verschleiß und die zunehmende Kapitalentwertung auf der einen Seite sowie die Verschärfung des Konkurrenzkampfes der Monopole um den größtmöglichen Anteil an den durch die technisch-wissenschaftliche Revolution eröffneten Anlagemöglichkeiten erzwingen die rationellere Ausnutzung der Akkumulationsreserven und die Verbreiterung der Akkumulationsbasis. Das ist nur möglich mittels einer über die Grenzen einzelner Volkswirtschaften hinausgehenden Spezialisierung, Kooperation, Konzentration und Zentralisation. Von der verstärkten Internationalisierung des Wirtschaftslebens und der verstärkten internationalen Zentralisation zeugt im Bereich der kapitalistischen Weltwirtschaft vor allem, daß innerhalb der einzelnen Staaten der Einfluß der großen Monopolgruppen zunimmt, die eine internationale Struktur und internationale Ausmaße besitzen und auf Grund internationaler Programme tätig sind.[17] Ein solches Unternehmen hat sein Kapital auf eine Vielzahl von Ländern aufgeteilt. Es nimmt die verschiedensten nationalen Kapitalquellen in Anspruch. Es kann möglicherweise in allen Regionen des kapitalistischen Systems operieren. Es orientiert seine Tätigkeit an der weltweiten Aufteilung der Produktionsfaktoren. Es berücksichtigt die langfristige Entwicklung dieser Produktionsfaktoren und ihrer Verteilung in den verschiedenen Wirtschaftsgebieten des kapitalistischen Systems im Vergleich zu der voraussichtlichen Entwicklung der Welteinkommen und der Weltnachfrage.[18]

Die Folge der Entwicklung und der Tätigkeit der großen multinationalen Unternehmen besteht in der Internationalisierung der Profitbedingungen durch die Ausnutzung unterschiedlicher konjunktureller Schwankungen in verschiedenen Ländern, durch Ausnutzung der national verschiedenen Steuersysteme, unterschiedlicher Arbeitslöhne, der Handels- und Transferbeschränkungen, der unterschiedlichen Bedingungen auf den verschiedenen nationalen Kapitalmärkten durch die bessere Ausnutzung und Verwertung von Patenten und Produktionsverfahren, durch Einsparung von Transportkosten usw. Infolge der Internationalisierung der Profitbedingungen durch die großen multinationalen Unternehmen kann eine Direktinvestition in einem bestimmten Land auch dann rentabel sein, wenn das betreffende Unternehmen, in das die Direktinvestition vorgenommen wurde, keinen Gewinn erzielt oder mit Verlust arbeitet. Aus marktstrategischen Gründen kann die Unterhaltung des Unternehmens in dem betreffenden Land im Rahmen der gesamten Absatzpolitik der Muttergesellschaft wichtig sein.

Die Internationalisierung der Profitbedingungen durch die multinationalen Gesellschaften und die Forcierung ihrer Direktinvestitionen in den verschiedenen kapitalistischen

Industrieländern erzeugen zusätzliche Elemente der Disproportionalität und der Überakkumulation. Sie verschärft den Konkurrenzkampf auf den verschiedenen nationalen Binnenmärkten ebenso wie auf den Außenmärkten, verstärkt die Tendenz zur Entwicklung von Überkapazitäten und fördert Strukturverzerrungen der nationalen Wirtschaften.

Die Anforderungen, die die modernen Produktivkräfte an die Internationalisierung der Wirtschaft, an die internationale Spezialisierung, Kooperation, Konzentration und Zentralisation stellen, sind die Grundlage für den Prozeß des zunehmenden Gewichts der multinationalen Monopolunternehmen, der sich in verstärkten gegenseitigen Direktinvestitionen der hochentwickelten kapitalistischen Länder niederschlägt.

Dabei überwiegen die Direktinvestitionen aus den USA in Westeuropa bei weitem die der westeuropäischen Länder in den USA. Seit 1957 findet eine Verlagerung der amerikanischen Direktinvestitionen von Lateinamerika und Kanada nach Westeuropa statt. Innerhalb Westeuropas vollzog sich eine Umlenkung von Großbritannien auf die EWG-Länder, vor allem Frankreich und Westdeutschland.

Die Hauptanlagesphären sind die sogenannten Wachstumsindustrien, die Erdölindustrie, die Autoindustrie, die elektronische und elektrotechnische Industrie und die chemische Industrie. Unter dem Druck der amerikanischen Kapitalexportoffensive verstärkt sich der Konzentrations- und Zentralisationsprozeß in Westeuropa. Er vollzieht sich auf verschiedenen Wegen und Ebenen. Seine konkreten Formen werden durch die jeweiligen Kräfteverhältnisse im Konkurrenzkampf bestimmt.

Beispiele für die Aggressivität der amerikanischen Konzerne stellen die Majorisierung des westdeutschen Aral AG durch die Mobil Oil, der DEA durch Taxaco oder des französischen Simca-Konzerns und des britischen Rootes-Konzerns durch die Chrysler Corporation dar.

Der Aggressivität der amerikanischen Konzerne entsprechend Zentralisationsbestrebungen bei den westeuropäischen Konzernen, die je nach der Stärke der Beteiligten entweder zu Kartellabmachungen im westeuropäischen Rahmen oder zu Zusammenschlüssen auf nationaler oder westeuropäischer Ebene führen. Die Spitze dieser Zentralisationsvorgänge ist gegen die Expansion der großen USA-Konzerne gerichtet.

Beispiele solcher Abwehrkonzentrationen auf nationaler Ebene sind der fusionsähnliche Zusammenschluß zwischen dem Volkswagenwerk und den zum Flick-Konzern gehörenden Autofirmen Daimler Benz und Autounion oder die Fusion der beiden größten Unternehmen der Teerverarbeitung in Westdeutschland - der Rütgerswerke und der Gesellschaft für Teerverarbeitung. Gleichzeitig finden innerwesteuropäische Konzentrationsvorgänge statt wie die Fusion der AGFA AG, Leverkusen, mit der Geveart Photoproducten N. V., Rotterdam.
Bei der Entwicklung der Petrolchemie arbeitet der IG-Farben-Konzern vorwiegend mit britischen Ölgesellschaften zusammen. Die Badische Anilin & Soda-Fabrik AG, Ludwigs-

hafen, gründete zusammen mit der Deutschen Shell-AG, Hamburg, auf einer Beteiligungsbasis von 50 zu 50 Prozent die Rheinischen Olefine-Werke GmbH (ROW), Wesseling. Die Bayer-AG, Leverkusen, gründete zusammen mit der BP-Benzin und Petroleum-AG, Hamburg, ebenfalls auf einer Beteiligungsbasis von 50 zu 50 Prozent die Erdölchemie GmbH, Dormagen. Es handelt sich um zwei Großunternehmen mit einem Stammkapital von 140 Millionen DM bzw. 110 Millionen DM, die unter anderem für die IG-Farben-Gruppe eine wichtige Rohstoffbasis der eigenen Kunststoff-, Kunstfaser- und Kautschukerzeugung darstellen sollen. Die ROW erreichten 1961 eine Kapazität von 150 000 Jahrestonnen Äthylen und 130 000 Jahrestonnen Hochdruckpolyäthylen. Das sind 10 Prozent der Welterzeugung und etwa 87 Prozent der EWG-Gesamtkapazität.[19]

Das Vordringen des Auslandskapitals in Westdeutschland, die Gründung von Tochtergesellschaften der großen ausländischen Chemiekonzerne zwecks Eroberung des westdeutschen und des EWG-Marktes wurde, wie das Beispiel der Photochemie zeigte, mit interwesteuropäischen Zentralisationsvorgängen beantwortet. Darüber hinaus löst es, ähnlich wie in der Automobilindustrie, auch innerwestdeutsche Zentralisationsvorgänge aus. Hierzu gehört die 1964 erfolgte Fusion der Chemischen Werke Albert AG, Wiesbaden-Biebrich, mit der Farbwerke Hoechst AG.[20]

Eine andere wichtige Fusion ist die der Adolph-Messer-GmbH mit den Farbwerken Hoechst. Die Adolph-Messer-GmbH ist die Stammgesellschaft eines Konzerns mit über 20 Unternehmen, darunter 9 ausländischen, die ebenfalls sehr forschungsintensiv ist.

Die angeführten Beispiele für die Zentralisationsvorgänge, wie sie sich auf nationaler und zwischenstaatlicher Ebene abspielen, sind repräsentativ für die Stufenleiter der Zentralisation unter den Bedingungen der wissenschaftlich-technischen Revolution.

Die neuen Produktionsmaßstäbe, die Erfordernisse, die die technisch-wissenschaftliche Revolution der Konzentration und Zentralisation der Produktion setzt, führen zur Eingliederung ganzer Konzerne in den Machtbereich der noch größeren Konzerne und damit zu einer höheren Stufe der Konzentration und Zentralisation des Kapitals.

Das Vordringen des Auslandskapitals in einzelnen Industriezweigen löste, wie die Beispiele aus der Automobilindustrie und der Teerverarbeitung zeigten, innerwestdeutsche Zentralisationsvorgänge aus; auch in der Elektroindustrie gab die Abwehr gegen das Auslandskapital Ende 1964 den Anstoß zu einer der größten Kapitaltransaktionen der letzten Jahre, dem Übergang der Continental-Elektroindustrie an die Bergmann-Elektrizitätswerke und damit indirekt an den Siemens-Konzern.[21]

Aber auch diese innerwestdeutschen Zentralisationsvorgänge führen indirekt zu einer weiteren Intensivierung der internationalen Zentralisation, weil sie die Positionen der betreffenden Konzerne auf dem Weltmarkt stärken und deren Möglichkeiten erweitern, durch Kapitalexporte ihrerseits aktiv am internationalen Zentralisationsprozeß teilzunehmen.

So kaufen nicht nur ausländische Konzerne westdeutsche Unternehmen auf, sondern auch die westdeutschen Konzerne sind in dieser Hinsicht im Ausland aktiv. So errichteten unter anderem fast alle großen westdeutschen Konzerne Holdinggesellschaften in der Schweiz für den Erwerb und die Verwaltung von Beteiligungen an Firmen der entsprechenden Branchen und die Mobilisierung von Kapital für Auslandsstützpunkte.

Die andere Seite dieses innerwestdeutschen Zentralisationsprozesses besteht darin, daß viele kleinere westdeutsche Konzerne und konzernfreie Großunternehmen Anschluß an das Auslandskapital suchen und diesem Beteiligungen einräumen, um nicht in die Abhängigkeit von den westdeutschen großen Konzernen zu geraten. Dabei werden sie jedoch häufig nach einer gewissen Zeit völlig von den Auslandskonzernen majorisiert.

Die Vertiefung der industriellen Arbeitsteilung, die Spezialisierung, Kooperation, Konzentration und Zentralisation der Produktion im Zusammenhang mit der Entdeckung neuer Produktionsverfahren, der Entwicklung neuer Erzeugnisse und der Entstehung neuer Industriezweige führt zur Intensivierung der internationalen Konzentration und Zentralisation des Kapitals in horizontaler und vertikaler Richtung. So gibt es keinen führenden westdeutschen Konzern, der nicht mit mehreren anderen über gemeinsame Beteiligungsgesellschaften kapitalmäßig verflochten ist. Das gilt aber nicht nur für die westdeutschen Konzerne, sondern ebenfalls für die in Westdeutschland tätigen großen Auslandskonzerne. So bestehen Kapitalverflechtungen über gemeinsame Beteiligungsgesellschaften zwischen dem ARBED-Konzern und den westdeutschen Konzernen Thyssen, Hoesch und AEG, zwischen dem Hoogovens-Konzern und Thyssen, Krupp, Hoesch, Flick, Klöckner, zwischen Quandt-Wintershall und Standard Oil und Shell, zwischen IG-Farben und der BP-Gruppe und dem Unilever-Konzern u. a. m.; die Aufzählung ließe sich beliebig fortsetzen. Die Kapitalverflechtung über gemeinsame Beteiligungsgesellschaften ist dabei nicht auf Westdeutschland beschränkt, sondern erfolgt im internationalen Maßstab, insbesondere auch bei der neokolonialistischen Infiltration der Entwicklungsländer, wo das internationale Finanzkapital versucht, über solche gemeinsamen Gesellschaften sich der Rohstoffquellen, ganzer Industriezweige und des Bankwesens zu bemächtigen. Aus der kapitalmäßigen Verflechtung der Industriezweige ergeben sich neue Bankverbindungen. Auch international führt der Zentralisationsprozeß zu Veränderungen der Kräfteverhältnisse und des Einflußbereichs der Banken. Es entstehen neue internationale Formen des Finanzkapitals und neue finanzkapitalistische Gruppierungen.[22]

Die angeführten Beispiele zeigen, daß sich die durch die wissenschaftlich-technische Revolution bedingte höhere Stufe der Konzentration und Zentralisation, vor allem die höhere Stufe der internationalen Konzentration und Zentralisation über den Konkurrenzkampf der größten internationalen Monopole durchsetzt. Ein dominierendes Merkmal dieses Konkurrenzkampfes ist die finanzielle und wissenschaftlich-technische Überlegenheit der großen amerikanischen Monopole auf Grund ihres höheren Grades der Konzentration und Zentralisation. Deshalb versuchen die führenden Monopole der westeuropäischen Länder durch Konzentration der Produktion und Zentralisation des Kapitals zunächst auf nationaler Ebene, aber auch durch interwesteuropäische Zusammenschlüsse, das Vordringen der amerikanischen Monopole abzuwehren.

Natürlich führen auch die Konkurrenz zwischen den großen westeuropäischen Monopolen untereinander sowie die Konkurrenz in- und ausländischer Monopolunternehmen innerhalb der einzelnen westeuropäischen Länder zu Zentralisationsvorgängen auf nationaler und internationaler Ebene.

Jedoch ist der erste Aspekt angesichts der Tatsache, daß die Direktinvestitionen aus den USA nach Westeuropa bei weitem die Direktinvestitionen aus Westeuropa nach den USA übertreffen, der dominierende.

Das wird durch eine Analyse der Kapitalbeziehungen zwischen den USA und Westeuropa erhärtet.

4. Struktur der Kapitalbeziehungen zwischen USA und Westeuropa

Als Quintessenz der Kapitalbewegungen zwischen den USA und Westeuropa ergibt sich, daß die USA vorwiegend langfristiges Kapital in Form von Direktinvestitionen nach Westeuropa exportieren und überwiegend langfristiges privates und kurzfristiges staatliches Leihkapital aus Westeuropa importieren. Anhaltspunkte dafür gibt eine Analyse des Standes und der Struktur der internationalen Gläubiger- bzw. Schuldnerposition der USA.

Die Schuldnerposition der USA gegenüber Westeuropa 1965 (vorläufige Angaben)[23]
(in Mill. US-Dollar)

Art der Verschuldung	Forderungen	Verbindlichkeiten
gesamt	29 594	34 149
langfristig	26 504	18 342
kurzfristig	3 113	15 807
privat	21 164	23 758
staatlich	8 430	10 391

Strukturelle Komponenten der Schuldnerposition gegenüber Westeuropa 1965 (vorläufige Angaben)[23] (in Mill. US-Dollar)

	Forderungen	Verbindlichkeiten
langfristig privat	19 101	18 342
Direktinvestitionen	13 894	6 105
Wertpapiere	1 893	10 530
kurzfristig privat	2 063	5 416
langfristig staatlich	7 403	-
langfristige Kredite	7 403	-
rückzahlbar in Dollar	6 230	-
in ausländ. Währung	1 173	-
kurzfristig staatlich	1 027	10 391[24]
ausländische Währungen und kurzfristige Forderungen	253	-
IMF-Goldbrancheposition und Bestände der Währungsbehörden an konvertiblen Währungen	774	-

Wie die vorstehenden beiden Tabellen zeigen, beruht die Schuldnerposition der USA gegenüber Westeuropa vor allem auf ihrer hohen kurzfristigen Verschuldung, bei der die staatlichen Kapitalimporte in Form von Beständen der Zentralbanken und Regierungen sowie internationaler und regionaler Institutionen an kurzfristigen Guthaben und Regierungsobligationen der USA den Ausschlag geben. Die Gläubigerposition der USA im Bereich der langfristigen Transaktionen (26,5 Milliarden Dollar Forderungen, 18,3 Milliarden Dollar Verbindlichkeiten) beruht vor allem auf langfristigen staatlichen Krediten (7,5 Milliarden Dollar).

Die Hauptkomponente im Bereich der privaten langfristigen Forderungen der USA gegenüber Westeuropa sind Direktinvestitionen (13,9 Milliarden Dollar), während der Hauptteil der langfristigen Verbindlichkeiten aus westeuropäischen Portefeuille-Investitionen besteht (10,4 Milliarden Dollar).

Im Bereich des langfristigen privaten Kapitalverkehrs übersteigen bei den Kapitalexporten der USA nach Westeuropa die Direktinvestitionen bei weitem die Portefeuille-Investitionen (13,9 Milliarden Dollar zu 1,8 Milliarden Dollar), während bei den Kapitalexporten Westeuropas nach den USA die Verhältnisse umgekehrt liegen (6,1 Milliarden Dollar zu 10,5 Milliarden Dollar). Hinter dieser Struktur der Kapitalbeziehungen zwischen den USA und Westeuropa steht ökonomisch die Verwandlung von westeuropäischem Leihkapital in amerikanisches fungierendes Kapital in Westeuropa.

Die hohe kurzfristige Auslandsverschuldung der USA ist nicht nur eine Folge der Stellung des US-Dollars als Reservewährung und des Systems der festen Kurse, das die Notenbanken zwingt, Dollarreserven anzulegen, die sie ihrerseits zu einem großen Teil aus Rentabilitätsgründen am amerikanischen Geldmarkt anlegen, wo sie die Finanzierung von Auslandsinvestitionen amerikanischer Firmen ermöglichen. Die steigende Tendenz dieser Verschuldung ist auch eine Folge der hohen und wachsenden Regierungsausgaben für militärische Zwecke im Ausland, der hohen Entwicklungshilfe und der wachsenden amerikanischen Direktinvestitionen im Ausland. Auf diese Weise weist die amerikanische Zahlungsbilanz strukturell bedingte tendenziell wachsende Zahlungsbilanzdefizite auf, die die Stellung des Dollars als Leitwährung untergraben und damit die Funktionsfähigkeit des derzeitigen kapitalistischen Währungssystems gefährden.

Die hohen amerikanischen Direktinvestitionen stellen also einen der Hauptfaktoren für die kurzfristige Verschuldung der USA dar. Sie führen aber auch zu wachsenden langfristigen Leihkapitalimporten der USA aus Westeuropa. Das hängt mit der Finanzierungspolitik der amerikanischen Konzerne zusammen. Nur 1,5 Milliarden Dollar oder 17 Prozent des Kapitals, das von den Tochtergesellschaften amerikanischer Konzerne 1964 in den drei Hauptindustrien (Bergbau, Erdöl und verarbeitende Industrie) im Ausland investiert wurde, stammt aus den USA. Bei den ausländischen Produktionsgesellschaften betrug der Anteil sogar nur 14 Prozent.[25] Neben der Selbstfinanzierung aus Gewinnen und Abschreibungen, die 1964 4,4 Milliarden Dollar oder mehr als 50 Prozent aller von den ausländischen Tochtergesellschaften investierten Kapitalien ausmachten, stellte die ausländische Fremdfinanzierung mit einem Anteil von 32 Prozent an der Gesamtfinanzierung der ausländischen Tochtergesellschaften die größte Finanzierungsquelle für die amerikanischen Direktinvestitionen im Ausland dar.[26] Die ausländische Fremdfinanzierung besteht hauptsächlich aus Bankkrediten und Wertpapieremissionen[27] und weist eine ständig zunehmende Tendenz auf. Besonders unter dem amerikanischen Zahlungsbilanzprogramm nahm sie stark zu. Dabei spielt die Begebung von Anleihen amerikanischer Firmen in Westeuropa zur Finanzierung von Direktinvestitionen im Ausland eine zunehmende Rolle. Diese Anleihen betrugen 1965 350 Millionen Dollar und 1966 schätzungsweise bereits 600 bis 700 Millionen Dollar.[28]

Für die USA und die amerikanischen Monopole ist dieser Mechanismus äußerst profitabel. Die auf diese Weise vollzogene Verwandlung von kurzfristigem staatlichem und langfristigem privatem westeuropäischem Leihkapital in fungierendes amerikanisches Kapital in Westeuropa und anderen Regionen der kapitalistischen Weltwirtschaft bedeutet, daß die USA im Kapitalverkehr mit Westeuropa hohe Profite aus der Differenz zwischen Zins und Unternehmergewinn ziehen.

Die Folge ist eine wachsende Passivierung der westeuropäischen Kapitalertragsbilanz mit den USA, obwohl die USA netto an Westeuropa verschuldet sind. So stieg der Saldo der

Kapitalertragsbilanz zwischen den USA und Westeuropa zugunsten der USA von 9 Millionen Dollar 1950 auf 172 Millionen Dollar 1955, 281 Millionen Dollar 1964 und 331 Millionen Dollar 1965.

Die amerikanische Zahlungsbilanz und Kapitalexportpolitik ihrerseits fördert die Aufrechterhaltung dieses Mechanismus: Während auf der einen Seite die von USA-Unternehmen kontrollierten Direktinvestitionen in Europa in hohem Maße von der amerikanischen Regierung gefördert werden, unterliegt die Beschaffung von durch europäische Unternehmen zu kontrollierenden langfristigen Finanzmitteln in den USA einer prohibitiven Besteuerung.[29] Dazu kommen eine ganze Reihe von anderen gesetzlichen Bestimmungen, die die Direktinvestitionen westeuropäischer Konzerne in den USA erschweren.[30]

Die wachsenden Profite, die die USA mit Hilfe dieses Mechanismus aus Europa ziehen, dienen ihrerseits der weiteren amerikanischen Expansion in Westeuropa und anderweitig. Auf diese Weise verschärft er die internationalen Liquiditätsprobleme und ruft ständig neue Maßnahmen der internationalen Währungskooperation hervor, verbunden mit einer zunehmenden "Entliberalisierung" der internationalen finanziellen Transaktionen, insbesondere auf dem Gebiet der Kapitaltransaktionen. Neben den erheblichen finanziellen Belastungen, die den westeuropäischen Ländern aus den Stützungsaktionen für die beiden Leitwährungen erwachsen, fordern die USA von den westeuropäischen Ländern die Übernahme höherer militärischer Lasten, verstärkte Auslandshilfe, die Öffnung der Einfuhrschranken und eine noch stärkere monetäre Expansion zur Entlastung der amerikanischen Zahlungsbilanz. Auf diese Weise sollen die westeuropäischen Länder die Hauptlast bei der Aufrechterhaltung des derzeitigen kapitalistischen Weltwährungssystems tragen, während die Vorteile dieses Systems überwiegend der Expansion der amerikanischen Monopole zugute kommen, die bestrebt sind, die westeuropäischen Wachstumsindustrien unter ihre Kontrolle zu bringen. Auf dieser Grundlage müssen sich die Gegensätze unter den imperialistischen Ländern verschärfen. Offensichtlich wurde das an der Haltung Frankreichs auch auf währungspolitischem Gebiet und an verschiedenen Maßnahmen zur verstärkten Kontrolle der Kapitalimporte in einzelnen westeuropäischen Ländern in den letzten Jahren. Aber auch der Widerstand des westdeutschen Finanzkapitals gegen das Vordringen der amerikanischen Konzerne wächst, was unter anderem in der verstärkten Forderung nach Zweiseitigkeit des Kapitalexports in Form von Direktinvestitionen, nach Abschaffung des Systems der festen Kurse und nicht zuletzt in der Erwägung Kiesingers anläßlich seiner Regierungserklärung vom Dezember 1966, einen europäischen Hartwährungsblock zu bilden, zum Ausdruck kam.

Aus der Sicht der Problematik des relativen Kapitalüberschusses ist die Struktur der Kapitalverflechtung zwischen den USA und Westeuropa Resultat einer internationalen Transformation von relativ überschüssigem Kapital in fungierendes Kapital im Interesse der Expansion der USA-Monopole in Westeuropa. Hauptkanäle dieser Transformation sind unter anderem die staatsmonopolistische währungspolitische Kooperation der wichtigsten Industrieländer und die amerikanische Zahlungsbilanz- und Kapitalexportpolitik.

5. Die verstärkte Differenzierung zwischen reichen und armen Ländern

Die kapitalistischen Methoden zur Bewältigung der wissenschaftlich-technischen Revolution mit ihren Auswirkungen auf nationaler und internationaler Ebene beschleunigten den Prozeß der Differenzierung zwischen den reichen und den armen Ländern des kapitalistischen Systems der Weltwirtschaft und führten zu einer weiteren Untergrabung des Systems der kapitalistischen internationalen Arbeitsteilung.[31]

So hatte der technische Fortschritt, der die Bedeutung der ökonomisch schwach entwickelten Länder als Lieferanten bestimmter mineralischer Rohstoffe steigerte, in bezug auf ihre Rolle als Lieferanten landwirtschaftlicher Rohstoffe und Lebensmittel eine entgegengesetzte Wirkung. Der Ersatz natürlicher Rohstoffe durch synthetische, der steigende Anteil industrieller bzw. technischer Konsumgüter und Dienstleistungen an der individuellen Konsumtion in den imperialistischen Ländern, die Industrialisierung und die schnell ansteigende Produktivität der Landwirtschaft der hochentwickelten Industrieländer in Verbindung mit ihrem Agrarprotektionismus und dem Export landwirtschaftlicher Überschüsse minderten die Bedeutung der ökonomisch schwach entwickelten Länder als Exporteure agrarischer Erzeugnisse. Die kapitalistische internationale Arbeitsteilung, wie sie sich in der zweiten Hälfte des vorigen Jahrhunderts herausbildete, setzte eine ständige und schnell wachsende Nachfrage der Industrieländer nach den Exportprodukten der Rohstoffländer voraus und einen expandierenden Markt der Rohstoffländer für Fertigwaren aus den Industrieländern. Bei diesem Austausch waren die Rohstoffländer der Ausbeutung über die modifizierte Wirkung des Wertgesetzes auf dem Weltmarkt ausgesetzt, deren negative Auswirkungen im Imperialismus durch den Nichtäquivalentenaustausch auf Grund der Herrschafts- und Unterordnungsverhältnisse noch verschärft wurden. Die Exporterlöse der Rohstoffländer waren auf diese Weise nicht ausreichend, ein bestimmtes Entwicklungstempo der Importe aus den Industrieländern aufrechtzuerhalten, und mußten folglich seitens der letzteren durch Leihkapitalexporte ergänzt werden.

Oder mit anderen Worten gesagt: Die Schranken, die der Expansion der hochentwickelten Länder auf den Märkten der schwachentwickelten Länder durch die modifizierte Wirkungsweise des Wertgesetzes im internationalen Bereich und den Nichtäquivalentenaustausch gesetzt waren, wurden durch den Leihkapitalexport - der bis zum Einbruch der allgemeinen Krise des Kapitalismus den weit überwiegenden Teil der Weltkapitalexporte ausmachte - insofern hinausgeschoben, als die damit verbundenen Warenexporte nicht als solche, sondern als Kapitalexporte stattfanden. Dadurch konnte sich die Importkapazität der Rohstoffländer für Waren aus den Industrieländern relativ unabhängig von den eigenen Exporterlösen aus dem Handel mit den Industrieländern entwickeln.

Im Ergebnis der Waren- und Kapitalexportbeziehungen der kapitalistischen Industrieländer zu den schwachentwickelten Ländern wurden diese in Rohstoffanhängsel der hochentwickelten Länder verwandelt. Der Rohstoffexportsektor ihrer Wirtschaft wurde ökonomisch aus ihrer Wirtschaftsstruktur herausgelöst und zum Bestandteil des Reproduktionsprozesses der hochentwickelten Länder. Es entstand die sogenannte dualistische Wirtschaftsstruktur in den schwachentwickelten Ländern.[32]

Gleichzeitig ergab sich aus der Funktion, die der Leihkapitalexport aus den hochentwickelten Ländern bei der Vermittlung des Warenaustausches zwischen beiden Ländergruppen ausübte, daß die Expansion des Handels zwischen ihnen mit einer wachsenden Verschuldung der schwachentwickelten Länder einherging, die in ihrer Auswirkung auf die Importkapazität der schwachentwickelten Länder für Waren aus den Industrieländern durch wachsende Kapitalexporte kompensiert werden mußte.

Das fand jedoch eine Schranke an dem Widerspruch zwischen dem Motiv des Kapitalexports - der Realisierung von Monopolprofit - und seiner Funktion im Zusammenhang mit den auf internationaler Ausbeutung beruhenden Handelsbeziehungen zwischen schwachentwickelten und hochentwickelten Ländern des kapitalistischen Weltwirtschaftssystems. Die Importkapazität (für Waren) der schwachentwickelten Kapitalimportländer hängt ab vom Zinssatz für das ausländische Kapital, sie ist um so größer, je niedriger dieser Zinssatz ist und umgekehrt. Ferner führen die Wirtschafts- und Ausbeutungsmethoden, die das Finanzkapital im Interesse des Monopolprofits in diesen Ländern anwandte, zu deren Verwandlung in Lebensmittel- und Rohstoffanhängsel der hochentwickelten Länder, zu einer völlig ungenügenden Entwicklung der Arbeitsteilung und Binnenmärkte in den schwachentwickelten Ländern in Hinsicht auf die Absatzbedürfnisse der hochentwickelten Industrieländer.

Dieser Widerspruch stellt einen speziellen Aspekt des Widerspruchs zwischen Produktion und Verwertung und eine spezifische Quelle des relativen Kapitalüberschusses unter den monopolkapitalistischen internationalen Ausbeutungsverhältnissen dar. Seine Verschärfung spielt eine wichtige Rolle bei der Untergrabung des internationalen Kredits und wird unter den Bedingungen der wissenschaftlich-technischen Revolution besonders akut.

Indem diese die Rolle der schwachentwickelten Länder im System der kapitalistischen internationalen Arbeitsteilung zurückdrängt, vermindert sie deren Exporterlöse, die den Hauptteil des Nationaleinkommens dieser Länder ausmachen, und trägt dazu bei, daß sich dieses nur langsam entwickelt. Die Wachstumsraten des Nationaleinkommens der schwachentwickelten Länder sind zu gering, um wachsende Schuldenrückzahlungen und Zinsen für Auslandskapital, wachsende Importe und eine ausreichende Binnenakkumulation zur

zur Überwindung der Disproportionen in der Wirtschaftsstruktur zu gewährleisten. Die Folgen sind chronische und wachsende Zahlungsbilanzdefizite und unstabile ökonomische Verhältnisse.

Der auf Basis von Schätzungen für das inländische Bruttosozialprodukt ermittelte Importbedarf der Entwicklungsländer und ihre auf der Grundlage der Importrelation des bisherigen Wachstums der Industrieländer geschätzten Exporte ergaben einen wachsenden Importüberschuß, der bis 1970 zu einer Vergrößerung des Zahlungsbilanzdefizits der Entwicklungsländer auf 11 Milliarden Dollar zu Preisen von 1950 führen würde.[33]

Reichten vor 1914 langfristige Kapitalzuflüsse aus den Industrieländern in die schwachentwickelten Länder in Höhe von etwa 2,5 Milliarden Dollar jährlich aus, um die Weltmarktverflechtung beider Ländergruppen aufrechtzuerhalten, so sind heute nach Angaben der OECD schätzungsweise 10 bis 12 Milliarden Dollar jährlich erforderlich, um nur den Prokopfkapitalzufluß von außen etwa in gleicher Höhe zu halten.[34] Damit ist längst noch nicht gesagt, daß das ausreichen würde, die Wachstumsraten des Nationaleinkommens und die Akkumulation in einem Umfang zu steigern, wie es die Anpassung der Wirtschaft dieser Länder an die veränderte Weltmarktstruktur erforderlich macht.

Auf der anderen Seite führten die wissenschaftlich-technische Revolution und die staatsmonopolistische Transformation von relativ überschüssigem Kapital mit ihren Auswirkungen in Gestalt der Konzentration der Direktinvestitionen auf die kapitalistischen Industrieländer und der neuen Stufe der Konzentration und Zentralisation des Kapitals und der Produktion in dem nationalen und internationalen Bereich zu einer bedeutenden Steigerung der Arbeitsproduktivität, der Akkumulation und des Zuwachstempos des Nationaleinkommens in den kapitalistischen Industrieländern.

Die Folge besteht in einer verstärkten Differenzierung zwischen den reichen und den armen Ländern des kapitalistischen Weltwirtschaftssystems und einer Verschärfung des Widerspruchs zwischen Produktion und Verwertung von dieser Seite her, die im Gegensatz zu der Bedeutung steht, die den ökonomisch schwach entwickelten Ländern als Absatzmärkte und Akkumulationsquelle für die hochentwickelten kapitalistischen Länder gerade auch im Zusammenhang mit der technisch-wissenschaftlichen Revolution zukommt. So verschärft zum Beispiel die wissenschaftlich-technische Revolution die Disproportionen, die durch das Gesetz der schnelleren Entwicklung der Produktion und des Marktes für Produktionsmittel, insbesondere der Elemente des fixen Kapitals, entstehen. Für die Auslastung der entstehenden Überkapazitäten gerade in den Zweigen, die am schnellsten expandieren, sind die Absatzmärkte der ökonomisch schwach entwickelten Länder von großer Bedeutung. Obwohl sich der Welthandel im allgemeinen sowie der Handel mit Maschinen und Ausrüstungen im besonderen am stärksten infolge des gegenseitigen Handels der hochentwickelten kapitalistischen Industrieländer entwickelten, spielen die ökonomisch schwach entwickelten

Länder als Käufer von Investitionsgütern bei der Stützung der Investitionskonjunktur eine nicht zu unterschätzende Rolle. Zweitens spielt hierbei auch die Beschleunigung des moralischen Verschleißes infolge des technischen Fortschritts eine Rolle. Um der dadurch hervorgerufenen Kapitalentwertung, die den erhöhten Anforderungen an die Kapitalakkumulation widerspricht, entgegenzuwirken, besteht das Bestreben, veraltete Anlagen und Ausrüstungen, die bei der Umstellung auf die modernste Fertigung ausrangiert werden, an die Entwicklungsländer zu verkaufen. Drittens erzeugen die relative Stagnation der traditionellen Konsumgüterindustrien sowie der Konzentrationsprozeß in Westeuropa und der damit verbundene Konkurrenzkampf auf kleinere und mittlere Unternehmen eine Tendenz zur Abwanderung von Klein- und Mittelbetrieben in die ökonomisch schwach entwickelten Länder bzw. zu einem verstärkten Ausweichen auf die Märkte dieser Länder.

Unter den Bedingungen der wissenschaftlich-technischen Revolution und der notwendigen Verbreiterung der Akkumulationsbasis für das Monopolkapital steigt die Bedeutung der Entwicklungsländer als Akkumulationsquelle. So wird durch die Automation zum Beispiel das Problem der Kompensation der relativ (bzw. absolut) sinkenden Arbeiteranzahl durch die Steigerung des Ausbeutungsgrades immer dringlicher für die Kapitalverwertung. Hierliegen große potentielle Reserven für die Steigerung der Produktion von relativem Mehrwert durch den Übergang zu intensiven Ausbeutungsmethoden in den noch zum imperialistischen Marktbereich gehörenden Entwicklungsländern mit Hilfe der kapitalistischen Industrialisierung dieser Länder. Mit der steigenden organischen Zusammensetzung im Prozeß der Industrialisierung wächst bei gleichzeitiger Erweiterung der Akkumulation die Anzahl der ausgebeuteten Arbeitskräfte absolut, eserhöht sich die Qualifikation dieser vergrößerten Arbeiteranzahl. Dadurch steigt die Masse des Mehrwerts und Profits absolut. Der sich aus der höheren organischen Zusammensetzung des Kapitals ergebende Fall der Profitrate wäre in den Entwicklungsländern langsamer als in den kapitalistischen Industrieländern,, weil die Differenz im Wert der Arbeitskraft in den kapitalistischen Industrieländern einerseits und in den Entwicklungsländern andererseits ausgenutzt würde.

In die gleiche Richtung einer gesteigerten Profitrate trotz Steigerung der Arbeitsproduktivitätwirken die Intensivierung der Arbeit durch die Verwendung moderner Maschinen und die Ausnutzung billiger Energiequellen und Rohstoffe.

Von ganz besonderer Bedeutung wäre die Steigerung der Profitrate infolge der Verstärkung der Differenz zwischen wertmäßiger und technischer Zusammensetzung durch die staatliche Finanzierung von Infrastrukturen und modernen, aber unrentablen Anlagen. Der Aufbau dieser Anlagen steigert die volkswirtschaftlich durchschnittliche technische Zusammensetzung bedeutend, während die wertmäßige Zusammensetzung sich nur auf das angelegte "private" Kapital bezieht. Die Durchsetzung der wissenschaftlich-technischen Revolution in den imperialistischen Ländern stellt erhöhte Anforderungen an die Entwicklung der Binnenmärkte und die Steigerung des Volkseinkommens und des Mehrprodukts in den ökonomisch schwach entwickelten Ländern. Sowohl vom Standpunkt der unmittelbaren Mehrwertproduktion als auch vom Standpunkt der Erweiterung der Zirkulationssphäre wirkt der Druck der Produktivkräfte in der Richtung einer beschleunigten Industrialisierung der Entwicklungsländer.

Das "private" Monopolkapital war und ist, wie die historische Erfahrung zeigt, nicht in der Lage, die erforderlichen Entwicklungsaufgaben zu lösen, weil sie mit großen Kapitalanlagen verbunden sind, die entweder auf lange Sicht gar keine oder zu geringe Verwertungsmöglichkeiten bieten würden.

Dazu kommen die Risiken durch die politische und ökonomische Instabilität der Entwicklungsländer im Zeitalter der nationalen antiimperialistischen Befreiungsrevolutionen.

Deshalb wird der imperialistische Staat zur politischen, militärischen und ökonomischen Systemsicherung eingesetzt, d. h. zur politischen, militärischen und ökonomischen Bindung an das imperialistische Lager, zur Schaffung der politischen, militärischen und ökonomischen Voraussetzungen für die Erschließung neuer Verwertungsmöglichkeiten.

Der Widerspruch, der zwischen der verstärkten Differenzierung zwischen den reichen und armen Ländern des kapitalistischen Systems auf der einen Seite und den Anforderungen der Kapitalverwertung hinsichtlich der Intensivierung der kolonialen Ausbeutung unter den Bedingungen der wissenschaftlich-technischen Revolution auf der anderen Seite besteht, erzeugt so eine Tendenz zur beschleunigten Entwicklung der ökonomisch schwach entwickelten Länder vermittels der staatsmonopolistischen Transformation von relativ überschüssigem Kapital in fungierendes Kapital in Form der staatlichen "Kapitalhilfe" und der staatlichen Forcierung der Direktinvestitionen.

Die staatsmonopolistische Transformation von relativ überschüssigem Kapital in fungierendes Kapital vollzieht sich im Falle der staatlichen "Kapitalhilfe" zum Beispiel über die staatliche Finanzierung der notwendigen, aber unrentablen Kapitalanlagen. Die Errichtung der modernen industriellen Infrastruktur im Energiewesen, im Verkehrswesen, in der Landwirtschaft usw. steigern die volkswirtschaftlich durchschnittliche technische Zusammensetzung bedeutend. Die damit verbundenen großen Kapitalanlagen steigern entsprechend die organische Zusammensetzung des Gesamtkapitals. Mit Hilfe der erhöhten organischen Zusammensetzung, die auf hohen staatlichen Investitionen beruht, wird die Mehrwert- und Profitmasse gewaltig gesteigert. Diese gesteigerte Profitmasse wird zum Hauptteil von den Monopolen angeeignet, die sie nicht auf das fungierende Gesamtkapital, das zur Erzeugung dieser Profitmasse erforderlich war, beziehen, sondern lediglich auf den Teil des Gesamtkapitals, den sie selbst vor allem in Form von Direktinvestitionen ausgelegt haben.

Die staatliche "Kapitalhilfe" im Rahmen der Entwicklungshilfe soll so die notwendigen, aber unrentablen Investitionen finanzieren, während die so erschlossenen hochrentablen Kapitalanlagesphären den Monopolen überlassen werden.

Die Intensivierung der neokolonialen Ausbeutung schwächerer Länder ist der Hauptinhalt der staatsmonopolistischen Transformation von relativ überschüssigem Kapital in fungierendes Kapital mittels der sogenannten "Entwicklungshilfe".

Die Formen und Methoden der imperialistischen Entwicklungshilfe, die einerseits die Tendenz zu einer beschleunigten Entwicklung der Produktivkräfte in den schwachentwickelten Ländern widerspiegeln, sind aber ebenso Reflex vielfältiger monopolistischer Interessengegensätze. Ihre allgemeinen und besonderen politischen und sozialökonomischen Zielsetzungen paralysieren ihre ökonomische Effektivität. So stehen zum Beispiel die Beseitigung von Einfuhrbeschränkungen für Importe aus Entwicklungsländern, die Koordinierung der inneren Wirtschaftspolitik in den imperialistischen Ländern mit den Erfordernissen der Industrialisering der Entwicklungsländer, die Abrüstung und die Verwendung der Rüstungsmilliarden für Infrastrukturinvestitionen usw. im Gegensatz zu den unmittelbaren ökonomischen und politischen Zielen der Monopole in den Entwicklungsländern. Vor allem stehen die gegen die nationale Befreiungsbewegung und das sozialistische Lager gerichteten aggressiven Ziele der imperialistischen Mächte einer konsequenten Entwicklungspolitik entgegen.

So zeigen sich die Widersprüchlichkeit und die Labilität der kapitalistischen Industrialisierung der Entwicklungsländer in der chronischen und tiefen Zerrüttung der Währungen und der anhaltenden Verschlechterung der terms of trade sowie in anderen chronischen Krisenerscheinungen gerade auch in den Ländern, wo die Industrialisierung mit Hilfe der Imperialisten am schnellsten fortschreitet. Die chronischen Krisenerscheinungen, die eine Reihe von Entwicklungsländern durchmachen, sind unter anderem Begleiterscheinungen des kapitalistischen Charakters der Industrialisierung, des Fehlens grundlegender sozialökonomischer Reformen. So wird die imperialistische Entwicklungshilfe letzten Endes die sozialen Konflikte im internationalen Maßstab weiter verschärfen und ist mit großen absoluten Wachstumshemmnissen und Verlusten an Entwicklungstempo für die Entwicklungsländer verbunden.

6. Zusammenfassung: Die Bedeutung der internationalen Kapitalbeziehungen und ihrer Besonderheiten für das Wirtschaftswachstum

Wenn wir die Frage stellen, welche Beziehungen zwischen den konkreten historischen Formen der relativen Lösung und Verschärfung des Widerspruchs zwischen Produktion und Verwertung und einigen wesentlichen Besonderheiten der internationalen Kapitalbeziehungen in der zweiten und dritten Etappe der allgemeinen Krise des Kapitalismus bestehen, so beantworten wir damit die Frage nach der Bedeutung der internationalen Kapitalbeziehungen für das Wirtschaftswachstum.

So geht offensichtlich die Bedeutung des Kapitalexports für das Wachstum im Vergleich zu früheren Entwicklungsstadien des Imperialismus und im Verhältnis zu anderen Absorptionskanälen - trotz starker absoluter Zunahme der Kapitalexporte - relativ zurück. Auf der einen Seite ist das unter anderem eine Folge des hohen staatlich stimulierten Entwicklungstempos der Binneninvestitionen und des Exports. Auf der anderen Seite ist ein bedeutender Teil des relativ überschüssigen Kapitals als Folge der staatsmonopolistischen Wachstumsstimulierung in Form von überschüssigem fixem Kapital national fixiert und in dieser Form international nicht als Kapitalexport übertragbar. Schließlich sind die mit der staatsmonopolistischen Wachstumsstimulierung verbundenen chronischen Inflationsprozesse chronische Zahlungsbilanzungleichgewichte und neben anderen Ursachen wesentliche Gründe für die Untergrabung des internationalen Kredits.

Die gleichen Ursachen, die insgesamt gesehen zu einer Verschlechterung der Verwertungsbedingungen für Kapitalexporte führten, riefen neben den staatlichen Kapitalexporten neue Formen der internationalen Kapitalbeziehungen hervor, deren Motiv bereits nicht mehr in der unmittelbaren Profitmaximierung besteht, sondern in der Sicherung der allgemeinen Bedingungen für die Profitproduktion und das kapitalistische Wachstum. Hierzu rechnen vor allem solche Formen, wie die gegenseitigen Kredite der Notenbanken im Rahmen der währungspolitischen Kooperation zur Aufrechterhaltung der Funktionsfähigkeit des derzeitigen kapitalistischen Währungssystems.

Im Bereich der eigentlichen Kapitalexporte finden wir im Zusammenhang mit der staatlichen Wachstumsstimulierung, der Transformation von relativ überschüssigem in fungierendes Kapital, drei Erscheinungen: Die relativ geringe Bedeutung der internationalen Kapitalmarktfinanzierung im Zusammenhang mit den Veränderungen von Quellen, Funktionen, Erscheinungsformen und Absorptionswegen des relativen Kapitalüberschusses; der Vorrang der Direktinvestitionen in industrielles und Zirkulationskapital; die Konzentration der Direktinvestitionen auf gegenseitige Investitionen der kapitalistischen Industrieländer.

Infolge der staatsmonopolistischen Wachstumsstimulierung und Systemsicherung der hochentwickelten kapitalistischen Industrieländer und den dazu angewandten Formen und Methoden der Entwicklungshilfe verstärkte sich die Differenzierung zwischen reichen und armen Ländern innerhalb des kapitalistischen Weltwirtschaftssystems. Die dadurch hervorgerufenen Verzerrungen und Deformationen der Welthandelsstruktur und der internationalen Arbeitsteilung im Bereich des kapitalistischen Weltwirtschaftssystems verschärfen den Widerspruch zwischen Produktion und Verwertung und werden immer mehr zur Quelle von Wachstumshemmnissen für das System als Ganzes.

Die Transformation von relativ überschüssigem Kapital in fungierendes Kapital durch die Einbeziehung des Staates in den Reproduktionsprozeß stellt die Bewegungsform des Widerspruchs zwischen Produktion und Verwertung, seiner relativen Lösung und Verschärfung unter den heutigen Bedingungen dar. Sie führt auf der einen Seite zu einer beschleunigten Entwicklung der Produktivkräfte und zu einer schnellen Entfaltung der wissenschaftlich-technischen Revolution in den imperialistischen Ländern, auf der anderen Seite aber notwendigerweise zu einer verstärkten Monopolisierung und Zentralisierung auf nationaler und internationaler Ebene im Bereich des kapitalistischen Systems der Weltwirtschaft, zu einer gewaltigen Vergeudung von gesellschaftlicher Arbeit und Produktivkräften, zur Vertiefung des kapitalistischen Grundwiderspruchs. Gleichzeitig mit der Vertiefung und der Erweiterung der sozialen und nationalen Gegensätze durch die verstärkte Monopolisierung und ihre ökonomischen und politischen Folgen entstehen neue und weiterreichende Möglichkeiten für den antimonopolistischen und antiimperialistischen Kampf. Auf der anderen Seite erfordern der ökonomische Inhalt der Transformation und ihre Widersprüche als Grundlage neuer Quellen und Erscheinungsformen des relativen Kapitalüberschusses vom Standpunkt des Wirtschaftswachstums in immer stärkerem Maße den direkten Einfluß der Werktätigen auf die Entscheidungen im Staat und in der Produktion. Das Mitbestimmungsrecht der Werktätigen im Betrieb und auf staatlicher Ebene wird angesichts des komplexen Charakters der ökonomischen, sozialen und politischen Erfordernisse des Wachstums unter den Bedingungen der wissenschaftlich-technischen Revolution selbst zur Bedingung eines ausgeglichenen und stetigen Wachstums.

Der Kampf um den Lebensstandard und die unmittelbaren Lebensinteressen ist aufs engste mit dem Kampf um den Einfluß auf alle Seiten der staatlichen Politik verflochten. Das gilt insbesondere auch für die Außenpolitik. Angesichts solcher Transformationsmethoden und Erscheinungsformen des relativen Kapitalüberschusses wie der "Entwicklungshilfe", der enormen Aufrüstung, der Inflation, der Brachlegung von produktivem Kapital, der Strukturkrisen, der Unterkonsumtion im Bereich der sozialen, hygienischen und bildungsmäßigen Infrastruktur usw. wird der Kampf der Werktätigen für die Herstellung normaler Beziehungen zu allen Staaten, für die Reduzierung der Rüstungskosten, für deren Umwandlung gung des neokolonialistischen Charakters der "Entwicklungshilfe" und für ihre Umwandlung von einem imperialistischen Ausbeutungs- und Herrschaftsinstrument in ein echtes Instrument des Niveauausgleiches zwischen hochentwickelten und schwachentwickelten Ländern, der Kampf gegen jede politische und militärische Einmischung in die Angelegenheiten anderer, vor allem schwächerer Staaten objektiv möglich und notwendig.

Fußnoten

1 K. Marx, Das Kapital, III. Band, in: K.Marx/F.Engels, Werke, Bd. 25, Berlin 1964, S. 260

2 Die ausführliche Ableitung des relativen Kapitalüberschusses und seiner Bewegungs- und Erscheinungsformen im staatsmonopolistischen Kapitalismus werden im Beitrag "Der relative Kapitalüberschuß als Wachstumsproblem im staatsmonopolistischen Kapitalismus" dargestellt

3 R. Nurkse, The problem of international investment today in the light of nineteenth-century experience, in: The Economic Journal London, Nr. 256, Dezember 1964, S. 745 ff.

4 Die amerikanischen privaten und staatlichen Nettokapitalexporte erreichten 1960 3,219 Milliarden Dollar, 1961 3,071 Milliarden Dollar und 1962 3,590 Milliarden Dollar. Bei der Berechnung dieser Summen werden Direkt- und Portfolioinvestitionen der USA im Ausland und des Auslands in den USA sowie vorzeitige Rückzahlungen für amerikanische Regierungsanleihen an das Ausland und langfristige staatliche Kapitalexporte der USA saldiert
Quelle: IMF, Balance of Payments Yearbook, Washington, Vol. 15, Januar 1964, United States, S. 1

5 Die Summe der staatlichen Grants und langfristigen staatlichen Nettokapitalexporte und der Direkt- und Portfoliokapitalexporte netto betrug: 1960 4,931 Milliarden Dollar, 1961 5,594 Milliarden Dollar und 1962 6,159 Milliarden Dollar.

6 S. Wygodski, Neue Tendenzen im Kapitalexport, in: Weltwirtschaft und internationale Beziehungen, Moskau, Nr. 2/1966, S. 51, russ.

7 IMF, Balance of Payments Yearbook, Washington, Vol. 15, Januar 1964, United Kingdom, S. 8

8 Ebenda, S. 5

9 Für 1957 - 1960: Survey of Current Business, Washington, Nr. 9, 1965, S. 28
für 1961 - 1967, ebenda, Nr. 9, 1966, S. 30

10 Zahlen für 1962 - 1964: Survey of Current Business, Washington, Nr. 11, 1965, S. 15
Zahlen für 1965: ebenda, Nr. 11, 1966, S. 28

11 Der Volkswirt, Frankfurt a.M., Beiheft zu Nr. 43 vom 29. 10. 1965, S. 2

12 Ebenda

13 Vgl. ebenda, S. 8 und S. 10

Diese Summe teilt sich wie folgt auf:

USA rd.	5000,0 Millionen	Dollar
Schweiz	1161,6 "	"
Holland	320,5 "	"
Westdeutschland	152,7 "	"
Italien	72,0 "	"
England	47,6 "	"
Belgien	20,4 "	"
Frankreich	- "	"
	6774,7 Millionen	Dollar

14 Ebenda, S. 26

15 Vgl. W.-D. Becker, "Mittelstandsaspekte" des europäischen Kapitalmarktes, in: ebenda, S. 50 ff.

16 Vgl. A. Kruse, Außenwirtschaft, (West-)Berlin, 1958

17 E. Peggio, Internationalisierung des Wirtschaftslebens und die Arbeiterklasse, in: Probleme des Friedens und des Sozialismus, Berlin Nr. 1/1965, S. 903

18 Vgl. die entsprechende Definition eines Unternehmens von internationaler Struktur bei J. Houssiaux, La grande entreprise plurinationale, in: Economie appliquée, Paris vol. 17, Heft 2-3/1964, S. 405

19 Vgl. Berichte des Deutschen Wirtschaftsinstituts, Berlin, Nr. 11/1963, S. 19

20 Vgl. Europachemie, Heft 9/1964, S. 13

21 Frankfurter Allgemeine Zeitung vom 18. 2. 1965

22 Vgl. Berichte des Deutschen Wirtschaftsinstituts, Berlin, Nr. 21/1964

23 Berechnet nach: Survey of Current Business, Washington, Nr. 9/1966, S. 40, Tab. 14

24 Bestände der Zentralbanken und Regierungen sowie internationaler und regionaler Institutionen an kurzfristigen Guthaben und Regierungsobligationen der USA

25 S. Pizer Fr. Cutler, Finanzierung und Verkäufe von Auslandsgesellschaften der USA-Firmen, in: Survey of Current Business, Washington, Nr. 11, 1965

26 Ebenda

27 Ebenda

28 Vgl. Schmollers Jahrbuch, (West-)Berlin, 86, Heft 4/1966, S. 471

29 Vgl. "Zuviel US-amerikanisches Kapital für Europa". Handelsblatt vom 24./25. 5. 1963, abgedruckt in: "Internationale Finanzmärkte", Herausg. H. Lipfert, Frankfurt a.M., 1964, S. 456

30 Vgl. Schmollers Jahrbuch, a. a. O., S. 477

31 Vergleiche zu dieser Problematik auch den Beitrag von P. Friedländer in vorliegendem Band, S. 225 ff.

32 Vgl. G. Göncöl, On the transformation of capitalist world economy, in: Studies in International Economics, Budapest, 1966

33 Vgl. UN, World Economie Survey, 1962, I, S. 5 - 9; zitiert nach G. Colm, Weltwirtschaftliche Forschung im Zeitalter der Koexistenz, in: Bernhard-Harms-Vorlesungen, Institut für Weltwirtschaft, Kiel 1964

34 Ebenda

PAUL FRIEDLÄNDER

Die Wirkungen der wissenschaftlich-technischen Revolution und anderer Faktoren auf die Stellung der Entwicklungsländer im System der intrasystemaren kapitalistischen Arbeitsteilung

Das wissenschaftliche Werk Marx' ist auch für die Entwicklungsländer von aktueller Bedeutung. Dies trifft nicht nur auf seine allgemeinen und grundlegenden sozialökonomischen Erkenntnisse zu, sondern berührt in hohem Maße auch die spezifische Rolle, die seine ökonomische Theorie in der "dritten Welt" gegenwärtig spielt. Sie bildet einmal die Grundlage dessen, was in zunehmendem Maße als politische Ökonomie der Entwicklungsländer bezeichnet wird. Zum anderen trägt sie aber auch zur Lösung zahlreicher wirtschaftspolitischer Aufgaben bei, die die Befreiung vom Kolonialismus auf die Tagesordnung stellt.

All diese Fragen sind auf die eine oder andere Weise mit der Wachstumsproblematik verbunden. Die Hauptaufgabe der nationalen Befreiungsrevolution in der gegenwärtigen Etappe, die ökonomische Unabhängigkeit zu erlangen, schließt als integrierten Bestandteil die Wachstumsproblematik ein. Vom Wirtschaftswachstum in den Entwicklungsländern und seinen Voraussetzungen (Überwindung der kolonialen Wirtschaftsstruktur, Schaffung neuer, den spezifischen Bedingungen des jeweiligen Landes angepaßter Strukturen unter Beachtung der sozialökonomischen Erfordernisse usw.) hängt gegenwärtig in hohem Maße das Tempo ab, in dem die ehemaligen Kolonien ihre Unabhängigkeit verstärken und im revolutionären Weltprozeß eine noch aktivere Rolle spielen können.

Zu den Besonderheiten der Wachstumsproblematik in den Entwicklungsländern zählt die Kombination zweier Komponenten: der hohe Grad der Weltmarktsverflechtung auf der Grundlage einer spezifischen Stellung, die diese Länder im System der kapitalistischen internationalen Arbeitsteilung einnehmen. Beide Komponenten sind jedoch nicht nur relevante Aspekte des Wirtschaftswachstums in den Entwicklungsländern. Sie beeinflussen über den Mechanismus des kapitalistischen Weltmarktes direkt und indirekt auch die Wachstumsprozesse in den industriell entwickelten kapitalistischen Staaten. Daraus resultieren in steigendem Maße staatsmonopolistische Bestrebungen, die internationale Arbeitsteilung kolonialen Typs in dem Sinne zu modifizieren, daß sie der im Zuge der wissenschaftlich-technischen Revolution rasch voranschreitenden Entwicklung der gesellschaftlichen Produktivkräfte stärker als bisher Rechnung trägt. Auf diese Weise soll einerseits die ökonomische

Effektivität der internationalen Arbeitsteilung kolonialen Typs als Instrument der Ausplünderung der Entwicklungsländer erhöht werden, andererseits politisch der Schein einer Bereitschaft zu Konzessionen gegenüber den Industrialisierungsbestrebungen der Entwicklungsländer erweckt werden.

1. Zur aktuellen Bedeutung der Marxschen ökonomischen Theorie für die Entwicklungsländer

Zu den Leitideen von Marx, die für den Kampf um die ökonomische Unabhängigkeit der Entwicklungsländer von erstrangiger Bedeutung sind, zählt seine Analyse der verschiedenen Formen der Ausbeutung im mikro- und makroökonomischen Bereich. Marx enthüllte nicht nur die Ausbeutung der Arbeit durch das Kapital, er entschleierte auch die Ausbeutung einer Nation durch die andere, geißelte insbesondere die koloniale Ausbeutung und analysierte ihren Zusammenhang mit der Entstehung und Entwicklung des Kapitalismus. Mit der ihm eigenen Prägnanz und Schärfe formulierte Marx, "die Ausrottung, Versklavung und Vergrabung der eingeborenen Bevölkerung in die Bergwerke, die ... Ausplünderung von Ostindien, die Verwandlung von Afrika in ein Gehege zur Handelsjagd auf Schwarzhäute, bezeichnen die Morgenröte der kapitalistischen Produktion. Diese idyllischen Prozesse sind Hauptmomente der ursprünglichen Akkumulation."[1] Marx wies auch auf den Monopolcharakter des Kolonialsystems hin, insbesondere auf die Bedeutung des Marktmonopols.[2]

Marx charakterisierte den Kolonialismus als eine besonders grausame Form der Ausbeutung, die "zum Teil auf brutalster Gewalt" beruht,[3] und unterstrich, daß die für die bürgerliche Zivilisation typische Heuchelei und Barbarei am unverhülltesten und ohne jede Schminke in den Kolonien in Erscheinung tritt. Marx erforschte den untrennbaren Zusammenhang zwischen sozialer und kolonialer Befreiung, zwischen der historischen, auf die Schaffung der sozialistischen Gesellschaftsordnung gerichteten Mission der Arbeiterklasse und dem Wiedererwachen der Völker Asiens, Afrikas und Lateinamerikas, ihre aktive Rolle bei der Gestaltung der Weltprobleme. Unübertrefflich in der Wahrheit, Klarheit und Bildhaftigkeit seiner Aussage formulierte Marx:
"Erst wenn eine große soziale Revolution die Ergebnisse der bürgerlichen Epoche, den Weltmarkt und die modernen Produktivkräfte gemeistert und sie der gemeinsamen Kontrolle der am weitesten fortgeschrittenen Völker unterworfen hat, erst dann wird der menschliche Fortschritt nicht mehr jenen scheußlichen heidnischen Götzen gleichen, der Nektar nur aus den Schädeln Erschlagener trinkt."[4]

Diese Marxsche Voraussage wurde im entscheidenden Punkt durch die Geschichte bestätigt. Die "große soziale Revolution", die sozialistische Oktoberrevolution, leitete die Krise des imperialistischen Kolonialsystems ein; sein Zerfall und seine endgültige Liquidation (als geschlossenes politisches System) folgten im Ergebnis der Herausbildung des sozialistischen Weltsystems. Es bildet die Grundvoraussetzung für den Siegeszug der nationalen Befreiungsbewegung, in deren Verlauf über 60 neue Staaten entstanden.

Im Zuge dieser Entwicklung sind - entsprechend den grundlegend veränderten Bedingungen - völlig neue ökonomische Fragen auf die Tagesordnung gesetzt worden. Hierzu zählt die Wachstumsproblematik der Entwicklungsländer. Als Ausdruck der Einheit von Ökonomie und Politik bildet diese Problematik einen Teil der sozialen Auseinandersetzung, die in den Kampf um den Entwicklungsweg einmündet.

Gegenwärtig verbinden sich die allgemeinen Leitideen mit den starken spezifischen Wirkungen, die in den Entwicklungsländern von den Marxschen Theorien ausgehen. Ihre Bedeutung ist so groß, daß sie sich immer mehr zu einem speziellen Gegenstand der Marx- bzw. Entwicklungsländerforschung entwickelt,[5] dem in Zukunft noch mehr Aufmerksamkeit geschenkt werden sollte. Dies ist um so dringlicher, als führende bürgerliche Ökonomen der verschiedenen Richtungen seit längerem bemüht sind, den Einfluß, den die Marxschen Theorien bei der praktischen Lösung ökonomischer und politischer Probleme in den Entwicklungsländern ausüben, zu paralysieren. Sie seien - wie sie meinen - mit dem Phänomen konfrontiert, nach der vollzogenen "endgültigen Widerlegung" der Marxschen Theorien in den Staaten des industriell entwickelten Kapitalismus nunmehr deren Renaissance in den Entwicklungsländern erleben zu müssen,und rufen deshalb zur zweiten "endgültigen Widerlegung" des Marxschen Erbes auf. In einem Vortrag der über das Thema "Zur Wachstumsproblematik der Entwicklungsländer" vor dem Wirtschaftswissenschaftlichen Club am Institut für Weltwirtschaft an der Universität Kiel heißt es in den zusammenfassenden Schlußbemerkungen: "... wir wissen ..., daß es in bezug auf die Entwicklungländer noch eine ebenso radikale Anti-Botschaft vom 'Imperialismus als höchstes Stadium des Kapitalismus' gibt, wie sie seinerzeit von Marx für die Produktionsverhältnisse innerhalb der alten Industrieländer verkündet wurde. Es liegt nun an uns zu zeigen, ob es uns gelingt, Marx und Lenin zum zweiten Mal in der Therapie zu widerlegen."[6]

Auf die enge Verflechtung dieser Aufgabe mit der Problematik der kapitalistischen Weltwirtschaft und auf die bedrohlichen Konsequenzen für den Fall des Versagens der bürgerlichen Ökonomen hinweisend, fährt der Verfasser fort:
"Wahrscheinlich geht diese geschichtliche Aufgabe der zweiten Hälfte dieses Jahrhunderts, den Kapitalismus nach seiner 'nationalen' Zähmung durch Wirtschafts- und Sozialpolitik nun im weltwirtschaftlichen Rahmen zu zähmen, über die Schöpfung unseres Sozialstaates weit hinaus. Aber wir sollten wissen, daß ohne Antwort auf diese zweite, nun tatsächlich globale Herausforderung unser eignes heimisches Werk nur noch fragmentarische Bedeutung haben würde."[7]

Diese Bemerkungen sind von besonderem Interesse, weil ihr Verfasser, der pathetisch zum internationalen Angriff der bürgerlichen Wirtschaftswissenschaften auf die Positionen der Marxschen Lehren in den Entwicklungsländern aufruft, das gegenwärtig vom westdeutschen Finanzkapital mit der Führung des Bundeswirtschaftsministeriums beauftragte Mitglied des SP-Parteivorstandes, Prof. Karl Schiller, ist.

Aber auch solche Vertreter der bürgerlichen Ökonomie wie Gunnar Myrdal können nicht umhin, sich mit der Rolle, die die ökonomischen Lehren Marx' gegenwärtig in den Entwicklungsländern spielen, auseinanderzusetzen. Obwohl Myrdal keinen Zweifel an seiner politischen Grundhaltung aufkommen läßt, indem er hervorhebt, "it is both understandable and legitimate for the West to be concerned that the underdeveloped countries should not go Communist but should adhere as far as possible to Western values",[8] gibt er zugleich zu, daß das ökonomische Denken in den Entwicklungsländern in einem besonders starken Maße von Marx beeinflußt wird. Myrdal stellt fest, daß die an westlichen Universitäten erarbeiteten Wachstumstheorien in den Entwicklungsländern ihres Klischeecharakters wegen keinen Anklang finden und von den Theorien Marx' und der modernen marxistischen politischen Ökonomie verdrängt werden:

"The new thoughts were soon integrated into the tradition ... The most important one is, of course, the line of Marx and his followers ... Gradually the main line of economics has also incorporated large parts of what was novel in Marx's approach, not least in regard to the problems of development, particularly his appreciation of the rapid spread of impulses from industrialisation in one sector to the rest of the economy and its forcefull effects on institutions, attitudes, and, more generally, on all what we include under the term of culture."[9]

Die Aktualität des Marxschen wissenschaftlichen Vermächtnisses liegt - so widerspruchsvoll dies erscheinen mag - auch darin begründet, daß die Geschichte die Prognosen Marx' nicht in allen Punkten bestätigte.[10] So enthält die Marxsche Konzeption zur kolonialen Befreiung den bereits von mir zitierten Gedanken, daß die "Meisterung" und "Kontrolle" des Weltmarktes durch die an der "großen sozialen Revolution" beteiligten und "am weitesten fortgeschrittenen Völker" zu den Grundvoraussetzungen bzw. -bedingungen dieses Umwälzungsprozesses gehören.

Wir wissen, daß der Zerfall des Kolonialsystems einen anderen als den von Marx vorgezeichneten Verlauf genommen hat. Dadurch entstand für die befreiten Kolonien hinsichtlich ihrer internationalen und ihrer Weltmarktlage eine Situation, die von scharfen Widersprüchen bestimmt wird und - in gewissem Sinne - eine der Grundproblematik der Entwicklungsländer- bzw. Kolonialismusforschung darstellt. Mit der Erringung der Eigenstaatlichkeit der ehemaligen Kolonien ging eben nicht ihre Befreiung von den Ketten des Weltmarktes und vom System der internationalen kapitalistischen Arbeitsteilung einher, in dem sie weiterhin eine den Interessen der imperialistischen Mächte untergeordnete Stellung einnehmen. Daraus resultiert der widerspruchsvolle Zustand - auf den im einzelnen noch eingegangen wird - eines "strukturellen Ungleichgewichts" zwischen dem politischen Status der Entwicklungsländer und ihrem ökonomischen Potential, zwischen dem politischen und ökonomischen Kräfteverhältnis, das zwischen ihnen und den imperialistischen Mächten entstanden ist.[11] Anders formuliert: Trotz der Erlangung ihrer Eigenstaatlichkeit als Ausdruck ihrer politischen Unabhängigkeit hat sich ihre traditionelle Stellung auf dem kapitalistischen Weltmarkt nur wenig verändert. Zwar sind die Eigenstaatlichkeit, die aus ihr hervorgehende Souveränität und Integrität der Entwicklungsländer die wichtigste innere politische Voraussetzung zur Lösung des genannten Widerspruches. Doch kann nicht übersehen werden, daß der Imperialismus durch seine "Kontrolle" der internationalen kapitalistischen Arbeitsteilung einen ganz erheblichen Einfluß auf die Entwicklung der ehemaligen Kolonien auszuüben vermag. Die zahlreichen Rückschläge, die die nationale Befreiungsbewegung gerade in den letzten Jahren hat hinnehmen müssen (Ghana, Indonesien u. a.) sind zum großen Teil diesem Umstand geschuldet, der deshalb größte wissenschaftlich-theoretische Beachtung verdient.

2. Politische und ökonomische Hauptfaktoren des staatsmonopolistisch regulierten Überganges von der "traditionellen" zur "modernen" Form der internationalen Arbeitsteilung kolonialen Typs

Zu den neuralgischen Positionen im gegenwärtigen Herrschaftssystem des Kapitalismus[12] zählen die arbeitsteiligen Beziehungen zwischen den Staaten mit extremen Unterschieden hinsichtlich ihrer nationalen Arbeitsproduktivität, insbesondere zwischen den imperialistischen Hauptmächten und den Entwicklungsländern. Infolge des spezifischen Zusammenwirkens politischer und ökonomischer Faktoren - vornehmlich des Zerfalls des imperialistischen Kolonialsystems einerseits und der von der wissenschaftlich-technischen Revolution in den Industriestaaten auf die Beziehungen zwischen den beiden sozialökonomischen Bereichen ausgehenden Wirkungen andererseits - befindet sich das System der "traditionellen" Arbeitsteilung zwischen ihnen, die internationale Arbeitsteilung kolonialen Typs, in einer tiefen Krise, die den Zerfall dieses historisch längst überlebten Systems erkennen läßt.[13] Die Krise und der beginnende Zerfall der internationalen Arbeitsteilung kolonialen Typs bringen zum Ausdruck, daß dieses Subsystem des kapitalistischen Weltmarktes unter den neuen politischen und ökonomischen Existenzbedingungen des kapitalistischen Weltwirtschaftssystems seine innere Funktionsfähigkeit verliert.

Die Konsequenzen dieser Entwicklung liegen auf der Hand. Zu ihnen zählen ökonomisch eine partielle Störung des gesamtkapitalistischen Profitmechanismus, des kapitalistischen

Reproduktionsprozesses im internationalen Maßstab. Politisch wird es zu einem Hauptziel des Neokolonialismus, das Ausscheiden der Entwicklungsländer aus dem kapitalistischen Weltmarkt zu verhindern. Dies ist eine Kardinalfrage im Kampf um die Gestaltung des internationalen Kräfteverhältnisses.

Der Imperialismus begegnet diesen Gefahren mit einer neokolonialistischen Politik der staatsmonopolistischen Regulierung seiner arbeitsteiligen Beziehungen zu den Entwicklungsländern. Im Ergebnis dieser Politik sind bereits in der zweiten Etappe der allgemeinen Krise des Kapitalismus wichtige staatsmonopolistische Maßnahmen getroffen und staatsmonopolistische Instrumente entwickelt worden, die als Entwicklungspolitik in Erscheinung treten. Die dritte Etappe der allgemeinen Krise kennzeichnet ihre Entfaltung zu Systemen, zunächst auf nationaler Ebene, schließlich ihre Kombination zu einem Gesamtsystem der staatsmonopolistischen Regulierung der arbeitsteiligen Beziehungen der imperialistischen Staaten zu den Entwicklungsländern. Dieses System bringt eine besonders hochentwickelte Form des internationalen staatsmonopolistischen Kapitalismus zum Ausdruck.[14]

Die Hauptaufgabe dieser Politik und des zu ihrer Durchsetzung errichteten Systems besteht in dem Versuch, die Arbeitsteilung kolonialen Typs mit den neuen politischen und ökonomischen Existenzbedingungen des kapitalistischen Weltmarktes in Übereinstimmung zu bringen. Die Realisierung dieser Adaptationspolitik[15] hat eine Modifikation der internationalen Arbeitsteilung kolonialen Typs zur Voraussetzung. Ökonomisch ist eine Adaptation vor allem an den hauptsächlich im Ergebnis der wissenschaftlich-technischen Revolution enorm gestiegenen Entwicklungsstand der internationalen Produktivkräfte bei gleichzeitiger Präservierung des diskriminierenden Charakters dieser internationalen Arbeitsteilung vorgesehen. Politisch erfolgt dadurch zugleich eine gewisse Anpassung an die Industrialisierungsbestrebungen der Entwicklungsländer (als einen Ausdruck ihrer wachsenden Selbständigkeit).

Hauptinhalt einer in diesem Sinne modifizierten internationalen Arbeitsteilung kolonialen Typs ist die tendentielle Verlagerung nichtdynamischer Produktionen aus den Ländern mit hoher Arbeitsproduktivität in die Entwicklungsländer unter Aufrechterhaltung und teilweiser Ausweitung des bestehenden Produktivitätsgefälles.[16]

Durch diese Modifikation der internationalen Arbeitsteilung kolonialen Typs erhält der Imperialismus die Möglichkeit, von den Formen der extensiven Ausbeutung der Entwicklungsländer zu intensiven Formen zu gelangen. Der Übergang schließt die Schaffung von verbesserten Verwertungsbedingungen nicht nur für jene Kapitalien monopolistischen bzw. staatsmonopolistischen Charakters ein, die in der Sphäre der Arbeitsteilung kolonialen Typs Anlage gefunden haben. Er führt zugleich über volkswirtschaftliche, vor allem industrielle Strukturveränderungen zur höheren Verwertung der Gesamtmasse des Kapitals in den imperialistischen Hauptländern, zu höheren Akkumulationsraten, zu effektiveren Produktionsstrukturen und damit auch zu günstigeren Bedingungen des ökonomischen Wachstums. Schließlich soll die Modifikation dazu beitragen, den Aufwand an staatsmonopolistisch mobilisierten und im Wachsen begriffenen Finanzmitteln, die zur Verhinderung des totalen Zusammenbruchs des Systems der internationalen Arbeitsteilung kolonialen Typs eingesetzt werden, in eine günstigere Relation zum realisierten kolonialen bzw. neokolonialistischen Profit zu bringen.

Die "traditionelle" internationale Arbeitsteilung kolonialen Typs wird durch eine spezifische Struktur des Produktenaustausches gekennzeichnet, vornehmlich durch den Austausch von Rohstoffen gegen industrielle Fertigwaren. Durch Ausnutzung des kolonialen Herrschaftssystems und der verschiedenen Formen des nichtökonomischen Zwanges war und ist diese niedrige Form der internationalen Arbeitsteilung die Quelle enormer kolonialer bzw. neokolonialistischer Profite. Diese Quelle bleibt dem Imperialismus im wesentlichen auch unter den gegenwärtigen Bedingungen erhalten, da die Veränderung des politischen Status den zwischen beiden Bereichen bestehenden Produktivitätsunterschied und das sich davon ableitende Wert- und Preisgefälle nicht beseitigt.

Aus diesem Grunde muß grundsätzlich zwischen dem Außenhandel unterschieden werden, der zwischen den kapitalistischen Industrieländern abgewickelt wird, und ihrem Außenhandel mit den Entwicklungsländern. Im Außenhandel zwischen hochentwickelten kapitalistischen Staaten, der auf der Basis eines relativ einheitlichen Produktivitätsniveaus stattfindet, spielen bei vorrangiger Bedeutung des Profitmotivs, der Realisierung von produziertem Mehrwert, Tauschprozesse im Sinne einer gebrauchswertmäßigen Veränderung der an ihm beteiligten Nationaleinkommen unter Ausnutzung komparativer Vorteile eine qualitativ andere Rolle als im Außenhandel dieser Staaten mit Entwicklungsländern. Der auf der Arbeitsteilung kolonialen Typs beruhende Außenhandel ist primär ein Distributions- bzw. Umverteilungsprozeß von Teilen des Volkseinkommens der Kolonien bzw. der Entwicklungsländer zugunsten der Länder mit hoher Arbeitsproduktivität, vornehmlich der ehemaligen Metropolen. Hieraus leitet sich ab, daß der auf der internationalen Arbeitsteilung kolonialen Typs beruhende Außenhandel eine Grundlage des nichtäquivalenten Austausches bildet. All dies bringt den ausbeuterischen Charakter der internationalen Arbeitsteilung kolonialen Typs zum Ausdruck, der von der politischen Liquidierung des Kolonialstatus, der Herstellung der Eigenstaatlichkeit der ehemaligen Kolonien zunächst im wesentlichen unbeeinflußt bleibt.

Die internationale Arbeitsteilung kolonialen Typs und ihr Ausbeutungsmechanismus sind nicht statisch zu betrachten. Ökonomisch (bei Ausklammerung des außerökonomischen Zwanges) auf dem unterschiedlichen Niveau der Arbeitsproduktivität beruhend, ist sie Wandlungen in dem Maße unterworfen, wie sich die internationalen Produktivkräfte entwickeln. Angesichts des im Zuge der wissenschaftlich-technischen Revolution enorm gestiegenen

Produktivitätsniveaus in den entwickelten kapitalistischen Ländern, vor allem im Bereich der imperialistischen Hauptmächte, bleibt bei einer begrenzten, den Interessen dieser Mächte angepaßten Industrialisierung der Entwicklungsländer die bestehende Differenz hinsichtlich der Produktivität in den beiden Bereichen nicht nur erhalten, sondern sie kann - zumindest zeitweilig - noch vergrößert werden.

Der Kampf der Entwicklungsländer um ihre ökonomische Unabhängigkeit, der die gegenwärtige - zweite - Etappe der nationalen Befreiungsrevolution charakterisiert, hat den stufenweisen Abbau des krassen Produktivitätsgefälles zwischen ihnen und den entwickelten kapitalistischen Staaten zum Inhalt. Der Weg zu diesem Ziel kann jedoch nur über die Überwindung der internationalen Arbeitsteilung kolonialen Typs führen, die in ihrer modifizierten Variante, in der Form der "modernen" internationalen Arbeitsteilung kolonialen Typs, den Kern des Neokolonialismus im ökonomischen Sinne bildet. Ihre Überwindung ist deshalb auch identisch mit der Lösung des grundlegenden Widerspruchs, der die gegenwärtigen Beziehungen der beiden sozialökonomischen Bereiche charakterisiert und dessen beide Seiten darin bestehen, daß die Entwicklungsländer sich zwar einerseits politisch weitgehend vom imperialistischen System gelöst haben, andererseits jedoch ökonomisch der vom Imperialismus diktierten kapitalistischen Arbeitsteilung angehören. Dies bringt zum Ausdruck, daß auch in diesem Sektor des weltweiten revolutionären Prozesses, in den Beziehungen der Entwicklungsländer zu den imperialistischen Ländern, das gilt, was den Gesamtprozeß gegenwärtig kennzeichnet: Der ökonomischen Sphäre kommt bei der Entscheidung politischer Grundfragen eine bestimmende Bedeutung zu. Während international der ökonomische Wettbewerb der beiden Systeme zum konzentrierten Ausdruck des politischen Kampfes, des Klassenkampfes im Weltmaßstab geworden ist, bestimmen die Entwicklungsländer durch die Lösung ihrer ökonomischen Probleme, durch die Fragen ihres ökonomischen Wachstums in ihrer engen Verflechtung mit der Weltmarktproblematik die Grenzen ihrer nationalen Souveränität und darüber, welchen Entwicklungsweg sie beschreiten werden.

In diesem Zusammenhang verdient der Hinweis G. Kohlmeys besondere Beachtung, daß die internationalen Märkte eine Arena des Klassenkampfes seien.[17] In dieser Auseinandersetzung sind die Entwicklungsländer, die als Ergebnis der nationalen Befreiungsbewegung einen wesentlichen Bestandteil des revolutionären Weltprozesses darstellen, wichtige Akteure. Ihr Kampf um die Liquidierung der internationalen Arbeitsteilung kolonialen Typs, der die Überwindung der Kolonialstruktur ihrer Wirtschaft zum Inhalt hat, ist ein bedeutender Beitrag zum internationalen Klassenkampf auf den Weltmärkten im Sinne des Antimonopolismus und Antiimperialismus.

Die Tatsache, daß die Entwicklungsländer vorerst noch immer Bestandteil der kapitalistischen Arbeitsteilung geblieben sind, darf jedoch nicht als ein Ausdruck der Stabilität dieses Systems gewertet werden. Im Gegenteil, der Zerfall dieses Subsystems, der internationalen Arbeitsteilung kolonialen Typs, wirkt auf das Gesamtsystem der internationalen kapitalistischen Arbeitsteilung ein und ist gegenwärtig angesichts der relativen Stabilität der Märkte in den kapitalistischen Industriestaaten, der wichtigste Faktor der Verschärfung des kapitalistischen Marktproblems, der Deformation des kapitalistischen Weltmarktes und seiner territorialen Schrumpfung. Anders formuliert: Wurden die Grenzen für die Entwicklung des kapitalistischen Weltmarktes nach dem zweiten Weltkrieg vornehmlich durch die Herauslösung der sozialistischen Länder sichtbar, so werden sie künftig in wachsendem Maße durch den Zerfall der internationalen Arbeitsteilung kolonialen Typs und seine weltmarktbeeinflussenden Wirkungen in Erscheinung treten.

3. Qualitative und quantitative Merkmale des tendenziellen Zerfalls der "traditionellen" Arbeitsteilung kolonialen Typs und die Rolle der staatsmonopolistischen Regulierung

3.1. Zu den Hauptmerkmalen des tendenziellen Zerfalls der "traditionellen" Arbeitsteilung kolonialen Typs zählen

a. die völlige Zerrüttung des "traditionellen" Funktionsmechanismus hinsichtlich des finanziellen Ausgleichs des gegenseitigen Waren-, Leistungs- bzw. Zahlungsverkehrs zwischen entwickelten kapitalistischen Industriestaaten und Entwicklungsländern, die enorm angewachsene und sich progressiv vergrößernde Verschuldung der Entwicklungsländer;

b. das starke Zurückbleiben des Wachstums der intersektoralen Arbeitsteilung zwischen kapitalistischen Industrieländern und Entwicklungsländern hinter der sich innerhalb der kapitalistischen Industriestaaten im Zuge der wissenschaftlich-technischen Revolution rasch entfaltenden intrasektoralen Arbeitsteilung, die daraus resultierende Tendenz einer Desintegration des kapitalistischen Weltmarktes und einer damit verbundenen Herauslösung der Entwicklungsländer aus der Internationalisierung des Wirtschaftslebens;

c. strukturelle Veränderungen in den arbeitsteiligen Beziehungen zwischen den Entwicklungsländern und den kapitalistischen Industriestaaten.

Unter den gegenwärtigen Bedingungen des Zerfalls und der endgültigen Liquidierung der politischen Formen des Kolonialsystems wichen die chronischen Exportüberschüsse der ehemaligen Kolonien chronischen Importüberschüssen der Entwicklungsländer. Auf ihrer Grundlage hat sich ein chronischer "Leistungsbilanzüberschuß" zugunsten der kapitalistischen Industrieländer bzw. eine chronische Zahlungslücke zuungunsten der Entwicklungsländer herausgebildet. Die jahresdurchschnittlichen Defizite der Entwicklungsländer aus ihrem Warenverkehr mit den kapitalistischen Industriestaaten betrugen 1956 bis 1964 rund 2 Mrd. Dollar, die sich bei Berücksichtigung ihres Schuldendienstes (Tilgungsraten plus Zinsendienst) um weitere rund 2,25 Mrd. Dollar erhöhen. Gegenwärtig ist der jährliche Passivsaldo der Entwicklungsländer gegenüber den kapitalistischen Industriestaaten auf rund 2,5 Mrd. Dollar angewachsen. Er wird offiziellen Schätzungen der UN zufolge im Jahre 1980 etwa 15 Mrd. Dollar erreichen,[18] davon entfallen allein rund 8 bis 10 Mrd. Dollar auf den gegenseitigen Warenverkehr (vgl. Tabelle 1).

Die zur staatsmonopolistischen Regulierung des neokolonialistischen Profitmechanismus eingesetzten Mittel, die als Entwicklungshilfe in ihren verschiedenen Formen deklariert werden, decken zwar den größten Teil des Defizits, um einen völligen Zusammenbruch des internationalen Zahlungs- und Profitmechanismus zu verhindern. Sie tragen jedoch in keiner Weise dazu bei, die extrem niedrigen Gold- und Devisenvorräte der Entwicklungsländer aufzustocken. Sie bewegen sich in einem Rahmen, der im Gegenteil eine gezielte differenzierte Dezimierung ihrer Valutareserven bewirkt.

Die staatsmonopolistische Regulierung des neokolonialistischen Zahlungs- und Profitmechanismus ergibt sich auch aus der Notwendigkeit, den Widerspruch zu lösen, der zwischen den neokolonialistischen Interessen der einzelnen Monopole und den gesamtkapitalistischen Interessen an der Erhaltung der Arbeitsteilung kolonialen Typs besteht. Das Bestreben der einzelnen z. B. am neokolonialistischen Außenhandel beteiligten Monopole, ihre auf der Basis des nichtäquivalenten Austausches realisierten Profite durch Manipulierung des neokolonialistischen Preismechanismus noch zu erhöhen (durch Anheben der Preise ihrer Exporterzeugnisse und Druck auf die Preise der von ihnen zu beziehenden Rohstoffe) führt zu einer Entwicklung der terms of trade, die langfristig zuungunsten der Entwicklungsländer verläuft.[19] Während dies einerseits für die einzelnen Monopole eine enorme Quelle von Extraprofiten ist, gerät durch die zunehmende Zahlungsunfähigkeit der Entwicklungsländer der neokolonialistische Profitmechanismus in Gefahr. Diesen Widerspruch zu lösen, den Zerfall der Arbeitsteilung kolonialen Typs aufzuhalten und die Funktionsfähigkeit des neokolonialistischen Profitmechanismus zu gewährleisten ist Aufgabe der staatsmonopolistisch finanzierten "Ausgleichszahlungen" in Form der Entwicklungshilfe.[20]

Die Zerrüttung des Zahlungs- und Profitmechanismus und die Notwendigkeit seiner staatsmonopolistischen Regulierung stehen in ursächlichem Zusammenhang mit der Tatsache, daß im Verlauf der zweiten und dritten Etappe der allgemeinen Krise des Kapitalismus die ökonomischen Beziehungen der kapitalistischen Industriestaaten zu den Entwicklungsländern an Bedeutung verlieren. Dies kommt vor allem am permanent sinkenden Anteil der Entwicklungsländer am Weltexport bzw. am kapitalistischen Export zum Ausdruck. Diesem anteilmäßigen Schwund liegen geringere Wachstumsraten ihres Exports und Imports gegenüber den kapitalistischen Industriestaaten zugrunde. Im Vergleich zu 1950 hatte sich der Export der Industrieländer im Jahre 1962 auf 282 Punkte, der der Entwicklungsländer auf 150 Punkte erhöht. Für den Durchschnitt des gesamten Zeitraumes betrugen die jährlichen Wachstumsraten des Exports in den kapitalistischen Industriestaaten 8,0 v.H., in den Entwicklungsländern 3,4 v.H.[21] Im Ergebnis dieser Entwicklung schrumpfte der Anteil der Entwicklungsländer am Weltexport von 32 v.H. auf 20,3 v.H.[22] Er betrug 1966 lediglich 20,1 v.H.

Diese Bewegung ist um so bemerkenswerter, als alle anderen intersektoralen bzw. intrasektoralen Warenströme auf dem Weltmarkt - trotz zeitweiliger Stagnationserscheinungen - eine dynamische Entwicklung nehmen. Dynamisch entfalten sich (mit wesentlichen qualitativen und quantitativen Unterschieden) die intrasektoralen Austauschbeziehungen innerhalb der sozialistischen, der kapitalistischen Staaten und der Entwicklungsländer. Dynamisch entfalten sich auch (ebenso differenziert) die intersektoralen bzw. intersystemaren Beziehungen zwischen den sozialistischen und den kapitalistischen Industriestaaten,[23] mehr noch zwischen den sozialistischen Staaten und den Entwicklungsländern.[24] Diese in Widerspruch zu allen anderen internationalen Austauschbeziehungen stehende Bewegung der Warenströme zwischen kapitalistischen Industriestaaten und Entwicklungsländern macht den Zerfall der internationalen Arbeitsteilung kolonialen Typs besonders augenfällig.

Wie bereits erwähnt, ist der Zerfall der internationalen Arbeitsteilung kolonialen Typs in einem hohen Maße Strukturveränderungen auf dem kapitalistischen Weltmarkt geschuldet. Sie sind das Ergebnis des direkten und indirekten Wirkens von Faktoren, die von der wissenschaftlich-technischen Revolution ausgehen. Zu den direkten Wirkungen zählen bekanntlich die Substitution von natürlichen Rohstoffen (pflanzlichen und mineralischen) durch synthetische, die Verringerung des Rohstoffverbrauchs je Erzeugniseinheit infolge einer erhöhten Effektivität des Rohstoffeinsatzes und schließlich ein enormer Produktivitätsanstieg der landwirtschaftlichen Produktion in den "Nichtagrarländern", den kapitalistischen Industriestaaten.

Die daraus für den Export der Entwicklungsländer resultierenden Nachteile lassen sich mengen- und wertmäßig schwer erfassen. Jedenfalls wird die relativ rückläufige Nachfrage nach Rohstoffen aus Entwicklungsländern durch protektionistische, teilweise sogar autarkische Bestrebungen der kapitalistischen Industriestaaten noch verstärkt, was zu einer Verringerung der Devisenerlöse der Entwicklungsländer führt.

Den indirekten Wirkungen der wissenschaftlich-technischen Revolution sind solche strukturellen Veränderungen zuzuschreiben, die sich bereits teilweise auf den kapitalistischen Weltmärkten für industrielle Halb- und Fertigerzeugnisse, vornehmlich in speziellen Zweigen der Leichtindustrie, insbesondere der Textilindustrie, aber auch in bestimmten Bereichen der Schwerindustrie vollziehen. Die indirekten Wirkungen unterscheiden sich dadurch von den direkten, daß erstere nicht unmittelbar und vornehmlich das Ergebnis wissenschaftlich-technischer Errungenschaften sind, sie diese zwar zur Bedingung haben, jedoch besonders eng - im Sinne der Einheit von Ökonomie und Politik - mit politischen

Faktoren (der Eigenstaatlichkeit der Entwicklungsländer und ihrer Politik der politischen ökonomischen Unabhängigkeit) verbunden sind. Das schließt nicht aus - wie im einzelnen dargelegt wird -, daß auch die direkten Wirkungen in mehr oder weniger starkem Maße politischen Einflüssen unterliegen.

3.2. Im Gefolge der direkten Wirkungen der wissenschaftlich-technischen Revolution zeichnet sich auf dem kapitalistischen Weltmarkt für Nahrungsmittel hinsichtlich der Entwicklungsländer eine Metamorphose spezifischen Charakters ab. Im Mechanismus der internationalen Arbeitsteilung kolonialen Typs spielten die Kolonien als Nahrungsmittellieferanten der Metropole eine wichtige Rolle. Heute dagegen sind die Entwicklungsländer Hauptimporteure von Nahrungsmitteln, die sie aus den kapitalistischen Industriestaaten beziehen. Hierbei handelt es sich um langfristige Entwicklungen.

Während die landwirtschaftliche Produktivität in den Entwicklungsländern stagniert und die Prokopfproduktion als Folge der Bevölkerungsexplosion überwiegend rückgängig ist, hat sie sich in den kapitalistischen Industriestaaten im Zusammenhang mit der durch die wissenschaftlich-technische Revolution stimulierte Mechanisierung und Chemisierung rasch erhöht. Ihre Wachstumsraten übersteigen zeitweise und teilweise sogar die der industriellen Produktion. Im Ergebnis dieser Entwicklung hat die Polarisierung von Erscheinungen des Hungers und der Unterernährung in den Entwicklungsländern, der Nahrungsmittelüberproduktion in den kapitalistischen Industriestaaten zugenommen.

Typisch für die gekennzeichnete Entwicklung sind vor allem die Veränderungen auf den kapitalistischen Weizenmärkten. Weizen ist für die Mehrzahl der Bevölkerung in den Entwicklungsländern das Hauptnahrungsmittel. Eine Bilanzierung von Produktion und Verbrauch von Weizen, z. B. im Erntejahr 1957/58, läßt erkennen, daß ein Überschuß von 11 Mill. t in den kapitalistischen Industrieländern einem Defizit von 11 Mill. t in den Entwicklungsländern gegenüberstand.[25] In den letzten Jahren bewegten sich die Lieferungen der kapitalistischen Industriestaaten (vornehmlich der USA und Kanadas) regelmäßig in der genannten Größenordnung, wobei im Ergebnis der Wirkung der genannten Faktoren eine ständig steigende Tendenz festzustellen ist.

Dem jährlichen Bevölkerungszuwachs in den Entwicklungsländern von etwa 30 - 40 Millionen entspricht ein Jahreszuwachs des Getreideverbrauchs von rd. 10 Mill. t, der trotz gesteigerten Eigenaufkommens nicht gedeckt werden kann. Schätzungen der UN zufolge wird die Weizenproduktion in den Entwicklungsländern bis 1970 im Vergleich zu 1957/58 um fast die Hälfte, auf 59 - 66 Mill. t, ansteigen. Sie wird aber auch dann mit rd. 17 - 18 Mill. t unter dem geschätzten Verbrauch liegen.[26]

Die "Weizenlücke" der Entwicklungsländer hat die Tendenz, sich im Verlauf einer ganzen Etappe auszuweiten, um in einer weiteren Etappe, die durch gedrosselte Bevölkerungszuwachsraten und steil ansteigende landwirtschaftliche Produktivität gekennzeichnet sein kann, allmählich geschlossen zu werden. In den kapitalistischen Industriestaaten wird im gleichen Zeitraum, 1957/58 - 1970, die Weizenproduktion bei stagnierendem Verbrauch (mit sinkender Tendenz) um weitere 24 Mill. t (um 26 v. H.) steigen und zu Weizenüberschüssen in Höhe von 32 bis 33 Mill. t führen.[27] Ähnlich langfristige Tendenzen werden im Hinblick auf den Verbrauch anderer Hauptnahrungsmittel sichtbar. Vor allem hat sich in den letzten Jahren zusätzlich zu den Weizenlieferungen auch ein umfangreicher Export von Trockenmilch, Zucker und anderen Nahrungsmitteln nach Entwicklungsländern entfaltet.[28]

Wichtigster ökonomischer Aspekt dieser Entwicklung ist die Tatsache, daß die über längere Zeit noch zunehmenden Nahrungsmittelimporte der Entwicklungsländer deren Zahlungsbilanz stark belasten, zu einer tendenziellen Einschränkung ihrer Investitionsgüterimporte führen und damit ein wesentliches Hemmnis für die Intensivierung ihres wirtschaftlichen Wachstums sind. Politisch betrachtet, hat die gekennzeichnete Metamorphose ein neues Abhängigkeitsverhältnis zwischen Entwicklungsländern und kapitalistischen Industriestaaten errichtet, das von den imperialistischen Hauptmächten als ein besonders wirksames Instrument zur Durchsetzung ihrer neokolonialistischen Politik ausgenutzt wird.

Die Metamorphose hinsichtlich der Stellung der Entwicklungsländer auf dem kapitalistischen Weltmarkt für Nahrungsmittel ist ein typisches Merkmal des Zerfalls der traditionellen internationalen Arbeitsteilung kolonialen Typs. Die Tatsache, daß der Imperialismus angesichts dieser veränderten Struktur auf spezifische Rohstoffimporte aus Entwicklungsländern im wachsenden Maße verzichten kann, ja selbst zum Exporteur dieser Erzeugnisse geworden ist, bringt zum Ausdruck, daß die Modifizierung der Arbeitsteilung kolonialen Typs eine Abkehr vom "Rohstoffkolonialismus" und eine Hinwendung zum "Markt- bzw. Absatzkolonialismus" zum Inhalt hat.

Auch die relativ sinkenden Exporte von mineralischen Industrierohstoffen aus den Entwicklungsländern sind auf das Wirken sowohl ökonomischer wie politischer Faktoren zurückzuführen. Einerseits sind es die Wirkungen der wissenschaftlich-technischen Revolution, die zu einem relativen Rückgang des Verbrauchs natürlicher Rohstoffe geführt haben. Diese Wirkungen bestimmen auch weitgehend den Rückgang des Anteils der Entwicklungsländer am entsprechenden Gesamtexport der nichtsozialistischen Welt.[29] Von dieser rückläufigen Entwicklung werden die Agrarrohstoffe stärker betroffen als die mineralischen. Nach offiziellen Schätzungen der UN werden die Importe der kapitalistischen Industrieländer von landwirtschaftlichen Rohstoffen (ohne Nahrungsmittel) bis 1980 auf lediglich (1959 = 100) 157 Punkte, die Einfuhren von Erzen und Mineralien jedoch auf 261 Punkte, von Brennstoffen auf 262 Punkte steigen.[30]

Andererseits wird der sinkende Anteil der Rohstoffexporte aus den Entwicklungsländern in wachsendem Maße politischen Faktoren geschuldet, die aus dem Siegeszug der nationalen

Befreiungsrevolution, der Festigung der staatlichen Souveränität der Entwicklungsländer, ihrem Fortschritt auf ökonomischem Gebiet und den Konsequenzen resultieren, die diese Entwicklung für den Imperialismus hat.

Die Erschließung neuer Rohstoffvorkommen ist mit immer größer werdenden Kapitalanlagen verbunden. Die Notwendigkeit zum höheren Einsatz von Kapital für die Steigerung der Rohstoffproduktion steht aber - wie die jüngsten Ereignisse im Nahen Osten zeigten - im wachsenden Widerspruch zu den in den Entwicklungsländern sich ständig verschlechternden Anlagebedingungen, vor allem hinsichtlich der Sicherheit des investierten Kapitals. Anders formuliert: Der Verlust des Kolonialmonopols zwingt die imperialistischen Mächte, den Grad ihrer Rohstoffabhängigkeit von den Entwicklungsländern im Interesse der Sicherung des gesamtkapitalistischen Reproduktionsprozesses laufend zu verringern. Die Folge ist eine zunehmende Orientierung der Monopole auf die Erschließung von Rohstoffvorkommen in ihrem unmittelbaren Herrschaftsbereich. Dies betrifft bisher insbesondere ihre Versorgung mit Bauxit, Erdöl, Eisenerz, Kali u. a. In diesem Zeichen erfolgt eine breite "Absetzbewegung" wichtiger Rohstoffkonzerne aus den Entwicklungsländern. Beispiele hierfür sind die "Abwanderung" internationaler Aluminiumkonzerne aus Britisch-Guayna nach Nordaustralien,[31] die Erschließung neuer Zinnvorkommen in Kanada (Mount Pleasant). Dieses Land wird ferner mit seinen außerordentlich großen Erdölreserven, insbesondere im Revier von Athabasca zu einem Hauptlieferant der kapitalistischen Erdölmärkte entwickelt.[32] Nordkanada spielt auch eine wachsende Rolle bei der Belieferung der kapitalistischen Märkte mit Eisenerz.

Diese politisch motivierte Tendenz einer Verlagerung der kapitalistischen Rohstoffquellen wird zu einer noch rascheren Verringerung des ohnehin sinkenden Anteils der Entwicklungsländer an den mineralischen Rohstoffexporten führen. Allgemein betrachtet, bringt die wachsende Eigenversorgung mit Rohstoffen Autarkiebestrebungen besonderer Art zum Ausdruck, die einen supranationalen staatsmonopolistischen Charakter mit neokolonialistischer Zielrichtung besitzen.

Im Bereich der Industrierohstoffe landwirtschaftlicher Herkunft spielt für die Entwicklungsländer neben den für sie aus dem technischen Fortschritt resultierenden nachteiligen Wirkungen (vornehmlich der Substitution pflanzlicher durch synthetische Rohstoffe) das Problem der direkten Konkurrenz mit gleichartigen Erzeugnissen, die in kapitalistischen Industriestaaten angebaut werden, eine besondere Rolle. Diese Entwicklung zeigt sich besonders deutlich auf den Baumwollmärkten (mit Ausnahme langfaseriger Baumwolle).

Auf der Grundlage der genannten "Sicherheits-" bzw. Konkurrenzinteressen ist durch die Entwicklung in beiden Rohstoffbereichen (mineralischen und agrarischen), forciert durch staatsmonopolistische Förderungsmaßnahmen, eine äußerst aktuelle Bedrohung der Entwicklungsländer eingetreten. Nach offiziellen Berechnungen waren 1962 bei einem Rohstoffexport der Entwicklungsländer in Höhe von 20,2 Mrd. Dollar (einschl. Erdöl) mehr als

2/3 durch entsprechende Konkurrenzangebote kapitalistischer Industrieländer gefährdet. Nur weniger als 1/10 der Rohstoffexporte der Entwicklungsländer stößt auf Absatzschwierigkeiten, die durch den Ersatz von natürlichen durch synthetische Rohstoffe hervorgerufen werden. Dies macht deutlich, daß die vor allem aus politischen, aber auch aus Konkurrenzgründen entstandene "Rohstoffrivalität" vorläufig noch einen wesentlich stärkeren Einfluß besitzt und den Entwicklungsländern größere Nachteile bringt als die direkt von der technischen Revolution hervorgerufenen Wirkungen.

Die staatsmonopolistischen Förderungsmaßnahmen im Rohstoffbereich der kapitalistischen Industriestaaten erweisen sich damit als Faktoren, die die Krise und den Zerfall der internationalen Arbeitsteilung kolonialen Typs beschleunigen. Sie stehen folglich im Widerspruch zu den Maßnahmen staatsmonopolistischer Regulierungen der internationalen Arbeitsteilung kolonialen Typs und ihrer Modifikation im Sinne der Erhaltung und Sicherung der Funktionsfähigkeit dieses Systems. Unter diesem Gesichtspunkt erweisen sich die als Entwicklungshilfe getarnten neokolonialistischen "Subventionen" als staatsmonopolistisch finanzierte Zahlungen zur Durchsetzung der vom Imperialismus aus politisch-strategischen Gründen als notwendig befundenen Verlagerung seiner Rohstoffbezüge in seine "innere" Sphäre und zur Forcierung seines "Agrarexpansionismus".

Im Unterschied zu der gekennzeichneten Entwicklung auf den Rohstoffmärkten sind die auf einigen kapitalistischen Märkten für Fertigwaren feststellbaren Strukturveränderungen nicht den direkten und elementaren Wirkungen der wissenschaftlich-technischen Revolution geschuldet. Sie sind das Ergebnis der von der nationalen Befreiungsbewegung ausgehenden Industrialisierungsbestrebungen und waren demzufolge - wenn auch nur in sehr engen Teilbereichen - bereits in der ersten Etappe der allgemeinen Krise des imperialistischen Kolonialsystems feststellbar. Sie sind insofern Ergebnisse, die zwar aus den Bedingungen einer bereits zurückliegenden Periode resultieren, jedoch unter den neuen Bedingungen eines grundlegend veränderten internationalen Kräfteverhältnisses nunmehr die Basis für qualitativ neue Veränderungen abgeben, die geeignet sind, den Erfordernissen und Möglichkeiten der wissenschaftlich-technischen Revolution Rechnung zu tragen. Unter diesen Aspekten sind die beiden allgemeinen Hauptmerkmale der Strukturveränderungen auf den kapitalistischen Märkten für Fertigerzeugnisse (1.) der sinkende Anteil der Entwicklungsländer am Export der entwickelten Industriestaaten und (2.) der trotz steigenden Verbrauchs von Fertigerzeugnissen in den Entwicklungsländern ebenfalls schrumpfende Anteil ihres Importbedarfs, der eine wachsende Eigenversorgung zum Ausdruck bringt.

Die intersektoralen Warenströme des kapitalistischen Weltmarktes, denen zu Vergleichszwecken der intrasektorale Handel gegenübergestellt wird, lassen im einzelnen folgendes Bild erkennen (in v.H. der gesamten Fertigwarenexporte):[33]

Jahr	intersektoraler Handel		intrasektoraler Handel	
	kap. Ind.-staaten nach Entwicklungsländern	Entwicklungsländer nach kap. Ind.-staaten	kapitalist. Industriestaaten	Entwicklungsländer
1913	47,0	5,0	45,0	3
1953-1955	45,0	4,0	46,0	5
1960	33,3	4,7	59,2	2,8
1964	29,0+		67,8+	...

\+ einschließlich der Exporte nach sozialistischen Staaten

Die Zahlen zeigen, daß die Entwicklungsländer im Durchschnitt der Jahre 1953/55 noch 45 v.H. der Fertigwarenexporte der entwickelten kapitalistischen Industriestaaten aufgenommen haben gegenüber nur 29 v.H. im Jahre 1964. Parallel zu dieser Bewegung verringert sich der Anteil ihrer Fertigwarenimporte am Gesamtverbrauch der Entwicklungsländer an Fertigwaren, allein 1958 gegenüber 1955 von 33 v.H. auf 29,8 v.H.[34]

Die gekennzeichneten Außenhandelsstrukturen sind lediglich der Reflex entsprechender Produktionsstrukturen mit niedriger Produktivität. Der niedrige Fertigwarenexport der Entwicklungsländer spiegelt ihren niedrigen Anteil an der Industrieproduktion des nichtsozialistischen Teils der Welt wider, insbesondere an der verarbeitenden Industrie. Obwohl sich die verarbeitende Industrie in den Entwicklungsländern von 1948 bis 1964 fast verdreifacht hat, erhöhte sich ihr Anteil an der Industrieproduktion des nichtsozialistischen Teils der Welt nur von 7,8 % auf 9,3 %. Dem entspricht ein Anwachsen ihres Anteils an der Energieerzeugung von 7,5 % auf 9,4 % (vgl. Tabelle 2).

Ungeachtet des relativ geringen Anteils kann nicht übersehen werden, daß die Zuwachsraten der Industrieproduktion in den Entwicklungsländern höher waren als in den kapitalistischen Industriestaaten, selbst in der Periode, die durch einen besonders raschen Aufschwung der westeuropäischen und nordamerikanischen Industrieproduktion gekennzeichnet wird. Während der Index der verarbeitenden Industrie in diesen Ländern von 1954 (Basisjahr) bis 1964 auf 173 anstieg, konnte er sich in den Entwicklungsländern auf 222 erhöhen.

Auf die Schwerindustrie bezogen, erreichte der Index in den kapitalistischen Industrieländern 187 Punkte und in den Entwicklungsländern 271 Punkte, wobei die extrem niedrigen Ausgangspositionen in den Entwicklungsländern zu berücksichtigen sind. Ihr Anteil an der schwerindustriellen Produktion im nichtkapitalistischen Teil der Welt erhöhte sich im genannten Zeitraum von 4,8 % auf 6,9 %.

Zu den spezifischen Merkmalen der Fertigwarenausfuhr der Entwicklungsländer zählt der hohe Grad ihrer Konzentration auf eine äußerst geringe Zahl von Erzeugnissen und

Herkunftsländern. Hierbei handelt es sich um eine analoge Erscheinung zum Rohstoffexport, der durch die Monokultur bestimmt wird. Nahezu die Hälfte des Gesamtexports der Entwicklungsländer an Fertigwaren setzt sich aus verschiedenen Textilerzeugnissen zusammen. 1962 waren es 47,6 %. Weitere rd. 15 % bestehen aus Ausfuhren von Halb- und Edelsteinen, Sperrholz und Leder. Bei den Textilexporten handelt es sich vornehmlich um Lieferungen von Kleidung, Baumwollgeweben und Baumwollgarnen sowie von Jute-Erzeugnissen. Von insgesamt 77 am Fertigwarenexport der Entwicklungsländer beteiligten SITC-Warengruppen umfassen allein 4 Gruppen zwei Fünftel ihrer gesamten Lieferungen (Kleidung, Jute- und Baumwollerzeugnisse sowie Edelsteine).

Die regionale Konzentration zeigt sich vor allem darin, daß 1962 fast die Hälfte des Fertigwarenexports sämtlicher Entwicklungsländer von nur 2 Ländern dieser Ländergruppe geliefert wurde. Ein weiteres Viertel dieser Ausfuhren entfiel auf 7 Länder, während sich die restlichen Lieferungen auf 92 Länder verteilten. An der Spitze der Export-Länder standen Hong Kong (400 Mill. Dollar)[35] und Indien (370 Mill. Dollar), gefolgt von Mexiko (etwa 100 Mill. Dollar), Iran und Philippinen (jeweils etwa 50 Mill. Dollar), ferner Brasilien, Argentinien und Pakistan.[36]

Entsprechend den dargelegten Gegebenheiten beschränken sich die Strukturveränderungen auf den kapitalistischen Weltmärkten für Fertigerzeugnisse im wesentlichen auf die Märkte für Textilien aus Naturfasern (insbesondere aus Baumwolle). Auf diesem engen Sektor haben sich langfristig beachtliche Strukturveränderungen vollzogen. Während 1913 die Kolonien im Weltmaßstab nur 14 v.H. des Baumwollverbrauchs, 9,7 v.H. der Baumwollgewebeproduktion und 1,2 v.H. des Baumwollgewebeexports auf sich vereinten, lagen die entsprechenden Quoten 1962 bei 40,9 v.H. (Verbrauch), 33,3 v.H. (Produktion) und 24,6 v.H. (Export). Diese Strukturveränderung ist von den determinierenden Wirkungen der wissenschaftlich-technischen Revolution im wesentlichen unbeeinflußt geblieben. Im Gegenteil, das Vordringen synthetischer Fasern und die Entwicklung vollautomatischer Produktionsanlagen werden zu einem Hemmnis für die weitere Entfaltung dieses Zweiges, der in den Entwicklungsländern zwar eine gewisse Dynamik behält, jedoch auf den Weltmärkten an Bedeutung verliert.

Der Prozeß, der zu einer relativ stark entwickelten, auf Naturfasern beruhenden Textilindustrie in den Entwicklungsländern geführt hat, ist, historisch betrachtet, außerordentlich positiv zu bewerten. In einer Reihe von Entwicklungsländern war der antikoloniale Kampf für den Aufbau einer nationalen Industrie weitgehend auf die Verarbeitung und den Export von Textilrohstoffen orientiert (z. B. in Indien, Ägypten u. a.).

Andererseits zählt die Textilindustrie im allgemeinen und die auf Naturfasern beruhende im besonderen nicht zu den dynamischen Industriezweigen. Sie ist zwar von größter Bedeutung für die Versorgung der nationalen Märkte in den Entwicklungsländern selbst, ihrer Entwicklung sind jedoch - vor allem in Hinblick auf die langfristige Nachfrage des Weltmarktes enge Grenzen gesetzt. Die Tatsache, daß der Anteil der Textilexporte aus Entwicklungsländern an den Gesamtexporten dieses Bereichs von 1955 bis 1961 gestiegen ist, während er in den kapitalistischen Industrieländern sank, bringt eine Strukturveränderung zum Ausdruck, die perspektivisch nicht im Interesse der Entwicklungsländer liegt. Der gegenwärtige Stand der Produktivkräfte und ihre rasche Entfaltung im Zeitalter der wissenschaftlich-technischen Revolution stellt an eine von Diskriminierung befreite, auf Gleichberechtigung beruhende internationale Arbeitsteilung zwischen kapitalistischen Industrieländern und den Entwicklungsländern Anforderungen, denen nicht mit überholten, den Bedingungen des Kampfes gegen die Liquidierung der Kolonialregimes entspringenden und eben diesen Bedingungen angepaßten Industrialisierungskonzeptionen entsprochen werden kann. Der Lösung der Problematik dienen daher Programme, die die sich rasch entfaltenden Produktivkräfte in ihren Prognosen einschließen und daher dynamischen Charakter tragen. Die staatsmonopolitisch manipulierte Modifikation der internationalen Arbeitsteilung kolonialen Typs mit dem Ziel, die Industrialisierung der Entwicklungsländer in eine Richtung zu drängen, die diese Länder aus Rohstofflieferanten in Bezugsquellen von Erzeugnissen einer technisch rückständigen und in ihrer Akkumulationseffektivität nur gering entwickelten Industrie, vor allem Leichtindustrie, verwandelt, steht im Widerspruch zu den durch die wissenschaftlich-technische Revolution und das veränderte politische Kräfteverhältnis geschaffenen Notwendigkeiten und Möglichkeiten.

Diese Einschätzung struktureller Veränderungen trifft prinzipiell, wenn auch mit quantitativen Unterschieden auf die Entwicklung im schwerindustriellen Bereich der Entwicklungsländer zu, der - wie bereits dargelegt - die höheren Zuwachsraten aufweist. Die gesamte Rohstahlproduktion, die 1936 - 1938 (jahresdurchschnittlich) in den Kolonien und Halbkolonien etwa eine Million Tonnen erreichte (und fast ausschließlich auf Indien beschränkt blieb), ist in den Entwicklungsländern bis 1964 auf über 13 Millionen Tonnen angestiegen und umfaßt etwa 5 % der Rohstahlproduktion des nichtsozialistischen Teils der Welt.[37]

Als Ergebnis dieser Entwicklung ist es einer größeren Zahl von Entwicklungsländern gelungen, ihren Bedarf an Rohstahl aus eigener Produktion zu decken. Nach offiziellen Schätzungen werden die lateinamerikanischen Staaten bis 1967 bereits fast drei Viertel des von ihnen benötigten Rohstahls selbst erzeugen, in Indien wird die nationale Produktion sogar vier Fünftel des Bedarfs decken. Für die Gesamtheit der Entwicklungsländer liegt die Quote der Eigenversorgung mit Rohstahl bei über 50 v.H.

Die Produktion im schwerindustriellen Bereich der Entwicklungsländer drängt ebenfalls nur sehr begrenzt auf den Weltmarkt. Sie dient vor allem den Bedürfnissen der nationalen Märkte und besitzt einen betont importsubstituierenden Charakter.

Eine analoge Entwicklung läßt sich im Bereich der Zementerzeugung und der Herstellung von Baustoffen verfolgen.

Prinzipiell ist die Entwicklung in diesem Bereich der Industrie im Hinblick auf die internationale Arbeitsteilung und ihre Überwindung ebenso widersprüchlich wie in der Textilindustrie. Einerseits ist die weitgehende Liquidierung des Stahlmonopols der imperialistischen Länder durch die zu ihrem ehemaligen "kolonialen Hinterland" zählenden Entwicklungsländer ein großer Sieg der nationalen Befreiungsrevolutionen. Andererseits kann nicht übersehen werden, daß angesichts der sich sprunghaft entfaltenden Produktivkräfte im Zeitalter der wissenschaftlich-technischen Revolution selbst die Stahlindustrie nicht mehr zu den dynamischen Industriezweigen zu zählen ist. Als Bestandteil der Grundstoffindustrie ist die Stahlproduktion in den Entwicklungsländern von großer Bedeutung für deren durchgängige Industrialisierung, wenn gewisse Voraussetzungen erfüllt sind (Rohstoffvorkommen, Großmärkte usw.). Diese Feststellung ist jedoch sehr differenziert zu werten, da unter den Bedingungen der friedlichen Koexistenz der Aufbau einer Stahlindustrie weder Vorbedingung für die Entwicklung einer nationalen Industrie ist, noch ein notwendiges Requisit für eine ausgewogene Wirtschaftsstruktur darstellt.

4. Einige Zusammenhänge zwischen der Wachstumsproblematik in den Entwicklungsländern und der neokolonialistischen Entwicklungshilfe

Welchen Weg der Industrialisierung die einzelnen Entwicklungsländer auch gehen mögen, in allen Fällen wird diese zu Veränderungen der industriellen Struktur der kapitalistischen Industriestaaten führen. Dies trifft sowohl für die binnenmarktorientierte wie für die außenmarktorientierte Industrialisierung zu. Beide Typen schließen einander keineswegs aus, sondern kennzeichnen lediglich Hauptorientierungsrichtungen bzw. graduelle Unterschiede. Im Zusammenhang mit der in anderen Beiträgen aufgeworfenen Problematik gewisser Besonderheiten ökonomischen Wachstums, die aus der Größe eines Landes und seinen ökonomischen Potenzen resultieren, läßt sich feststellen, daß in größeren Entwicklungsländern der Trend zur binnenmarktorientierten Industrialisierung selbstverständlich stärker ist. In ihnen ist daher auch der importsubstituierende Effekt höher. Der Zwang zur strukturellen Änderung der Exporte aus kapitalistischen Industriestaaten ist eine direkte Wirkung der Importsubstitution. Dabei schrumpft der Anteil des Konsumgüterexports zugunsten des Exports von Produktionsmitteln. Zusätzlichen Antrieb erhält diese Tendenz durch das Bemühen der in ihrem Absatz bedrohten Exporteure von Konsumgütern, die Produktion ihrer Erzeugnisse im Entwicklungsland selbst aufzunehmen, um auf diese Weise die durch hohe Zollmauern und strenge Kontingentierung geschützten nationalen Märkte für ihre Profitinteressen zu nutzen. Entsprechend ihrem Anteil als Lieferanten der Entwicklungsländer machen sich als Folge der veränderten Importstrukturen der Entwicklungsländer Veränderungen der Industriestruktur der kapitalistischen Industriestaaten erforderlich.

Einen in diesem Sinne noch höheren Struktureffekt besitzt die vornehmlich exportorientierte Industrialisierung der Entwicklungsländer. Bei Existenz der hierzu erforderlichen Voraussetzungen, die durch höhere Anforderungen (Investitionen, technischer Entwicklungsstand, Kaderausbildung, weltmarktorientierte Absatzorganisationen usw.) gekennzeichnet sind, werden durch die exportorientierte Industrialisierung die Lieferungen aus den kapitalistischen Industriestaaten nicht nur eingeschränkt, sondern den bisherigen Produzenten spezifischer Erzeugnisse erwächst eine zusätzliche Konkurrenz auf den Weltmärkten. Ein Charakteristikum der exportorientierten Industrialisierung besteht darin, daß sie komparative Kostenvorteile voraussetzt. Sie sind vor allem bei der Produktion von Erzeugnissen gegeben, die keinen technischen Höchststand erfordern, insbesondere bei arbeitsintensiven Fertigerzeugnissen. Daß sich die Exportorientierung der Entwicklungsländer bisher nicht stärker durchsetzen konnte, ist vor allem der diskriminierenden Importpolitik (Zölle, Kontingente) der kapitalistischen Industriestaaten geschuldet. Der Marktfaktor als Triebkraft der Industrialisierung wird unter diesen Bedingungen in der Form des Binnenmarktes bei der inlandsorientierten Industrialisierung stärker wirksam als in der Form des Weltmarktes bei der weltmarktorientierten Industrialisierung.

So gesehen ist die exportorientierte Industrialisierung in den Anfangsstadien der nationalen Industrialisierung der Entwicklungsländer mit enormen Risiken verbunden, die sogar zu einer zeitweiligen Erhöhung der Abhängigkeit vom Block der imperialistischen Staaten führen können. Da es sich bei einer großen Zahl der neu konstituierten Staaten um im ökonomischen Sinne "kleine Länder" handelt, böte sich allein unter diesem Aspekt eine stärker exportorientierte, die Vorteile internationaler Arbeitsteilung nutzende Industrialisierung an.

Außer den bereits genannten längerfristig wirkenden volkswirtschaftlichen Struktureffekten decken sich die kurz- bzw. mittelfristigen Folgen der exportorientierten Industrialisierung im wesentlichen mit denen der betontinlandsorientierten. Hierzu zählen eine Zunahme der Investitionsgüterexporte und eine - allerdings nur ein relativ geringes Sortiment berührende - Abnahme der Konsumgüterexporte der kapitalistischen Industriestaaten. Der Rückgang des Konsumgüterexports würde durch zusätzliche Devisenerlöse der betreffenden Entwicklungsländer, die sie durch ihre Fertigwarenproduktion auf dem Weltmarkt erzielen, zumindest teilweise kompensiert werden. Hinzu kommt, daß die Industrialisierung der Entwicklungsländer zu einer Veränderung der Verbrauchsstruktur führt, wodurch zusätzliche Exportmöglichkeiten für die kapitalistischen Industrieländer erschlossen werden.

Zu den Gründen, weshalb die imperialistischen Mächte trotz nicht oder kaum zu erwartenden Exporteinbußen eine Industrialisierung der Entwicklungsländer hemmen bzw. den Übergang von der "traditionellen" zur "modernen" internationalen Arbeitsteilung kolonialen

Typs bisher nur zögernd beschreiten, zählen neben den genannten politischen Motiven solche, die ihre Wurzeln im Reifeprozeß des staatsmonopolistischen Kapitalismus haben. Durch die vornehmlich bei der exportorientierten Industrialisierung von Entwicklungsländern notwendig werdende Auslagerung von Industriezweigen ergibt sich für kapitalistische Industriestaaten die Möglichkeit, solche Produktionen abzustoßen, die durch ihre relativ geringe Kapitalverwertung eine Belastung für die Gesamtkapitalmasse darstellen und dadurch eine Annäherung an das Akkumulationsoptimum versperren. Im Alternativfall sind Einbußen hinsichtlich des potentiellen Wachstums, des Verzichts auf internationale Produktivitäts- und Konkurrenzvorteile sowie Nachteile im ökonomischen Wettbewerb mit dem sozialistischen Weltsystem die Folgen. Daß die imperialistischen Mächte diese Potenz bisher nicht voll zu mobilisieren imstande waren, zeugt von den Grenzen, die der Wirksamkeit des staatsmonopolistischen Instrumentariums auf diesem spezifischen Gebiet gesetzt sind. Seine Intensivierung ist ein zwingendes staatsmonopolistisches Erfordernis, um den Übergang zur "modernen" internationalen Arbeitsteilung kolonialen Typs rascher und reibungsloser zu vollziehen.

Unter diesem Aspekt ist die Prognose zulässig, daß die Entwicklungshilfe im Interesse staatsmonopolistischer Politik in zunehmendem Maße auch zu einem Instrument der Wachstumspolitik in den kapitalistischen Industriestaaten wird. Der Zwang zur Durchsetzung dieses Erfordernisses ergibt sich aus der Notwendigkeit, gewisse Widersprüche, die der Entwicklungshilfe anhaften, zu lösen, um dieses Instrument neokolonialistischer Politik noch effektiver zu gestalten. Zu ihnen zählt der Widerspruch, einerseits den Halb- und Fertigwaren der Entwicklungsländer durch ein engmaschiges System von Wertzuwachszöllen und Nominalzöllen sowie den quantitativen Restriktionen den Import zu versperren und dadurch entscheidend zu deren Außenhandels- und Zahlungsbilanzdefizit beizutragen. Andererseits sind die entwickelten kapitalistischen Staaten jedoch zur Gewährleistung ihres Absatzes sowie zur Verhinderung eines totalen Zusammenbruchs des interregionalen Handels- und Zahlungsverkehrs gezwungen, enorme und ständig wachsende Zahlungen zu leisten.

So betrachtet diente die Entwicklungshilfe bisher vornehmlich dazu, den Protektionismus, ein Relikt imperialistischer Kolonialpolitik,[38] unter den Bedingungen des neuen internationalen Kräfteverhältnisses mit staatsmonopolistischen Mitteln aufrechtzuerhalten. Sie fungierte zugleich als Feigenblatt zur moralischen Aufwertung des Protektionismus. Anders ausgedrückt verhinderte gerade die Entwicklungshilfe einen rascheren Übergang zur "modernen" internationalen Arbeitsteilung kolonialen Typs. Da diese Umstellung jedoch zugunsten der stärksten Gruppen des Monopolkapitals verläuft, die im Bereich der dynamischen Produktionszweige konzentriert sind, und zuungunsten der zumeist in Klein- und Mittelbetrieben zersplitterten Produktionen nichtdynamischer Produktionen, wird die Entwicklungshilfe immer mehr mit einer Wachstumshilfe im Sinne einer Anpassung der Industriestruktur an die Erfordernisse einer "modernen" internationalen Arbeitsteilung kolonialen Typs verschmelzen. Präziser formuliert entsteht in zunehmendem Maße der Zwang, Haushaltsmittel für Zwecke der Umstrukturierung einzusetzen, wobei "Umstrukturierungshilfe" und "Entwicklungshilfe" in einem funktionellen Zusammenhang stehen.

Die "traditionelle" internationale Arbeitsteilung kolonialen Typs ist zwar eine besonders krasse Form der Ausbeutung der Entwicklungsländer, sie ist jedoch nur eine der vielen möglichen Formen und Typen, mittels deren die Unterordnung und Anpassung der ehemaligen Kolonien an die Reproduktionsbedürfnisse der kapitalistischen Industrieländer realisiert werden kann. Unter den gegenwärtigen Bedingungen sind die kapitalistischen Industriestaaten bemüht, ihren Produktivitätsvorsprung und ihren Vorlauf hinsichtlich der Beherrschung von Wissenschaft und Technik ausnutzend, die Entwicklungsländer in neue Formen einer auf Ungleichheit beruhenden internationalen Arbeitsteilung zu pressen. Wenn die Ausnutzung eines gegebenen Produktivitätsgefälles die ökonomische Grundlage für die Ausplünderung über das System der internationalen Arbeitsteilung kolonialen Typs ist, ist es im Prinzip gleichgültig, ob die Ausplünderung nach historischem Vorbild über den "traditionellen" nichtäquivalenten Austausch erfolgt oder über den "nichttraditionellen" bzw. "modernen" nichtäquivalenten Austausch erfolgt, d. h. über den Austausch von Erzeugnissen der modernsten Technik aus vollautomatisierten Betrieben gegen arbeitsintensive Produkte einer herkömmlichen kapitalextensiven Industrie.

Es kann jedoch nicht übersehen werden, daß der Übergang zur "modernen" internationalen Arbeitsteilung kolonialen Typs zugleich ein Ausdruck der Schwäche des Imperialismus ist. Den Faktoren, die eine verschärfte Ausbeutung der Entwicklungsländer als Folge der Anpassung der kapitalistischen Industriestaaten an die neuen politischen und ökonomischen Voraussetzungen und Bedingungen interregionalen Wirtschaftsbeziehungen bewirken, stehen andere Faktoren gegenüber. Durch die Wirkungen der wissenschaftlich-technischen Revolution werden die Entwicklungsländer nicht nur benachteiligt. Im Gegenteil, diese Wirkungen sind,historisch in ihrem Zusammenwirken mit politischen Faktoren (Bündnis der antiimperialistischen Kräfte, der sozialistischen Staaten und der nationalen Befreiungsbewegung) betrachtet, die wichtigste Triebkraft, die nach einer Periode der Ausweitung des Produktivitätsgefälles die materiellen Voraussetzungen im gesamtgesellschaftlichen Maßstab schafft, das Niveau der Entwicklungsländer an das der hochentwickelten Staaten anzuheben.

Die wissenschaftlich-technische Revolution hat also die objektiven Voraussetzungen für einen Niveauausgleich zwischen den beiden sozialökonomischen Bereichen geschaffen. Das Tempo seiner Durchsetzung unterliegt in starkem Maße subjektiven Faktoren, der Stärke der nationalen Befreiungsbewegung, ihrer politischen und ökonomischen Orientierung. Insofern sind der Zerfall des imperialistischen Kolonialsystems und seine Folgeerscheinungen auch ein Beweis für die These von Marx, daß die Produktivkräfte zu ihrer Entfaltung die Fesseln der Produktionsverhältnisse sprengen. Was Marx für eine einzelne Nation konstatierte, trifft unter den Bedingungen der Internationalisierung des Wirtschaftslebens auch auf das Verhältnis der Entwicklungsländer zu den imperialistischen Hauptmächten zu, das als ein Produktions- und Ausbeutungsverhältnis im internationalen Maßstab bezeichnet werden kann.

So schließt sich der Kreis der Betrachtungen: Das Erbe von Marx ist gerade in den Entwicklungsländern von hochaktueller Bedeutung, nicht nur weil seine Lehren ihre eindringliche Bestätigung erfahren, sondern weil die marxistische Wirtschaftswissenschaft durch die Vielfalt der neu entstandenen Problematik aufgerufen wird, auf der Grundlage der Marxschen Theorien neue schöpferische Erkenntnisse zu gewinnen. Sie führen zur endgültigen Liquidierung der kolonialen Ausbeutung in ihren verschiedenen Formen, zur politischen und ökonomischen Emanzipation der Entwicklungsländer.

Tabelle 1

Exporteinnahmen, Zahlungen für Tilgungen und Zinsendienst sowie langfristiger Kapitalimport und nichtrückzahlbare Zuwendungen 1951 - 1955, 1956 - 1959 und 1960 - 1962 (in Mrd. US-Dollar) in den Entwicklungsländern[1]

	1951 - 1955		1956 - 1959		1960 - 1962	
	insgesamt	ohne[2] Erdölländer	insgesamt	ohne[2] Erdölländer	insgesamt	ohne[2] Erdölländer
Exporteinnahmen	15,1	13,0	16,8	13,2	18,6	14,6
Zahlungen für Tilgungen und Zinsendienst	-1,5	-0,8	-2,1	-0,9	-2,4	-1,3
langfristiger Kapitalimport und Zuwendungen	1,9	1,7	3,7	3,2	4,4	4,7

1 38 ausgewählte Staaten und Entwicklungsländer der Franc-Zone

2 Ohne Iran, Irak und Venezuela

3 - = Defizitposten in der Zahlungsbilanz

Quelle: World Economic Survey 1963, New York 1964, S. 236, und UN, Balance of Payments Yearbook, Washington 1964.

Tabelle 2

Die Entwicklung der verarbeitenden Industrie im nichtsozialistischen Teil der Welt (A) und in den Entwicklungsländern (B), 1938 bis 1964

	Verarbeitende Industrie insgesamt		Leichtindustrie		Schwerindustrie	
	A	B	A	B	A	B
			(1958=100)			
1938	42	40	55	47	33	29
1948	62	54	69	62	57	43
1954	86	73	87	79	85	66
1060	118	116	113	111	122	123
1964	149	155	134	138	159	177
			(in v.H.)			
1938	91,5	8,5	88,9	11,1	94,6	5,4
1948	92,2	7,8	88,3	11,7	95,3	4,7
1954	92,4	7,6	88,2	11,8	95,2	4,8
1960	91,2	8,8	87,2	12,8	93,7	6,3
1964	90,7	9,3	86,6	13,4	93,1	6,9

Quelle: Errechnet auf der Grundlage der Indexbewegung unter Berücksichtigung der Gewichte im Basisjahr nach UN, Statistical Yearbook 1962, S. 60-93, und 1964, S. 66 - 69, UN Monthly Bulletin of Statistics, Febr. 1966, S. X - XIII.

Fußnoten

1 K. Marx, Das Kapital, I. Bd., in: K.Marx/F.Engels, Werke, Bd. 23, Berlin 1962, S. 779

2 Ebenda, S. 781

3 Ebenda, S. 779

4 K. Marx, Die künftigen Ergebnisse der britischen Herrschaft in Indien, in: K.Marx/F.Engels, Ausgewählte Schriften in zwei Bänden, Bd. 1, Berlin 1952, S.332

5 Hervorzuheben sind in diesem Zusammenhang folgende Arbeiten: P. Khalatbari, Die Anwendung der Marxschen Reproduktionsmodelle auf die Entwicklungsländer, in: Ziele, Faktoren, Rationalität des ökonomischen Wachstums, Akademie Verlag, Berlin 1968
A. Schnickmann, Marx und Engels über die ökonomisch schwach entwickelten Länder ihrer Zeit, Dissertation, verteidigt an der Humboldt-Universität Berlin, 1967

6 K. Schiller, Zur Wachstumsproblematik der Entwicklungsländer, Bd. I, Entwicklungstheorie und Entwicklungspolitik, Tübingen 1964, S. 201

7 Ebenda

8 G. Myrdal, The Need of a Critical View and a Reorientation of our Theoretical Approaches in Regard to the Problem of Underdeveloped Countries, in: Die Einheit der Gesellschaften ..., S. 523

9 Ebenda, S. 517/518

10 G. Huber, Der Einfluß der internationalen sozialistischen Arbeitsteilung auf das ökonomische Wachstum der RGW-Länder unter besonderer Berücksichtigung des Niveauausgleichs, in: "Probleme der politischen Ökonomie", Jahrbuch des Instituts für Wirtschaftswissenschaften, Bd. 11, Berlin 1968

11 Wir teilen die Auffassung von M. Nussbaum, der diesen Widerspruch als ein "besonderes Phänomen, gewissermaßen ein Contradictio in adjecto" bezeichnet. Siehe M. Nussbaum, Zur Problematik der politischen und ökonomischen Unabhängigkeit, dargestellt am Beispiel Afrikas, in: Jahrbuch für Wirtschaftsgeschichte, Berlin 1965, Teil I, S. 106

12 Ausführliche Betrachtungen hierzu vom Standpunkt imperialistischer Interessen enthält die Untersuchung von M.W.J.M. Broekmeijer "Developing Countries and N.A.T.O." - Strategic Economic Importance of the Developing Countries for NATO, Leyden 1963

13 Vgl. hierzu J. Olsewitsch, Probleme der Reproduktion in den Entwicklungsländern und die Strukturkrise der kapitalistischen Weltwirtschaft, in: Weltwirtschaft und internationale Beziehungen, Moskau, Heft 11/1965 (russ.)

14 Zur Problematik des supranationalen staatsmonopolistischen Kapitalismus siehe im einzelnen R. Gündel, Dynamik und Widersprüche des Prozesses der Internationalisierung des Wirtschaftslebens im kapitalistischen System, in: "Konjunktur und Krise", Berlin, 10. Jg., H. 2, S. 101 - 120

15 Siehe G. Kohlmey, "Weltwirtschaftsstrukturen und internationale sozialistische Arbeitsteilung", in: "Probleme des Friedens und des Sozialismus, Berlin, Heft 6/1966, S. 472

16 Siehe P. Friedländer, Die Bedeutung der wissenschaftlich-technischen Revolution für die Überwindung des Produktivitätsgefälles zwischen Entwicklungsländern und Industriestaaten, in: Konjunktur und Krise, Berlin, Heft 3/1966, S. 299-238

17 G. Kohlmey, Bemerkungen zur Theorie der komparativen Kosten im Außenhandel, in vorliegendem Band, S. 93/94

18 Nach Berechnungen des sogenannten Blau-Berichts wird die Zahlungslücke der Entwicklungsländer bis 1970 20 Mrd. Dollar betragen. Davon sollen voraussichtlich 9 Mrd. Dollar durch "Entwicklungshilfe" und langfristigen Kapitalexport abgedeckt werden. Der Blau-Report geht davon aus, daß (auf der Grundlage der Preise im Jahre 1959) der Export der Entwicklungsländer von 20 Mrd. Dollar auf 29 Mrd. Dollar, der Import von 21 auf 41 Mrd. Dollar steigen wird. Der Zinsendienst wird auf 8 Mrd. Dollar geschätzt.
Vgl. G. Blau, Commodity Export Earnings and Economic Growth, presented at Chatham House Conference on New Directions of World Trade, Bellagio, Sept. 1963 (London 1963)

19 Entsprechend dem Prebish-Bericht betrugen die Verluste, die die Entwicklungsländer allein aus dem Verfall ihrer Exportpreise von 1950 bis 1961 haben hinnehmen müssen, 13,1 Mrd. Dollar. The Prebish Report, op. cit.

20 Zu diesem Eingeständnis kommt selbst eine Veröffentlichung der UN, in der es heißt: "Berechnungen über die 'Verluste' (der Entwicklungsländer) als Folge von Preisveränderungen seit 1951 ... machen deutlich, daß sich diese zu über zwei Drittel mit der Gesamtheit der ihnen langfristig zur Verfügung gestellten Mittel decken bzw. voll mit der Summe übereinstimmen, die ihnen als offizielle Zuweisung und Anleihe zur Verfügung gestellt wurden." UN, World economic survey 1963, I. Trade and Development: Trends, Needs and Policies, New York 1964, S. 235

21 Die jährlichen Zuwachsraten des Imports der Entwicklungsländer beliefen sich im Durchschnitt der Jahre 1950 bis 1962 auf 5,0 v.H. gegenüber 7,0 v.H. in den entwickelten kapitalistischen Staaten.
UN, World economic survey ..., a.a.O., S. 6

22 GATT, International Trade 1964, Genf 1965, Anhang, Tabelle A

23 Vgl. hierzu K.-H. Domdey, Fakten und Probleme der wirtschaftlichen Kooperation zwischen sozialistischen und kapitalistischen Industriestaaten, in: Grundprobleme der Wirtschaftsbeziehungen zwischen den Staaten beider Weltsysteme, Berlin 1965, S. 9 - 86

24 Siehe im einzelnen J.-L. Schmidt, Die Perspektiven der Wirtschaftsbeziehungen zwischen den sozialistischen Staaten und den Entwicklungsländern, in: Grundprobleme, a.a.O., S. 187 - 210

25 Vgl. Agricultura, Commodities-Projections for 1970, FAO Rom 1962, II - 4

26 Ebenda

27 Ebenda

28 Parallele Entwicklungen zeigen sich auch auf den Weltreismärkten. Die USA haben ihre Reisexporte, vor allem nach den Entwicklungsländern, in den letzten zehn Jahren etwa verdoppelt (1951 und 1953: 493 000 t bzw. 707 000 t, 1964: 1 330 000 t)

29 Siehe hierzu auch H. Jürgensen, Strukturwandel des Welthandels als Ergebnis der Eingliederung der Entwicklungsländer, in: Entwicklungstheorie und Entwicklungspolitik, Tübingen 1964, S. 203 - 214

30 UN, Economic Survey of Europe, Genf 1961, Kap. V, S. 7

31 Das australische Revier Weipa zählt als Ergebnis dieser Entwicklung bereits zu den größten Bauxitförderungsgebieten der kapitalistischen Welt

32 Die kanadischen Vorkommen, die auf über 100 Mrd. t geschätzt werden, sollen die Abhängigkeit der Monopole vom Erdöl des Nahen und Mittleren Ostens und des karibischen Raumes beseitigen. Im Zeichen dieser Entwicklung stehen auch die intensiven Bemühungen, die Erdöl- und Erdgasvorkommen der Nordsee für die Märkte Nordwesteuropas nutzbar zu machen

33 Zahlenangaben für 1913 und 1953 - 1955:
P.L. Yates, Forty Years of Foreign Trade, London 1959, S. 57
Zahlenangaben für 1960:
GATT, International Trade 1961, Genf 1963, Anhang, Tabelle 3 und 4; 1964, Genf 1965, S. 36

34 GATT, International Trade 1959, Genf 1960, S. 14

35 Die Lieferungen Hongkongs können nur sehr bedingt den Fertigwarenexporten der Entwicklungsländer zugerechnet werden, da es sich dabei zum überwiegenden Teil um Exporte von Tochtergesellschaften, vor allem englischer, aber auch amerikanischer und anderer Konzernbetriebe handelt.

36 Diese Gruppe enthält nach der UN-Statistik auch Israel und Taiwan.

37 Errechnet nach: Stahl und Eisen, Düsseldorf, Heft 7/1965

38 Bachmann, Analyse der Zollpolitik der Industriestaaten aus dem Blickwinkel der Entwicklungsländer, in: Der Einfluß der Europäischen Wirtschaftsgemeinschaft und der überseeischen Industrialisierung auf die westdeutsche Industrie, Forschungs- und Sitzungsberichte der Akademie der Raumforschung und Landesplanung, Bd. 23, Hannover 1963, S. 103

JERZY KLEER

Zusammenhänge zwischen traditionellen und modernen Wirtschaftssektoren in Entwicklungsländern

In der Wirtschaft der schwachentwickelten Länder überdecken sich nicht nur verschiedene Technologien, sondern auch verschiedene Formen sozialer Ordnung. Um eine Entwicklungsstrategie ausarbeiten zu können, muß man zuerst die vorhandenen Verbindungen zwischen modernen und traditionellen Wirtschaftssektoren untersuchen. Mengenmäßig ist eine derartige Abgrenzung schwierig, da man die einzelnen Sektoren nicht eindeutig den Produktionszentren in der Stadt oder auf dem Land zuschreiben kann. Dennoch ist eine solche Abgrenzung möglich.

Die gegenseitige Abhängigkeit zwischen traditionellen und modernen Wirtschaftssektoren wird durch drei Faktoren bestimmt: die Bevölkerung, den Charakter der Produktion und den Charakter der Investitionen. Diese Faktoren bestimmen nicht nur den Mechanismus der gegenseitigen Verbindungen, sondern auch den Bereich zwischen den beiden Sektoren.

Welcher Art ist die Abhängigkeit des modernen Sektors vom traditionellen? Wir können grundsätzlich drei Strömungen des Übergangs von Arbeitskräften und Produktionsmitteln aus dem traditionellen in den modernen Wirtschaftssektor unterscheiden.

Die erste - und zugleich hauptsächliche - Strömung ist die Befriedigung der steigenden Nachfrage nach Lebensmitteln im traditionellen Sektor. Wenn man die steigende Nachfrage nach Lebensmitteln im traditionellen Sektor selbst außer acht läßt (natürlicher Zuwachs und Erhöhung bisher minimaler Ernährungsmöglichkeiten), beruht die vergrößerte Nachfrage des modernen Sektors nach Lebensmitteln auf dem Beschäftigungsanstieg, auf globalen Lohnerhöhungen und in gewissem Maße auch auf den allgemeinen Migrationen der Bevölkerung vom Land in die Städte. Man muß dabei jedoch bedenken: Je niedriger das wirtschaftliche Entwicklungsniveau des Landes und je geringer der Grad der Befriedigung entstehender Ernährungsbedürfnisse, desto größer ist die Nachfrage nach Lebensmitteln. Unter derartigen Bedingungen wird der ganze erarbeitete Lohn zur Beschaffung von Lebensmitteln verbraucht. Deswegen setzt jegliche Expansion sowohl moderner als auch traditioneller Wirtschafts- und Dienstleistungen als notwendige Bedingung einen Anstieg der Lebensmittelmasse voraus, sogar dann, wenn die Befriedigung der Nachfrage nach

Investitionsgütern und geschickter Arbeitskraft problematisch ist. Der traditionelle Wirtschaftssektor erfüllt diese Aufgabe jedoch nur sehr ungenügend. Diese unzureichende Ausübung der auferlegten Funktion durch den traditionellen Sektor können wir insbesondere an zunehmenden inflationären Tendenzen in den einzelnen Ländern erkennen. Eine zweite Begleiterscheinung der ungenügenden Leistungsfähigkeit des traditionellen Sektors ist der Lebensmittelimport. Er ist aber nicht nur Folge eines schwachen Anstiegs der Lebensmittelproduktion, sondern auch der Notwendigkeit, sich von einem Lebensmitteltyp auf einen anderen umzustellen.

Allgemein kann man dieses Problem folgendermaßen zusammenfassen: Da der Versorgungsbereich des traditionellen Sektors (nicht nur im Sinne der Lieferung eines gewissen Überschusses zur Finanzierung des modernen Sektors, sondern auch einer äquivalenten Befriedigung der Nachfrage nach Lebensmitteln in den Staaten) bisher ungenügend ist, besteht eine der wesentlichsten Aufgaben in der Steigerung der Produktion dieses Sektors durch die Anwendung verschiedener Modernisierungsmethoden. Der Produktionsanstieg kann sowohl durch den bisherigen landwirtschaftlichen Anbau als auch durch die Entwicklung neuer Kulturen in der Landwirtschaft erreicht werden.

Die zweite Strömung tritt indirekt auf und äußert sich in der Lieferung einer bestimmten Menge landwirtschaftlicher Erzeugnisse für den Export. Ein Teil der Nahrungsmittel, Genußmittel und landwirtschaftlichen Rohstoffe stammt aus dem traditionellen Sektor. Er wird in kleinen Bauernwirtschaften oder auch größeren Farmen erzeugt, die aber nicht zum modernen Sektor gehören. Es ist schwierig, hinreichend konkret festzustellen, wie groß ihr Anteil am Export agrarischer Erzeugnisse ist. Ohne Zweifel ist er aber beachtlich. Deshalb äußert sich die Abhängigkeit des modernen Sektors vom traditionellen auch darin, daß er als Quelle für die Importdeckung dient. Es besteht dabei kein Zweifel, daß die Erfolge auf dem Gebiet der industriellen Modernisierung in gewissem Maße (besonders bei einem niedrigen Niveau der wirtschaftlichen Entwicklung) von der Überführung (Transfer) von Produktionsmitteln aus dem traditionellen Sektor in den Exportsektor und von dort wiederum via Import in den modernen Sektor abhängen.

Die dritte Strömung ist der Übergang der Arbeitskraft vom Land in die Stadt. Transformationen im Beschäftigungsbereich haben wirtschaftliche Transformationen zur Folge. Obwohl diese Strömung bei den Bindungen der beiden Sektoren eine wesentliche Rolle spielt - und zwar besonders für die Entwicklung des modernen Sektors - treten zur Zeit modifizierende Momente auf. Der moderne Sektor stützt sich in bedeutendem Maße auf eine von wirtschaftlich hochentwickelten Ländern übernommene Technik. Für ihre Bedienung sind Arbeitskräfte mit einem gewissen Minimum an Fachkenntnissen unbedingt erforderlich. Deswegen haben wir die Tatsache zu verzeichnen, daß bei einem Überschuß an unqualifizierten Arbeitskräften ein Mangel an qualifizierten Arbeitskräften auftritt. Wo man jedoch im modernen Sektor unqualifizierte Arbeitskräfte ausnützen kann (solche Möglichkeiten gibt es viele), ist diese Strömung ein Wachstumsfaktor, allerdings unter der Bedingung, daß gleichzeitig ein Lebensmitteltransfer aus dem traditionellen Sektor erfolgt.

In der Praxis übersteigt der Zufluß von Arbeitskräften aus dem traditionellen Sektor in die Stadt die Nachfrage des modernen Sektors. Das führt einerseits zu sozialen Spannungen (infolge der auftretenden Arbeitslosigkeit) und auch zu einer gewissen Gleichgewichtsstörung bei der Befriedigung der Nachfrage nach Arbeitskräften im traditionellen Sektor.

Diese Überlegungen führen zu folgenden Schlüssen:

1. Das Wachstumstempo im modernen Sektor wird in bestimmtem Maße durch die Möglichkeiten des traditionellen Sektors bestimmt, und zwar hinsichtlich des Transfers von Lebensmitteln und Arbeitskräften sowie des Umfangs der für den Export bestimmten Warenmasse.

2. Der Einfluß des traditionellen Sektors in bezug auf den Transfer ist nicht nur positiv. Es treten hier auch mehrere negative Momente auf: größeres Angebot an Arbeitskräften als an Lebensmitteln und Rohstoffen; Disziplinmangel der zugewanderten Arbeitskräfte; Einführung und Verbreitung bestimmter Konsumtionsmodelle.

Welchen Charakter hat - in Umkehrung unserer ersten Fragestellung - die Abhängigkeit des traditionellen Sektors vom modernen? Da der traditionelle Sektor überall bereits angegriffen ist (und zwar im Sinne seiner Zersetzung), können wir im Zusammenhang damit zwei mögliche Situationen wenigstens theoretisch unterscheiden: Erstens wenn der traditionelle Sektor relativ schnell in den modernen Sektor umgewandelt wird. So ein Fall kann dann eintreten, wenn es keine Investitions- und Lebensmittelbarrieren gibt und nur eine Arbeitskraftbarriere besteht bzw. das Land über so große Mittel verfügt, daß eine solche schnelle Umwandlung realisierbar ist. Der zweite Fall setzt voraus, daß die Entwicklung des modernen Sektors wenigstens mit einer teilweisen Modernisierung des traditionellen Sektors verbunden wird.

Die Beeinflussung des traditionellen Sektors durch den modernen wird sowohl durch den Übergang von Investitionsgütern in die Landwirtschaft als auch durch die Lieferung bestimmter Konsumgüter realisiert werden. Jedoch haben beide Strömungen einen unterschiedlichen Charakter - nicht nur in bezug auf die andersgeartete materielle Struktur, sondern auch in bezug auf andere Mechanismen der Überführung und Beeinflussung. In der Regel ist die Überführung von Investitionsgütern in die Landwirtschaft vom Einfluß des Staates auf die Landwirtschaft (den traditionellen Sektor) abhängig und nicht von der Nachfrage nach diesen Gütern von seiten der Landwirtschaft selbst. Da die landwirtschaftliche Produktion eine strategische Größe der Entwicklung ist, ist es verständlich, daß der Staat (wenn auch nicht er allein) zu ihrer Dynamisierung beitragen muß. Man kann sich nicht nur mit den Stimuli begnügen, die im Zusammenhang mit dem Wachstum der Nachfrage auftreten.

Die Überführung von Konsumgütern in den traditionellen Sektor ist dagegen mit der Nachfrage nach solchen Produkten auf dem Markt verbunden. Finanzielle Einkünfte bezieht der traditionelle Sektor aus der Lieferung von Lebensmitteln und Rohstoffen an den inneren Markt und aus dem Export landwirtschaftlicher Erzeugnisse. Diese Einkünfte verteilen sich in verschiedener Weise auf die einzelnen Bevölkerungsgruppen. Dennoch bewirkt, nach Abführung eines Teiles an den Staat (in Form von Steuern usw.), der Rest eine aktive Nachfrage insbesondere nach Waren der Konsumtion.

Ein anderer Mechanismus, der auf den traditionellen Sektor Einfluß ausübt, ist die Nachfrage des Marktes in den Städten. Es werden Stimuli, die zur Realisierung natürlicher Investitionen anspornen, angewandt. Diese Investitionen äußern sich im Aufwand an lebendiger Arbeit für die Landwirtschaft, bei einem kleinen Anteil von Produktionsmitteln industriellen Ursprungs. Grundlage natürlicher Investitionen können sowohl anregendes materielles Interesse wie auch - unter gewissen Umständen - administrative Anordnungen (Befehle) sein.

Zusammenfassend kann man zwei Etappen der gegenseitigen Beeinflussung des traditionellen und modernen Sektors im wirtschaftlichen Entwicklungsprozeß beobachten. Im Laufe der ersten Etappe ist die Bedeutung des traditionellen Sektors für die Entwicklung des modernen Sektors viel wichtiger als umgekehrt. Das ist der Fall in der Anfangsphase des Heraustretens aus der Rückständigkeit, wenn der traditionelle Sektor zugunsten der Entwicklung sowohl mit einem wirtschaftlichen Überschuß wie auch zur Versorgung der nichtlandwirtschaftlichen Sektoren mit Nahrungsmitteln zur Verfügung stehen muß. Diese Funktion muß sogar in den Ländern ausgeübt werden, in welchen die Strategie präferiert oder auch nur die Notwendigkeit einer Dynamisierung der landwirtschaftlichen Produktion anerkannt wird. In der zweiten Etappe gibt es bereits Verhältnisse eines relativ entwickelten modernen Sektors, dessen Wirtschaftsüberschuß für eine volle Modernisierung des traditionellen Sektors ausgenutzt werden kann. Diese Etappe verlangt in der Regel, daß in einem Wirtschaftszweig bereits ein bedeutender Entwicklungsstand erzielt worden ist, wenn also beispielsweise der Anteil der Landwirtschaft an der Produktion des Nationaleinkommens 30 - 35 % nicht mehr übersteigt und die in der Landwirtschaft Beschäftigten nicht mehr als 50 % der gesamten berufstätigen Bevölkerung ausmachen.

Aus folgenden Gründen habe ich nicht versucht, die oben angeführten Abhängigkeiten in Gestalt mathematischer Gleichungen darzustellen: Mathematische Modelle haben Bedeutung für Verhältnisse, in denen die Wirtschaftstruktur sowohl technisch als auch in sozialer Hinsicht einheitlich ausgerichtet ist. Die Wirtschaft keines Landes ist ein derart geschlossener Organismus, daß nicht Erscheinungen, die auf dem Weltmarkt auftreten, den Verlauf des Umwandlungsprozesses - nicht nur durch die Gestaltung der "terms of trade", sondern auch durch die Rivalitäten zwischen den imperialistischen Weltmächten und den Wettbewerb zwischen Sozialismus und Kapitalismus - beeinflussen würden.

TIBOR KISS

Einige Fragen der internationalen Arbeitsteilung und des Wirtschaftswachstums

1. Der Prozeß der erweiterten Reproduktion und die internationale Arbeitsteilung

Die Vertiefung der internationalen Arbeitsteilung und das weltweite Wachstum der Produktivkräfte sind eng miteinander verbunden. Die Zunahme des Warenumsatzes auf den Weltmärkten und die Veränderung seiner Struktur sind eine Folge der modernen industriellen Großproduktion, und die Vorbedingung für eine moderne industrielle Großproduktion sind wiederum die Zunahme des Warenumsatzes auf den Weltmärkten und dessen Strukturveränderung.

Die Entwicklung der internationalen Arbeitsteilung förderte entscheidend die Arbeitsproduktivität sowohl im weltweiten Rahmen als auch in den einzelnen Ländern. Infolge der Entwicklung der nationalen Produktion exportieren die einzelnen Länder immer mehr die Waren, welche im Inland unter günstigen Bedingungen erzeugt werden können,und drosseln die Produktion derjenigen, deren Erzeugung im Inland nicht vorteilhaft ist. Beziehungsweise sie stellen die Produktion solcher Waren allmählich ein und decken ihren Bedarf durch Importe. Dies fördert in hohem Maße die Zunahme der nationalen Arbeitsproduktivität. Das Wirtschaftswachstum der einzelnen Länder beinhaltet jedoch im wesentlichen die Steigerung der nationalen Arbeitsproduktivität.

Die Probleme des Wirtschaftswachstums sind außerordentlich kompliziert und weitverzweigt. Wir wollen uns daher mit ihnen hier nur im Zusammenhang mit der internationalen Arbeitsteilung skizzenförmig befassen.

Der Marxschen Analyse der Reproduktion liegt eine geschlossene kapitalistische Gesellschaft zugrunde , sie sieht vom Außenhandel ab. Das ist eine richtige und zulässige Abstraktion. Die Berücksichtigung des Außenhandels würde die Untersuchung der Reproduktion nur komplizieren und an der Theorie selbst nichts ändern. Im Außenhandel werden inländische Produkte gegen ausländische Produkte eingetauscht, was theoretisch so betrachtet werden kann, daß im Inland nicht die exportierte Ware, sondern die dagegen importierte Ware hergestellt wird.

Marx ging bei der Untersuchung der Reproduktion von der vertikalen Entwicklung der kapitalistischen Länder aus, ungeachtet der internationalen Beziehungen. Mit diesen wollte er sich im Laufe seiner späteren Arbeiten gesondert beschäftigen, woran ihn aber der Tod hinderte.

Marx weist im III. Band des "Kapitals" darauf hin, daß der auswärtige Handel die Stufenleiter der Produktion erweitert und dadurch, daß er teils die Elemente des konstanten Kapitals, teils die notwendigen Lebensmittel verbilligt, auf die Profitrate steigernd wirkt.[1]

Bei der Ableitung der Grundgesetze der Realisierung determinierte Marx auch die Bedingungen für ein dynamisches Gleichgewicht des Wirtschaftswachstums. Er sah diese in der proportionalen Entwicklung der verschiedenen Produktionszweige und in der entsprechenden Steigerung des Verbrauchsvermögens der Gesellschaft.

Die proportionale Entwicklung der Produktionszweige kann bis zu einem gewissen Grade selbst in den großen Ländern, ganz besonders aber in kleinen und mittelgroßen Ländern allein durch die internationale Arbeitsteilung gewährleistet werden.

Marx bestimmte das Tempo der erweiterten Reproduktion, die Realisierung, auch von jener Seite, daß das Wachstum der Produktionszweige dynamisch im Gleichgewicht sein muß, ferner, daß der Verbrauch zusammen mit der Produktion steigen muß. Die proportionale Entwicklung der Produktionszweige bezieht sich auf mehrere Länder, auf mehrere Länder umfassende größere Gebiete, ja bis zu einem gewissen Grade selbst auf die ganze Welt. Je größer und bevölkerter ein Land ist und je entwickelter seine Industrie und Landwirtschaft sind, in um so größerem Maße dienen die Produktionszweige untereinander als Absatzmärkte. Und eine um so untergeordnetere Rolle spielt die internationale Arbeitsteilung in diesem Land. Je kleiner dagegen ein Land mit verhältnismäßig entwickelten Produktivkräften ist, um so weniger können die Produktionszweige einander als Absatzmärkte dienen und den steigenden persönlichen Verbrauch aus eigener Produktion befriedigen. Daher spielt hier die internationale Arbeitsteilung eine immer bedeutendere Rolle.

Die internationale Arbeitsteilung spielt besonders für das Wirtschaftswachstum, für die Produktivitätssteigerung kleinerer Länder eine außerordentlich wichtige Rolle. Je besser ein kleines Land die Vorteile der internationalen Arbeitsteilung ausnutzen kann, um so mehr wird es sein Wirtschaftswachstum beschleunigen und umgekehrt, wenn es sich nicht wirksam in die internationale Arbeitsteilung einschalten kann, dann wird dies seine wirtschaftliche Entwicklung hemmen.

Die Bedeutung der internationalen Arbeitsteilung für die Wirtschaft der einzelnen Länder wird im allgemeinen an Hand des Anteils des Exports am Nationaleinkommen gemessen. Auch diese Kennziffer hat ihre Mängel, immerhin bietet sie ein annähernd richtiges Bild. Diese Kennziffer betrug in den RGW-Ländern im Jahre 1966: VR Bulgarien 28 %, ČSSR 30 %, VR Polen 12 %, VR Ungarn 36 %, Deutsche Demokratische Republik 22 %, SR Rumänien 14 %, Sowjetunion 6 %.

Kleinere Länder, wie die VR Ungarn, können die Struktur ihrer Volkswirtschaft rascher umgestalten, da sie die Vorteile der internationalen Arbeitsteilung in höherem Maße, beweglicher ausnützen. Dies gilt vor allem für sozialistische Länder.

Durch die Koordinierung der Volkswirtschaftspläne, die Spezialisierung und Kooperation der Produktion, den planmäßigen Einsatz der Produktivkräfte, die gemeinsame Nutzung und Förderung der modernen Wissenschaft und Technik, durch alle Formen der wirtschaftlichen Zusammenarbeit und gegenseitigen Hilfeleistung wird es möglich, die Effektivität der Produktion zu erhöhen und die zunehmenden gesellschaftlichen und persönlichen Bedürfnisse vielseitig und möglichst restlos zu befriedigen.

Im allgemeinen spielt der Entwicklungsstand der Produktivkräfte eines gegebenen Landes eine entscheidende Rolle dafür, in welchem Maße sich dieses in die internationale Arbeitsteilung einschaltet. Der Entwicklungsstand der Produktivkräfte hängt mit der Wirtschaftsstruktur des betreffenden Landes, und besonders in kleineren Ländern, mit dem Volumen und der Struktur des Exports zusammen.

2. Wesentliche Beziehungen zwischen dem ökonomischen Entwicklungsniveau und der Struktur einer Volkswirtschaft

Das Wachstum der nationalen Produktion, die Gestaltung der Volkswirtschaftsstruktur und die Vertiefung der internationalen Arbeitsteilung sind eng miteinander verbunden. Diese Wechselbeziehungen treten in den offenen Wirtschaften kleiner Länder schärfer und ausgeprägter zutage. Die Struktur der Produktion ändert sich mit ihrem Wachstum je nach Eigenart des betreffenden Landes in unterschiedlichem Maße, jedoch mit einer gewissen Gleichförmigkeit und Gleichzeitigkeit. Das Wachstum des Außenhandelsvolumens und seine strukturelle Veränderung vollziehen sich gleichzeitig mit dem allgemeinen Wachstum der Produktion.

In kleineren Staaten, wie in der VR Ungarn, widerspiegelt auch die Struktur des Außenhandelsumsatzes mehr oder weniger genau das erreichte ökonomische Entwicklungsniveau der Volkswirtschaft. In kleineren Ländern ist die Wechselwirkung der internationalen Arbeitsteilung mit der nationalen Produktion wesentlich größer als in größeren Ländern. In den ersteren wirken das Wachstum des Exportvolumens und seine strukturelle Gestaltung in weitaus größerem Maße auf die strukturelle Entwicklung der nationalen Produktion als in größeren Ländern. Entsprechend hängen Volumen und Struktur des Exports im allgemeinen vom erreichten Entwicklungsstand der Produktivkräfte ab.

Die Größe des Nationaleinkommens pro Kopf der Bevölkerung ist die allgemeinste Kennziffer für das ökonomische Entwicklungsniveau. Hollis B. Chenery[2] verglich die Höhe des

Nationaleinkommens und die Wirtschaftsstruktur von 38 Ländern und konnte folgende Beziehungen feststellen:

Anteil am Gesamtprodukt, wenn das Nationaleinkommen pro Kopf

	50 Dollar	100 Dollar (in Prozenten)	1 000 Dollar
Primäre Produktion (Landwirtschaft, Bergbau)	65	45	15
Industrie	14	17	38
Verkehr, Transport	3	4	8
Bauindustrie	3	4	5
Dienstleistungen	8	12	31
Sonstige Zweige	7	18	3
Summe	100	100	100

Innerhalb der Industrie entwickelt sich die verarbeitende rascher als die extraktive Industrie. Infolge der Chemiesierung, des Vordringens der Kunststoffe entwickelt sich heute die chemische Industrie am raschesten. Auch der Anteil des Bergbaus an der Gesamtproduktion hängt mit dem Entwicklungsniveau zusammen.

Ebenso spiegelt die Struktur des Exports - besonders in kleineren Ländern, wie der VR Ungarn - mehr oder weniger genau den erreichten Entwicklungsgrad der Volkswirtschaft wider. In den weniger entwickelten Ländern mit einem Nationaleinkommen pro Kopf der Bevölkerung von 100 - 300 Dollar beträgt der Anteil des Exports von Agrarprodukten und industriellen Rohmaterialien am Gesamtexport 70 - 90 %. Bei 1 000 Dollar p. c. ist dieser Prozentsatz in Ländern mit einer großen Landwirtschaft 25 - 27 %, in Ländern mit kleinerer Landwirtschaft 11 - 13 %. In den industriell hochentwickelten Ländern sind am Gesamtexport von Industriewaren Maschinen mit ca. 45 %, Hüttenprodukte mit 16 %, chemische Erzeugnisse mit 11 %, Textilerzeugnisse mit 7 %, sonstige Waren mit 21 % beteiligt. In den weniger entwickelten Ländern mit einem Nationaleinkommen von 100 - 300 Dollar p. c. beteiligen sich am Gesamtexport von Industriewaren Maschinen mit 4 - 8 %, chemische Produkte mit 1 - 4 %, Erzeugnisse der Leichtindustrie mit 30 - 35 %, der Nahrungsmittelindustrie mit 45 - 60 %. Natürlich zeigt sich auch im Außenhandelsvolumen p. c. ein wesentlicher Unterschied zwischen hochentwickelten und rückständigen Ländern.

Den Verbrauch der nationalen Produktion kann man überdurchschnittlich drosseln oder erweitern und im Zusammenhang damit das Exportvolumen steigern oder vermindern. Dies ändert aber nichts daran, daß das Exportvolumen im wesentlichen vom Entwicklungsstand der Produktivkräfte abhängig ist. Das bezieht sich vor allem auf die kleineren Länder, ist aber auch für größere Länder gültig. Je größer der im Ausland wirtschaftlich placierbare Exportwarenfonds, in um so größerem Maße kann der Import gesteigert und auf diese Weise auch die strukturelle Entwicklung der Volkswirtschaft gefördert werden. Die Steigerung und die strukturelle Veränderung des Exports bilden die Vorbedingungen für eine möglichst günstige strukturelle Entwicklung der Volkswirtschaft kleinerer Länder. In diesen Ländern ist die Strukturveränderung des Exports die Vorbedingung dafür, daß innerhalb der Volkswirtschaft das Gewicht jener Produktionszweige erhöht wird, welche im Verhältnis zum volkswirtschaftlichen Durchschnitt eine höhere Effektivität aufweisen, und die für die Volkswirtschaft weniger wirksamen Arbeiten durch den in immer größerem Umfang getätigten Import der Produkte dieser Produktionszweige verringert, eventuell sogar eingestellt werden. Derselbe Prozeß geht auch innerhalb der Produktionszweige vor sich, ist doch auch innerhalb eines Zweiges die Erzeugung der einzelnen Waren nicht in gleicher Weise wirtschaftlich oder unrentabel. Die wirtschaftliche Effektivität der einzelnen Produktionszweige hängt aber davon ab, ob die Produktionsbedingungen des betreffenden Zweiges - verglichen mit anderen Ländern - günstig oder ungünstig sind.

Infolge der Gestaltung des Exportvolumens und dessen Struktur ändern sich in den Ländern die komparativen Vorteile der einzelnen Produktionszweige. In jedem Land kann auf Grund der Effektivitätskriterien eine Reihenfolge der Produktionszweige aufgestellt werden. Diese Reihenfolge zeigt, in welchem Maße die einzelnen Produktionszweige die Effektivität der nationalen Produktion vorteilhaft oder nachteilig beeinflussen bzw. in welchem Maße diese von der durchschnittlichen Effektivität der Volkswirtschaft nach oben oder unten abweichen.

Im Laufe der volkswirtschaftlichen Strukturveränderungen können einzelne Produktionszweige, welche im Anfangsstadium der Entwicklung im Vergleich zu den übrigen Produktionszweigen zu den günstigeren zählten, auf einer höheren Entwicklungsstufe in der Reihe der ungünstigen erscheinen. Solche Zweige sind z.B. die Landwirtschaft, der Kohlenbergbau, die Textilindustrie usw.

Das zeigt sich z.B. an der Entwicklungslinie der ungarischen Textilindustrie.

Änderung der Proportionen zwischen der Textilindustrie und dem Maschinenbau Ungarns

Jahr	1913	1921	1929	1938	1965
Textil - Bekleidung	5,4	8,3	16,0	25,0	7,0
Maschinenbau	9,0	9,4	10,0	10,0	24,6

In der industriellen Struktur Ungarns nahm 1965 der Maschinenbau jenen Platz ein, welchen im Jahre 1938 die Textil-Bekleidungsindustrie innehatte. In der Entwicklung der Struktur der ungarischen Volkswirtschaft spielte die Gestaltung der Exportstruktur eine entscheidende Rolle.

Gestaltung der Exportstruktur Ungarns

Jahr	Agrarprodukte	Maschinen	Textil-Bekleidung
1938	69,9	9,3	3,5
1965	27,1	32,7	8,2

Im Export Ungarns stehen die Erzeugnisse des Maschinenbaus an führender Stelle, ihre Bedeutung nimmt mit der Entwicklung zu. Der Anteil des Exports von Textilien ist verhältnismäßig hoch. Wäre der Anteil des Maschinenbaus höher, wäre der Maschinenbau moderner und dadurch noch exportfähiger entwickelt, dann würde sich eine Forcierung des Exports der Textilindustrie erübrigen.

3. Beziehungen einzelner Wachstumsmodelle zur internationalen Arbeitsteilung

Das Wirtschaftswachstum hängt mit der Gestaltung der Außenhandelsbilanz zusammen und umgekehrt, die Gestaltung der Außenhandelsbilanz hängt mit dem Tempo, den Methoden usw. des Wirtschaftswachstums zusammen. Das Wirtschaftswachstum ist die Resultante sowohl von inneren wie von äußeren Faktoren, welche aufeinander einwirken. Auch unter diesen Faktoren gibt es primäre und sekundäre. Gegenstand der theoretischen Forschung sind jene Hauptfaktoren, welche den Mechanismus des Wirtschaftswachstums vorantreiben. Mit den einzelnen Modellen des Wirtschaftswachstums wollen wir uns hier skizzenmäßig nur insoweit beschäftigen, als diese mit der internationalen Arbeitsteilung direkt oder indirekt in Beziehung stehen.

Die bürgerliche Wachstumstheorien ziehen Faktoren aus dem gesamten Gebiet der Nationalökonomie in Betracht. In Wirklichkeit sind sie außerstande, dies zu bewältigen. Die Modelle von Harrod[3] und Domar[4] sind die Modelle zur Vermeidung von Krisen. Laut Keynes ist die Ursache der Krise darin zu sehen, daß die Investitionen zur Aufsaugung der Ersparnisse nicht ausreichen. Harrod bezeichnete jene Wachstumsrate des Einkommens, welche eine genügende Höhe der Investitionen zum Verbrauch der Ersparnisse gewährleistet, als befriedigende Wachstumsrate. Domar stellt die Frage, wie groß die Investitionen sein müssen, damit die Steigerung des Einkommens mit der der Kapazität übereinstimmt.

Domars Modell ist ein Trendmodell, in dem abstrakt die Bedingungen des dynamischen Gleichgewichts dargestellt werden, ohne die ökonomischen Verhältnisse im Kapitalismus in Betracht zu ziehen.

Nach Ch. Kindlebergers Urteil verschlechtert das Harrod-Domar-Modell die Zahlungsbilanz, das Abramovitz-Solow-Modell hingegen verbessert dieselbe. Nach seiner Ansicht steigern im Harrod-Domar-Modell die erhöhten Einkommen den Außenhandel, vor allem den Import. Denn das gegenüber dem Angebot raschere Wachstumstempo des Einkommens bewirkt eine Steigerung des Imports. Im Abramovitz-Solow-Modell hingegen wirken die technischen Neuerungen auf zweierlei Weise auf den Außenhandel: Sie fördern den Export und bremsen den Import bis zu einem gewissen Grade ab.[5]

Bei Berücksichtigung der internationalen Arbeitsteilung ist das Harrod-Domar-Modell - meiner Ansicht nach - in erster Linie deshalb einer Kritik zu unterziehen, weil es außer acht läßt, in welch großem Maße die technische Entwicklung auf die Erhöhung der Produktivkräfte, das Tempo des Wirtschaftswachstums und auf die Gestaltung der Volkswirtschaftsstruktur einwirkt. Mit der technischen Entwicklung und dem Wachstum der Produktivkräfte wächst die Bedeutung der internationalen Arbeitsteilung für das Wirtschaftswachstum. Eben deshalb ist die Politik des Wirtschaftswachstums in allen Ländern gleichzeitig volkswirtschaftliche Strukturpolitik. In offenen Wirtschaften bedingen sich Wirtschaftswachstum und Strukturveränderung des Exports gegenseitig. Daher ist die Politik des Wirtschaftswachstums auch die Politik eines internationalen Wirtschaftswachstums.

Ich denke, daß das Harrod-Domar-Modell die Verschlechterung der Außenhandelsbilanz in erster Linie deshalb verursacht, weil in ihm die Fragen des dynamischen Gleichgewichts der Proportionen zwischen den Produktionszweigen fehlen. Harrod und Domar betrachten das Wirtschaftswachstum von der Nachfrage aus, diese ist jedoch nur die eine Seite des Wirtschaftswachstums. Die andere ist das dynamische Gleichgewicht der Produktionszweige. Die Disproportionen zwischen den Produktionszweigen und die Entstehung von Engpässen bremsen das Wirtschaftswachstum ab. Das ist in erster Linie durch eine Steigerung des Imports zu bewerkstelligen. Die schädlichen Einflüsse einer importorientierten Wirtschaftspolitik wirken auch in Richtung einer Verlangsamung des Wirtschaftswachstums.

Die Frage des Kapitalkoeffizienten spielt in den Theorien des Wirtschaftswachstums eine große Rolle und beeinflußt auch bedeutend die Gestaltung der internationalen Arbeitsteilung. An Hand der Entwicklung der Produktivkräfte wächst unter den Produktionszweigen das Gewicht der Industriezweige, welche mit einem niedrigen Kapitalkoeffizienten arbeiten (z. B. der Maschinenbau), und gleichzeitig sinkt der Anteil der Produktionszweige mit einem hohen Kapitalkoeffizienten (z. B. die Landwirtschaft, der Bergbau). Daraus wird ersichtlich, daß ein gegebener Investitionsbetrag, in verschiedenen Produktionszweigen angelegt, einen unterschiedlichen Zuwachs des Nationaleinkommens zustande bringen wird. Folglich wird eine Investition in dem Falle ein optimales Wachstumstempo erzielen, wo diese in jenen Produktionszweigen konzentriert wird, in welchen der auf die Investitionseinheit entfallende Zuwachs an Nationaleinkommen der größte ist. Darüber hinaus gibt es in der Volkswirtschaft solche Engpässe, deren Überwindung durch längere Zeit hindurch währenden Ersatz oder durch den Außenhandel nicht möglich ist. Hingegen sind die zu deren Überwindung getätigten Investitionen viel weniger wirksam.

Von der Seite der internationalen Arbeitsteilung betrachtet, erhöht sich das Wachstumstempo jenes Landes, in welchem die importierten Waren kapitalintensiver sind als die exportierten, ohne Rücksicht auf die Produktionsfaktoren, über welche das betreffende Land verfügt. Dieser kapitalintensivere Warenimport beinhaltet dem Wesen nach einen indirekten Kapitalimport. Diese Wirkung hat eine so große Bedeutung, daß einzelne Länder eine solche Gestaltung der Außenhandelsstruktur anstreben, bei welcher im Export die weniger kapitalintensiven, im Import aber die in hohem Maße kapitalintensiven Produkte dominieren. P.N. Mathur stellt dazu fest:

"Die Behauptung, daß ein reiches Land in höherem Maße kapitalintensive Waren exportiert und weniger kapitalintensive importiert, wäre gleichbedeutend mit der Behauptung, daß es ihr Wachstumstempo automatisch vermindert, damit andere Länder es überholen können. Eine solche eingebaute Philantropie verträgt sich nicht mit dem Profitmotiv, auf welchem die ökonomischen Vorgänge angeblich in erster Linie beruhen."[6]

Ein Teil der bürgerlichen Volkswirtschaftler drückt die verschiedenen Arten der technischen Entwicklung mit Hilfe des Kapitalkoeffizienten aus.

Der Kapitalkoeffizient wird im Laufe der technischen Entwicklung in dem Fall niedriger, wo die Arbeitsproduktivität in einem größeren Maße als der Grundmittelzuwachs je Kopf der Bevölkerung steigt. Der Grundmittelzuwachs je Kopf der Bevölkerung bedeutet an sich noch nicht die Steigerung des Kapitalkoeffizienten, wenn die Arbeitsproduktivität in gleichem oder noch höherem Tempo steigt als die technische Entwicklung. Wenn das Wachstumstempo der beiden gleich ist, dann sprechen wir von einer neutralen technischen Entwicklung. Wenn von beiden die Grundmittel je Kopf der Bevölkerung stärker ansteigen, dann erhöht sich der Kapitalkoeffizient.

Im Laufe der technischen Entwicklung der einzelnen Länder wächst der Kapitalkoeffizient im allgemeinen beim Übergang von der niedrigeren Entwicklungsphase in die höhere und verringert sich in der höheren Entwicklungsetappe. In der VR Ungarn stieg der Kapitalkoeffizent in der Planperiode zwischen 1961 und 1965, weil der Anteil des Maschinenbaus an der Gesamtproduktion, der von 1961 bis 1965 nur unbedeutend stieg, in der vorhergehenden Planperiode einen viel rascheren Aufschwung erfuhr. In der Zweigstruktur der Investitionen erhöhte sich das Gewicht der Energetik. In der Landwirtschaft gelangt im allgemeinen eine der Industrie entgegengesetzte Tendenz zur Geltung: In der niedrigeren Phase der wirtschaftlichen Entwicklung ist hier der Kapitalkoeffizient niedrig, und er steigt mit der Förderung der Landwirtschaft. In der VR Ungarn war das vor allem in den Jahren 1961 - 1965 der Fall. Ein ähnliches Bild zeigt auch ein Vergleich der Produktionszweige nach ihrer Kapitalintensität zwischen den Vereinigten Staaten und Japan, nach welchem die Landwirtschaft und die Mühlenindustrie in den Vereinigten Staaten nach der Öl- und der Kohlenindustrie auf dem 3. und 4. Platz stehen. Hingegen nehmen diese in Japan unter 20 verglichenen Produktionszweigen den 19. und 20. Platz ein.

Reihenfolge der Produktionszweige nach ihrem Kapitalanspruch in den USA und Japan

	USA	Japan		USA	Japan
Ölindustrie	1	1	Textilindustrie	11	15
Kohlenindustrie	2	2	Transportmittel	12	10
Landwirtschaft	3	20	Maschinenindustrie	13	6
Mühlenindustrie	4	19	Gummiindustrie	14	12
Nahrungsmittelindustrie	5	13	Schiffbau	15	7
Chemische Industrie	6	5	Holzindustrie	16	17
Buntmetallindustrie	7	4	Gemischte Industrie	17	16
Eisen- und Stahlindustrie	8	3	Druckerei	18	8
Papierindustrie	9	11	Lederindustrie	19	18
Buntmetall-Minerale	10	9	Bekleidungsindustrie	20	14

Quelle: D.S. Minhas: An International Comparism of Factor Cost and Factor Use, Amsterdam 1963, S. 40

Auch Vergleiche zwischen den RGW-Ländern zeigen, daß in den wirtschaftlich stärker entwickelten Ländern die Fondsintensität der Landwirtschaft höher ist als in den weniger entwickelten. So ist z.B. der direkte Kapitaleinsatz der Landwirtschaft in der DDR derzeit ungefähr doppelt so hoch wie in der VR Ungarn.

In der VR Polen sind zur Erzeugung eines Produkts im Werte von 1 Zloty im Kupferbergbau Investitionen in Höhe von 600 Zloty, im Kohlenbergbau von 450 Zloty, im Maschinenbau von 50 Zloty notwendig. Im Bergbau dauert ein Neuaufschluß häufig 6 - 8 Jahre, der Bau einer Maschinenfabrik hingegen nimmt nur ca. 2 Jahre in Anspruch, daher bleibt der notwendige Investitionsbetrag in dem ersteren längere Zeit gebunden.

Die RGW-Kommission für ökonomische Fragen empfahl deshalb für den internationalen Vergleich des ökonomischen Nutzeffekts der Investitionen die Beachtung der Nutzungsdauer und der Amortisationszeiten:

	Nutzungskoeffizient	Rückflußdauer
Energetik und Verkehr	10 - 12,5	10 - 8
Grundstoffindustrie, Metallurgie, Baumaterialindustrie	14 - 17	7 - 6
Maschinenbau, chemische Industrie, Leichtindustrie und Nahrungsmittelindustrie	20 - 25	5 - 4

Der Kapitalkoeffizient verringert sich, wenn die Produktionskapazitäten immer kräftiger durch Rekonstruktionen und erhöhte organisatorische Maßnahmen gesteigert werden. Wie bereits erwähnt, ändert sich mit der Entwicklung der Produktivkräfte die Struktur der Produktionszweige, wobei der Anteil der mit einem niedrigeren Kapitalkoeffizienten arbeitenden Produktionszweige ansteigt und infolgedessen der Kapitalbedarf der Produktion im allgemeinen sinkt. In einer Etappe der stärkeren Modernisierung, Automatisierung etc. steigt der Kapitalbedarf der Produktion durchgehend. Die Wirksamkeit der Investitionen steigt mit dem Sinken des Kapitalkoeffizienten, wenn die Arbeitsproduktivität rascher ansteigt als die Kapitalgröße.

4. Die technische Entwicklung, die Investitionsrate und die Außenhandelsbilanz

Nach R. Solow[7] und anderen (Phelps, Meade, Butler usw.) hat die Änderung der Sparquote auf lange Sicht keinen Einfluß auf das Wachstumstempo. Dieses wird vielmehr vom Wachstumstempo der Bevölkerung und der technischen Entwicklung bestimmt.

Nach Solow hat sich das industrielle Bruttoprodukt der Vereinigten Staaten von 1909 bis 1949 verdoppelt. Von dem Zuwachs entfallen 87,5 % auf die technischen Änderungen und 12,5 % auf das Wachstum des Kapitals.

Nach William F. Butler haben die Faktoren des Wirtschaftswachstums in den USA in den vergangenen drei Jahrzehnten folgende Anteile:

Die Quellen des Wirtschaftswachstums in den USA in den vergangenen drei Jahrzehnten

		Beitrag zum Wirtschaftswachstum (in Prozent)
Zuwachsgröße der Arbeit		16
Zuwachsgröße des Kapitals		15
Wirksamerer Materialverbrauch		5
Proportionen (Rahmen) der Wirtschaftlichkeit		9
Günstigere Placierung der Quellen		4
Qualitativ bessere Arbeit		21
Zuwachs an formeller Erziehung	8	
Zuwachs an Arbeitsausbildung	11	
Intensitätssteigerung der Arbeit	2	30
Bessere Qualität des Kapitals und sonstige Faktoren	9	
Summe		100

Quelle: William F. Butler, Rates of Growth and their Implications, Journal of Farm Economics

Dennoch hat Ch. Kindleberger recht, wenn er sagt, daß das Solowsche Modell die Zahlungsbilanz verbessert, da die technischen Neuerungen, die modernen Einrichtungen, die Verbesserung der Qualität exportfördernd wirken, der wirtschaftlichere Rohmaterialverbrauch hingegen gleichzeitig eine Steigerung des Importes abbremst. Oder genauer: Kindleberger hat insofern recht, als das extensive Wirtschaftswachstum die Zahlungsbilanz verschlechtert, das intensive hingegen diese verbessert, falls wir das Solowsche Wachstumsmodell als solches auffassen. Jedoch verzerrt das Solowsche Wachstumsmodell gegenüber dem Harrod-Domar-Modell das Bild gegen das andere Extrem.

In Wirklichkeit besteht zwischen dem technischen Fortschritt, der Arbeit und dem Wachstum des Kapitals eine Wechselwirkung. N. Kaldor hebt diese Beziehung des technischen Fortschritts besonders hervor: "Die Schnelligkeit, mit welcher eine Gesellschaft imstande ist, Kapital zu verschlingen ...,hängt von ihrem technischen Dynamismus ab, davon, inwiefern sie fähig ist, eine neue Produktionstechnik zu erfinden und einzuführen."[8]

Seit Marx machte die Entwicklung der Produktivkräfte mächtige Fortschritte. Zwischen den Faktoren des Wirtschaftswachstums erfolgten bezüglich der auf die Entwicklung ausgeübten Wirkung Verschiebungen.

Schließlich ist die von Marx aufgedeckte Gesetzmäßigkeit, daß im Endergebnis die Steigerung der Investitionsrate entscheidend ist, auch heute noch gültig. Diese aber ist von den Änderungen der Profitrate abhängig. Die Bewegung aller übrigen Faktoren hängt schließlich von der Gestaltung der Profit- bzw. der Investitionsrate ab.

In den sozialistischen Ländern ist die wirtschaftliche und politische Bedeutung der Aufteilung des Nationaleinkommens in einen Konsumtions- und einen Akkumulationsfonds sowohl im nationalen wie auch im internationalen Maßstab sehr groß. Je größer der Anteil des Nationaleinkommens ist, welcher für produktive Investitionen verwendet wird, um so rascher wird das Nationaleinkommen in der nächsten Periode anwachsen, um so eher kann die Grundlage für eine zukünftige rasche Steigerung des Wohlstandes der Bevölkerung geschaffen werden. Im allgemeinen muß das Wachstumstempo der Investitionen das Wachstum des Nationaleinkommens übertreffen, weil nur auf diese Weise ein ständiges Wachsen des Volumens des Nationaleinkommens und ein möglichst großer Konsumtionsfonds gesichert werden kann. Wenn die Quote der produktiven Investitionen zu groß ist, verringert sich der Verbrauchsfonds disproportional. Ein unverhältnismäßig hoher Zuwachs der Investitionen verursacht Mängel an Arbeitskräften und Material. Die Realisierung der Investitionen verzögert sich, und es entsteht ein großer Bestand an unvollendeten Investitionen. Insbesondere wird der Import von Rohmaterial und Halbfabrikaten zunehmen, und es wird immer schwieriger, diesen mit entsprechenden Exporten auszugleichen. Das zieht gewisse autarke Bestrebungen nach sich, man wird sich auf die Erzeugung solcher Artikel in kleinen Serien einrichten, welche man weitaus wirtschaftlicher importieren könnte. Man wird gezwungen sein, den gesteigerten Import mit weniger rentablen Exportartikeln auszugleichen. Die Folge dessen wird eine Verminderung der ökonomischen Wirksamkeit der nationalen Produktion sein, und das übermäßige Tempo der Investitionen wird schließlich das Wachstum des Nationaleinkommens abbremsen.

Alle diese Symptome waren z.B. für den ersten Fünfjahrplan Ungarns in den Jahren 1950 - 1955 charakteristisch, als die Vorgabe des Wachstumstempos übertrieben wurde.

Wenn der Anteil des Verbrauchsfonds unverhältnismäßig hoch und die Investitionsrate zu niedrig ist, wird in den folgenden Perioden das Wachstumstempo des Verbrauchsfonds sinken, was unausgenützte Kapazitäten zur Folge haben wird. Auch die Vollbeschäftigung wird nicht gesichert sein. Die Zuwachsrate der Reproduktion wird kleiner, daher verlangsamt sich das Wachstum des Nationaleinkommens.

Wenn die Summe des Verbrauchsfonds und des Akkumulationsfonds das erwirtschaftete Nationaleinkommen übersteigt, wird der Außenhandel sein Gleichgewicht verlieren, denn nur auf diese Weise, das heißt mit Hilfe von Krediten, kann mehr als das erwirtschaftete Nationaleinkommen aufgeteilt werden.

Je größer der Anteil der produktiven Investitionen am Nationaleinkommen ist, um so mehr Produktionsmittel entfallen auf einen Werktätigen, um so rascher entwickelt sich die Technik, steigt die Arbeitsproduktivität, und umgekehrt. Je höher der Anteil der produktiven Investitionen in kleineren Ländern ist, in um so größerem Maße und um so vorteilhafter können sie sich in die internationale Arbeitsteilung einschalten; denn um so rascher können jene Produktionszweige, welche unter günstigeren Bedingungen arbeiten, gefördert werden. Dies aber beschleunigt die Entwicklung der Volkswirtschaft und das Wachstum des Nationaleinkommens. Wenn der Anteil der produktiven Investitionen niedrig ist, wird die Einschaltung in die internationale Arbeitsteilung gehemmt und das Tempo der Entwicklung verlangsamt. Die Verzögerung des Nutzeffekts von Investitionen, die mit der planmäßigen internationalen Arbeitsteilung zusammenhängen, wird sowohl die Entwicklung des betreffenden Landes als auch die der gesamten sozialistischen Weltwirtschaft hemmen.

Die Partei- und Regierungsorgane der sozialistischen Länder müssen bei der Planung der Volkswirtschaft, ausgehend von den Aufgaben und konkreten Bedingungen des Sozialismus bzw. Kommunismus, in jeder einzelnen Periode darüber entscheiden, in welchem Verhältnis sich das Nationaleinkommen auf den Akkumulations- und den Konsumtionsfonds verteilen soll.

In den wirtschaftlich weiter entwickelten Ländern ist das Nationaleinkommen je Kopf der Bevölkerung höher. Es ist klar, daß dieser Umstand die der Förderung der Agrar- und Rohstoffproduktion dienenden Investitionen vorteilhaft beeinflußt. Im allgemeinen ist hier der Anteil der zur Förderung der agrarischen und der Rohstoffproduktion aufgewendeten Investitionen innerhalb der Gesamtinvestitionen niedriger als in den wirtschaftlich weniger entwickelten Ländern, dem absoluten Volumen nach sind sie aber wesentlich größer. Der Nutzeffekt der Investitionen ist in den wirtschaftlich weiter entwickelten Ländern oft höher.

Die ökonomische Entwicklung der kleineren Länder hingegen hängt entscheidend davon ab, wie sie ihre Investitionen im Rahmen der planmäßigen sozialistischen Arbeitsteilung konzentrieren können. Wenn einzelne Länder gezwungen sind, Investitionen durchzuführen, deren Wirksamkeit unter dem Durchschnitt liegt, und die Struktur ihrer Produktionszweige sich sowohl vom Standpunkt des betreffenden Landes wie auch von dem der sozialistischen internationalen Arbeitsteilung weniger günstig gestaltet, so wird die Wirksamkeit der Investitionen sinken, und das Entwicklungstempo wird sich schließlich verlangsamen. Werden in einzelnen Ländern die Vorzüge der sozialistischen internationalen Arbeitsteilung nicht ausreichend berücksichtigt, dann wird die Industrieproduktion extensiv wachsen: Die

Investitionen werden zersplittert, währenddessen das Wachstumstempo der Arbeitsproduktivität infolge zu großer Breite der Produktionsstruktur verhältnismäßig niedrig bleiben wird.

Wenn es in einzelnen wirtschaftlich weniger entwickelten Ländern immer mehr zutage tritt, daß sie einen raschen Fortschritt erreichen wollen, dies aber ohne ausreichende Beachtung der internationalen Arbeitsteilung tun, dann wird der Import beschleunigt zunehmen. Sie sind dann gezwungen, diesen mit einem nicht wirtschaftlich genug erzeugten Exportfonds auszugleichen, was zur Verstärkung der autarken Tendenzen und zur Verlangsamung des Wachstumstempos des Nationaleinkommens führen wird. Im Endergebnis bestimmt das Entwicklungstempo der kleineren sozialistischen Länder das Nationaleinkommen pro Kopf der Bevölkerung bzw. innerhalb dessen die Größe der Investitionen pro Kopf der Bevölkerung in enger Verbindung mit der Gestaltung der Zahlungsbilanz.

Die kleineren und wirtschaftlich weniger entwickelten Länder des RGW können die Angleichung ihres wirtschaftlichen Niveaus im Rahmen der sozialistischen internationalen Arbeitsteilung in entscheidendem Maße durch eine möglichst günstige Gestaltung der Struktur ihrer Volkswirtschaft erreichen. Das bedeutet vor allem, daß ein optimaler Anstieg der Arbeitsproduktivität je Beschäftigten sowie ein möglichst rascher Umschlag der Investitionen erzielt werden.

Ich meine, der Standpunkt G. Kohlmeys ist vollauf richtig, nach welchem man im Rahmen der durch Marx aufgedeckten allgemeinen Gesetzmäßigkeiten - auch Marx tat dies - solche Bedingungen und Prozesse bestimmen kann, mit Hilfe welcher die Investitionsrate durch andere Wachstumsfaktoren neutralisiert wird. Die bessere Ausnutzung der Kapazitäten, die Steigerung des Nutzeffekts der Investitionen, die nationale und internationale Spezialisierung der Produktion, die Verminderung des Materialverbrauchs, die bessere Organisation der Arbeit, die Förderung der Fachkenntnisse usw. können auch bei einer konstant bleibenden Investitionsrate erzielt werden.[9]

5. Die Rolle der Außenhandelsbilanz im Wirtschaftswachstum

In den früheren Theorien des Wirtschaftswachstums betrachtete man den Import als primär, der Export hatte in der Außenhandelsbilanz nur den Import zu decken. In der Volkswirtschaft der Sowjetunion spielt die internationale Arbeitsteilung eine ganz untergeordnete Rolle, da ihre mächtige Industrie und Landwirtschaft eine genügend geschlossene Wirtschaft darstellen. Aber auch hier kann man nur mit gewissen Einschränkungen von einem Vorrang des Imports sprechen. Ganz anders liegen die Dinge in den kleineren und mittelgroßen sozialistischen Ländern, in denen die mechanische und dogmatische Nachahmung des

Wirtschaftswachstums gewisse autarke Tendenzen hervorgerufen hat und die Prüfung der Nutzeffekte der internationalen Arbeitsteilung in den Hintergrund rückte.

In der VR Ungarn und in anderen sozialistischen Ländern kam gleichzeitig mit der früheren kräftig extensiven Förderung eine importorientierte Wirtschaftspolitik zur Geltung, und deren Nachbeben sind bis zu einem gewissen Grad noch heute spürbar.

Im Wirtschaftswachstum der kleineren und mittelgroßen Länder - und hierzu zählt natürlich auch Ungarn - hat der Export eine Schlüsselrolle.

In den ähnlich der VR Ungarn kleineren Ländern ist das Wirtschaftswachstum in erster Linie eine Frage der Exportfähigkeit. Der Import ist eine leichtere und weniger komplizierte Aufgabe.

Die Steigerung der Exportfähigkeit erfordert eine entsprechende Konzentration der Investitionen. Eine weitere Folge davon wird die Zunahme des Nutzeffekts der Investitionen sein; denn diese werden sich im allgemeinen auf die wirtschaftlich wirksameren Produktionszweige konzentrieren.

Die internationale Spezialisierung und Kooperation der Produktion ist ein wichtiger Faktor zur Steigerung der wirtschaftlichen Effektivität der nationalen Produktion und wirkt auch in Richtung einer Exportsteigerung.

In den offenen Wirtschaften ist der Export primär, und das erfordert, die Förderungsmaßnahmen auf die wirksamsten Exportzweige und Erzeugnisse zu konzentrieren. Bei der Planung des sozialistischen Wirtschaftswachstums muß man diesem Umstand eine wesentlich größere Beachtung schenken als bisher.

Der tatsächliche Prozeß des Wirtschaftswachstums geht jedoch mit vielen Schwierigkeiten und Hindernissen vor sich. Auf der einen Seite erfordert die Erreichung einer optimalen Wirksamkeit der nationalen Produktion einen maximalen Kräfteeinsatz, auf der anderen Seite muß mit den der Verwirklichung im Wege stehenden Hindernisse gerechnet werden.

Der maximalen Orientierung auf den Export stehen zahlreiche Schwierigkeiten im Wege, so unter anderem die Verkaufsschwierigkeiten. Am wirtschaftlich wirksamsten ist die Steigerung des Maschinenexports, dies stößt aber auf den sozialistischen Märkten auf die beschränkten Verkaufsmöglichkeiten. Auf den Märkten der entwickelten kapitalistischen Länder schmälern bei vielen Maschinenarten eine unzureichende Formgestaltung, ein ungenügender Instandhaltungsservice, Qualitätsprobleme usw. die Verkaufsmöglichkeiten. Gegenüber den Entwicklungsländern sind es die Grenzen in der Kreditgewährung. Bei einzelnen Produkten und Produktionszweigen zeigen sich Schwierigkeiten in der technischen und organisatorischen Förderung und der Ausbildung der Kader. Die Konzentration auf eine Exportproduktion kann man außerdem nur stufenweise verwirklichen; denn eine übermäßige Vernachlässigung einzelner Produktionszweige gefährdet das entsprechende Wachstum der Effektivität der nationalen Produktion. In dem gegebenen Rahmen der Investitionen muß man die Konzentration auf den Export auf lange Sicht betreiben und dabei eine entsprechende zeitliche Abstufung veranschlagen.

Neben der Konzentration auf den Export müssen die Möglichkeiten für die Förderung des Importersatzes in Betracht gezogen werden.

Die internationale Arbeitsteilung, vor allem ein rasches Wachstum des wirtschaftlichen Exports, beschleunigt das rasche Wachstumstempo der Volkswirtschaft. Wenn aber das Tempo des Wirtschaftswachstums eine optimale Grenze überschreitet, dann übt die Außenhandelsbilanz zunehmend eine einschränkende Wirkung aus. Je stärker das Tempo des Wirtschaftswachstums über das optimale Niveau gehoben wird, um so schwieriger wird es, die Außenhandelsbilanz im Gleichgewicht zu halten. Und umgekehrt, wenn das Tempo des Wirtschaftswachstums tief unter dem optimalen Niveau bleibt, der Konsumtionsfonds hingegen steigt, dann wird die Außenhandelsbilanz ebenfalls ihr Gleichgewicht verlieren.

Je höher das Tempo des Wirtschaftswachstums in offenen Wirtschaften ist, um so rascher muß man den Export steigern, um so mehr exportfördernde bzw. importhemmende oder den Import ersetzende Investitionen müssen durchgeführt werden. Das Wirtschaftswachstum steigert im allgemeinen oberhalb des optimalen Niveaus die Schwierigkeiten. Zahlreiche Produktionszweige sind außerstande, der übertriebenen Wachstumsrate zu entsprechen, der Import steigt. Dieser kann nur mit einem weniger wirtschaftlichen Export abgedeckt werden, und die Außenhandelsbilanz wird innerhalb der gegebenen Grenzen ihr Gleichgewicht verlieren. Ein übermäßiges Wachstumstempo der Investitionen führt nicht nur zu ihrer Zersplitterung, sondern es steigt auch die Nachfrage nach Brenn-, Roh- und Baumaterialien, die weder die einheimische Produktion noch das proportionale Wachstum des Exports befriedigen können. Daher zieht der gesteigerte Import einen immer weniger effektiven Export nach sich. Wegen der Ausfälle in der Außenhandelsbilanz, die das übermäßige Tempo des Wirtschaftswachstums verursachten, nehmen die Autarkietendenzen zu. Dies aber führt zu einer sinkenden Effektivität der nationalen Produktion, was schließlich eine zunehmende Verlangsamung des Wachstumstempos zur Folge hat. Andererseits wird ein übertriebenes Exportwachstum im allgemeinen den Rückgang der Exportwirksamkeit nach sich ziehen.

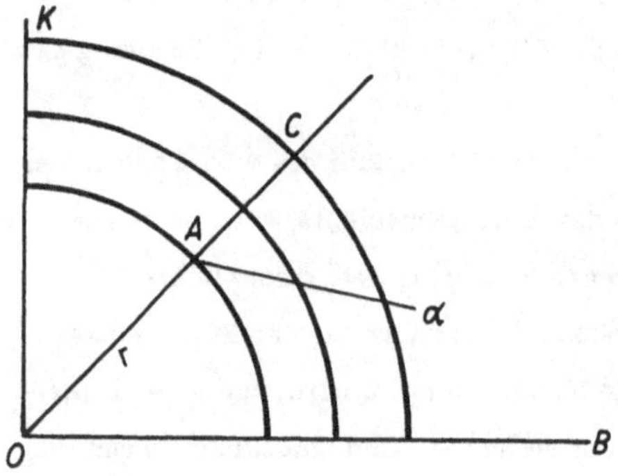

Wenn der Anteil der produktiven Akkumulation zwecks Beschleunigung des Wachstumstempos des Nationaleinkommens von 1 auf 10 gesteigert wird und keine Schwierigkeiten eintreten würden, dann würde r (die Wachstumsrate des Nationaleinkommens) bis X anwachsen (in der Grafik A - C). Bei einem Niveau des Nationaleinkommens von Y wäre das jährliche Wachstum des Nationaleinkommens in diesem Fall XY. Wenn im Zusammenhang mit dem Gleichgewicht der Außenhandelsbilanz Schwierigkeiten entstehen, ist $rY < XY$, d.h., das Wachstumszeitmaß r ist kleiner als X. Je größer r ist, um so größer müssen E und I (Export und Import) sein, um so größer sind die Schwierigkeiten im Außenhandel, und um so kleiner ist das Verhältnis $\frac{r}{X}$. In der Abbildung zeigt die Gerade A - C das Wachstum von X, die Kurve A - α aber die Abhängigkeit des r von E (Export) und I (Import). Die Kurve A - α geht in der Abbildung in eine horizontale Linie über und fällt dann stufenweise ab. Dies zeigt, daß r infolge der Schwierigkeiten im Außenhandel nur bis zum Punkt A geradlinig laufen kann. Wenn es diese Grenze überschreitet, wächst es nicht weiter. Im Gegenteil, wird es weiter angespannt, dann tritt eine Verlangsamung der Wachstumsrate ein. Die Überschreitung des Punktes A vermindert die Wirtschaftlichkeit des Exports, was weiter eine sinkende Tendenz der Wachstumsrate des Nationaleinkommens zur Folge hat. Eine übermäßige Forcierung des Exports verringert den Preis der Exportartikel. So z.B. haben wir in Ungarn im Interesse eines Ausgleichs der Zahlungsbilanz von Jahr zu Jahr erzwungenermaßen den Textilexport nach den entwickelten kapitalistischen Märkten gesteigert. Das konnte aber nur mit größeren Preisnachlässen erreicht werden. In Wirklichkeit steigerten wir das Volumen des Exports, jedoch in einem wesentlich geringeren Maße dessen Devisenwert.

Jedes Land verfügt über eine seiner ökonomischen Entwicklung entsprechende Exportfähigkeit. Die Exportfähigkeit entspricht jenem durchschnittlichen nationalen Aufwand, gerechnet in der Währung des Partnerlandes, welcher zum Erwerb einer Valutaeinheit nötig ist. Wenn über dieses Niveau hinaus der unrentable Export gesteigert wird, verschlechtert sich natürlich die Wirksamkeit, und neben einem - infolge des höheren Aufwands - beschleunigten Produktionswachstum wird das Wachstumstempo des Nationaleinkommens sinken.

D e r G l e i c h g e w i c h t s m a n g e l d e r Z a h l u n g s b i l a n z im Zusammenhang mit dem Wirtschaftswachstum trat besonders in den Entwicklungsländern ein, jedoch ist dies ein aktuelles Problem auch in Verbindung mit dem Wirtschaftswachstum der sozialistischen Länder.

Mehrere sozialistische Volkswirtschaften sind nicht einverstanden damit, daß die Erfahrungen einzelner sozialistischer Länder zu einem bestimmten Zeitpunkt in einem solchen Modell verallgemeinert werden, nach welchem jede Industrialisierungspolitik und ein rasches Wirtschaftswachstum zu Mängeln in der Außenhandels- und Zahlungsbilanz führen würden. Diesen Standpunkt vertraten M. Aleksić, P. Mihailović, J. Fabinc in ihrer Abhandlung "Jugoslavija u medunarodnoj podeli rada".[10]

Die Unausgeglichenheiten der Zahlungsbilanz, welche sich im Laufe des Wirtschaftswachstums der sozialistischen Länder zeigen, hängen mit dem raschen Tempo des Wirtschaftswachstums zusammen. Hier müssen wir auch eine Unterscheidung nach dem jeweils gegebenen Niveau der ökonomischen Entwicklung treffen. Die weniger entwickelten wollen das Tempo überdurchschnittlich beschleunigen. Dies lösen sie a) durch eine verhältnismäßig höhere Akkumulationsrate, b) durch Inanspruchnahme von Krediten, c) dadurch, daß sie bei überdurchschnittlich raschem Tempo auch eine passive Zahlungsbilanz in Kauf nehmen.

Die RGW-Länder halten ihre Zahlungsbilanz im gegenseitigen Verkehr im allgemeinen im Gleichgewicht, das steht auch im Zusammenhang mit dem Mechanismus ihrer gegenseitigen internationalen Arbeitsteilung. Die RGW-Länder - mit Ausnahme der Sowjetunion - streben untereinander nicht nur das Gleichgewicht der Zahlungsbilanz, sondern innerhalb der größeren Warengruppen auch ein Liefergleichgewicht an.

Das Tempo der ökonomischen Entwicklung der RGW-Länder stößt auf Schwierigkeiten in der Rohstoffversorgung. Im Endergebnis sind das auch die Grenzen des Entwicklungstempos der internationalen Arbeitsteilung mit der Sowjetunion. Die Sowjetunion verdoppelt alle 5 Jahre den Zuwachs der nach den RGW-Ländern gerichteten Rohstofflieferungen. Ein rascheres Tempo kann sie nicht verwirklichen. Die übrigen RGW-Länder möchten überwiegend eine weitere Erhöhung der Rohmateriallieferungen erzielen. Die Sowjetunion hingegen kann wegen der beschränkten Möglichkeiten, Rohmaterial zu liefern, auch als Abnehmer von industriellen Fertigwaren nur in einem bestimmten Grade auftreten.

Gegenüber den entwickelten kapitalistischen Ländern können die RGW-Länder den Import schneller als den Export erhöhen. Das wichtigste Problem einer Förderung der Wirtschaftsbeziehungen zu den wirtschaftlich höher entwickelten kapitalistischen Ländern ist die Steigerung der Exportfähigkeit. Denn bei der Anbahnung der Importe bestehen nicht nur keine Schwierigkeiten, sondern man muß im allgemeinen eine Einschränkung des Imports anstreben, da sonst das Defizit in der Zahlungsbilanz noch höher wäre.

Natürlich ist das Wirtschaftswachstum auch bei einer ausgeglichenen Zahlungsbilanz möglich, doch muß dann sein Tempo wesentlich niedriger angesetzt werden. Eine gesteigerte Rate verursacht größere Gleichgewichtsschwierigkeiten in der Außenhandelsbilanz, und dadurch hemmt auch die Außenhandelsbilanz das Tempo des Wirtschaftswachstums.

Auch der steigende Warenumsatz der RGW-Länder untereinander beschränkt die Außenhandelsbilanz gegenüber den entwickelten kapitalistischen Ländern. Der überwiegende Anteil des Exports in die RGW-Länder wird aus Grundstoffen und Halbfabrikaten hergestellt, welche aus RGW-Ländern bezogen wurden. Die RGW-Länder müssen aber in der Zahlungsbilanz mit den kapitalistischen Ländern auch jenen Warenimporten einen Gegenposten sichern, welche in verarbeiteter Form in die RGW-Länder geliefert wurden. Gegenüber den kapitalistischen Ländern ist aber ihre Exportfähigkeit beschränkt. Daher beeinflußt die Zahlungsbilanz gegenüber den kapitalistischen Ländern auch das Wachstum des Warenumsatzes der RGW-Länder untereinander.

Solange die Mehrzahl der RGW-Länder das ökonomische Niveau der höher entwickelten kapitalistischen Länder nicht erreicht hat, wird ihre Importfähigkeit die Exportfähigkeit übertreffen,und in einem gewissen Rahmen, auf Grund richtig ausgenützter Möglichkeiten, kann das Passivum in der Zahlungsbilanz gegenüber den entwickelten kapitalistischen Ländern, als indirekter Kredit, ein rascheres Tempo des Wirtschaftswachstums der RGW-Länder fördern. Diese indirekten Kredite müssen vor allem die Produktion fördern und entweder eine exportfördernde oder eine importverringernde Wirkung ausüben. Wenn diese Art von Kredit zur Steigerung des Verbrauchs verwendet wird, dann wird natürlich die Zahlungsbilanz notgedrungen verschlechtert und das Wachstum gehemmt.

Freilich wird mit Recht die Frage aufgeworfen, ob es nicht möglich wäre, einen so teuren und demzufolge weniger wirksamen indirekten Kredit in einen langfristigen direkten Kredit zu konvertieren. Zweifellos wäre dies der einfachste und zielgerichtetste Weg.

Es würde einer wesentlichen Steigerung des Exports der entwickelten kapitalistischen Länder dienen, wenn diese die Exportfähigkeit der RGW-Länder mit Gewährung von langfristigen Krediten, Produktionskooperation, wissenschaftlich-technischer Zusammenarbeit und mit anderen Methoden fördern würden. Das würde auch die Import-Aufnahmefähigkeit der RGW-Länder steigern, was für beide Teile sehr vorteilhaft wäre. Es ist schon viel in dieser Richtung geschehen, doch die wirklich großen Schritte lassen noch auf sich warten.

6. Rohstoffversorgung und Wirtschaftswachstum

In der Marxschen Wachstumstheorie spielt die Untersuchung der Arbeitsproduktivität die entscheidende Rolle. Daneben müssen wir uns auch mit den Beziehungen zwischen der Arbeitsproduktivität und der Rohstoffversorgung befassen.

Steigt die Arbeitsproduktivität infolge intensiverer Ausnutzung der Produktivkräfte, so wirft eine weitere Steigerung schließlich Probleme der Rohstoffversorgung auf.

Im Interesse der Bereitstellung der infolge des Wachstums der Arbeitsproduktivität benötigten Rohstoffe muß entweder die Rohstoffproduktion gesteigert werden oder der Export anderer Produkte, damit die Verringerung der bisher exportierten Rohstoffe möglich wird. Oder aber es muß der Rohstoffimport erhöht werden. Widrigenfalls verliert die Außenhandelsbilanz ihr Gleichgewicht.

Marx wies im I. Band des "Kapitals" darauf hin, daß das Wirtschaftswachstum dem Wesen nach nur zwei Beschränkungsfaktoren hat: Der eine ist der Verbrauch, der andere das Tempo der Rohstoffproduktion.

Unter sozialistischen Produktionsbedingungen kann der Absatz kein Hindernis für den Produktionszuwachs sein. Es bleibt das andere Hindernis: Die verarbeitende Industrie entwickelt sich in einem rascheren Tempo als die extraktive Industrie. Eines der Haupthindernisse für ein beschleunigtes Wirtschaftswachstum der RGW-Länder ist der Umstand, daß die Rohstoff- und Agrarproduktion hinter den Möglichkeiten einer beschleunigten Entwicklung der verarbeitenden Industrie zurückbleibt. Die Entwicklung der Rohstoffindustrie und der Agrarproduktion ist vom Grad der Mechanisierung, der Chemisierung, im Endergebnis von den Investitionsmöglichkeiten abhängig. Dies aber hängt wiederum vom Entwicklungsstand der Produktivkräfte, vom Kapitalreichtum und nicht zuletzt von der Effektivität der Investitionen ab.

Die beschleunigte Förderung der Produktionszweige mit geringerem Kapitalbedarf strebt jedes Land an. Ganz besonders liegt das aber im Interesse der kapitalarmen Länder. Die RGW-Länder können im Durchschnitt unter die mittelmäßig entwickelten Länder eingereiht werden. Das Bestreben, all ihre materiallen Quellen maximal auszunutzen, führt zu gewissen Engpässen an Investitionen. Infolgedessen trachten die RGW-Länder danach, die Produktionszweige mit geringerem Kapitalbedarf zu fördern. Das ist auch aus der Warenstruktur des Außenhandels ersichtlich. Der Import von Produkten der Produktionszweige mit hohem Kapitalbedarf stellt gegenüber dem Export solcher mit niedrigerem Kapitalbedarf einen indirekten Kapitalimport dar. So z.B. ist der Export von Maschinen mit niedrigem Kapitalbedarf gegen eine Einfuhr von Bergbauerzeugnissen, für deren Produktion der Kapitalbedarf sehr hoch ist, von großem Vorteil.

In den RGW-Ländern ist im Verhältnis zum angestrebten Wirtschaftswachstum und zur rascheren Erhöhung des Lebensstandards der Bevölkerung das Produktionswachstum einzelner wichtiger Produkte mit hohem Investitionsbedarf - wie von Mineralrohstoffen, Energieträgern, Buntmetallen, wichtigen chemischen Produkten, Futtermitteln, Brotgetreide, Fleisch usw. - zu langsam, und das bestimmt auch das ökonomische Entwicklungstempo der RGW-Länder.

In den Ländern, die für industrielle Rohstoffe über ungünstige Naturbedingungen verfügen, vermindert sich mit der Steigerung der Arbeitsproduktivität die ungünstige Wirkung, da der Anteil der Brenn- und Rohstoffe innerhalb der Gesamtproduktion sinkt. Mit dem Anstieg der Industrieproduktion und der wirksamen Vertiefung der internationalen Arbeitsteilung sinkt sowohl im Export wie auch im Import der Anteil der Brenn- und Rohstoffe, obwohl sich ihr absolutes Volumen vergrößert.

Das Wachstumstempo der Wirtschaft wird in erster Linie von den sich dynamisch entwickelnden Industriezweigen bestimmt, stößt aber schließlich auf die Schranke der zu langsamen Entwicklung der primären Produktionszweige.

In den RGW-Ländern ist die Struktur der zur Verfügung stehenden Rohstoffe neben dem absoluten Rohstoffmangel auch vom Standpunkt der Ausbeutungsbedingungen und der weiteren Verarbeitung ungünstiger als in entwickelten kapitalistischen Ländern. Infolge der Rohstoffstruktur weist die primäre Verarbeitung einen hohen Energiebedarf auf, und auch in den weiteren Verarbeitungsetappen ist der Materialbedarf hoch. Somit ist das Rohstoffproblem neben der quantitativen Rückständigkeit auch ein Problem der Qualität. Die Rohstoffversorgung ist also durch unzureichende Effektivität der Ausbeutung, der Weiterverarbeitung und der Endverwertung gleichwohl gekennzeichnet.

Der Verbrauch von industriellen Rohstoffen der RGW-Länder stieg in den letzten Jahren annähernd parallel zum Wachstumstempo des Nationaleinkommens. Der Verbrauch von land- und forstwirtschaftlichen Produkten aber blieb - abgesehen von Schwankungen innerhalb des Jahres - nahezu auf dem gleichen Niveau.. Die angespannte Rohstoffversorgung zeigt sich außerdem auch darin, daß die RGW-Länder - mit Ausnahme der Sowjetunion - einen immer größeren Teil ihres Materialverbrauchs aus Importen decken.

Der Anteil der Importe am Materialverbrauch industrieller Provenienz (die Sowjetunion nicht miteingerechnet) stieg von 1958 bis 1965 von 25 % auf über 34 %. Bei den land- und forstwirtschaftlichen Produkten ist eine Verschiebung im gleichen Sinne von 13 % auf 18 % festzustellen. In der Deutschen Demokratischen Republik, in der Tschechoslowakischen Sozialistischen Republik und in der Ungarischen Volksrepublik ist der Anteil der importierten Rohstoffe in beiden Gruppen höher. Die Lieferungen der Sowjetunion machten ungefähr 2/3 des Materialimportes industrieller Provenienz und die Hälfte des Importes land- und forstwirtschaftlicher Produkte der übrigen RGW-Länder aus.

Um eine Übersicht über die Möglichkeit für den Ausbau der Rohstoffbasis zu erhalten, ist es nötig, die langfristigen Bedingungen des Produktionswachstums zu analysieren, die natürlichen Ressourcen ökonomisch zu bewerten, ferner die technisch-ökonomischen Kennziffern der Ausbeutung und der primären Verarbeitung der verschiedenen Länder zu vergleichen, die Standortmöglichkeiten zu untersuchen usw.

In mehreren RGW-Ländern bindet die Ausbeutung ungünstiger Rohstoff- und vor allem Brennstoffvorkommen sehr viele Mittel und Arbeitskräfte. Das hemmt die Entwicklung der betreffenden Volkswirtschaften, entzieht dem technischen Fortschritt Kräfte, es bleiben wenig Mittel für die Herstellung moderner Produktionsmittel und für die Vervollkommnung der technologischen Prozesse. Dabei sollte doch gerade eine hocheffektive Technik den ungünstigen Naturbedingungen entgegengestellt werden.

Die beschleunigte Entwicklung der verarbeitenden Industrie, vor allem des Maschinenbaus, wäre an sich vorteilhaft, wenn die Realisierung der erzeugten Waren die zum Ausbau der Rohstoffproduktion nötige Akkumulation sichern würde. In Wirklichkeit aber hat sich der relative Mangel an Akkumulationsquellen in den einzelnen Ländern nicht vermindert, sondern eher noch verschärft.

Die Ausbeutung von Rohstoffvorkommen mit niedriger Effektivität nimmt verhältnismäßig viele Akkumulationsmittel in Anspruch und entzieht der technischen Entwicklung Kräfte. Im Zusammenhang damit - und aus anderen Gründen - bleiben die Maschinen und Einrichtungen, ferner die angewandte Technologie in vielen Fällen weit hinter den modernen Anforderungen zurück. Die technische Rückständigkeit tritt nicht nur in der niedrigen Arbeitsproduktivität, sondern auch in einem hohen Energie- und Materialbedarf der Produktion und in einer geringen Lebensdauer der Enderzeugnisse zutage.

In mehreren RGW-Ländern ging die strukturelle Umgestaltung der Volkswirtschaft bisher nicht Hand in Hand mit einer entsprechenden Steigerung des technischen Niveaus und der Effektivität der gesellschaftlichen Arbeit. Auf den Widerspruch zwischen der Struktur der Volkswirtschaft und der Effektivität der gesellschaftlichen Arbeit weist z.B. auch jener Umstand hin, daß der Anteil der in der Industrie Beschäftigten (und ebenso der Anteil der in den progressiven Industriezweigen Beschäftigten) in den höher entwickelten RGW-Ländern mehr oder weniger der gleiche ist wie in den industriell hochentwickelten kapitalistischen Ländern Westeuropas. Beim Nationaleinkommen p.c. hingegen beträgt der Rückstand 30 - 40 %. Ein ähnlicher Widerspruch ist auch in bezug auf die übrigen RGW-Länder festzustellen.

Diese Widersprüche könnten dadurch beseitigt werden, daß die Länder ihre verhältnismäßig ergiebigen natürlichen Ressourcen in gesteigertem Maße nutzbar machen und dafür den Anteil der uneffektiven Vorkommen nach Möglichkeit verringern. Auf diese Weise sowie durch eine Konzentration der Investitionen könnten Kräfte für den technischen Fortschritt frei gemacht werden, die Arbeitsplätze könnten mit modernen Geräten ausgerüstet und die Einführung solcher Technologien beschleunigt werden, die den Materialbedarf der Produktion verringern. Das rückt in den internationalen Wirtschaftsbeziehungen die Ausweitung der Arbeitsteilung in den extraktiven Produktionszweigen und gleichzeitig damit eine entschiedene Förderung der Spezialisierung im Maschinenbau und eine erhöhte Modernisierung in den Vordergrund.

Die Sicherung der Rohstoffversorgung der RGW-Länder, besonders aber der an Brenn- und Rohstoffen armen Länder, ist ein kompliziertes Problem, welches mit vielen Schwierigkeiten verbunden ist. Um diese einer Lösung näherzubringen, sollte man alle Möglichkeiten nutzen, die sich durch die wirtschaftliche Zusammenarbeit der RGW-Länder, vor allem die Hilfsbereitschaft der Sowjetunion, bieten. Die interessierten RGW-Länder sollten ihre Pläne bezüglich der Produktion, Verarbeitung bzw. Ausfuhr ihrer Brenn- und Rohstoffe gemeinsam ausarbeiten. Im RGW selbst wird die Ausarbeitung der perspektivischen technisch-ökonomischen Entwicklungstendenzen einzelner Produktionszweige außerordentlich verzögert. Es wird viel Kraft mit minimaler Effektivität vergeudet, obwohl die einzelnen Länder die Ausarbeitung der technisch-ökonomischen Entwicklungstendenzen einzelner Produktionszweige übernehmen und ihre Aufgaben auch erfolgreich lösen könnten. Abgesehen davon könnte man die mündlichen Diskussionen über die Arbeit des RGW fortsetzen.

Die Ausarbeitung der technisch-ökonomischen Entwicklungstendenzen für einzelne Produktionszweige ist eine wichtige Aufgabe, führt allein aber zu keiner Lösung. Die Konzeptionen der betreffenden Länder sollten summiert, und für ihre Verwirklichung sollte ein gut abgestimmter Plan ausgearbeitet werden. Dies würde dem politischen Entwicklungsgrad der wirtschaftlichen Zusammenarbeit der RGW-Länder entsprechen. Jedoch stößt die Realisierung in vielen Fällen auf fast primitive Eigeninteressen.

Ein großangelegter, gut abgestimmter Plan müßte vor allem die effektivsten Methoden der Brenn- und Rohstoffgewinnung enthalten und den Förderländern bei der Realisierung derselben behilflich sein. Mit vereinten Kräften sollte eine Qualitätsverbesserung der Rohstoffe angestrebt werden, was für die effektive Verarbeitung eine Vorbedingung ist. So könnten gemeinsame Normen für die Verringerung des Materialverbrauchs ausgearbeitet und der Materialverschwendung Einhalt geboten werden.

Es sollte ein großangelegter, gut abgestimmter Plan der modernen Rohstoffproduktion, der Standortverteilung und der Transportformen ausgearbeitet werden. Das Transportvolumen wird durch den Transport vieler unproduktiver, unnützer Lasten übermäßig ausgeweitet. So z.B. wäre es zweckmäßig, die Eisenerze mit niedrigem Fe-Gehalt am Fundort anzureichern. Die Förderung der Roheisenproduktion sollte dort betrieben werden, wo die Bedingungen hierzu am günstigsten sind. So wird sich z.B. Ungarn nicht zum Bau von 2 000- bis 3 000 m^3-Hochöfen entschließen.

Die Ständige Kommission für ökonomische Fragen des RGW begann, Prinzipien für eine Zusammenarbeit in der Rohstoffproduktion auszuarbeiten. Die daran beteiligten Staaten forschten jedoch nicht nach den zweckmäßigsten wissenschaftlichen Methoden für eine perspektivische Lösung, sondern machten ihre derzeitigen Interessen in solchem Maße geltend, daß sie damit selbst den primitivsten Beginn der Forschung unmöglich machten.

Die weitere Entwicklung wird die wissenschaftliche Erforschung der Brenn- und Rohstoffversorgung der einzelnen Länder mit objektiver Notwendigkeit erzwingen. Man muß das entsprechende materielle Interesse sowohl der exportierenden wie auch der importierenden Länder ausfindig machen, um mit vereintem Kräfteeinsatz vorwärtszukommen.

Übertriebene Ansprüche hindern die importierenden, der Mangel an Kompensationsmöglichkeiten aber die exportierenden Länder an einem gemeinsamen Kräfteeinsatz im Interesse der Produktion und des Exportes von Rohstoffen.

Die aufeinander abgestimmten Maßnahmen müßten vor allem langfristige Vereinbarungen darüber enthalten, welche Produkte die einzelnen Länder fördern und welche Lieferungen sie gegenseitig tätigen wollen. Dies ist die wichtigste Form einer gegenseitigen Kompensation. Die Rohstofferzeuger brauchen zwecks Herstellung gewisser Produkte keine Investitionen durchzuführen, da sie diese gegen ihre Rohstofflieferungen erhalten. Den exportierenden Ländern hingegen wird die Ausarbeitung genauer Entwicklungsrichtungen ihres Exports ermöglicht, was die nationale Arbeitsproduktivität fördert.

Die positiven Elemente der auf den kapitalistischen Märkten gültigen Liefer- und Kreditbedingungen sollten übernommen werden. So könnten zur Entwicklung der Produktion und des Exports einzelner Rohstoffe u.a. bestimmte Maschinen zu mehrjährigen Krediten geliefert werden. Für den gewährten Kredit aber sollten die auf dem Weltmarkt üblichen Zinsen vergütet werden. Das würde die Produktion und die Lieferung von Brenn- und Rohstoffen fördern sowie für Maschinenlieferanten weitere Exportmärkte erschließen. Die Kreditgewährung und eine entsprechende Zinsvergütung aber würden eine Kompensation für die Inanspruchnahme eines größeren Kapitalbestandes bieten.

Die Investitionsbeteiligung kann nur im Intereesse der Steigerung der Produktion und des Exports einzelner wichtiger Rohstoffe angestrebt werden. Würde dies auf alle wichtigen Rohstoffe ausgedehnt werden, so würde die wirtschaftliche Entwicklung aller Rohstoffe importierenden Ländern einen starken Rückschlag erleiden. Bei einer Investitionsbeteiligung können verschiedene Methoden angewandt werden. Eine gerechte Kompensation wäre eigentlich die, nur in der Höhe der Differenz zwischen den durchschnittlichen und den speziellen Investitionen einen Kredit zu gewähren, da ja die Exportförderung von Produkten mit durchschnittlichem Kapitalbedarf für alle Länder vorteilhaft ist.

Die Investitionsbeteiligung sollte langfristig die Exportfähigkeit der beteiligten Länder vergrößern. Die auf dem Weltmarkt gültigen Kreditbedingungen sollten auch bei Investitionsbeteiligungen zwischen sozialistischen Ländern Gültigkeit haben.

Bei der Beurteilung von Investitionskrediten kann nicht außer acht gelassen werden, daß diese für den Außenhandel eine sehr ernste Belastung bedeuten. Eine Importsteigerung ist nur in dem Falle zweckdienlich, wo sie mit entsprechend gefragten und rentablen Exportartikeln ausgeglichen werden kann.

Bevor diese internationale Arbeitsteilung vertieft wird, muß also die Rentabilität der internationalen Umverteilung von Investitionen mit der Methode der Außenhandelseffektivität geprüft werden.

Damit im Zusammenhang ist folgendes zu beachten:

Wenn der Investitionskredit z.B. in Form von Ausrüstungen gewährt werden muß, welche zur konkreten Verwirklichung der Investition benötigt werden und diese die Industrie des kreditgebenden Landes erzeugt, dann ist die Lage verhältnismäßig günstig.

Ernstere Probleme ergeben sich dann, wenn diese die Industrie des kreditgebenden Landes nicht erzeugt oder wenn der Investitionsbeitrag in Form anderer Waren gewährt werden muß. Für die Mehrzahl der Fälle ist jedoch gerade dies kennzeichnend. Dann ist zu berücksichtigen, daß entweder neue Investitionen zur Erweiterung der einheimischen Erzeugung der benötigten Maschinen und anderer Produkte notwendig werden oder daß zu den Investitionen eventuell noch Importe aus kapitalistischen Ländern gesichert werden müssen. Wenn man also die Wahl hat zwischen eigenen Investitionen und ausländischer Beteiligung, so ist zusätzlich in Betracht zu ziehen, daß noch weitere Investitionen zwecks Sicherung einer den kontinuierlichen Import ausgleichenden Produktion durchzuführen sind.

Bei der Preisbestimmung des auf Grund des Investitionskredites zu liefernden Produktes muß man auch einen bestimmten Preisnachlaß bei der Lieferung des mit vereinter Kraft erzeugten Produktes gewähren.

Die Richtung und die Struktur der Zusammenarbeit kann man im Endergebnis auf Grund der perspektivischen Entwicklungsbedingungen der einzelnen Volkswirtschaften und der ganzen Gemeinschaft der Staaten bestimmen. Man muß einesteils berücksichtigen, daß zwischen dem Entwicklungsniveau und dem Komplex (der Produktions- und Verbrauchsstruktur) der Volkswirtschaft organische materiell-technische Beziehungen bestehen. Andererseits ist zu bedenken, daß die natürlichen Ressourcen die Komplexität und das Tempo der perspektivischen Entwicklung ständig beeinflussen. In offenen Volkswirtschaften wird die ganze Struktur, und somit die Wachstumspotenz, stark davon beeinflußt, in welchem Maße diese Länder in der Lage sind, ihre Rohstoffbasis über die internationale Arbeitsteilung zu ergänzen.

Die Grundprobleme der Arbeitsteilung in der Rohstoffproduktion sind objektiv untrennbar mit den Verflechtungen zwischen den Volkswirtschaften verbunden, d.h. damit, welche Reproduktionsbedingungen sich die Länder zwecks einer solchen Strukturgestaltung gegenseitig zusichern, in deren Rahmen die Effektivität der gesellschaftlichen Arbeit und das Wirtschaftswachstum in jeder Volkswirtschaft gefördert werden können.

Fußnoten

1 K. Marx, Das Kapital, III. Band, in: K.Marx/F.Engels, Werke, Bd. 25, Berlin 1964, S. 247

2 H. B. Chenery, Patterns of Industrial Growth, The American Economic Review, New York, September 1960, p. 624 - 654

3 R. F. Harrod, Towards a Dynamic Economics, London 1948

4 E. D. Domar, Essays in the Theory of Economic Growth, New York 1957

5 Ch. P. Kindleberger, Foreign Trade and the National Economy, New Haven-London 1964, p. 194

6 P. N. Mathur, Gains in Economic Growth from International Trade, Kyklos, Basel, Vol. XVI 1963, Fasc. 4

7 R. M. Solow, Technical Change and the Aggregate Function, The Review of Economics and Statistics, Cambridge, Vol. 39/1957; ders., Technical Progress, Capital Formation and Economic Growth, The Review of Economics and Statistics, Cambridge, Vol. 44 1962; ders., Investment and Technical Progress, Mathematical Methods in the Social Sciences, 1959

8 N. Kaldor, A. Model of Economic Growth, Economic Journal, London 1957, p. 599, englisch.

9 G. Kohlmey und Autorenkollektiv, Nationale Produktivität, dynamische Produktionen, internationale Arbeitsteilung, Berlin 1965, S. 67

10 Vgl. Ekonomist, Beograd, Heft 1/1964, S. 1 ff., serbokroatisch

KARL MORGENSTERN

Entwicklung effektiver Volkswirtschaftsstrukturen im Rahmen der sozialistischen internationalen Arbeitsteilung

1. Wechselbeziehungen zwischen technischem Fortschritt, effektiver Volkswirtschaftsstruktur und internationaler Arbeitsteilung

Der weitere erfolgreiche Aufbau des Sozialismus erfordert die umfassende Verwirklichung der wissenschaftlich-technischen Revolution, die Entwicklung hocheffektiver Volkswirtschaftsstrukturen und die tiefere Eingliederung der Volkswirtschaften in die internationale Arbeitsteilung. Dabei steht die Weiterentwicklung der sozialistischen internationalen Arbeitsteilung als die systemeigene Grundlage der internationalen Verflechtung von Produktivkräften und sozialistischen Produktionsverhältnissen im Mittelpunkt. Die Lösung dieser Aufgaben ist eng und wechselseitig miteinander verbunden.

Der wissenschaftlich-technische Fortschritt erhöht die Effektivität der Volkswirtschaft. Er ruft über neue Arbeitsgegenstände, wirtschaftlichere technologische Verfahren, leistungsfähigere Produktionsinstrumente, neuartige Konsumtionsmittel und die damit entstehenden neuen gesellschaftlichen Bedürfnisse einen tiefgreifenden Strukturwandel hervor. Wie aber dieser Strukturwandel vollzogen wird, wie die Volkswirtschaftsstrukturen den neuen technischen Bedingungen angepaßt werden, hat wesentliche Rückwirkungen auf Ausmaß und Tempo der effektiven Nutzung des technischen Fortschritts. Die Verwirklichung der wissenschaftlich-technischen Revolution und die dynamische Entwicklung effektiver Volkswirtschaftsstrukturen hängen wiederum entscheidend von der Vertiefung vor allem der sozialistischen internationalen Arbeitsteilung und Zusammenarbeit ab.

Zum einen sind die entschiedene Konzentration der Forschung, Entwicklung und Produktion, die zweckmäßigste internationale Spezialisierung der Volkswirtschaften und entfaltete Kooperationsbeziehungen unerläßlich, um auf ausgewählten Gebieten den wachsenden Aufwand für Forschung, Entwicklung, Bildung, Investitionen, Marktbearbeitung und Absatz bestreiten, mit dem rasanten Entwicklungstempo von Wissenschaft und Technik Schritt halten, es mit bestimmen, mit hohem Nutzeffekt produzieren sowie rentabel austauschen zu können. Über diese Nutzenswirkungen der internationalen Arbeitsteilung hinaus werden mit Hilfe der Außenwirtschaftsbeziehungen wesentliche Voraussetzungen für die progressiven Strukturveränderungen und das volkswirtschaftliche Wachstum geschaffen durch

- Veränderung der gebrauchswertmäßigen Struktur des gesellschaftlichen Gesamtprodukts über den Außenhandel zur Sicherung der einfachen und erweiterten Reproduktion der Volkswirtschaften;
- die besondere produktivitätsfördernde Wirkung dieses Stoffwechsels über den Austausch moderner, wirtschaftlicher Arbeitsmittel und Arbeitsgegenstände sowie den Lizenzhandel;
- die gegenseitige Hilfe bei der Ausbildung und Qualifizierung von Kadern;
- den Austausch von Arbeitskräften bzw. die Ausführung von Arbeiten durch ausländische Unternehmen oder gemeinsame Betriebe;
- die Inanspruchnahme äußerer Akkumulationsquellen (Kredite);
- die Vereinigung von Kräften und Mitteln mehrerer Länder (in Form von Investitionsbeteiligungen, gemeinsamen Einrichtungen in Forschung, Entwicklung, Produktion und Zirkulation);
- den Erfahrungsaustausch und die Hilfe auf dem Gebiet der Wissenschaft und Technik, der Technologie, der Organisation und Lenkung der Produktion, der Planung und Leitung der Wirtschaft.

Die sozialistische internationale Arbeitsteilung und die Außenwirtschaftsbeziehungen in ihrer Gesamtheit sind als grundlegender Wachstumsfaktor also gleichzeitig auf das engste mit dem Wirken aller anderen Wachstumsfaktoren und -bedingungen verbunden.

Das stärkere Wirksamwerden der sozialistischen internationalen Arbeitsteilung als Produktivitäts- und Wachstumsfaktor ermöglicht aber nicht nur den technischen Fortschritt in den einzelnen sozialistischen Ländern und die Schaffung moderner, effektiver Volkswirtschaftsstrukturen, sondern erfordert dieses zugleich. Von der Intensität dieser Prozesse hängt das Entwicklungstempo ab, mit dem die sozialistische internationale Arbeitsteilung selbst ein effektives System wird. Das hängt mit der materiellen Interessiertheit der Länder zusammen. Auf der Basis der gleichen ökonomischen und politischen Grundlagen und Ziele der sozialistischen Staaten, die den Ausbau der sozialistischen internationalen Arbeitsteilung notwendig machen, ist die materielle Interessiertheit der innere Bewegungsimpuls zu ihrer Entfaltung.

In ihrer Eigenschaft als Importeur und Verbraucher sind die Länder und immer stärker auch direkt die Betriebe am Bezug bedarfsgerechter, weltmarktfähiger Erzeugnisse interessiert. Diese aus den Weltmarktbedingungen und dem wissenschaftlich-technischen Fortschritt resultierenden Anforderungen setzen der internationalen Spezialisierung und dem Austausch objektive Maßstäbe. Gleichzeitig wollen und müssen sie aber auch in ihrer Eigenschaft als Produzent und Exporteur aus der internationalen Arbeitsteilung und dem Handel Nutzen ziehen. Das grundlegende Interesse der Länder besteht darin, durch internationale Arbeitsteilung und Zusammenarbeit ein kontinuierlich hohes Wachstum ihrer Volkswirtschaft und das des ganzen sozialistischen Systems zu sichern. Je mehr und besser diese sich gegenseitig bedingenden Erfordernisse erfüllt werden, desto erfolgreicher wird sich die sozialistische internationale Arbeitsteilung entwickeln. Die wichtigste Voraussetzung dafür sind moderne Produktionen und effektive Volkswirtschaftsstrukturen, die durch rationellen Einsatz der inneren Ressourcen und umfassende Ausschöpfung der potentiellen Nutzeffekte der internationalen Arbeitsteilung und Zusammenarbeit geschaffen werden können.

Aus diesen Zusammenhängen erklärt sich, warum der VII. Parteitag der SED die effektivste Gestaltung der Volkswirtschaftsstruktur als die inhaltliche Hauptaufgabe des ökonomischen Systems bezeichnete und warum diese Aufgabe mit der tieferen Eingliederung der Volkswirtschaft in die internationale Arbeitsteilung und der Gestaltung intensiver Außenwirtschaftsbeziehungen untrennbar verbunden ist.

2. Gesetzmäßige Erfordernisse und Tendenzen der Strukturentwicklung der Volkswirtschaften

Volkswirtschaftliche Strukturentscheidungen müssen basieren

- auf den Erfordernissen, die sich aus den ökonomischen Gesetzen und der Entwicklung der Produktivkräfte ergeben und
- auf den konkreten inneren und äußeren ökonomischen und politischen Entwicklungsbedingungen der Länder.

Die Entwicklung der Volkswirtschaftsstruktur unterliegt dem Ziel, mit dem geringstmöglichen Aufwand ein stabiles Wirtschaftswachstum, einen steten Zuwachs an Nationaleinkommen pro Kopf der Bevölkerung in bedarfsgerechter Struktur zu sichern und dadurch in jedem sozialistischen Land ein hohes ökonomisches Niveau zu erreichen. Auf dieser materiellen Grundlage können die wachsenden gesellschaftlichen Bedürfnisse in jedem einzelnen Land wie im gesamten sozialistischen System immer besser befriedigt und der Lebensstandard kann ununterbrochen gehoben werden.

Um ein hohes ökonomisches Niveau erreichen und die volkswirtschaftliche Effektivität ständig steigern zu können, sind eine Reihe gesetzmäßiger Erfordernisse zu verwirklichen. Allgemeinste Erfordernisse einer rationellen Strukturentwicklung sind:

- volle Beschäftigung der verfügbaren Arbeitskräfte mit ständig wachsender Produktivität als Hauptvoraussetzung für die Mehrung des Nationalreichtums;
- hocheffektive, bedarfsgerechte Produktion weltmarktfähiger Erzeugnisse;
- Wahl des wirtschaftlichsten Entwicklungsweges.

Zu ihrer Verwirklichung wiederum leiten sich an weiteren Erfordernissen ab:

- rechtzeitige, umfassende Durchsetzung der strukturellen Wirkungen und Voraussetzungen des wissenschaftlich-technischen Fortschritts;
- tiefgehende, rationelle und - entsprechend den sich verändernden Bedingungen - dynamische Eingliederung der Volkswirtschaft in die internationale Arbeitsteilung, ökonomische Verbindung von komplexer (mehrseitiger) Entwicklung der nationalen Wirtschaften und internationaler Spezialisierung der Produktion, um die ökonomischen Potenzen des Landes vollkommen und durch die hohe Konzentration in Forschung, Entwicklung und Produktion zugleich rationell zu nutzen;
- Anpassung der Volkswirtschaftsstruktur an die spezifischen Bedingungen des Landes, effektive Nutzung günstiger natürlicher und ökonomischer Bedingungen, ausgehend von den Produktionsanforderungen und Standortbeziehungen der einzelnen Zweige und Erzeugnisse;
- Festigung und Entwicklung höherer Formen der Zusammenarbeit zwischen den sozialistischen Ländern, koordinierte Entwicklung ihrer Wirtschaften als planmäßige Bestandteile des sozialistischen Weltwirtschaftssystems.

Das Ziel und die Erfordernisse einer rationellen volkswirtschaftlichen Entwicklung bilden den Rahmen der Strukturgestaltung. Sie verwirklichen sich über bestimmte allgemeingültige Tendenzen und über Besonderheiten in der Entwicklung der Volkswirtschaftsstrukturen.

Die Kenntnis der allgemeingültigen strukturellen Entwicklungsprozesse und -tendenzen ist aus zwei zusammenhängenden Gründen sehr bedeutsam: 1. weil sie die Grundlinie für die Entwicklung auch der eigenen Volkswirtschaftsstruktur darstellen und 2. weil ihre Kenntnis auf Grund der für alle Volkswirtschaften gültigen Gesetzmäßigkeiten die Möglichkeit bietet, die Entwicklung anderer Länder in den Grundrichtungen vorauszusehen und für die gegenseitige Strukturanpassung der Volkswirtschaften rechzeitig Schlußfolgerungen zu ziehen. Das gewinnt mit zunehmender internationaler Arbeitsteilung an Bedeutung; denn dadurch werden die Abhängigkeiten und wechselseitigen Struktureinwirkungen der Volkswirtschaften größer und intensiver. Deshalb ist das Studieren und Beachten der gesetzmäßigen Entwicklungsprozesse eine allgemeine Grundlage für ökonomisch begründete perspektivische Entscheidungen über die weitere Entwicklung der Volkswirtschaftsstruktur und ihre richtige Einordnung in die sich ebenfalls verändernde internationale Arbeitsteilung.

Die wichtigsten allgemeinen Strukturprozesse und -tendenzen sind:

- Industrialisierung; Intensivierung der landwirtschaftlichen Produktion; Aufbau bzw. Erweiterung und Modernisierung der Infrastruktur;
- Entwicklung aller großen Industriebereiche in den meisten Ländern bei zunehmender internationaler Spezialisierung und Kooperation innerhalb der Bereiche und Zweige;

- langfristig vorrangiges Wachstum der Produktion von Produktionsmitteln;
- Aufbau immer höherer Verarbeitungsstufen und komplizierter, technisch fortgeschrittener Zweige und Produktionen. Es ist für die Prognose und die Planung der wechselseitigen Struktureinwirkung außerordentlich wichtig zu beachten, daß in allen Ländern ein Prozeß qualitativer Strukturveränderungen vor sich geht;
- Niederschlag dieser Strukturtendenzen in der Welthandelsstruktur und den Warenstrukturen des Außenhandels der einzelnen Länder. Besonders in den ehemals weniger entwickelten RGW-Ländern findet das seinen Ausdruck im Anstieg des Anteils von Halbfertig- und Fertigwaren, dabei vor allem von Produktionsinstrumenten am Export, während für die entwickelteren RGW-Länder neben dieser Tendenz insbesondere der ansteigende Importanteil von Maschinen und Ausrüstungen charakteristisch ist.

Diese Strukturprozesse und -tendenzen sind aus folgenden Gründen allgemeingültig: Der technische Fortschritt ist ein allgemeiner strukturbestimmender Faktor. Die Bedarfsentwicklung weist in vielem eine gleiche Grundrichtung auf. Nur durch Verwirklichung dieser strukturellen Entwicklung ist es möglich, die Arbeitskräfte voll und mit wachsender Produktivität zu beschäftigen, den ökonomischen und technischen Fortschritt des Landes zu sichern, die Ressourcen effektiv einzusetzen, das Gleichgewicht des Außenhandels zu wahren und den Nutzen der Außenwirtschaftsbeziehungen zu steigern.

Auf die Volkswirtschaftsstruktur wirken aber auch spezifische Faktoren: die unterschiedliche Größe der Länder, ihre besonderen ökonomischen, natürlichen und historischen Bedingungen. Diese verursachen mehr oder weniger große Besonderheiten der Volkswirtschaftsstrukturen.

Obwohl sich in den ökonomisch hochentwickelten Ländern bezüglich der Entwicklung von Landwirtschaft und Industrie und der großen Industriebereiche ähnliche Wachstumsrelationen durchsetzen (vorrangiges Wachstum des Maschinenbaus, der Elektrotechnik, der Chemie, dagegen unterdurchschnittliches Wachstum der Leicht- und Lebensmittelindustrie usf.), sind die Anteile dieser Bereiche an der Produktion und vor allem am Außenhandel (Ex- und Import) recht unterschiedlich. U. a. ist der Anteil des Exports von Roh- und Brennstoffen bzw. nur von Rohstoffen in Kanada und Schweden weitaus höher als in anderen kapitalistischen Industriestaaten. Der Importanteil dieser Güter liegt dagegen in Japan (1962 60 %) extrem hoch. Auch bei den Anteilen der Maschinenbauerzeugnisse am Gesamtexport und -import gibt es beachtliche Unterschiede, obgleich sie der Tendenz nach in allen Ländern gestiegen sind. Frankreich z. B. exportierte 1964 mit 29,3 % des Gesamtexportes einen wesentlich kleineren Anteil von Maschinen und Ausrüstungen als Großbritannien (47,9 %) und Westdeutschland (53,3 %), mit denen es in der Größe und im Entwicklungsniveau in etwa vergleichbar ist. Dagegen exportierte es aber auf Grund seiner günstigen landwirtschaftlichen Bedingungen bedeutend mehr landwirtschaftliche Erzeugnisse als diese Länder.

Stärker noch als die Makrostruktur unterscheidet sich die Mikrostruktur (die Zweig- und Erzeugnisstruktur innerhalb der Industriebereiche) hochentwickelter Länder. Alle diese Unterschiede sind in den spezifischen Bedingungen der Länder begründet. Daraus ist die wichtige Schlußfolgerung zu ziehen: Nicht allein Anteilziffern einzelner Bereiche und Zweige an der Produktion und am Außenhandel sind Ausdruck des ökonomischen Niveaus, sondern dieses wird im Zusammenhang mit den Anteilziffern in erster Linie von der Produktivität in den Bereichen und Zweigen bestimmt, d. h. von der richtigen Nutzung der Landesressourcen, einer im ganzen modernen Volkswirtschaftsstruktur sowie vom technischen und ökonomischen Niveau der einzelnen Produktionen.

Besonders wichtig ist es für die noch in der Industrialisierung begriffenen Länder, die Strukturentwicklung deren konkreten natürlichen und ökonomischen Bedingungen anzupassen. Das betrifft die Wahl der Akkumulationsquellen und der Exportschwerpunkte, den Zeitpunkt und Umfang des beginnenden Aufbaus der Schwerindustrie, das Entwicklungsverhältnis von Abteilung I und II, das speziell in der ersten Etappe des wirtschaftlichen Aufbaus vor allem durch starke Unterschiede im Verhältnis von Gruppe A und B beeinflußt wird. Von der richtigen Wahl des günstigsten strukturellen Entwicklungsweges hängt es in bedeutendem Maße ab, wie schnell ein Land ökonomisch vorankommt.

Ein hohes ökonomisches Niveau zu erreichen und die Effektivität der Volkswirtschaft ständig zu steigern erfordert also, die allgemeingültigen strukturellen Entwicklungstendenzen und -erfordernisse durchzusetzen, jedoch so, wie es den besonderen inneren und auch äußeren Bedingungen der Länder entspricht. Die Analyse der Strukturtendenzen ist für alle Länder unabhängig vom erreichten ökonomischen Entwicklungsniveau von Nutzen. Ihr Wert liegt darin, Anhaltspunkte zu liefern

- für die noch in der Industrialisierung begriffenen Länder hinsichtlich der Wege und Etappen zu einem hohen ökonomischen Entwicklungsniveau,
- für alle Länder in bezug auf das Berücksichtigen der Beziehungen zwischen Struktur und technischem Fortschritt,
- für das Erkennen der Richtungen, in denen sich die internationale Arbeitsteilung vertieft.

Deshalb sind Studien über strukturelle Veränderungen in hochentwickelten Ländern, in der Weltwirtschaft und im Welthandel sowie über die Entwicklungswege verschiedener Länder eine wichtige Grundlage für die Perspektivplanung und die Strukturpolitik.

Die unterschiedlichen Bedingungen der Länder und die zunehmende internationale Arbeitsteilung verbieten aber jeglichen Strukturschematismus. Sie setzen der Verallgemeinerung struktureller Entwicklungstendenzen und der Aufstellung von Strukturmodellen Grenzen.

3. Effektive internationale Konzentration und Spezialisierung und ihre Analyse

Die Entwicklung der effektivsten Volkswirtschaftsstruktur setzt die genaue Analyse voraus, wie die vorn dargelegten Erfordernisse mit größtem Nutzen verwirklicht werden können. Zu diesem Zweck sind Prognosen und detaillierte Analysen erforderlich, so über

- die wissenschaftlich-technischen Entwicklungstendenzen der Zweigstruktur, des Erzeugnissortiments und der Verfahren;
- die allgemeine Funktion der Zweige und Produktionen im Reproduktionsprozeß und für den technischen Fortschritt;
- die Entwicklung des Bedarfs im eigenen Land, in anderen sozialistischen Ländern und auf den Weltmärkten;
- die geplanten und langfristig absehbaren Strukturveränderungen in anderen Ländern (besonders bei den wichtigsten Partnern der Zusammenarbeit und des Handels), im Welthandel und die daraus folgenden Rückwirkungen auf die Außenwirtschaftsbeziehungen;
- die notwendige Vertiefung der internationalen Arbeitsteilung, die dafür vorhandenen Bedingungen bei den sozialistischen und nichtsozialistischen Ländern;
- die Höhe und die Art des Aufwandes für die Entwicklung der Bereiche, Zweige und Produktionen unter Berücksichtigung weltmarktfähiger ökonomischer und technischer Parameter der Erzeugnisse - die Technologie und die Standortbeziehungen der Produktion;
- die Produktionserfordernisse und -möglichkeiten des Landes (die gegebenen und potentiellen), um diese Anforderungen zu erfüllen,sowie die dabei erreichbare Effektivität.

In den Produktionserfordernissen sind auch die politischen Gegebenheiten enthalten. Strukturentscheidungen sind politisch-ökonomische Entscheidungen unter Berücksichtigung der vielfältigen inneren und äußeren Einflußfaktoren.

An Hand der durch die Prognosen und Analysen gewonnenen Ergebnisse kann begründet abgeleitet werden, was (und in welchem Umfang) ausgebaut, neuentwickelt, eingeschränkt oder gänzlich eingestellt werden sollte und was demzufolge zu exportieren und zu importieren wäre. Diese Entscheidungen erstrecken sich

- auf die Entwicklung der Bereiche der Volkswirtschaft und der Industrie;
- auf die Zweigstruktur innerhalb der Bereiche und
- auf die einzelnen Produktionen.

Eine Volkswirtschaft kann nur hocheffektiv sein, wenn die Makro- und die Mikrostruktur rationell gestaltet sind. Das schließt ein, sowohl die Grundproportionen als auch die einzelnen Produktionen unter Berücksichtigung und zweckmäßigster Ausnutzung der internationalen Arbeitsteilung und Zusammenarbeit zu entwickeln.

Hinsichtlich der großen Produktionsbereiche ist von den zentralen Organen zu untersuchen und festzulegen, wie sich Umfang, Anteil an Produktion und Außenhandel (Export/Import), Austauschvolumen und -relationen (einschl. der territorialen Struktur des Außenhandels) weiterentwickeln sollen. Das hängt von deren Entwicklung in anderen Ländern und den eigenen Bedingungen ab, wobei die natürlichen Verhältnisse auf die einzelnen Bereiche einen sehr unterschiedlichen Einfluß ausüben. Vor allem wirken hierauf neben dem technischen Fortschritt die Anzahl der Arbeitskräfte, die Beschäftigungsmöglichkeiten in den verschiedenen Produktkonsbereichen und die Größe des Akkumulationsfonds ein.

Von der Verteilung der Arbeitskräfte und Akkumulationsmittel auf die Bereiche und die Produktivität der gesellschaftlichen Arbeit wird die mögliche rationelle Struktur- und Sortimentsbreite innerhalb der Bereiche mitbestimmt. Gleichzeitig muß analysiert werden, auf welche Zweige und Produktionen sich ein Land konzentrieren sollte und wie die Produktionen durch zunehmende internationale Spezialisierung und Kooperation mit größerem Nutzeffekt betrieben bzw. überhaupt durchgeführt werden können.

Diese Struktur- und Spezialisierungsentscheidungen erfolgen mit Hilfe eines Systems von Nutzeffektskennziffern. Auf volkswirtschaftlicher Ebene ist der Zuwachs an Nationaleinkommen das entscheidende Kriterium. Folglich ist den anzuwendenden Kennziffern wie Arbeitsproduktivität, Fondsintensität u. a. das Nettoprodukt zugrunde zu legen. In einem Artikel von Köhler, Steeger und Steinitz wird mit Recht darauf verwiesen, daß auf Zweigebene darüber hinaus das Reineinkommen in die Nutzeffektsberechnungen einzubeziehen ist.[1] (Dabei ist allerdings zu beachten, daß das gegenwärtige Preissystem noch keinen exakten Ausweis weder des Nettoprodukts noch des Reineinkommens vermittelt, das in den einzelnen Zweigen und Betrieben geschaffen wird.) Da der Zuwachs an Nationaleinkommen nicht nur durch das p r o d u z i e r t e, sondern auch durch das im Ergebnis des internationalen Austausches letztlich v e r f ü g b a r e Nationaleinkommen bestimmt wird, interessiert bei den gesamtvolkswirtschaftlichen Strukturentscheidungen besonders die Entwicklung des Nutzeffekts des gesamten Außenhandels.

Für die Ermittlung der zweckmäßigsten Spezialisierungsvarianten der einzelnen Produktionen sind folgende Kriterien wichtig:

- der Gewinn und damit die Export-Import-Rentabilität der Erzeugnisse;
- die Produktions- und Transportkosten;
- die Arbeitsproduktivität;
- der Nutzeffekt der Investitionen;
- die technisch-ökonomischen Parameter und die Qualität der Erzeugnisse.

Die V e r g l e i c h e zwischen den verschiedenen Spezialisierungsvarianten dürfen n i c h t s t a t i s c h erfolgen (weder im nationalen Rahmen von den einzelnen Betrieben und wirtschaftsleitenden Organen noch bei internationalen Spezialisierungsberatungen). Die Nutzeffekts- und Leistungskennziffern der einzelnen Erzeugnisse müssen vielmehr auf ihre Ursachen und Veränderungsmöglichkeiten hin überprüft und komplex bewertet werden. Der Betrieb eines Landes kann im Moment in den Kosten oder in der Qualität den internationalen Bedingungen nicht gerecht werden, die prinzipiellen Voraussetzungen dazu können aber unter Umständen kurzfristig durch eine Konzentration von Kräften und Mitteln auf diese Produktion geschaffen werden. Umgekehrt kann die Produktion in einem Land zwar gegenwärtig noch den geforderten Daten entsprechen, die Bedingungen für die Produktionssteigerung, die weitere Kostensenkung und Qualitätsverbesserung sind aber ungünstiger als in einem anderen Land usf.

Vor allem widerspricht ein statisches Herangehen an die internationale Spezialisierung und Standortverteilung der Entwicklungsdynamik der sozialistischen Länder, in deren Gefolge neue Produktionsmöglichkeiten und -bedürfnisse entstehen und die zu fortwährenden Veränderungen im internationalen Standortgefüge der Produktivkräfte führt. Deshalb können bei Spezialisierungsentscheidungen die gegebenen Produktionsbedingungen nicht mechanisch als unveränderliche Komponente eingesetzt werden.

Um zweckmäßigste Spezialisierungsvarianten zu ermitteln und dabei auch die Ursachen und Veränderungsmöglichkeiten von Nutzenskennziffern laufender Produktionen sowie neue Produktionsmöglichkeiten und -bedürfnisse festzustellen, bedarf es inhaltlicher Analysen. Mit ihrer Hilfe sind die objektiven Erfordernisse und Bedingungen der internationalen Konzentration und Standortverteilung aufzudecken,und das Wirken der spezifischen strukturellen Einflußfaktoren ist detailliert zu untersuchen. Es handelt sich dabei um zwei Teilanalysen:

a. die Ermittlung der notwendigen internationalen Konzentration in Forschung, Entwicklung und Produktion, in der verarbeitenden Industrie vor allem der effektivsten Spezialisierungsrichtungen der Produktion;

b. die Feststellung der Produktions- und Standortbedingungen der einzelnen Produktionen und der konkreten Produktionserfordernisse und -möglichkeiten in den Ländern.

Vorrangig ist eine entschiedene Konzentration in Forschung, Entwicklung und Produktion, um mit hoher Produktivität weltmarktfähige Erzeugnisse herstellen und rentabel exportieren zu können.

Die beträchtliche Erhöhung des internationalen Spezialisierungsgrades der Produktion in den RGW-Ländern, der damit verbundene Ausbau der zwischenstaatlichen Kooperation und die notwendig zunehmende gemeinsame Konzentration von Kräften und Mitteln auf bestimmte Vorhaben erschließen die wichtigste Nutzeffektspotenz der internationalen Arbeitsteilung.

Die Produktionskonzentration entfaltet sich in der verarbeitenden Industrie in verschiedenen Spezialisierungsrichtungen, die technisch-ökonomisch begründet sein müssen. Grundsätzlich gibt es eine Spezialisierung nach Arten der Endprodukte und deren Teilen, wobei in den einzelnen Bereichen und Zweigen eine unterschiedliche Vielfalt von Spezialisierungsrichtungen auftritt. Die hauptsächlichen Erfordernisse, von denen bei der Ermittlung effektiver Spezialisierungsrichtungen auszugehen ist, sind die Einsparung gesellschaftlicher Arbeit bei der wissenschaftlich-technischen Vorbereitung der Produktion und in der Produktion selbst sowie die Sicherung eines hohen Tempos und einer hohen Qualität dieser Arbeiten. Dazu trägt die internationale Konzentration entscheidend bei, wenn gleiche oder ähnliche Produktionen und Forschungs- und Entwicklungsarbeiten zusammengefaßt werden.

Das Prinzip der konstruktiv-technologischen Ähnlichkeit ist ein grundlegendes Prinzip auch der internationalen Spezialisierung. Die Gleichheit oder Ähnlichkeit der wissenschaftlich-technischen Arbeiten und der Produktionsprozesse - erhöht durch Standardisierung - ermöglicht die Konzentration des Forschungs- und Entwicklungspotentials eines Betriebes, Zweiges und Landes, die bessere Ausnutzung der vorhandenen Grundfonds und die wirtschaftlichere Anwendung produktiver Verfahren sowie der neuen Technik. Deswegen sind bei der Ermittlung effektiver Spezialisierungsrichtungen - ausgehend von den Entwicklungstendenzen der Wissenschaft und Technik, des Bedarfs und der Absatzmöglichkeiten - vor allem die konstruktiv-technologischen Merkmale der Erzeugnisse und ihre Herstellungsbedingungen, die Möglichkeiten der Typisierung und Standardisierung, die erforderliche Stückzahl (bzw. allgemein der optimale Produktionsumfang) zur rentablen Anwendung der neuen Technik und die dadurch eintretende Aufwands- und Kostensenkung zu analysieren. Daraus ergibt sich auch, welche Baugruppen und Einzelteile vom technisch-ökonomischen Standpunkt aus spezialisierungswürdig sind und wie bei Fertigerzeugnissen und Produktionsanlagen am zweckmäßigsten spezialisiert werden sollte. Bei transportaufwendigen Erzeugnissen müssen darüber hinaus die Transportbedingungen und das Verhältnis der Transportkosten zur voraussichtlichen Selbstkostensenkung ermittelt werden, da davon nicht nur der Standort der Produktion, sondern schon die mögliche Spezialisierungsrichtung beeinflußt werden kann.

Neben dem Konzentrationsniveau und den angewandten Spezialisierungsrichtungen hängt der erreichbare Nutzeffekt davon ab, worauf sich die Länder spezialisieren. Das kann nicht unabhängig von den äußeren politischen und ökonomischen Bedingungen, dem Entwicklungsstand der anderen sozialistischen Länder u. a. Faktoren geschehen. Stets ist dabei natürlich von der Bedarfsentwicklung auf den Außenmärkten auszugehen. Dringender Bedarf in anderen sozialistischen Ländern, Sicherheitsinteressen des sozialistischen Lagers und weitere Bestände können eine Produktion auch unter ungünstigen Bedingungen und bei relativ hohem Aufwand rechtfertigen. Besondere Maßnahmen zur Sicherung des gegenseitigen Vorteils sind dann erforderlich.

Mit höherem Entwicklungsniveau und wachsender Stärke des sozialistischen Systems wird es aber immer mehr möglich und im Hinblick auf den Wettkampf mit dem Kapitalismus zugleich notwendig, den Strukturentscheidungen noch stärker das Rentabilitätsprinzip zugrunde zu legen. D. h., die Länder spezialisieren sich auf solche Produktionen, für die unter Berücksichtigung der Standortbeziehungen günstige innere ökonomische und natürliche Voraussetzungen bestehen oder geschaffen werden können, wo folglich mit minimalem Aufwand ein hohes technisch-ökonomisches Niveau erreicht und gehalten werden kann.

Der internationalen Spezialisierung und Standortverteilung der Produktion liegen objektive Erfordernisse und Beziehungen zugrunde, die deshalb unabhängig von der Form, in der sich die internationale Spezialisierung durchsetzt - also auch bei international unabgestimmten Spezialisierungen -, von jedem Land und Betrieb im Interesse eines höheren Nutzeffekts der gesellschaftlichen Arbeit stärker beachtet werden müssen. Jedoch kann ihnen nur vollkommen Rechnung getragen werden, wenn die Spezialisierungsmaßnahmen miteinander abgestimmt und gemeinsam organisiert werden. Dadurch werden die gegenseitigen Kenntnisse über die Produktionsbedingungen und Entwicklungsabsichten der Länder vertieft, es können effektivere Lösungen gefunden und Verluste aus unbegründeten Parallelproduktionen sowie im nachhinein erfolgenden Korrekturen verhindert werden. Unter Berücksichtigung der gegebenen Entwicklungsbedingungen in den sozialistischen Ländern können rationellste Spezialisierungsvarianten natürlich oftmals nur schrittweise verwirklicht werden. Aber sie müssen prognostiziert, fundiert ermittelt und angestrebt werden.

Das wichtigste Prinzip der sozialistischen internationalen Spezialisierung und Standortverteilung der Produktion ist die organische Verbindung zwischen der Ökonomie der Zeit und der maximalen Entwicklung aller Länder. Die internationale Spezialisierung muß gegebene Standortvorteile nutzen und gleichzeitig das Wachstum der Produktivkräfte aller Länder sowie die allmähliche Angleichung ihres ökonomischen Niveaus auf rationellste Weise fördern. Der sozialistischen internationalen Spezialisierung und Standortverteilung ist deshalb zum Unterschied vom Kapitalismus neben dem schnellen Tempo des technischen Fortschritts auch aus diesem Grunde ein bewußt dynamisches Herangehen eigen.

Davon ausgehend ist es notwendig, gestützt auf die Grundprinzipien der sozialistischen internationalen Arbeitsteilung, die entsprechend den gesammelten Erfahrungen zu vervollkommnen wären, u. a. folgende Grundsätze der sozialistischen internationalen Spezialisierung und Standortverteilung der Produktivkräfte mehr zu beachten:

- vorrangige Ausbeute rentabler Rohstoff- und Energievorkommen bei zunehmender internationaler Zusammenarbeit;

- stärkere Annäherung der verarbeitenden Industrien an die Rohstoffquellen oder/und Energiequellen, wenn das aus technologischen Gründen notwendig und ökonomisch zweckmäßig ist, u. a. zur Vermeidung von Materialverlusten und zur Einsparung von Transportkosten;
- Abstimmung des Umfangs materialintensiver Produktionen auf die Materiallage des Landes und die Rentabilität des Imports von Rohstoffen und Metallen (für die DDR bedeutet das z. B. die Reduzierung des Anteils metallintensiver Erzeugnisse an der Gesamtproduktion des Maschinenbaus);
- rationelle Ausnutzung vorhandener, vor allem technisch moderner Produktionsanlagen entweder durch größere Konzentration der laufenden Produktion, ihre technologisch effektivere Spezialisierung oder auch durch rechtzeitiges Umstellen auf eine neue Produktion, wenn das der technische Fortschritt, Bedarfsveränderungen bzw. die ökonomisch begründete Entwicklung der gleichen Produktion in anderen Ländern erfordern. Es ist stets eine Übereinstimmung zwischen der Ausrüstungsstruktur der Betriebe und der technologischen Struktur des spezialisierten Produktionsprogramms bei optimalem Produktionsumfang anzustreben;
- effektivster Einsatz besonders der hochqualifizierten Arbeitskräfte durch technische Weiterentwicklung traditioneller Produktionen oder rechtzeitige Entwicklung und Produktionsaufnahme neuer, sehr komplizierter Erzeugnisse; systematische Qualifizierung der Arbeitskräfte auch in den ökonomisch noch weniger entwickelten Ländern bei schrittweisem Übergang zu immer komplizierteren Produktionen. Berücksichtigung des jeweils erreichten Qualifikationsniveaus bei der Produktionsaufnahme neuer Erzeugnisse;
- Beachten der Transportentfernungen und -bedingungen bei der Standortverteilung transportaufwendiger Produktionen und bei der technologischen Spezialisierung, d. h. der Spezialisierung auf Teilprodukte, um den sowieso anwachsenden Transportaufwand in ökonomisch vertretbaren Grenzen zu halten;
- zweckmäßige Zunahme der komplexen Entwicklung in den Industrialisierungsländern in Abhängigkeit von günstigen natürlichen Voraussetzungen, dem Arbeitskräftepotential, dem steigenden Qualifikationsniveau, der wachsenden Produktivität in den bereits bestehenden Zweigen und der zunehmenden Akkumulationskraft;
- Entwicklung der Breite des Produktionssortiments in allen Ländern unter Berücksichtigung der Größe des Akkumulationsfonds, der Anzahl der Arbeitskräfte, des Produktivitätsniveaus und des Optimalitätsumfangs der Produktion.

Die auf die Struktur und den internationalen Standort der Produktion einwirkenden Faktoren verlieren auf Grund der Bedarfsveränderungen, des technischen Fortschritts und der Industrialisierung weiterer Länder z. T. ihren auf bestimmte Produktionen bezogenen Einfluß (betrifft einen Teil der Produktionsanlagen, bestimmte Traditionen, zu niedrigen Eigenbedarf im Verhältnis zum wachsenden Optimum des Produktionsumfangs, vor allem, wenn in anderen Ländern neben höherem Eigenbedarf auch aus anderen Gründen die Produktionsaufnahme bzw. -erweiterung zweckmäßig ist, u. a.). Andere Faktoren üben einen langfristigen Einfluß aus oder beginnen in anderer Richtung zu wirken. In allen Ländern bilden sich gleichzeitig neue Faktoren heraus. Vor allem beginnen in den Industrialisierungsländern neue Faktoren in Gestalt von Produktionserfordernissen und -möglichkeiten zu wirken, die nicht nur die Struktur der betreffenden Länder bestimmen, sondern mehr oder weniger auch die der anderen Länder beeinflussen (bedingt durch Importrückgänge, Importsteigerungen, Import neuer Erzeugnisse und die Exportveränderungen dieser Länder). Solche langfristig wirkenden, in der historischen Entwicklung der Länder begründeten oder mit der Industrialisierung und dem ökonomischen Fortschritt neu entstehenden Faktoren sind neben günstigen natürlichen Bedingungen u. a. hoher bzw. spezifischer Eigenbedarf, bestimmte Traditionen, hochqualifizierte Arbeitskräfte, moderne Produktionsstätten, deren Auslastung mit gleicher oder artverwandter Produktion im Einklang mit dem technischen Fortschritt steht und auch aus anderen Gründen zweckmäßig ist.

Die Struktur- und Standortentscheidungen müssen stets eine gute Synthese zwischen effektivster Nutzung vorhandener günstiger Produktionsbedingungen und Sicherung sowie Berücksichtigung der langfristigen Entwicklungserfordernisse und der neu entstehenden Produktionsmöglichkeiten in den einzelnen Ländern sein.

Für richtige Struktur- und Spezialisierungsentscheidungen in den entwickelten und in den Industrialisierungsländern und für die rechtzeitige gegenseitige Strukturanpassung ist es besonders wichtig, zu beachten, daß

- in den Industrialisierungsländern sich gesetzmäßig das Produktionssortiment erweitert, Zweige des Maschinenbaus, der Chemie usw. aufgebaut werden, die in anderen Ländern bereits existieren;
- die internationale Spezialisierung sich primär innerhalb der Zweige, Erzeugnisgruppen und Erzeugnisse vertieft und eine enge Kooperation zur gemeinsamen Herstellung von Erzeugnissen entwickelt werden muß;
- in allen Ländern ein gesetzmäßiger Trend zu immer komplizierteren Produktionen vorherrscht, es aber eine bestimmte Aufeinanderfolge von Industrialisierungsstufen gibt die im Interesse einer schnellen ökonomischen Entwicklung und der konzentrierten Herstellung weltmarktfähiger Erzeugnisse sowie eines gesicherten Absatzes entsprechend den konkreten Bedingungen des Landes und des jeweils erreichten Entwicklungsstandes festgelegt und durchlaufen werden müssen.

Unter Berücksichtigung dieser und weiterer grundlegender Tendenzen der Strukturentwicklung und der internationalen Spezialisierung und Standortverteilung muß für ökonomisch begründete Struktur- und Standortentscheidungen einmal die Kenntnis der technologischen

Spezifika und der Transportbedingungen der Produktion sowie der Anforderungen zur Herstellung weltmarktfähiger Erzeugnisse und zum anderen die Kenntnis der Produktionsmöglichkeiten und -erfordernisse des eigenen Betriebes und Landes und soweit wie möglich auch der der anderen Länder vorliegen.

Die Produktionsmöglichkeiten und -erfordernisse, d. h. die Struktur- und Standortfaktoren, üben auf die einzelnen Zweige und Produktionen einen verschiedenartigen Einfluß aus. Auch in der Hinsicht gibt es Unterschiede, daß teilweise bereits ein oder zwei Faktoren für die Zweckmäßigkeit einer Produktion entscheidend sind (im Bergbau günstige Rohstoffvorkommen oder für sehr komplizierte Produktionen hochqualifizierte Arbeitskräfte), z. T. aber erst mehrere in komplexer Wirkung, und daß für eine ganze Reihe von Produktionen gar kein standortdeterminierter Einfluß besteht. Diese zu spezialisierenden Produktionen können von der Möglichkeit her in mehreren Ländern bei entsprechender Konzentration mit etwa gleichem Kosten- und Qualitätsniveau durchgeführt werden.

Die Faktoren wirken in zwei Richtungen. Ein Teil der Faktoren beeinflußt den internationalen Standort der Produktionen direkt bzw. steht damit in direkter Beziehung. Die anderen Faktoren üben darauf nur einen indirekten Einfluß aus. Sie bestimmen dagegen die komplexe Entwicklung der Produktionsbereiche (wie Maschinenbau, Chemie usw.) und der gesamten Volkswirtschaft. Von hier aus ergeben sich die Ansatzpunkte für ökonomisch begründete Struktur- und Standortentscheidungen. Es ist deshalb sinnvoll, die Faktoren zu systematisieren in direkte Faktoren und indirekte, volks- bzw. gesamtwirtschaftliche Faktoren, obwohl das auf Grund der miteinander verflochtenen Wirkung keine "reine" Gliederung ist.

Direkte Faktoren sind:

a. der Eigenbedarf der Länder,

b. ihre natürlichen Bedingungen,

c. bestehende bzw. in bestimmter Frist zu schaffende günstige Produktionsvoraussetzungen in Form von

- qualifizierten Kadern in Forschung und Entwicklung sowie einer entsprechenden materiellen Forschungs- und Entwicklungsbasis,
- qualifizierten Arbeitskräften für die technische Vorbereitung und die Durchführung der Produktion,
- Produktionskapazitäten (Umfang und technisches Niveau) für Finalerzeugnisse und bestimmte Zulieferungen,
- spezifischem Material in der benötigten Menge durch Eigenproduktion oder gesichertem und rationellem Import,

d. wichtige bzw. traditionelle Außenwirtschaftsbeziehungen,

e. geographische Lage des Landes, Transportentfernung und -bedingungen vom evtl. Bezieherland der Erzeugnisse bzw. zum Hauptverbraucherland im Falle des Exports.

Indirekte gesamtvolkswirtschaftliche Faktoren sind:

a. Anzahl der Arbeitskräfte für Forschung, Entwicklung und Produktion, die einem Bereich oder Zweig insgesamt zur Verfügung stehen,

b. Akkumulationsfonds für die Bereiche und Zweige,

c. Rolle der Bereiche und Zweige für die Erhöhung des Nationaleinkommens, des Exportfonds und den Ausgleich der Zahlungsbilanz.

Ökonomisch begründete Struktur- und Standortentscheidungen müssen das Wirken beider Faktorengruppen berücksichtigen und haben damit zwei Ausgangsgrundlagen:

1. die Analyse, auf welche Produktionen sich die Betriebe eines Landes spezialisieren sollten bzw. können, und

2. die Beachtung der auf den Umfang und die rationelle Sortimentsbreite der Bereiche und Zweige einwirkenden Faktoren.

Bei der erstgenannten Analyse werden die Erzeugnismerkmale und Produktionsanforderungen den entsprechenden Faktoren gegenübergestellt. Folgende Komponenten stehen in Beziehung miteinander:

Art der Erzeugnisse	- Eigenbedarf der Länder und Exportwichtigkeit
Anforderungen der Erzeugnisse an ihre Entwicklung und Produktion (das betrifft alle Aufwandsarten unter Berücksichtigung ihres Gewichts und ihrer Entwicklung)	- Voraussetzungen zur rationellen Erfüllung dieser Anforderungen
Transportaufwand der Erzeugnisse	- Transportentfernungen und -bedingungen

Durch diese in erster Linie von den Betrieben durchzuführende Analyse ist - unter Berücksichtigung der Entwicklung in anderen Ländern - zu erkennen, für welche Produktion ein besonderer Bedarf besteht, ob günstige Produktionsvoraussetzungen vorhanden sind oder geschaffen werden können (ausgedrückt in den bekannten Nutzenskennziffern und den Leistungsparametern der Erzeugnisse) bzw. ob es überhaupt möglich ist, die betreffenden Anforderungen zu erfüllen.

Die internationale Spezialisierung der Zweige und Betriebe kann aber nicht ohne Rücksicht auf die Gesamtmöglichkeiten und -bedürfnisse für die Entwicklung der Bereiche und Zweige erfolgen, wie sie mit den gesamtvolkswirtschaftlichen Faktoren bestimmt sind. Die z. B. dem Maschinenbau in einem Planzeitraum insgesamt zur Verfügung stehenden Arbeitskräfte und Fonds für Forschung, Entwicklung, Investition und Produktion vermitteln keine direkten Hinweise für die Zweckmäßigkeit des Aufbaus, der Beibehaltung oder Einstellung einzelner Produktionen. Sie bestimmen aber den Umfang der Entwicklung des Maschinenbaus eines Landes, und zwar im Sinne der rationellen Ausschöpfung aller Ressourcen, um den geplanten Nationaleinkommenszuwachs zu bringen und durch die vorgesehene Steigerung des Exportvolumens zum Gleichgewicht der Außenwirtschaftsbeziehungen beizutragen, aber auch im begrenzenden Sinne, da nicht mehr Produktionen bewältigt werden können, als im ganzen an Fonds zur Verfügung stehen. Dabei besteht natürlich eine Wechselwirkung zwischen den vorgegebenen volkswirtschaftlichen Größen und den einzelnen Produktions- und Spezialisierungsmaßnahmen. Überplanmäßige Effektivitätssteigerungen schaffen zusätzliche Reserven, unterplanmäßige mindern sie.

Der Zusammenhang zwischen dem auf diese Weise bestimmten Umfang der Entwicklung des Maschinenbaus und den Entscheidungen für die einzelnen Produktionen ist über die objektiven Kriterien für spezialisierte Produktionen vermittelt: das hohe technisch-ökonomische Niveau der Erzeugnisse, ihr Weltmarktpreis und die Kosten. Um diese Kriterien zu erreichen bzw. zu halten und rentabel zu exportieren, ist eine entsprechende Konzentration von wissenschaftlich-technischen Kadern, Arbeitskräften, materiellen und finanziellen Mitteln vorzunehmen. Somit ist durch die gesamtvolkswirtschaftlichen Faktoren ein objektives Maß für die rationelle Breite des Erzeugnissortiments und die Vielstufigkeit der Struktur des Maschinenbaus in den Ländern gegeben, das im Interesse der Herstellung weltmarktfähiger Erzeugnisse und ihres rentablen Absatzes eingehalten werden muß.

Ein Land kann sich also nicht auf beliebig viele Produktionen spezialisieren. Das gilt auch für Produktionen, die, allein betrachtet vom Standpunkt einzelner Faktoren (besonders der Erfahrungen), als standortdeterminiert erscheinen mögen, jedoch unter Berücksichtigung der Gesamtpotenz der Volkswirtschaft nicht bewältigt werden können.

Deshalb bezieht sich die Notwendigkeit, bei der Strukturentwicklung und internationalen Spezialisierung der Volkswirtschaften die spezifischen ökonomischen und natürlichen Bedingungen der Länder besser zu berücksichtigen, sowohl auf einzelne Produktionen als auch auf die ökonomische Gesamtkraft der Länder, von der der Komplexitätsgrad und die Strukturbreite der Volkswirtschaft abhängen. Diese beiden Aspekte müssen durch ein richtiges Zusammenspiel zwischen der zentralen und dezentralen Planung und Leitung beachtet und aufeinander abgestimmt werden.

Das geschieht dadurch, daß die Festlegung der den Bereichen und Zweigen zur Verfügung stehende Fonds und des geforderten Produktions- und Effektivitätszuwachses durch die zentralen Organe im Rahmen der Optimierung der volkswirtschaftlichen Entwicklung erfolgt, wo die Möglichkeiten und Erfordernisse des wirtschaftlichen Wachstums sämtlicher Produktionsbereiche geprüft werden. Dagegen führen die Betriebe und VVB unter Berücksichtigung dieser Vorgabekennziffern bzw. der im Volkswirtschaftsplan enthaltenen Aufgaben und Daten die Einzelanalysen für die Struktur- und Standortentscheidungen durch und treffen immer mehr selbständige Entscheidungen über die internationale Spezialisierung der einzelnen Produktionen. Auf Grund der Eigenerwirtschaftung der Mittel sind sie dabei nicht eng an die volkswirtschaftlichen Begrenzungen gehalten, sondern können durch zusätzlich erwirtschaftete Gewinne weitergehende Maßnahmen durchführen. Ein solcher Wirkungsmechanismus hält die Betriebe und Vereinigungen bzw. Zweigleitungen einerseits zu realen Konzeptionen für die internationale Spezialisierung an und zwingst sie andererseits dazu, die Möglichkeiten der internationalen Arbeitsteilung für die Steigerung der Produktion und ihrer Effektivität umfassend zu nutzen.

Die Struktur- und Standortanalyse muß auf der Analyse der optimalen internationalen Konzentration in technisch-ökonomisch begründeten Spezialisierungsrichtungen beruhen bzw. mit ihr verbunden werden. Nur dadurch ist es möglich, die effektivsten Spezialisierungsvarianten zu ermitteln.

Die Anwendung rationeller Spezialisierungsrichtungen und die richtige Ausnutzung und Beachtung der Produktions- und Entwicklungsbedingungen der Länder beeinflussen sich wechselseitig. Technisch-ökonomisch begründete Spezialisierungsrichtungen bringen neue Produktionsanforderungen und Standortbeziehungen mit sich. So verändern sich in Abhängigkeit von der Spezialisierung auf Baugruppen oder bestimmte Arten von Fertigerzeugnissen und ihre Stückzahl die Anforderungen an die technologische Ausrüstung und die Kapazität der Betriebe, die Qualifikation der Arbeitskräfte usw.

Umgekehrt werden die effektiven und tatsächlich realisierbaren Spezialisierungsrichtungen von den gegebenen Produktions- und Entwicklungsbedingungen der Betriebe und Länder mitbestimmt. Schließlich bestehen auch enge Wechselbeziehungen zu den Formen, in denen sich die internationale Spezialisierung durchsetzt.

Die Anwendung der meisten Spezialisierungsrichtungen ist mit der Entwicklung höherer Formen der Spezialisierung und Zusammenarbeit verbunden. Die Spezialisierung auf Einzelteile und Baugruppen oder auf einzelne Maschinen und Ausrüstungen kompletter Anlagen verlangt den planmäßigen Aufbau enger Kooperationsbeziehungen zwischen den Betrieben der betreffenden Länder. Dazu reichen Gelegenheitskontakte nicht aus. Es muß ein gut funktionierendes, vertraglich gesichertes System der internationalen Kooperation organisiert werden, das den Zusammenhang der geteilten Arbeiten herzustellen hat und maßgeblich über den Erfolg oder schon das Zustandekommen solcher Spezialisierungen entscheidet. Darüber hinaus werden sich in stärkerem Maße weitere Formen, wie Filialen oder ähnliche Einrichtungen und gemeinsame Betriebe entwickeln.

Ebenso besteht eine Beziehung zwischen den Formen der Spezialisierung und Zusammenarbeit und den Wirkungsrichtungen sowie der Ausnutzung der Struktur- und Standortfaktoren. So können bei engen Kooperationsbeziehungen oder gar gemeinsamen Betrieben die

Forschungs- und Produktionskapazitäten, die Arbeitskräfte, die natürlichen Bedingungen und Investitionsmittel der Länder rationeller genutzt werden. Kapazitätsengpässe, Disproportionen zwischen vorhandener Qualifikation und Anzahl der Arbeitskräfte, zwischen Forschungs- und Produktionskapazität usf. sind besser zu überwinden. Ferner können auf diese Weise manche Produktionen frühzeitiger in Ländern mit hohem technisch-ökonomischem Niveau stattfinden, deren eigene Produktionsbedingungen das noch nicht ermöglichen würden. Ebenfalls ist es auf der Grundlage solcher Formen leichter möglich, unökonomische Parallelproduktionen zu vermeiden bzw. zu beseitigen. Es können Lösungen gefunden werden, die die Ausdehnung der Produktion in einer gleichen Erzeugnisgruppe auf weitere Länder bei Fortführung der Produktion in den anderen Ländern sichern, indem dieser Prozeß in Kooperation verläuft. Somit sind höhere Formen geeignet, eine Reihe von Schwierigkeiten zu überwinden, die Interessen der Länder und Betriebe besser miteinander in Einklang zu bringen und die internationale Spezialisierung zu vertiefen.

Ausmaß und Tempo, mit dem die Möglichkeiten der sozialistischen internationalen Arbeitsteilung und Zusammenarbeit für die Entwicklung effektiver Volkswirtschaftsstrukturen genutzt werden, hängen neben der Kenntnis über die Wege zur zweckmäßigsten Gestaltung der Volkswirtschaftsstrukturen davon ab, wie die sozialistische internationale Arbeitsteilung organisiert, gelenkt und gesteuert wird. Die rationelle Entwicklung der sozialistischen internationalen Arbeitsteilung erfordert größere und wissenschaftlich fundierte Planmäßigkeit bei richtiger Verbindung von Zentralismus und Dezentralisation, zunehmende Selbständigkeit der Betriebe und Vereinigungen, wirksame ökonomische Stimulierung durch materielle Interessiertheit der Betriebe, Beweglichkeit in der Organisation und den angewandten Formen sowie gleichzeitige Stabilität getroffener Vereinbarungen durch fundierte Vorbereitung, Abschluß von Verträgen und Einhalten der Verträge.

Das sich in den sozialistischen Ländern entwickelnde ökonomische System der Planung und Leitung schafft günstige Voraussetzungen für die Herausbildung eines wirksamen Funktionsmechanismus der sozialistischen internationalen Arbeitsteilung. Es macht dies zugleich aber auch dringend notwendig, da sonst sein Zweck nicht erfüllt werden und es nicht voll funktionieren kann. Das ökonomische System im Inneren der Volkswirtschaften und das in der Außenwirtschaft müssen eine organische Einheit bilden und sich wechselseitig bedingen.

Fußnote

1 Köhler, Steeger, Steinitz, Kriterien zur Bestimmung der ökonomischen Effektivität der Entwicklung der gesamten Volkswirtschaft und der einzelnen Zweige im Perspektivplan, in: Wirtschaftswissenschaft, Berlin, Heft 3/1966. In dieser Arbeit wird davon ausgegangen, daß bei Strukturentscheidungen - wie bei allen Nutzensbetrachtungen - die Effektivität der gesellschaftlichen Arbeit umfassend ermittelt werden muß. Weder genügt es, nur die Arbeitsproduktivitätsentwicklung zu messen, noch allein den Fondsvorschuß und die Fondsintensität zu kennen. Die Verfasser schlagen deshalb eine kombinierte Kennziffer der Fonds- und Arbeitsintensität vor, um die Effektivität des gesellschaftlichen Gesamtaufwandes zu messen (a.a.O., S. 383). Dabei bleibt aber erstens die Frage offen, ob im Fondsvorschuß sämtliche Vorleistungen in vollem Umfang enthalten sind bzw. sein sollen, also auch die für Bildung sowie Forschung und Entwicklung, was notwendig wäre, um wirklich den Gesamtaufwand zu erfassen. Und zweitens interessiert besonders bei Strukturentscheidungen nicht nur die einfache Gegenüberstellung von Gesamtaufwand und Produktionsergebnis, um die Effektivität festzustellen. Es ist auch sehr wichtig, rechtzeitig zu wissen, ob die für die einzelnen Bereiche, Zweige und Produktionen erforderlichen Aufwandsarten von der Volkswirtschaft überhaupt erbracht werden können. Das trifft neben den Investitionen besonders auf die erforderliche Qualifikation der Arbeitskräfte und die wissenschaftlich-technischen Vorleistungen zu. Deswegen wird die Auffassung vertreten, daß es für die konkrete Bestimmung der volkswirtschaftlichen Strukturentwicklung im System der internationalen Arbeitsteilung überaus bedeutungsvoll ist, sämtliche Aufwandsarten in ihrer Struktur, ihrem Gewicht und ihrer Entwicklungstendenz zu kennen und die Möglichkeiten ihrer Realisierung genau zu prüfen.

JOACHIM KEIL

Wechselbeziehungen zwischen internationaler Produktionsspezialisierung und Entwicklung einer rationellen Volkswirtschaftsstruktur in den RGW-Ländern

1. Zu den direkten und indirekten Wechselwirkungen zwischen der Arbeitsteilung und den Produktivkräften der Gesellschaft

Die gesellschaftlichen Produktivkräfte haben heute im Zeitalter der wissenschaftlich-technischen Revolution eine solch hohe Stufe erreicht, und ihre Entwicklung schreitet weiterhin in einem solchen Tempo voran, daß die Durchsetzung der wissenschaftlich-technischen Revolution in der eigenen Volkswirtschaft zu einer dringenden und entscheidenden Aufgabe für alle RGW-Länder geworden ist.

Hauptinhalt dieses Prozesses ist das Streben nach wissenschaftlich-technischem Höchststand bei den Erzeugnissen und in der Fertigung derselben, besonders in der Produktionsinstrumenten-Industrie, um beim Produzenten und Verbraucher höchste Produktivität und minimalen Aufwand zu erreichen. Dabei besteht das Kernproblem darin, diesen wissenschaftlich-technischen Höchststand bei ständiger Erweiterung des Erzeugnis- und Produktionssortiments zu sichern.

Unter diesen Bedingungen ist die bewußte Entwicklung der internationalen Arbeitsteilung eine objektive Notwendigkeit, werden an die Außenwirtschaft und Außenwirtschaftspolitik der Länder ganz bestimmte Anforderungen gestellt:

1. ist es notwendig, die gesamte Außenwirtschaft (in Zirkulation und Produktion komplex zu betrachten und zu behandeln, um die in ihr liegenden Möglichkeiten und Effekte möglichst breit erschließen zu können;
2. ist zunehmend die direkte internationale Zusammenarbeit in der Sphäre der materiellen Produktion, einschließlich Forschung und Entwicklung (und hier insbesondere die internationale Spezialisierung und Kooperation) zu entwickeln;
3. interessieren bei dieser internationalen Arbeitsteilung von vornherein und zwangsläufig sowohl ihre unmittelbar auf die Produktion der betreffenden Betriebe und Zweige sich niederschlagenden Wirkungen bzw. direkten ökonomischen Nutzeffekte als auch ihre gesamtvolkswirtschaftlichen Wirkungen und Nutzeffekte.

In den folgenden Darlegungen geht es vor allem um den letztgenannten Problemkreis, bezogen auf die arbeitsteilige Zusammenarbeit zwischen den europäischen sozialistischen Ländern.

Zunächst jedoch sind die Begriffe direkte und indirekte Wirkungen bzw. Nutzeffekte - von denen hier ausgegangen wird - näher zu definieren.

Direkte Wirkungen der Arbeitsteilung sind die sich unmittelbar in den betreffenden Produktionen niederschlagenden Veränderungen, wie die durch sie bedingte Erhöhung der Produktionsserien bzw. Losgrößen, die damit verbundene weitere Konzentration und rationellere Ausnutzung der gegebenen Produktions-, Forschungs- und Entwicklungskapazitäten, die rationellere Produktionsorganisation und Technologie u. a.

Analog dazu sind als direkte ökonomische Nutzeffekte der Arbeitsteilung anzusehen die ökonomischen Ergebnisse dieser durch die Arbeitsteilung herbeigeführten technischen und technologischen Veränderungen, wie das höhere wissenschaftlich-technische Niveau der spezialisierten Erzeugnisse, die höhere Produktivität und der niedrigere gesellschaftlich notwendige Aufwand bei ihrer Herstellung, welche sich in erster Linie in den Kosten und Gewinnen der beteiligten Betriebe widerspiegeln.

Indirekte Wirkungen der einzelnen und der Gesamtheit der arbeitsteiligen Maßnahmen sind dagegen ihre abgeleiteten Wirkungen auf den gesamten Industriezweig, insbesondere aber auf den gesamten volkswirtschaftlichen Reproduktionsprozeß. Das sind vor allem: die durch sie herbeigeführten Veränderungen im Erzeugnis- bzw. Produktionssortiment der Zweige und in der Struktur der gesamten Industrie (Volkswirtschaft), die damit verbundenen Wirkungen hinsichtlich einer rationelleren Nutzung und Erschließung der Gesamtheit der volkswirtschaftlichen Kapazitäten, Ressorcen und anderen Entwicklungsbedingungen, die entsprechend effektivere Nutzung der zur Verfügung stehenden gesellschaftlichen Fonds. Indirekte Wirkungen der Arbeitsteilung betreffen also in erster Linie ihre volkswirtschaftlichen Struktureffekte.

Dementsprechend charakterisiert der indirekte ökonomische Nutzeffekt der internationalen Arbeitsteilung bei den Einzelerzeugnissen, Erzeugnisgruppen usw. ihren Einfluß auf die Effektivität der gesamtgesellschaftlichen Arbeit, wie sie vor allem in dem Wachstum des Nationaleinkommens pro Kopf der Bevölkerung zum Ausdruck kommt.

Beide Wirkungsrichtungen bilden eine untrennbare Einheit. Denn jede Arbeitsteilung zeitigt gleichzeitig - wenn auch in unterschiedlichem Grade - diese direkten und indirekten Wirkungen und Effekte auf die Erhöhung der Produktivkraft der gesellschaftlichen Arbeit. Das wurde bereits von Karl Marx im Jahre 1847 während einer Vortragsreihe, die die Grundlage für die später erschienene Broschüre "Lohnarbeit und Kapital" (1891) bildete, herausgestellt:

"Der eine Kapitalist kann den anderen nur aus dem Felde schlagen und dessen Kapital erobern, indem er wohlfeiler verkauft. Um wohlfeiler verkaufen zu können, ohne sich zu ruinieren, muß er wohlfeiler produzieren, d.h. die Produktionskraft der Arbeit soviel wie möglich zu steigern. Die Produktionskraft der Arbeit wird aber vor allem gesteigert durch e i n e g r ö ß e r e T e i l u n g d e r A r b e i t, durch eine allseitige Einführung und beständige Verbesserung der M a s c h i n e r i e. Je größer die Arbeiterarmee ist, unter welche die Arbeit geteilt, je riesenhafter die Stufenleiter, auf welcher die Maschinerie hingeführt wird, um so mehr nehmen die Produktionskosten ab, um so fruchtbarer wird die Arbeit. Es entsteht daher ein allseitiger Wetteifer unter den Kapitalisten, die Teilung der Arbeit und die Maschinerie zu vermehren und sie auf möglichst großer Stufenleiter auszubeuten."[1]

Und an anderer Stelle dieses Werkes heißt es dann weiter:

"Stellen wir uns die fieberhafte Agitation auf dem ganzen Weltmarkt zugleich vor, und es begreift sich, wie das Wachstum, die Akkumulation und Konzentration des Kapitals eine ununterbrochene, sich selbst überstürzende und auf stets riesenhafterer Stufenleiter ausgeführte Teilung der Arbeit, Anwendung neuer und Vervollkommnung alter Maschinerie im Gefolge hat."[2]

Damit ist tatsächlich recht deutlich der enge Zusammenhang charakterisiert zwischen

einerseits dem entscheidenden, direkten Einfluß der Arbeitsteilung auf eine allseitige Einführung und beständige Verbesserung der Maschinerie und damit auf die Steigerung der Produktivkraft der Arbeit und

andererseits dem damit verbundenen Zwang nach ununterbrochener, auf stets höherer Stufenleiter ausgeführter Teilung der Arbeit und Anwendung neuer, vollkommenerer Maschinerie, was - wie K. Marx im ersten Band des "Kapitals" weiter erklärt - eine ständige Differenzierung der Produktionsinstrumente zur Folge hat, wodurch "sich mehr und mehr die Gewerbe, welche diese Instrumente produzieren", differenzieren.[3]

Letzteres bedeutet nichts anderes, als daß sich mit der Entwicklung der Produktivkräfte und der Arbeitsteilung auf ständig höherer Stufenleiter das Gesamtsystem der gesellschaftlichen Arbeitsteilung bzw., anders ausgedrückt, die volkswirtschaftliche Struktur und das Produktionssortiment der Zweige ständig erweitern.[4] Obwohl also K. Marx diesen engen Zusammenhang zwischen beiden Wirkungsrichtungen der Arbeitsteilung sieht, ging es ihm, dem damaligen Entwicklungsstand der Produktivkräfte und den Produktionsverhältnissen entsprechend, noch ausschließlich oder vor allem um die Darlegung der direkten Wechselwirkungen. Denn in der kapitalistischen Gesellschaft, die vom Privateigentum und von den Privatinteressen der Kapitalisten gekennzeichnet ist, war tatsächlich allein entscheidend und interessant, welche u n m i t t e l b a r e n Wirkungen die weitere Teilung der Arbeit auf Entwicklung und Einführung produktiverer Maschinen, auf die Vereinfachung der Arbeitsgänge und die Erhöhung der Arbeitsgeschicke der von den Kapitalisten in Lohnarbeit genommenen Arbeiter auslöste. Der ständige, unerbittliche Konkurrenzkampf - wie ihn Marx so treffend beschrieb - zwang den Kapitalisten gerade dazu, ausschließlich auf diese direkten Nutzeffekte zu achten und weniger darauf, in welchem Maße sich mit der damit verbundenen stetigen Erweiterung des Systems der Arbeitsteilung die Proportionen bzw. die Struktur der nationalen Wirtschaft insgesamt veränderten - und wenn, dann nur vom Markt- und Konkurrenzinteresse her.

Natürlich ist auch heute, unter den Bedingungen des sozialistischen Wirtschaftssystems, die direkte Wechselwirkung zwischen Arbeitsteilung und Produktivität der gesellschaftlichen Arbeit ein Hauptmotiv, die Arbeitsteilung sowohl im nationalen als auch immer mehr im internationalen Rahmen zu erweitern und zu vertiefen. Gerade heute, im Zeitalter der wissenschaftlich-technischen Revolution, ist für die ständige Verbesserung der Lebenslage der Bevölkerung und für den Sieg im ökonomischen Wettbewerb zwischen beiden Weltsystemen ausschlaggebend, inwieweit der wissenschaftlich-technische Höchststand sowohl bei den Erzeugnissen als auch in der Fertigung erreicht und gehalten wird. Vor allem in dieser Hinsicht die führenden kapitalistischen Länder zu übertreffen ist darum auch Hauptinhalt des Wettbewerbes zwischen beiden Systemen. Das gilt um so mehr, als ein großer Teil der Erzeugnisse auf dem Weltmarkt direkt miteinander konfrontiert wird, wobei die Tatsache, ob man mit den technischen und ökonomischen Parametern über oder unter dem Weltdurchschnitt liegt oder gar das Weltniveau mitbestimmt, ausschlaggebend ist für Ansehen, Absatzfähigkeit und Erlös. Hier liegt auch einer der Hauptgründe, weshalb bei der Organisierung der arbeitsteiligen Zusammenarbeit im RGW-Bereich, insbesondere bei der internationalen Spezialisierung und Kooperation, bisher und auch heute die Frage im Mittelpunkt steht, wo und wie man zu höheren Stückzahlen in der Fertigung und zu größeren Konzentrationen der Produktions-, Forschungs- und Entwicklungskapazitäten gelangen kann, die die Grundlage für die Entwicklung, Einführung und rationelle Anwendung produktiverer Maschinensysteme und Technologien bilden.

Die Tatsache, daß einerseits in der DDR und in anderen RGW-Ländern der Übergang zu effektiveren Produktionsserien bzw. Losgrößen durch die bereits vorhandene Breite des Produktionssortiments stark gehemmt wird und direkt abhängt von der Realisierung der internationalen Spezialisierung und Kooperation, und andererseits die genannten direkten Effekte der Arbeitsteilung unmittelbar ins Auge springen und quantitativ leichter zu erfassen sind, verstärkte in den vergangenen Entwicklungsetappen die Tendenz, den direkten Nutzeffekten die Hauptaufmerksamkeit zu schenken. Das war in bestimmtem Umfang zwar berechtigt, barg aber auch die Gefahr in sich, die Wirkung und Effektivität der Arbeitsteilung einseitig zu betrachten und zu berücksichtigen.

Eine weitere, typische Tendenz der Entwicklung der Produktivkräfte im Zeitalter der wissenschaftlich-technischen Revolution ist, daß auch die indirekten Wirkungen auf die Erhöhung des Nutzeffektes der gesamtgesellschaftlichen Arbeit eines Landes, wie sie insbesondere durch Strukturverbesserungen herbeigeführt werden, immer mehr an Bedeutung gewinnen. Im Laufe der wechselseitigen, in den letzten Jahrzehnten besonders stürmisch vorangetriebenen Entwicklung der Produktivkräfte und der gesellschaftlichen Arbeitsteilung ist der Differenzierungsprozeß - ausgedrückt in einer riesenhaften Ausdehnung des Erzeugnissortiments und einer großen Breite der Industriestruktur in den entwickelten Ländern - bereits in so enormer Weise vorangeschritten, daß es einem einzelnen Land heute immer weniger möglich wird, bei allen Erzeugnissen, bei denen ein Eigenbedarf besteht, ein wettbewerbsfähiges Niveau hinsichtlich wissenschaftlich-technischer Leistungsparameter und ökonomischer Kennziffern zu gewährleisten.

Unter diesen Bedingungen sind auch die kapitalistischen Länder heute gezwungen, den Strukturfragen und indirekten Nutzeffekten der Arbeitsteilung größte Aufmerksamkeit zu schenken, wobei der staatsmonopolistische Kapitalismus hierfür natürlich bessere Möglichkeiten bietet als der Kapitalismus der freien Konkurrenz. Auf die strukturelle Entwicklung der Volkswirtschaften in den RGW-Ländern bezogen, ergeben sich daraus folgende Anforderungen:

Die noch weniger entwickelten RGW-Länder haben die Aufgabe, sich von vornherein in der Produktionsstruktur zu begrenzen, und die industriell entwickelteren RGW-Länder, wozu in erster Linie die DDR und die ČSSR zählen, sich stärker zu konzentrieren und den Widerspruch zwischen den Anforderungen der wissenschaftlich-technischen Revolution und ihrem zu breiten Produktionsprofil zu lösen. Für beide Gruppen von RGW-Ländern ist dazu die internationale Produktionsspezialisierung ein unerläßlicher Weg.

Unter diesen Bedingungen ist auch für die volkswirtschaftliche Effektivität nicht mehr *allein* entscheidend, in welchem Maße die einzelnen internationalen Spezialisierungs- und Kooperationsprojekte und ihre Gesamtheit direkt zur Erhöhung der wissenschaftlich-technischen und ökonomischen Leistungen beitragen. Ebenso mitbestimmend wird heute, welche Erzeugnisse das betrifft, ob es sog. dynamische oder traditionelle, weniger metall- und fondsintensive, auf hohem Eigenbedarf und natürlichen Vorkommen beruhende, mit günstigen Absatzmöglichkeiten verbundene Erzeugnisse sind oder nicht, inwieweit also über die internationale Arbeitsteilung eine bessere oder gar weitgehende Anpassung der nationalen Produktionsstruktur an die nationalen Entwicklungsbedingungen und die weltwirtschaftlichen Trends gefördert wird.

In diesem Sinne sind *bewußt geförderte* Strukturentwicklungen ein zusätzlicher Faktor zur Stimulierung des Wachstums und der Effektivität der nationalen Wirtschaft und darum ein Hauptanliegen an die gegenwärtig zu realisierende nationale und internationale Arbeitsteilung. Deshalb kann auch der Nutzeffekt der internationalen Arbeitsteilung für die beteiligten Länder heute nicht mehr nur als Summe der aus den einzelnen Spezialisierungs- und Kooperationsprojekten erzielten direkten Effekte betrachtet werden.

Diese Erkentnisse sind für die Praxis der arbeitsteiligen Zusammenarbeit zwischen den Mitgliedsländern des RGW von wesentlicher Bedeutung. Will man die in der internationalen

Arbeitsteilung liegenden Möglichkeiten für die Erhöhung des Nutzeffekts der nationalen Arbeit maximal nutzen, ist es notwendig, nicht nur die bestehende Einheit ihrer beiden Wirkungsrichtungen zu sehen, sondern auch ihre unterschiedlichen Wirkungen.

Wenn noch zu Lebzeiten von K. Marx die indirekten Wirkungen der Arbeitsteilung objektiv weniger interessierten, und sich die Strukturen und Sortimente spontan, ohne gesamtwirtschaftliche Abstimmung herausbildeten, ist es heute für alle Länder, vor allem für die sozialistischen Länder, notwendig, auch diese indirekten Wirkungen, insbesondere ihre Struktureffekte fest in den Griff zu bekommen und zu regulieren.

Diese Erkenntnis bestimmt heute maßgeblich die Außenwirtschaftspolitik der DDR und aller übrigen Länder des RGW.

2. Über die gestiegene Bedeutung der indirekten Nutzeffekte der internationalen Arbeitsteilung zwischen den RGW-Ländern

Die wachsende Bedeutung der strukturellen Effekte der Arbeitsteilung hebt selbstverständlich die weiterhin erstrangige Bedeutung ihrer direkten Wirkungen auf die Produktivitäts- und Qualitätssteigerung und die Kostensenkung bei den einzelnen Produktionen bzw. in den betreffenden Betrieben und den auf diesem Wege erzielten gesamtwirtschaftlichen Effekt nicht auf. Im Gegenteil, nach wie vor und jetzt im Zeitalter der wissenschaftlich-technischen Revolution erst recht, bleiben diese Effekte eigentlicher Anlaß der ständigen Erweiterung und Vertiefung der Arbeitsteilung, nunmehr auch der sozialistischen internationalen Arbeitsteilung.

Das schließt dennoch nicht aus, daß die volkswirtschaftlichen Struktureffekte in bestimmten Entwicklungsphasen und unter bestimmten Bedingungen stärker in den Mittelpunkt rücken. In einer solchen Entwicklungsphase befinden sich zum Beispiel gegenwärtig bzw. seit ihrer Existenz alle Länder des RGW. Dafür sind vor allem die folgenden Tatsachen bestimmend:

1. Die Disproportionen zwischen der gegebenen Struktur und den nationalen Entwicklungsbedingungen, die in allen RGW-Ländern vorhanden waren und in mehr oder weniger großem Maße immer noch vorhanden sind. Das heißt, die zweigliche und sortimentsmäßige Untergliederung der gesellschaftlichen Produktion stimmte wenig überein mit den natürlichen Voraussetzungen, dem Arbeitskräftepotential und der berufsmäßigen Zusammensetzung und Qualifikation der Arbeitskräfte, mit den vorhandenen Kapazitäten in Produktion, Forschung und Entwicklung und anderen Bedingungen der Produktion.

In einigen RGW-Ländern fehlte überhaupt eine entwickelte Industrie, insbesondere Verarbeitungsindustrie, wie in Bulgarien und Rumänien, während in Ungarn und Polen wenigstens an einige traditionelle Industrieproduktionen angeknüpft werden konnte.

Die DDR hingegen besaß bereits eine entwickelte Industrie. Aber vor allem infolge der Spaltung des ehemals einheitlichen Wirtschaftskomplexes in Deutschland und starker Kriegsschäden waren wesentliche Disproportionen entstanden, die den volkswirtschaftlichen Reproduktionsprozeß stark beeinflußten: insbesondere die Disproportionen zwischen der nunmehr schmalen Rohstoffbasis und den jetzt unzureichenden Kapazitäten der Grundstoffindustrie einerseits und ihrer breiten Verarbeitungsindustrie andererseits, ferner zahlreiche Disproportionen innerhalb der verarbeitenden, besonders metallverarbeitenden Industrie, wie die zwischen den vorhandenen Zuliefer- und Abnehmerindustrien.

2. Die Tatsache, daß der Aufbau und die Entwicklung einer eigenen leistungsfähigen Volkswirtschaft gleichzeitig stattfanden und stattfinden unter den Bedingungen der wissenschaftlich-technischen Revolution, die von vornherein zur Konzentration und Spezialisierung in Produktion, Forschung und Entwicklung zwingt, nicht nur im nationalen, sondern auch internationalen Rahmen.

3. Die Tatsache, daß die RGW-Länder - mit Ausnahme der UdSSR - nur kleinere oder mittelgroße Volkswirtschaften mit entsprechend begrenzten natürlichen Ressourcen und ökonomischen Potenzen aufweisen, was die Tendenz der Konzentration in der Struktur und im Sortiment noch verstärkt.

Unter diesen gegebenen Bedingungen waren die Volkswirtschaftsstrukturen aller RGW-Länder - natürlich in unterschiedlichem Grade - ungenügend ausgerichtet sowohl auf die Erfordernisse der wissenschaftlich-technischen Revolution als auch auf die nationalen Entwicklungsbedingungen.

Die Struktur der Länder wird in bestimmtem Maße immer im Widerspruch zur wissenschaftlich-technischen Revolution stehen, weil deren Erfordernisse sich laufend und rasch verändern. Aber gegenwärtig ist dieser Widerspruch noch relativ groß.

Auch der Prozeß der Anpassung der Struktur an die nationalen Entwicklungsbedingungen, der die rationellste Ausnutzung der eigenen Ressourcen und den ökonomischsten Einsatz der gegebenen Arbeitskräfte, Kapazitäten, Mittel usw. zum Ziele hat, kann trotz der großen Fortschritte noch in keinem der RGW-Länder als abgeschlossen betrachtet werden.

Die notwendige Profilierung der Volkswirtschaften in allen RGW-Ländern in Richtung einer höheren Effektivität und Progressivität ihrer gebrauchswertmäßigen Struktur bestimmt somit wesentlich die Anforderungen an die arbeitsteilige Zusammenarbeit und die Interessiertheit der Länder an derselben.

Im Zeitalter der wissenschaftlich-technischen Revolution wird der Einfluß der internationalen Arbeitsteilung auf die Breite und Zusammensetzung der Zweigstruktur und des Sortiments der gesellschaftlichen Produktion stets allergrößte Aufmerksamkeit hervorrufen und hervorrufen müssen. Doch solange die Strukturen und Sortimente der Länder nicht weitgehend den beiden Haupterfordernissen (technischer Fortschritt und nationale Entwicklungsbedingungen) angenähert sind, stehen die volkswirtschaftlichen Struktureffekte in besonderem Maße im Mittelpunkt des Interesses an der internationalen Arbeitsteilung. Dabei ist klar, daß diese Annäherung infolge des ununterbrochenen wissenschaftlich-technischen Fortschritts stets nur relativ sein kann. Gegenwärtig ist solche Situation noch in keinem der RGW-Länder gegeben. Auch der hohe Industrialisierungsgrad einiger RGW-Länder kann nicht darüber hinwegtäuschen, daß die Durchsetzung der progressivsten Zweige und Produktionen und deren wissenschaftlich-technisches und ökonomisches Niveau insgesamt noch nicht den Erfordernissen entsprechen. Die notwendige Berücksichtigung der Struktureffekte erfordert in der Praxis, unter Umständen auf manche sich bietenden Spezialisierungsmöglichkeiten und deren direkte ökonomische Nutzeffekte zu verzichten, wenn diese nicht gleichzeitig erwünschte Struktureffekte- bzw. verbesserungen versprechen bzw. erkennen lassen. Nur ist es eben schwierig, auf der Ebene der einzelnen Spezialisierungsmaßnahmen gleichzeitig deren volkswirtschaftliche Zweckmäßigkeit und Effektivität richtig einzuschätzen, wenn keine langfristig begründeten Konzeptionen zur Strukturentwicklung vorliegen.

Hier lag ein wesentlicher Grund für die insgesamt noch ungenügende Durchsetzung der internationalen Spezialisierung, vor allem auf der Ebene ganzer Typenreihen, ganzer Gruppen gleichartiger oder verwandter Erzeugnisse und auch ganzer Erzeugnisgruppen, welche durch ihren höheren Konzentrationsgrad sowohl größere direkte als auch indirekte Nutzeffekte zeitigen.

Ein anderer objektiver Grund liegt in dem noch unterschiedlichen industriellen Entwicklungsniveau der Mitgliedsländer des RGW (ihren unterschiedlichen technischen und technologischen Voraussetzungen, Forschungs- und Entwicklungskapazitäten, den vorhandenen Arbeitskräften, besonders den Fachkräften und in den begrenzten Produktionssortimenten und -angeboten einiger Länder). Das alles begrenzte die Möglichkeiten zur internationalen Spezialisierung und zur Erschließung größerer Struktureffekte, aber erklärt nicht völlig den noch unbefriedigenden Stand.

Das Problem und die Aufgabe liegen heute darin, die direkten und indirekten Wirkungen der Spezialisierungsmaßnahmen, Kooperationen und wissenschaftlich-technischen Zusammenarbeit aufeinander abzustimmen und auf eine hohe volkswirtschaftliche Effektivität auszurichten. Das setzt aber das Vorhandensein von begründeten nationalen Entwicklungskonzeptionen mit langfristigen Orientierungen für die Zweige voraus, die bisher nicht zugrunde gelegen hatten und entsprechende Unsicherheiten in der Entscheidungsfähigkeit auslösten und ein beträchtliches Hemmnis darstellten. Heute liegen sie im wesentlichen in allen Ländern vor, wenigstens in makrostruktureller Hinsicht, d.h. hinsichtlich der Festlegung der Hauptproportionen, der profilbestimmenden Erzeugnisgruppen, Haupterzeugnisse und Entwicklungslinien. Jetzt kommt es darauf an, die einzelnen Spezialisierungsmaßnahmen der Realisierung dieser Zielstellung unterzuordnen.

Ideal wäre daher, wenn bei allen einzelnen Spezialisierungs- und Kooperationsmaßnahmen eine optimale Übereinstimmung zwischen ihren beiden Wirkungsrichtungen bestünde, wenn zum Beispiel durch die internationale Spezialisierung auf ein bestimmtes Maschinenbauerzeugnis nicht nur die wissenschaftlich-technischen und ökonomischen Parameter dieses Erzeugnisses verbessert würden, sondern gleichzeitig ein Beitrag zur geplanten und begründeten strukturellen Entwicklung geleistet würde.

Nur so können maximale volkswirtschaftliche Effekte aus der internationalen Arbeitsteilung gewährleistet werden.

3. Die indirekten Nutzeffekte - wesentlicher Bestandteil des ökonomischen Nutzens der internationalen Arbeitsteilung

Im Zusammenhang mit der gestiegenen Bedeutung der Struktureffekte erhält auch die Frage der Wertung des Nutzeffektes der internationalen Arbeitsteilung für die beteiligten Länder einen völlig neuen Aspekt. Es zeigt sich, daß die Frage des ökonomischen Nutzeffekts viel komplexer gesehen werden muß, als es bisher oftmals der Fall war.

Das Hauptkriterium für die volkswirtschaftliche Effektivität ist die Effektivität der gesamtgesellschaftlichen Arbeit des gegebenen Landes, wie es in der Größe des Nationaleinkommens pro Kopf der Bevölkerung bzw. im Verhältnis zum Gesamtaufwand zum Ausdruck kommt. Demnach ist auch der Nutzeffekt der internationalen Arbeitsteilung für die Länder letztlich danach zu beurteilen, welchen Effekt sie auf das Wachstum des Nationaleinkommens pro Kopf der Bevölkerung und seine stoffliche Zusammensetzung ausübt.

Wie schon mehrfach erwähnt, erfolgt der Einfluß der verschiedenen Formen der internationalen Arbeitsteilung auf das Nationaleinkommen in zweifacher Hinsicht:

erstens als Summe der bei den einzelnen Spezialisierungsmaßnahmen erzielten direkten Effekte bzw. Gewinne für die Betriebe;

zweitens ganz speziell über den Struktureffekt, wodurch mehr oder weniger die nationalen Ressourcen und Potenzen effektiver ausgenutzt und die dynamischen, das Wachstum besonders beeinflussenden Zweige und Produktionen rasch entwickelt werden können usw., was insgesamt die gesellschaftliche Arbeit in den Ländern mehr oder weniger produktiver und effektiver macht. Praktisch wäre es möglich, daß der Einfluß hoher direkter Nutzeffekte einzelner Spezialisierungsprojekte auf die Nationaleinkommensentwicklung durch ihren ungünstigen indirekten Nutzeffekt stark vermindert oder gar eleminiert werden kann, z.B. wenn sie die Zusammensetzung des Sortiments verschlechtern, den Anteil metallintensiver Erzeugnisse oder solcher, die nicht dem Trend des technischen Fortschritts und des Eigenbedarfs usw. entsprechen, erhöhen.

Es ist deshalb ein Fehler, die Frage der Effektivität der internationalen Arbeitsteilung für die einzelnen Länder einseitig nach der Summe ihrer direkten Effekte beurteilen zu wollen. Natürlich bleibt es nach wie vor richtig, den direkten Einfluß der einzelnen Spezialisierungsmaßnahmen auf die Fertigungsstückzahl und den damit verbundenen Aufwand für die Herstellung der Erzeugnisse zu erfassen und als entscheidendes Kriterium für die ökonomische Zweckmäßigkeit der internationalen Spezialisierung und einer Teilnahme daran heranzuziehen. Aber keinesfalls kann man daraus allein einen größeren oder geringeren Vorteil für diesen oder jenen Beteiligten ableiten.

Es wird zum Beispiel oft der Schluß gezogen, daß die industriell weniger entwickelten Länder im Bereich des RGW, wie Bulgarien und Rumänien, insgesamt einen geringeren Vorteil aus der Spezialisierung ziehen würden, weil ihr Produktionsniveau im allgemeinen z.Zt.geringer ist als bei den industriell entwickelteren Ländern (vor allem DDR und CSSR) und sie dadurch auf dem Weltmarkt oft einen Preis unter den nationalen Aufwendungen realisieren - weshalb sie übrigens auch für eine gesonderte Preisbasis plädieren.

Ich stimme hier voll und ganz den in der Polemik mit E. Mateew und I. Ladygin geäußerten Auffassungen G. Kohlmeys zu, daß sich der Nutzen des Außenhandels (man kann es im Prinzip auch auf die internationale Spezialisierung beziehen - J. K.) "nicht nur in der Zahlungsbilanz, sondern auch im gesamten inneren Reproduktionsprozeß" zeige, daß der Effekt auf die Zahlungsbilanz sogar negativ sein mag und trotzdem für die Volkswirtschaft Produktivitätsgewinne bringen kann.

Im Gegensatz zu Mateew, Ladygin u. a., die nur dann einen ökonomischen Vorteil anerkennen wollen, wenn die Exportpreise - in diesem Falle auch für spezialisierte Erzeugnisse - die nationalen Aufwendungen decken, stellt G. Kohlmey ganz richtig heraus, "daß Äquivalenz des internationalen Austauschs noch keineswegs Äquivalenz der Wachstumseffekte bedeutet", selbst wenn man der irrtümlichen Auffassung folge, daß beim Äquivalentenaustausch die Weltmarktpreise den nationalen Werten bzw. RGW-Durchschnittswerten entsprechen müßten.[5] Eine solche Auffassung ist, so schlußfolgert er mit Recht, zu vereinfacht und einseitig. Unter den eingangs genannten Bedingungen sind auch die Struktureffekte ganz entscheidende, sogar wesentliche Wachstumseffekte für die Entwicklung des Nationaleinkommens. Nicht umsonst werden die Strukturfragen und deren Lösung heute stark in den Mittelpunkt gerückt.

Obwohl es in der Praxis zur Zeit noch schwierig ist, die indirekten Nutzeffekte der internationalen Arbeitsteilung annähernd exakt zu bestimmen, gibt es doch zahlreiche Fakten, die indirekt darauf hinweisen, daß die Frage des ökonomischen Vorteils für die industriell relativ noch weniger entwickelten RGW-Länder bei Einbeziehung des Struktureffekts der bisherigen Zusammenarbeit und Arbeitsteilung wesentlich günstiger aussieht.

Die im folgenden herausgestellten Fakten bzw. Wirkungen werden nicht allein auf die unmittelbar produktionsseitige Zusammenarbeit, auf die direkt abgestimmten Spezialisierungsmaßnahmen bezogen, die, dem allgemeinen Trend der wissenschaftlich-technischen Revolution folgend, in erster Linie und zunehmend im RGW-Bereich angestrebt werden müssen.

Erstens ist es schwer, zwischen den volkswirtschaftlichen Effekten der verschiedenen Formen der internationalen Zusammenarbeit zu unterscheiden, da sie komplex auf die Herausbildung bestimmter volkswirtschaftlicher Entwicklungstendenzen einwirken.

Zweitens muß auch der Außenhandel zwischen ihnen, der vom Gewicht her die bisherige Hauptform der Zusammenarbeit darstellte, im erweiterten Sinne als eine Form der internationalen Arbeitsteilung angesehen werden. Wenn er auch im Unterschied zur internationalen Spezialisierung nicht von vornherein mit unmittelbaren Veränderungen in der Produktion (in den Fertigungsserien, im Sortiment und in der Struktur) verbunden ist und selbst auch bisher nur zu einem geringen Teil auf solchen direkt abgestimmten Spezialisierungen beruhte, förderte er doch bestimmte Konzentrationen, schwerpunktmäßige Entwicklungen und Profilierungen in der Produktion der RGW-Länder und damit auch gewisse Spezialisierungen in den Sortimenten, obgleich zahlreiche, vom Gesamtstandpunkt der RGW-Länder her ökonomisch ungerechtfertigte Parallelismen in der Produktion entstanden.

Für einen günstigen Einfluß der bisherigen internationalen Zusammenarbeit und Arbeitsteilung auf die volkswirtschaftliche Effektivität der industriell weniger entwickelten RGW-Länder sprechen folgende wesentliche Strukturentwicklungen, die zwar in erster Linie den eigenen Anstrengungen geschuldet sind, zu einem großen Teil aber auch durch die Zusammenarbeit und Arbeitsteilung zwischen den RGW-Ländern stimuliert wurden:

1. Die Herausbildung einer eigenen leistungsfähigen verarbeitenden Industrie, insbesondere der metallverarbeitenden Industrie, die heute bereits wichtigster Produktions- und Exportbereich ist, spielt eine große Rolle.

Das stetig überdurchschnittliche Wachstumstempo dieses Industriebereiches findet u. a. seinen Niederschlag in einer entsprechend rascheren Zunahme des Anteils der Erzeugnisse der metallverarbeitenden Industrie an der Produktion und am Export als bei den entwickelteren RGW-Ländern. Damit wurden wesentliche Schritte getan, um die historisch übernommene Disproportion zwischen den eigenen natürlichen Bedingungen und dem Niveau der Verarbeitungsindustrie zu überwinden.

2. Innerhalb ihrer Industrie und ihrer Zweige ist es die Profilierung entsprechend den gegebenen Entwicklungsbedingungen des Landes. Das sei vor allem in der metallverarbeitenden Industrie festgestellt, die als Produktionsinstrumenten-Industrie zwangsläufig stärker in die internationale Arbeitsteilung einbezogen ist und wird.

Während für die vorrangige Entwicklung der metallverarbeitenden Industrie der allseitige hohe Bedarf, das Arbeitskräfteproblem, d.h. die notwendige Schaffung von Arbeitsplätzen für die vielen freien Arbeitskräfte, u. a. maßgeblich mitbestimmend waren, spielte z. B. für die innere Strukturgestaltung dieses Bereiches insbesondere der Materialfaktor eine große Rolle: das ungenügende Vorhandensein von schwarzmetallischen Rohstoffen, dem wichtigsten Einsatzmaterial im Maschinenbau einerseits und die relativ günstigen Vorkommen an einigen spezifischen Materialarten andererseits.

In der VR Bulgarien wurden z. B. die relativ günstige Blei- und Kupferbasis und die günstigen klimatischen und geographischen Bedingungen bestimmend für die schwerpunktmäßige Konzentration auf die Entwicklung und Fertigung

- elektrotechnischer Ausrüstungen,
- elektrogetriebener Hebe- und Transportausrüstungen (Elektrokarren, Flurförderzeuge, Elektrowinden),
- Elektromotoren und Akkumulatoren,
- verschiedene Landmaschinen und Traktoren, speziell für den Obst- und Gemüsebau,
- verschiedene Spezialschiffe.

Damit ging einher eine starke Spezialisierung auf solche gewichtigen Erzeugnisse wie Drehbänke, Kugellager u. a.

Diese Profilierung widerspiegelt sich sowohl in der im Vergleich zu anderen RGW-Ländern starken Förderung und Gewinnung von Kupfer und Blei als auch in dem hohen Produktions- und Exportanteil der genannten Erzeugnisgruppen. Allein die folgenden drei Erzeugnisgruppen haben am bulgarischen Export von Maschinen und Ausrüstungen 1964 einen Anteil von über 60 % (am Gesamtexport von 17,5 %):

energetische und elektrotechnische Ausrüstungen	- rd. 20 %
Hebe- und Transportausrüstungen	- rd. 21 %
Transportmittel (einschl. Schiffe)	- rd. 20 %.

Diese Strukturentwicklung in Bulgarien erfolgte zum großen Teil in bi- und multilateraler Abstimmung mit den anderen Ländern des RGW, wovon der hohe Anteil des Exports an der Produktion bei den profilbestimmenden Erzeugnissen von teilweise über 90 % spricht, sowie auch der hohe Anteil Bulgariens am Export des RGW insgesamt bei diesen Erzeugnissen.

In der SR Rumänien wurde vor allem das Erdöl profilbestimmend für die Volkswirtschaftsstruktur und den Warenaustausch. Nicht mehr das Erdöl allein - wie in der Vorkriegszeit -, sondern mehr und mehr auch Erdölprodukte und Ausrüstungen für die Förderung und Verarbeitung von Erdöl wurden bestimmend für die Entwicklung der metallverarbeitenden Industrie und der Chemieindustrie und damit auch zu gewichtigen Größen im

Export Rumäniens, was z. B. die jetzt führende Stellung Rumäniens bei den Erdölausrüstungen im RGW-Bereich bestätigt. Auch die im Rahmen der internationalen Spezialisierung erfolgte starke Entwicklung von Kugellagerproduktionen und der Bau von Güterwagen sind bedeutende Positionen in der raschen Entwicklung des Maschinenbaus und der Industrie insgesamt.

Aufschlußreich ist in diesem Zusammenhang auch die strukturelle Entwicklung in der VR Ungarn. Im Gegensatz zur VR Bulgarien und zur SR Rumänien konnte Ungarn bei der Entwicklung der metallverarbeitenden Industrie und des Maschinenbaus an einige traditionelle Produktionen anknüpfen (Lokomotiv- und Güterwagenbau, Nachrichten- und Vakuumtechnik, Instrumentenbau, energetische Ausrüstungen). Diese Traditionen sowie die äußerst ungünstige Schwarzmetallbasis und die dagegen sehr reichen Vorkommen an Bauxit, dem Ausgangsstoff für Aluminium, wurden zu entscheidenden strukturbestimmenden Faktoren. Die folgenden Haupttendenzen in der strukturellen Entwicklung zeigen deutlich, wie man beide Faktoren in vorteilhafter Weise miteinander verbunden hat:

1. Von den traditionellen Produktionen entwickelten sich vornehmlich jene in vorrangigem Tempo weiter, die weniger schwarzmetallintensiv sind, wie die Fernmelde- und Vakuumtechnik, der Instrumentenbau, verschiedene Nahrungs- und Genußmittelmaschinen, bei gleichzeitiger Ausgliederung materialaufwendiger Erzeugnisse, wie Lokomotiven und Güterwagen,und statt dessen Konzentration auf E-Loks, Personen-, Schlaf- und Speisewagen;

2. es erfolgt die schwerpunktmäßige Orientierung auf Zweige, die einen relativ hohen Aluminiumeinsatz aufweisen und arbeitsintensiv sind: Verkehrsmittel (Autobusse, die erwähnten Spezialeisenbahnwagen, Flußschiffe), elektrotechnische Maschinen und Geräte, wissenschaftlicher Gerätebau (geophysikalische und medizinische Geräte), Nahrungs- und Genußmittelmaschinen, industrielle Massenbedarfsgüter (Haushaltsmaschinen), dazu noch Landmaschinen. Andere gewichtige Erzeugnisgruppen sind ferner der Werkzeugmaschinenbau und der Bau von Tagebaugeräten.

Neben den hier genannten Beispielen ließen sich noch manche andere Fakten nennen, die die enge Wechselwirkung zwischen der internationalen Arbeitsteilung und Spezialisierung und der volkswirtschaftlichen Strukturentwicklung bzw. Effektivität kennzeichnen. Aber schon die hier genannten zeigen, daß das bisher rasche Wachstum der Gesamtproduktion und des Nationaleinkommens in Bulgarien, Rumänien, Ungarn und anderen RGW-Ländern unmittelbar mit diesen durch die internationale Zusammenarbeit und Arbeitsteilung stark geförderten bzw. bewirkten Strukturentwicklungen verknüpft war.

Auf Grund dieser doch wesentlichen Struktureffekte ist es daher ungerechtfertigt, bei der Einschätzung des ökonomischen Vorteils der Arbeitsteilung zwischen den RGW-Ländern - gleich,ob über den Außenhandel oder direkt über abgestimmte Spezialisierungen erzielt -

nur die komparativen Kostenvorteile oder direkten ökonomischen Nutzeffekte einzubeziehen. Nicht umsonst schenkt man heute den Strukturfragen größere Aufmerksamkeit.

Es wäre hier sehr interessant und aufschlußreich, könnte man nachweisen, in welchem Maße einerseits die direkten Effekte der vielen einzelnen arbeitsteiligen Projekte und andererseits ihre indirekten Strukturentwicklungen zur Erhöhung der Effektivität der gesamtgesellschaftlichen Arbeit beitrugen. Aber es kann angenommen werden, geht man vom Einfluß der bisherigen Zusammenarbeit und Arbeitsteilung auf die Wirtschaft der DDR aus, daß die indirekten, volkswirtschaftlichen Effekte für die weniger entwickelten RGW-Länder wesentlich höher waren und stärker als in den entwickelteren Ländern das Wachstum des Nationaleinkommens stimulierten.

Deshalb ist es auch schwer zu sagen, welche RGW-Länder insgesamt - also die direkten und indirekten Nutzeffekte zusammen genommen - wirklich den größeren ökonomischen Vorteil aus der internationalen Arbeitsteilung ziehen.

An dieser Stelle sei ferner der Schluß gezogen, daß die heute gestiegene Aufmerksamkeit für die indirekten Nutzeffekte der internationalen Arbeitsteilung keineswegs im Widerspruch steht zur Förderung und zum Streben nach stärkerer Ökonomisierung der Volkswirtschaft, einschließlich der Außenwirtschaft.

Die stärkere Beachtung der volkswirtschaftlichen Effekte kann und darf nicht auf Kosten der direkten Nutzeffekte gehen, sondern soll lediglich dazu führen, daß der Struktureffekt nicht einfach nur als passiv abgeleitete Wirkung der vielen einzelnen Spezialisierungsmaßnahmen und sonstigen arbeitsteiligen Projekte betrachtet wird, sondern bei bewußter Orientierung auf die langfristig begründeten Strukturentwicklungen zur zusätzlichen Quelle volkswirtschaftlicher Nutzeffekte wird.

Die Ökonomisierung erfordert also die weitestgehende Erschließung beider Nutzeffekte, nach Möglichkeit die optimale Variante zwischen beiden.

4. Die Wechselbeziehungen zwischen internationaler Arbeitsteilung und rationeller Strukturierung der Volkswirtschaft der DDR

Wie bereits bemerkt, stellt sich das Wechselverhältnis zwischen internationaler Arbeitsteilung und Entwicklung der gesellschaftlichen Produktivkräfte eines Landes hinsichtlich seiner konkreten Bedeutung in verschiedener Weise dar. Im Gegensatz zu den genannten RGW-Ländern waren und sind z. B. in der DDR die wichtigsten Bereiche und Zweige der Volkswirtschaft und innerhalb dieser wichtigste bestimmende Erzeugnisgruppen bereits wesentlich stärker herausgebildet.

Deshalb liegt das Problem der Erhöhung der Effektivität der Volkswirtschaftsstruktur und der gesamtgesellschaftlichen Arbeit hier längst vor allem auf innerzweiglicher Ebene. Das betrifft sowohl die Breite im Produktionssortiment, die besonders im Bereich der metallverarbeitenden Industrie zu groß ist, als auch die Qualität der Erzeugnisse und die Zusammensetzung des Sortiments, die nicht in allen Zweigen dem wissenschaftlich-technischen Höchststand und den nationalen Bedingungen entsprechen.

Unter diesen Bedingungen ist die Verbesserung der innerzweiglichen Struktur heute für die DDR einer der bedeutendsten Wachstumsfaktoren. Deshalb sind auch die Interessen und Forderungen der DDR gegenüber der internationalen Arbeitsteilung gegenwärtig und künftig vor allem auf eine Vertiefung und Erweiterung der direkt abgestimmten, innerzweiglichen Spezialisierung gerichtet, neben der Entwicklung der internationalen Kooperation und Spezialisierung von Bauelementen, Baugruppen und Teilerzeugnissen kompletter Anlagen und technologischer Linien.

Betrachtet man unter diesem Aspekt die bisherigen Ergebnisse der arbeitsteiligen Zusammenarbeit, so waren die gesamtwirtschaftlichen Effekte derselben für die DDR nicht befriedigend:

- Erstens führten die bisherigen Vereinbarungen und Abstimmungen nicht zu grundlegenden Einschränkungen des zu breiten Produktionssortiments, im Gegenteil, das Sortiment hat sich bedeutend erweitert - nicht nur als Folge der wissenschaftlich-technischen Revolution.
- Zweitens brachten sie keine solche klare Profilierung entsprechend den nationalen Entwicklungsbedingungen wie in den anderen RGW-Ländern.

Natürlich lassen sich in beiden Punkten positive volkswirtschaftliche Wirkungen nachweisen, wie zum Beispiel die Einschränkung des Baus von Autobussen, Straßenbahnwagen, Dampflokomotiven u. a. oder hinsichtlich der Förderung bestimmter Konzentrationsprozesse die Spezialisierung auf komplette Anlagen, auf den Schiffbau, auf den Fahrzeugbau (PKWs, LKWs, einige Traktorentypen, auf Dieselloks und Personenwagen für die Eisenbahn), auf Verarbeitungsmaschinen, auf den Werkzeugmaschinenbau (besonders kompliziertere und spanlose) u. a.

Aber diese Spezialisierungen trugen insgesamt noch nicht zu grundlegenden quantitativen und qualitativen Verbesserungen der Produktions- und Außenhandelsstruktur der Volkswirtschaft bei. Es gelang noch nicht, die Struktur und das Sortiment wesentlich stärker den gegebenen nationalen Bedingungen der DDR (beschränkte Kapazitäten und Materialressourcen, Arbeitskräftemangel einerseits, Erfahrungen, Traditionen, allgemein hohe Qualifikationen und Arbeitsgeschicke andererseits) anzunähern. So ist es zum Beispiel nicht gelungen die seit langem geplante Aufgabenstellung, den Anteil metallintensiver Erzeugnisse zu verringern und den Anteil arbeits- und intelligenzintensiver Erzeugnisse zu erhöhen. Im Gegenteil, im Export von Maschinen und Ausrüstungen zeigte sich die Erscheinung, daß sich insgesamt und innerhalb der Erzeugnisgruppen Schwermaschinenbau, allgemeiner Maschinenbau, Metallwaren und Anlagenbau der Anteil metallintensiver Erzeugnisse erhöhte.[6]

Das läßt natürlich noch keinen Schluß auf die Effektivität dieser Entwicklung zu, da hier noch andere Faktoren mitspielen (Fertigungsniveau, Devisenerlös, Tradition u. a.). Aber auffallend ist, daß - wie schon erwähnt - in anderen RGW-Ländern mit ähnlich ungünstiger Schwarzmetallbasis (Ungarn, Bulgarien) der Anpassungsprozeß an die eigene Metallbasis günstiger verlief und die Forderung nach Entwicklung weniger metallintensiverer Produktionen bisher besser realisiert werden konnte.

Bei der Einschätzung dieser und anderer struktureller Entwicklungstendenzen muß man jedoch berücksichtigen, daß es für die DDR einige objektive Hindernisse gab:

erstens die in der eigenen Wirtschaft bestehenden Disproportionen, die überwunden werden mußten und zu Entwicklungen bzw. Erweiterungen führten, die ohne Spaltung Deutschlands und ohne die Kriegsschäden nicht notwendig gewesen wären;

zweitens der historisch übernommende industrielle Rückstand, einschließlich der Kriegsschäden in den anderen RGW-Ländern, die zu entsprechend hohen Bedarfswünschen an das entwickeltere Maschinenbauland DDR führten, darunter auch an metallintensiveren Erzeugnissen.

Die bisherige Praxis zeigt damit, daß es unter den konkreten Bedingungen der Zusammenarbeit im RGW für Länder mit höherer industrieller Entwicklungsstufe und bereits breiter Produktionsstruktur wesentlich schwieriger und komplizierter ist, ihre Wirtschaft rationell zu strukturieren, als für solche Länder, die die Profilierung im Zusammenhang mit ihrer Industrialisierung lösen können. Gemeint sind hier solche Bedingungen: relativ starker unterschiedlicher industrieller Entwicklungsstand mit entsprechenden unterschiedlichen Voraussetzungen bei den Teilnehmerländern und Bindung ihrer Wirtschaftskraft und Außenwirtschaft vor allem an den Bereich des RGW. Speziell unter solchen Bedingungen wird im Konkreten die internationale Arbeitsteilung - wenigstens vom Standpunkt ihrer volkswirtschaftlichen Effekte her gesehen - in den ersten Entwicklungsphasen mehr für die industriell weniger entwickelten Länder von größerem Vorteil sein als für die entwickelten, obwohl im allgemeinen die Voraussetzungen für die Beteiligung an der internationalen Spezialisierung bei den letzteren größer sind. Damit sollen die bisher realisierten Effekte und Vorteile nicht negiert sein, sondern soll nur anhand des RGW-Bereichs unterstrichen werden, was K. Marx schon feststellte:

"Die Beziehungen verschiedener Nationen untereinander hängen davon ab, wie weit jede von ihnen ihre Produktivkräfte, die Teilung der Arbeit und den inneren Verkehr entwickelt hat..."[9]

Auf die Gegenwart bezogen,können wir diese These insoweit konkretisieren, als wir feststellen, daß nicht nur der Entwicklungsstand des einzelnen, sondern der der jeweiligen Partnerländer zusammengenommen und ihre Unterschiedlichkeit ausschlaggebend dafür sind, wie sich ihre Beziehungen gestalten und welchen Nutzen die Beteiligten realisieren können. In dieser Hinsicht, d. h. vom Niveau der Produktivkräfte her, sind zum Beispiel im EWG-Bereich günstigere Bedingungen gegeben.

Insgesamt gesehen sind die objektiven Bedingungen für die arbeitsteilige Zusammenarbeit nunmehr bedeutend verbessert, da die Möglichkeiten aller Teilnehmerländer für eine Beteiligung an international spezialisierten Produktionen gewachsen sind und jetzt vor allem in allen RGW-Ländern im wesentlichen Ziel und Richtung der strukturellen Entwicklung für einen längeren Zeitraum ausgearbeitet sind. Damit ist die Grundlage für eine langfristige zielgerichtete Außenwirtschaftspolitik geschaffen.

So wurden z. B. auf dem VII. Parteitag der SED jene Hauptentwicklungsrichtungen und jene Industriezweige genannt, die für die Herausbildung einer effektiven Struktur unserer Volkswirtschaft in den nächsten 10 - 15 Jahren bestimmend sind.

Dazu gehören

- die Energiewirtschaft, in der eine höhere Effektivität erreicht werden muß,und der Übergang zum Bau von Kernkraftwerken,
- die Elektrotechnik und Elektronik sowie die Anwendung elektronischer Datenverarbeitungssysteme,
- der wissenschaftliche Gerätebau,
- die chemische Industrie, besonders der Einsatz hochpolymerer Werkstoffe, der Plaste, Elaste und Fasern,
- die hochproduktiven Erzeugnisse des Werkzeug- und Verarbeitungsmaschinenbaues,
- die Fertigungs- und Verfahrenstechnik.

Gleichzeitig wurde in diesem Zusammenhang herausgestellt, daß mit diesen genannten Richtungen zwar das strategische Ziel genannt, aber noch nicht die Strukturbestimmung selbst abgeschlossen sei und noch die Aufgabe bevorstehe, in den einzelnen Zweigen die entscheidenden Haupterzeugnisse und Erzeugnisgruppen zu bestimmen und - ausgehend von der rationellen Gestaltung des nationalen Reproduktionsprozesses - für wichtige Haupterzeugnisse ganze Kooperationsketten und Entwicklungslinien aufzubauen.

Beispiele dafür sind:

Kooperationsverband "Wolpryla" mit der neuen Kette:
Chemieindustrie, Kunstseide- und Kunstfaserproduktion, Textilmaschinenbau (neue Arten von Maschinen für die Textilindustrie);

Kooperationsverband Atlantik-Trawler mit einer Kette zahlreicher Zulieferer aus verschiedensten Zweigen;

Kooperationsverband mittlere Datenverarbeitungsanlagen.

Diese schwerpunktmäßige Konzentration auf eine Reihe von strukturentscheidenden Haupterzeugnissen und Erzeugnisgruppen sowie ganzen Kooperationsketten mit horizontalen und vertikalen Verflechtungen stellt nicht nur an den Planungs- und Leitungsmechanismus neue Forderungen, wie "Übergang zur Planung nach strukturentscheidenden Haupterzeugnissen und Erzeugnisgruppen", sondern auch an die internationale Spezialisierungstätigkeit der zentralen Organe, VVBn und Betriebe, wie z. B.:

erstens vor allem bei bereits bestimmenden Haupterzeugnissen und Erzeugnisgruppen eine international abgestimmte Spezialisierung zu erlangen, um bei diesen nicht nur eine entsprechende Konzentration der Kapazitäten, sondern gleichzeitig auch effektive Fertiggrößen zu erreichen als Voraussetzung für die Gewährleistung technisch-ökonomischen Höchststandes bei den Erzeugnissen;

zweitens innerhalb weiter Zweige und Erzeugnisgruppen zu zwischenstaatlichen Spezialisierungen zu gelangen, um die geplante Konzentration auf die genannten Schwerpunkte verwirklichen zu können;

drittens auch bei und innerhalb der Kooperationsketten eine Spezialisierung durchzusetzen.

Die seitens der DDR an die internationale Arbeitsteilung gestellten Anforderungen leiten sich daher speziell aus den folgenden Prinzipien der geplanten Profilierung und Strukturierung ab:

1. daß in qualitativer Hinsicht ein starker Konzentrationsprozeß in Richtung einer besseren Entsprechung der wissenschaftlich-technischen Revolution und der nationalen Bedingungen im Mittelpunkt steht,
2. daß das Kernproblem der quantitativen Seite dieses Konzentrationsprozesses letztlich darin besteht - ausgehend von der bisherigen Zersplitterung auf ein zu breites Sortiment -, zu Einschränkungen im Produktionssortiment zu gelangen, nicht nur relativ, d. h. im Vergleich zu den mit dem wissenschaftlich-technischen Fortschritt anwachsenden Weltsortiment, sondern sogar auch absolut,
3. daß dieser Profilierungs- und Konzentrationsprozeß sich aufs engste mit einem Prozeß der komplexen sozialistischen Rationalisierung verbindet, welcher in erster Linie die rationelle Nutzung der gegebenen Kapazitäten, Ressourcen und sonstigen Wachstumspotenzen in den Betrieben und die Schaffung rationeller Verbindungen und Kooperationsbeziehungen zwischen den Betrieben zum Inhalt hat (s. Kooperationsketten),
4. daß durch solche schwerpunktmäßigen Konzentrationen auch an den gesamten Planungs- und Leitungsmechanismus neue Anforderungen gestellt werden.

Die hier gekennzeichneten Probleme und Aufgaben weisen eindeutig darauf hin - das ist zunächst die Hauptschlußfolgerung -, daß die Aufgabe der Herausbildung einer progressiveren und effektiveren Struktur in der DDR nur in enger Verflechtung mit einer internationalen Spezialisierung und Kooperation und einer entsprechend zielgerichteten Außenhandelstätigkeit gelöst werden kann, wie der VII. Parteitag der SED deutlich herausstellte: "Die Gestaltung der Struktur der Volkswirtschaft und die Grundlinie der internationalen Kooperation in Wissenschaft, Technik und Produktion einschließlich des internationalen Warenaustausches, vor allem mit den sozialistischen Ländern müssen deshalb als eine untrennbare Einheit betrachtet und verwirklicht werden."[9]

Damit sind für einen längeren Zeitraum die Zielfunktion und die Aufgaben nach innen und außen gestellt.

So ergibt sich aus dem Wesen des sozialistischen Planungssystems, daß die Durchsetzung der internationalen Spezialisierung mit dem genannten Ziel vor allem über direkte Abstimmungen zu erwirken und soweit als möglich langfristig und vertraglich gesichert zu binden ist. Denn hier liegen wesentliche Vorteile der Arbeitsteilung zwischen sozialistischen Ländern, die nicht aus der Hand gegeben werden sollten. Sie gewähren in erster Linie erst die größere Sicherheit bei der Herstellung der notwendigen Proportionen innerhalb des nationalen Reproduktionsprozesses.

Die für die nächsten 10 - 15 Jahre zum Ziel gestellte Strukturierung und Profilierung in den wichtigsten bestimmenden Zweigen schließt jedoch auch mit ein, dort, wo einerseits bereits feste eigene Spezialisierungen oder Abgaben vorgesehen sind, wie bei den bestimmenden Haupterzeugnissen und Erzeugnisgruppen bzw. den geplanten Einschränkungen, und wo andererseits gegenwärtig und in nächster Zeit keine Abstimmungen zwischen den RGW-Ländern zu erreichen sind oder die Voraussetzungen fehlen, auch über den Außenmarkt und - in diesem Rahmen - auch über den Marktwettbewerb die internationale Arbeitsteilung durchzusetzen. Doch die Grundlage müssen in jedem Fall die von der zentralen staatlichen Leitung langfristig begründeten vorgegebenen Kennziffern für die Entwicklung der Zweige und ihrer Hauptpositionen (die nicht das Erzeugnissortiment im Detail umfassen) sein. Denn die aus der geplanten strukturellen Gestaltung sich ergebende Verflechtung innerhalb des nationalen Reproduktionsprozesses muß gesichert werden.

Insofern ist nicht einzusehen, weshalb, wie S. Aus annimmt, die zentrale Planung die Beseitigung von Disproportionen bzw. Herstellung bestimmter Produktionen über den Außenmarkt und die internationale Spezialisierung hemmen sollte.[10] Im Gegenteil, die Initiative zur Überwindung solcher Disproportionen wird wachsen, da nunmehr auch die Betriebe stärker die Möglichkeit erhalten, selbst besser auf die außenwirtschaftlichen Beziehungen Einfluß zu nehmen, um nicht nur die Realisierung der Hauptproportionen zu sichern, sondern im Rahmen dieser ihr eigenes Produktionsprofil bzw. - sortiment entsprechend den Weltmarktanforderungen und den inneren Bedürfnissen weiter zu spezifizieren und dazu entsprechende arbeitsteilige Verbindungen und Kooperationsbeziehungen zu organisieren.

Hinsichtlich der inneren Gestaltung der internationalen Spezialisierung und Kooperation selbst ergeben sich für die DDR einige neue Akzente.

Durch die gegenwärtig enge Verknüpfung des Profilierungs- und Konzentrationsprozesses mit dem Rationalisierungsprozeß wird offensichtlicher als bisher, wie sich gesamtgesellschaftliche und betriebliche bzw. Einzelinteressen aufs engste miteinander verbinden. Gegenüber der internationalen Arbeitsteilung äußert sich das in dem hohen Interesse, gleichzeitig die innerzweigliche Spezialisierung in ihren verschiedenen Ebenen und die internationale Spezialisierung und Kooperation auf Teilerzeugnisse und Einzelteile durchzusetzen, um sowohl die gesamtwirtschaftlichen Struktureffekte in der angegebenen Richtung als auch hohe direkte Nutzeffekte für eine höhere Rationalität und Wirtschaftlichkeit der betrieblichen Arbeit gewährleisten zu können. Diese enge Verknüpfung der gesamtwirtschaftlichen und betrieblichen Interessen und Forderungen gegenüber der internationalen Arbeitsteilung ist auf Grund der Lage (d.h. ein wesentlich höherer Grad der Erschließung und Erschöpfung der anderen inneren Wachstumsfaktoren) gegenwärtig in der DDR wahrscheinlich deutlicher und stärker gegeben als in allen anderen Ländern des RGW.

Doch hinsichtlich der richtigen Einschätzung der Funktion der einzelnen Spezialisierungsrichtungen im nationalen Reproduktionsprozeß und hinsichtlich ihrer Möglichkeiten zur Stimulierung der geplanten Strukturierung gilt es zu differenzieren.

Gegenwärtig konzentriert man sich mit Recht auf die Durchsetzung von internationalen Spezialisierungen und Kooperationen auf Teilerzeugnisse und Einzelteile und einen entsprechenden Abschluß von Verträgen zwischen den Betrieben. Denn diese bieten auch unter den Bedingungen noch vorhandener Niveauunterschiede oder fehlender Möglichkeiten und Interessen, auf dieser Ebene zu spezialisieren, die Chance, gegenseitig vorhandene Kapazitäten rationeller auszunutzen, die Fertigungsgrößen bei den betreffenden Teilen zu erhöhen und ohne größeren zusätzlichen Aufwand die Wirtschaftlichkeit der Betriebe zu erhöhen. Insofern sind bei dieser Form arbeitsteiliger Zusammenarbeit zur Zeit die meisten Möglichkeiten gegeben, relativ kurzfristig zu Effektivitätserhöhungen zu gelangen.

Im übrigen weist dieser zunehmende Übergang zur Spezialisierung und Kooperation von Teilerzeugnissen im internationalen Rahmen erneut darauf hin, wie sich infolge des höheren Entwicklungsstandes der Produktivkräfte der betriebliche (bzw. manufakturmäßige) Charakter der "Teilung der Arbeit im einzelnen" - wie K. Marx diese Spezialisierung auf Teilerzeugnisse bezeichnet - immer mehr verliert und ebenfalls gesellschaftlichen Charakter annimmt.

Dadurch, daß die Teilarbeiten zur Herstellung eines Erzeugnisses (einer Ware) vielfach nicht mehr allein im Rahmen eines einzelnen Betriebes geleistet werden, viele Betriebe heute sogar schon ausschließlich auf Teilerzeugnisse spezialisiert sind, müssen diese Teilarbeiten - solange Warenproduktion besteht - über den Warenaustausch realisiert werden.

Sie nehmen dadurch gesellschaftlichen Charakter an. Insofern ergibt sich heute faktisch eine Weiterentwicklung gegenüber der Darstellung im I. Band des "Kapitals", wo die gesellschaftliche Arbeitsteilung noch berechtigt nur auf die "Teilung der Arbeit im allgemeinen" und "... im besonderen", also auf Arbeitsteilungen, die ganze Waren, Warengruppen und mehr betreffen, bezogen wurde.

Aber bei aller Bedeutung der internationalen Spezialisierung und Kooperation auf Teilerzeugnisse bleibt klar, daß ihre volkswirtschaftlichen Struktureffekte nur gering sind und sie selbst unmittelbar nur wenig zur geplanten Strukturverbesserung beitragen kann. Durch die in ihrem Ergebnis herbeigeführten Rationalisierungen und Konzentrationen in unterer Produktionsebene schafft sie lediglich wenn auch sehr wichtige Vorbedingungen für größere Strukturierungen und Sortimentsgestaltungen (indem sie z. B. Kapazitäten frei macht).

Aus diesem Grunde liegt im Zusammenhang mit der Profilierung der Volkswirtschaft der DDR die perspektivische Hauptaufmerksamkeit auf der innerzweiglichen Spezialisierung, die von Marx als "Teilung der Arbeit im besonderen" gekennzeichnet ist und die eine Spezialisierung nach Erzeugnissen, Typenreihen und zusammenhängenden Gruppen von Erzeugnissen umfaßt. Dabei macht gerade der Prozeß der Herausbildung von ganzen Kooperationsketten und Entwicklungslinien deutlich, daß - wie K. Morgenstern in seinen verschiedenen Beiträgen[11] richtig herausstellte - die internationale Spezialisierung kaum in dieser oder jener Richtung in "reiner" Form auftreten wird. Die internationale Spezialisierung wird im allgemeinen auch effektiver, wenn sie sich in und zwischen den verschiedenen Zweigen, Erzeugnisgruppen, Typenreihen, Erzeugnissen usw. kombiniert, wie z. B. bei einer Spezialisierung auf ein solches Haupterzeugnis wie Chemieanlagen, wo durchaus gleichzeitig eine Spezialisierung und Kooperation auf bestimmte Teilerzeugnisse möglich und zweckmäßig ist. Das gleiche müßte auch bei den Kooperationsketten angestrebt werden.

Insgesamt bleibt die Erkenntnis bestehen, daß vor allem über eine Spezialisierung, die über Einzelteile oder Teilerzeugnisse hinausgeht, jene tiefgreifenden volkswirtschaftlichen Wirkungen und Effekte erzielt werden können, die grundlegende Strukturverbesserungen in Richtung einer Spezialisierung der DDR auf ihre national strukturbestimmenden Haupterzeugnisse und Erzeugnisgruppen, Entwicklungslinien und Kooperationsketten ermöglichen.

In diesem Sinne werden in der Perspektive immer mehr auch die Erweiterung und Vertiefung der internationalen Spezialisierung und Kooperation auf innerzweiglicher Ebene und die aktive Teilnahme der DDR daran an Bedeutung gewinnen - im Interesse der Erzielung hoher *indirekter* ökonomischer Nutzeffekte der internationalen Arbeitsteilung.

Fußnoten

1 K. Marx, Lohnarbeit und Kapital, in: K.Marx/F.Engels, Ausgewählte Schriften, Bd. I, Berlin 1952, S. 86

2 Ebenda, S. 89

3 K. Marx, Das Kapital, I. Bd., in: K.Marx/F.Engels, Werke, Bd. 23, Berlin 1962, S. 374

4 Es sei hier auf den bekannten Abschnitt im I. "Kapital"-Band über die Teilung der Arbeit innerhalb der Manufaktur und innerhalb der Gesellschaft verwiesen, wo K. Marx von den drei Stufen der Arbeitsteilung (der "Teilung der Arbeit im allgemeinen", "..... im besonderen" und ".....im einzelnen") spricht und sie charakterisiert als Ausdruck der Trennung der gesellschaftlichen Produktion und ihrer großen Gattungen, Arten und Unterarten, die wir heute als Gliederung der Volkswirtschaft in ihre Bereiche, Zweige, Erzeugnisgruppen und Erzeugnisse sowie Einzelteilfertigung bezeichnen würden; ebenda, S. 371

5 Vgl. G. Kohlmey, Karl Marx' Außenhandelstheorie und Probleme der außenwirtschaftlichen Beziehungen zwischen sozialistischen Staaten, Wirtschaftswissenschaft, Berlin, Heft 8/1967, S. 1258

6 Es wurden die Exportanteile solcher Maschinen und Ausrüstungen addiert, die mit einem Walzstahlverbrauch von über 100 t je 1 Mill. Mark Bruttoproduktion über den Durchschnitt der MVI liegen und daher als metallintensiv ausgewiesen werden.

7 G. Kohlmey und Autorenkollektiv, Nationale Produktivität, dynamische Produktionen, internationale Arbeitsteilung, Berlin 1965, S. 52

8 Vgl. K.Marx/F. Engels, Die deutsche Ideologie, in: K. Marx/F. Engels, Werke, Berlin 1958, Bd. 3, S. 21

9 W. Ulbricht, Die gesellschaftliche Entwicklung in der Deutschen Demokratischen Republik bis zur Vollendung des Sozialismus, Berlin 1967, S. 104

10 S. Aus, Die internationale Arbeitsteilung und das System der Wirtschaftsleitung, in: Acta Oeconomica, Periodical of the Hungarian Academy of Sciences, Vol. 1, Budapest 1966, S. 69 - 88, vgl. Übersetzung des Instituts für Wirtschaftswissenschaften, S. 11 - 12

11 Vgl. u. a. K. Morgenstern, Voraussetzungen für ein effektives System der internationalen Spezialisierung zwischen den RGW-Ländern, in: Zu aktuellen Fragen der Ökonomie, Sonderheft der Schriftenreihe Planung und Leitung, Berlin 1966.

Gesamtverzeichnis der Bände I und II

Band I: Ziele, Faktoren, Rationalität des ökonomischen Wachstums

Vladimir Nachtigal

Einige Probleme der Ausdrucksmöglichkeiten und der Analyse der qualitativen Wachstumsfaktoren

Wolfgang Marschall/A. Franke/Jürgen Wahse

Quantitative und qualitative Aspekte des Arbeitskräftepotentials für das Wirtschaftswachstum

Gerd Knobloch

Die Ökonomie der vergegenständlichten Arbeit als Wachstumsfaktor in der sozialistischen Produktionsweise

Heinz Seickert

Die Rolle der Wissenschaft als Wachstumsfaktor

Magnus Heydt

Zu einigen politökonomischen Problemen des technischen Fortschritts

Harry Maier/Hans Schilar

Bildung als Ziel und Faktor des ökonomischen Wachstums in der sozialistischen Produktionsweise

Herbert Winkelmann

Die Agrarproduktion und das intensive volkswirtschaftliche Wachstum

Rudi Walther

Statistische Untersuchung über die Dynamik der Struktur der Bevölkerung und der Arbeitskräfte als Wachstumsfaktor in ausgewählten sozialistischen und kapitalistischen Ländern

Katja Nehls

Der relative Kapitalüberschuß als Wachstumsproblem im staatsmonopolistischen Kapitalismus

Parviz Khalatbari

Zum Wachstumsprozeß in der Landwirtschaft der Entwicklungsländer

Band II: Wirkungsmechanismus des ökonomischen Wachstums

Hansgünter Meyer

Ein Beitrag zur Theorie der sozialen Triebkräfte im Sozialismus

Alfred Tomm

Die Interessen als Einflußgrößen des Nutzeffekts der gesellschaftlichen Arbeit

Walter Gellrich

Kennziffern im Dienste der Messung, Regelung und Steuerung in der sozialistischen Wirtschaft

Kurt Zieschang

Zum staatsmonopolistischen Regulierungsmechanismus

Hartmut Schilling

Veränderungen in den Grundlagen des Kapitalexports in die Entwicklungsländer als Aspekt des Zusammenhangs zwischen Neokolonialismus und kapitalistischem Reproduktionsprozeß

Alfred Bönisch

Die westdeutsche "Globalsteuerung" als Form staatsmonopolistischer Planung und ihr Einfluß auf den gesamtwirtschaftlichen Reproduktionsprozeß

Paul Danek

Die Grenzen staatsmonopolistischer Konjunkturpolitik bei der Lösung struktureller Probleme

Hannelore Riedel

Zur staatsmonopolistischen Regulierung. Ökonomische und politische Aspekte im Kompetenzstreit zwischen staatlicher Zentralgewalt und untergeordneten Gebietskörperschaften

Hermann Lehmann

Zum Problem der wirtschaftlichen Rationalität

Kolibri 360 GmbH
Ferdinand-Jühlke-Straße 7
99095 Erfurt, Deutschland
produktsicherheit@kolibri360.de